임동석중국사상100

상군서
商君書

商鞅 撰 / 林東錫 譯註

〈商鞅(衛鞅)〉

　　"상아, 물소 뿔, 진주, 옥. 진괴한 이런 물건들은 사람의 이목은 즐겁게 하지만 쓰임에는 적절하지 않다. 그런가 하면 금석이나 초목, 실, 삼베, 오곡, 육재는 쓰임에는 적절하나 이를 사용하면 닳아지고 취하면 고갈된다. 그렇다면 사람의 이목을 즐겁게 하면서 이를 사용하기에도 적절하며, 써도 닳지 아니하고 취하여도 고갈되지 않고, 똑똑한 자나 불초한 자라도 그를 통해 얻는 바가 각기 그 자신의 재능에 따라주고, 어진 사람이나 지혜로운 사람이나 그를 통해 보는 바가 각기 그 자신의 분수에 따라주되 무엇이든지 구하여 얻지 못할 것이 없는 것은 오직 책뿐이로다!"

《소동파전집》(34) 〈이씨산방장서기〉에서 구당(丘堂) 여원구(呂元九) 선생의 글씨

책머리에

어릴 때 아동용 「중국고사집」을 읽으며 '상군지법'이라는 부분을 본 기억이 난다. "자신이 만든 악법에 자신이 걸려든 사례"라 하였으며 힘센 소가 코에 김을 뿜으며 수레에 실린 죄수를 당겨 찢는 모습에 섬짓한 느낌을 받았던 기억이 지금도 새롭다.

무엇을 잘못했기에 그림처럼 참혹한 형벌을 받을까라는 불쌍함과 무서움이 어린 나이에 품었던 전부였다.

그리고 지금 《상군서》를 접하고 보니 과연 잔인하고 지독한 신념에 가득 차 냉혹한 법치만을 실행에 옮기고자 했던 인물이었음을 알게 되었다.

사람이 어떻게 이토록 보통 사람과 전혀 다른 생각을 할 수 있을까? 나아가 사람의 본성을 이렇게 역逆으로 잣대를 세워 권력이라는 칼자루로 온 백성을 부릴 수 있을까?

"통치의 마지막 목적은 형벌을 받는 사람이 아무도 없도록 하는 것", 그러기 위해서는 "엄혹한 형벌로 더 이상 그러한 형벌이 없도록 겁을 주는 것"이라는 '이형거형以刑去刑'의 등식을 세워놓고 백성은 아무것도 모르도록 우민화한 다음 그들을 사육飼育 대상으로 삼는 것이 통치하기에 가장 쉽다는 생각!

그리고 그러한 원칙을 실행하기 위해서는 옛 성현들의 인의도덕도 폐기하고, 그 무렵 살아있는 지성조차 무시하고 그 어떤 망설임이나 의혹도 갖지 않은 채 오로지 실행을 위해서는 피도 눈물도 없이 나서야 한다고

"疑行無成, 疑事無功"을 외친 특이한 신념의 상앙. 전국시대 특수 상황이라 해도, 나아가 해결할 수 없는 그 시대의 얽힌 실타래를 푸는 유일한 방법이라 해도 그 출발이 위악偽惡이요, 그 방법이 불선不善이라면 차라리 유보留保함이 옳았지 않았겠는가? 사마천司馬遷은 제자들諸子들 가운데 법가法家는 잔인殘忍함에 기원을 두고 있다고는 하였지만 실제 내용을 들여다보니 통치를 위해서는 인간성 말살과 같은 주장도 서슴지 않음을 보고 일면 경악을 금치 못할 정도였다.

과연 역사 속에 상앙만 그러했을까?

근대 전제국가들 가운데에는 역시 그러한 통치자가 있었고, 근래 대량 학살과 혁명을 위해서는 공포 조성을 통한 인간 생명의 고귀함이 아무런 망설임도 없이 내팽개쳐진 일이 있었으며, 나아가 대명천지 오늘날 지금도 그와 비슷한 사례는 지구상에서 단속적斷續的으로 벌어지고 있다. 그렇다면 인간은 본성이 악한 것이 아닌가? 법은 통치자나 엉뚱한 신념을 가진 자를 위해 있는 것인가?

'법 없이도 산다'는 것을 지선의 소박함이요, 지고의 양심으로 여겼으나 그 법이 무서운 억압과 살상의 칼날이 되어 가슴 앞에 번뜩이는 것임을 알게 된다면 참으로 비정한 것이리라.

그러나 결론은 있다. 악법은 언젠가는 심판을 받으며 그 악법을 만든 자는 그 악법에 의해 결말이 나고 만다는 대원칙은 분명 적용되어 왔고, 앞으로도 그러한 일이 벌어지면 같은 결과를 낳게 될 것이다.

나아가 잘못된 생각, 비뚤어진 신념, 인류 보편의 상식에 어긋나는 극단주의자가 통치를 담당하여 잔혹한 법을 제정할 경우, 그 피해와 고통은 상상을 뛰어넘을 만큼 엄청나다. 하물며 자신의 목적만 이루면 그 뿐이라는 생각에 저지른 오류는 긴 세월을 두고 상처를 덧나게 한다.

지도자들은 이 책을 일별一瞥하여 반면교사反面敎師를 삼을 만하다.
그 어떤 수단이나 방법도 결국 덕을 이기지는 못한다는 '요불승덕妖不勝德'의 대원칙을 품고 살았으면 한다. 그것이 살아있음의 가치이며 주어진 직책의 임무임에랴?

林東錫이 負郭齋에서 적음

일러두기

1. 이 책은 朱師轍의 《商君書解詁》(鼎文書局 1979년 복간본, 臺北)를 저본으로 하여 전체를 완역한 것이다.

2. 그 외에 사고전서四庫全書 《商子》, 사부총간四部叢刊 《商子》 등을 일일이 대조하여 문자를 바로잡고 이동異同을 교감하여 각기 각주에 밝혔다.

3. 그 밖에 현대 백화어白話語 주석본으로 《商君書全譯》(張覺 貴州人民出版社 1995, 貴州)과 《新譯商君書》(貝遠辰 三民書局 1996 臺北), 《商君書今註今譯》(賀凌虛, 臺灣商務印書館 1992 臺北), 《商君書譯註》(石磊・董昕, 黑龍江人民出版社 2002 哈爾濱) 등도 고르게 참고하였으며 많은 도움을 받았음을 밝힌다.

4. 문장이 워낙 압축되고, 또는 탈오가 많아 일부는 직역이 불가능하여, 의역한 부분도 있다.

5. 총 180 단락으로 나누었으나 이는 절대적인 것은 아니며, 역자가 편의상 구분되는 부분으로 나눈 것에 지나지 않다.

6. 단락마다 일련번호와 해당 편의 번호를 괄호 안에 실어 검색과 이용에 편의를 제공하고자 하였다.

7. 원문을 싣고 역문, 그리고 각주를 실어 읽기에 편하도록 하였으며, 원문의 표점은 현대 중국식 푯점법을 준용하였다.

8. 단락마다 역자가 간단한 제목을 붙였으나 이는 이해의 편의를 돕기 위한 것일 뿐이다.

9. 부록에는 逸文, 《史記》 商君列傳, 《商君書》 序跋, 商君關聯 기록 등을 실어 연구자에게 도움이 되도록 하였다.

10. 이 책의 역주에 참고한 문헌은 다음과 같다.

❁ 참고문헌

1. 《商君書解詁》朱師轍 鼎文書局 1979 臺北

2. 《商子》四庫全書 子部(3) 法家類 商務印書館(印本) 1986 臺北

3. 《商子》四部叢刊 初編 子部 法家類

4. 《商君書新校正》淸, 嚴萬里(撰輯) 續修四庫全書 子部(971) 國家圖書館藏
   淸嚴可均抄本

5. 《商子》百子全書 法家類 岳麓書社 1994 長沙 湖南

6. 《商君書全譯》張覺(譯註) 貴州人民出版社1995 貴陽

7. 《新譯商君書》貝遠辰 三民書局 1996 臺北

8. 《商君書今註今譯》賀凌虛 註譯 臺灣商務印書館 1992 臺北

9. 《商君書譯註》石磊·董昕(譯註) 黑龍江人民出版社 2002 哈爾濱

10. 《商君書》김영식(옮김) 홍익출판사 2000 서울

11. 《春秋經傳集解》晉, 杜預 上海古籍出版社 1988 上海

12. 《意林》四部備要本, 上海中華書局(印本)

13. 《北堂書鈔》唐, 虞世南 學苑出版社(印本) 2003 北京

14. 《初學記》唐, 徐堅(等) 鼎文書局(活字本) 1976 臺北

15. 《群書治要》唐, 魏徵(等) 四部叢刊 初編 子部

16. 《太平御覽》宋, 李昉(等) 中華書局(印本) 1995 北京

17. 《藝文類聚》唐, 歐陽詢(等) 文光出版社(活字本) 1977 臺北

18. 《韓非子集釋》陳奇猷 河洛圖書出版社 1974 臺北

19. 《韓非子集解》王先愼 中華書局 2010 北京

20. 《荀子集解》王先謙 中華書局 2010 北京

21. 《新書校注》閻振益·鍾夏 中華書局 2010 北京

22. 《呂氏春秋校釋》陳奇猷 學林出版社 1995 上海

23. 《逸周書》袁宏(點校) 齊魯書社(輯佚本) 2010 濟南 山東

24. 《帝王世紀》晉 皇甫謐 齊魯書社(輯佚本) 2010 濟南 山東

25. 《長短經》唐, 趙蕤 四庫全書(文淵閣本) 子部

26. 《竹書紀年義證》雷學淇 藝文印書館 1977 臺北

27. 《諸子平議》淸, 俞樾 新編諸子集成(8) 世界書局 1978 臺北

28. 《管子》謝浩範(外) 譯註 貴州人民出版社 1996 貴陽 貴州

29. 《戰國策》林東錫(譯註) 東西文化社 2009 서울

30. 《國語》林東錫(譯註) 2009 東西文化社 서울

31. 《說苑》林東錫(譯註) 2009 東西文化社 서울

32. 《新序》林東錫(譯註) 2009 東西文化社 서울

33. 《淮南子》熊禮匯(注譯) 三民書局 1997 臺北

34. 《鹽鐵論》吉林人民出版社 1986 長春 吉林

35. 《史記》鼎文書局 活字本 臺北

36. 《漢書》鼎文書局 活字本 臺北

37. 〈武經七書〉林東錫(譯註) 2009 東西文化社 서울

　　기타 공구서 등은 기재를 생략함.

해제

I. 先秦諸子學과 法家

1. 戰國시대 諸子學

　　서주西周 말 유왕幽王에 이르러 포사褒姒로 인해 신후申侯와 서융西戎의 난에 의해 나라가 망하고 태자 의구(宜臼, 東周 平王)가 낙읍洛邑으로 도읍을 옮겨 다시 주나라를 일으켜 동주東周가 되면서 왕실의 위세는 급격히 저하되었고, 제후들 또한 패권 다툼에 여념이 없는 시대로 변질되고 말았다. 추상적이며 형식적이었던 예禮에 의해 소위 '봉건제封建制'라는 주나라 특유의 제도는 무너지고 오로지 힘에 의해 천하 질서가 겨우 유지되던 시기가 되었던 것이다. 그리하여 천하 권력은 제후 가운데 힘이 센 자에 의해 강압적으로 국제 질서를 이끌어가던 '패자霸者'에게 주어지게 되었고 이 또한 불안전한 변화를 겪었지만 그나마 기치旗幟는 그래도 '존왕양이尊王攘夷'를 내걸었었으며, 중원中原의 제후국들은 명분도 지켜 '공公'을 칭하기는 하였으나 이미 무너진 예교禮敎는 필연적인 시대 변화에 따라 회복할 수 없게 되었다.

　　이를 한탄한 공자孔子가 '예교 회복'의 구호를 외치며 육경六經을 정리하고 주유천하의 길을 나섰으나 대세는 이미 기울고 만 상황이었다. 이에 난신적자亂臣賊子를 가려 포폄褒貶과 미언대의微言大義를 기준으로 《춘추春秋》를 저술하는 작업으로 생을 마치게 되었고, 이 기간, 즉 노魯 은공(隱公, B.C.722) 원년부터 애공哀公 17년(B.C.478)까지 242년간을 역사적으로는 속칭 '춘추시대'라 칭하게 되었다.

그러나 춘추 말 각 제후국조차 경卿, 대부大夫들이 각기 자신들의 군주를 시해하고 왕권을 찬탈하며 이웃 약소국을 겸병하여 격심한 투쟁의 길로 들어서게 된다. 즉 중원 진晉나라는 육경六卿의 발호 끝에 결국 삼진(三晉: 韓, 魏, 趙)으로 분열되고, 노魯나라는 삼환三桓, 송宋나라는 대씨戴氏의 난, 제齊나라는 진씨(陳氏, 田氏)의 찬탈 등을 거쳤으며 그 밖에 소국들도 내부 혼란과 강대국의 공격을 견뎌내지 못하고 마침내 역사 속으로 사라지면서 남은 일곱 나라를 중심으로 국제 정세가 판도를 확정한 소위 전국칠웅戰國七雄의 시대가 진시황秦始皇의 천하통일 때까지 이어진다. 이 시기에 종주국 주나라는 실권은 물론, 명분조차도 없는 존재로 전락하였고, 제후국들은 누구나 '王'을 참칭하며 심지어 한 때 제帝를 칭하고자 국제 관계에서 명분 싸움의 알력까지 벌인 경우도 있었다.

　이 시대의 기록은 유향劉向이 정리한 《전국책戰國策》에 자세히 나타나 역사적으로 흔히 '전국시대'라 부른다. 따라서 동주의 전반기는 '춘추', 후반기는 '전국'시대인 셈이다.

　특히 전국시대는 미증유의 치열한 전쟁과 복잡한 국제 관계, 온갖 사기와 궤휼詭譎이 난무하는 '상상할 수 있는 모든 일이 실제로 모두 있었던' 시대였다.

　이처럼 나라는 물론 개인들조차 온갖 참혹한 고통에 시달리자 선각자들은 저마다 자신들의 철학을 내세워 어떻게 하든 그러한 국면은 해결되어야 하고 인간을 그러한 질곡에서 구제해야 한다는 사명을 가지고 나서게 되었다. 이들은 집단을 이루어 자신들의 주의주장을 널리 알리기도 하고 제후들을 찾아다니며 유세를 하기도 하였으며 도제徒弟들을 모아 교육과 실행에 온 힘을 기울이기도 하였다. 제자들은 그 스승을 '子'라 불렀으며 그들의 이론이나 언행을 기록하여 제목을 역시 '子'라 불러 그 때문에 뒷날 이들의 학술을 흔히 '제자학諸子學', '선진제자학先秦諸子學'이라 부른다. 이들 제자학은 중국 학술 분류의 '경사자집經史子集'에서 '子'에 해당하며 '문사철文史哲'로 나눌 때는 철학에 속한다. 그러나 그 철학은 '순수철학'이라기보다 전국시대 특유의 국제 정세에 따른 천하관天下觀과 통치관統治觀을 나름대로 주창主唱한 '정치철학'이며 예교까지 무너진 상황을 수습하고자 나선 규범 정립의 사회철학이다.

한대漢代에 들어서서 유씨부자(劉向, 劉歆)에 의해 이러한 제자학을 유가儒家, 도가道家, 묵가墨家, 명가名家, 음양가陰陽家, 종횡가縱橫家, 법가法家, 소설가小說家, 잡가雜家, 농가農家의 열 가지로 나누되 그중 농가는 정치적 주의주장이 약하다고 보아 열 번째의 '家'라 하여 흔히 '구류십가九流十家'로 불렀다.

즉 예교와 인의를 숭상하여 요堯, 순舜, 우禹, 탕湯, 문文, 무武, 주공周公을 종지로 삼고 공자를 지성선사至聖先師로 모시고 맹자孟子, 순자荀子로 이어져 오늘날까지 중국은 물론 동양 사상의 근간을 이룬 것이 유가이며, 자연과 무위를 종지로 황제黃帝와 노자老子를 모시고 열어구列禦寇와 장주莊周 등이 이어받아 뒤에 종교로까지 발전한 것이 도가이다.

그리고 겸애兼愛와 각고刻苦, 애타적 평화만이 전국시대 혼란을 해결할 수 있다고 믿었던 부류가 묵적墨翟을 시작으로 한 묵가이며, 사물의 명칭과 명분이 정확하기만 하면 정치도, 국제정세도 해결될 수 있다고 주장한 공손룡자公孫龍子, 혜시惠施 등의 주장이 명가이며 이는 인명학因名學이나 나집학(邏輯學, Logic)으로 발전하기도 하였다.

음양오행을 기본으로 한 천지 자연의 순환을 바탕으로 길흉화복을 내세워 난국타파의 길을 찾고자 했던 부류가 추연鄒衍을 중심으로 한 음양가이며, 국제정세가 서쪽 진나라와 산동육국山東六國의 대립관계로 변질되자 합종(合縱, 六國聯合)과 연횡(連橫, 각국 개별적으로 秦과 우호관계 조성)을 주장하여 외교가를 풍미했던 소진蘇秦과 장의張儀의 주장이 종횡가이다.

무엇보다 본업農事을 권장하여 생산량을 늘리고 경제정책이 바로서면 국제간 분쟁도 없어진다는 주장을 편 것이 허행許行 등의 농가이며, 일반 백성의 여론을 수집하여 이를 정책 결정에 적극 반영하여야 한다는 주장이 소설가이며, 이상의 모든 제자들 주장을 발췌, 종합적으로 재구성하여 통치의 자료로 삼고자 한 것이 여불위呂不韋를 중심으로 한 잡가이다.

2. 법가(法家)

그러나 이상 여러 학설이나 주장은 그 어느 것도 '오로지 힘만이 정의'였던 전국시대를 해결할 열쇠는 되지 못하였다. 설령 개인 생활이나 통치, 수양과 우주관, 사물에 대한 인식론 등에 많은 영향은 미쳤다 할지라도 전국시대 국제정세를 해결하기에는 너무나 무력한 논리들이었다. 더구나 현실적으로 눈앞에 닥친 난제, 죽고 사는 절박한 상황이 간단間斷 없이 압박하고, 국파신망國破身亡의 변화가 매일 벌어지고 있던 그 무렵, 공리허담空理虛談의 이론은 아무런 도움도 되지 못하였다.

이에 오로지 강력한 법으로써 무자비할 만큼 실행함으로써만이 통치를 이룰 수 있고 나아가 전국시대 국제정세 속에서 패자의 면모를 실천하며 끝내 천하통일까지 이룰 수 있다는 생각을 가진 급진적 개혁 사상을 가진 이들이 등장하게 된다. 인의도덕과 예교가 무너진 상태에서 더 이상 강제적 수단을 쓰지 않고는 그 어떤 일도 해낼 수 없다는 절박함과 이익에 의해 움직이는 인간 군상群像을 부릴 수 있는 것은 그 어떤 다른 인간적 호소로도 통하지 않는다는 인식이 팽배한 것이다. 법이란 치사治事의 준칙으로 만인에게 공리公理로 인정되기만 하면 통치, 법치의 정치도구로써 가장 강한 힘을 발휘한다고 믿은 것이다.

이러한 법을 빈틈없이 제정하고 사사로움 없이 적용, 평등을 추구하여 낭비요소를 없애며 효율성을 극대화하자는 중법(重法思想)이 바로 법가의 주장이었던 것이다. 그 때문에 사마담司馬談은 〈논육가요지論六家要旨〉에서 "法家嚴而少恩; 然其正君臣上下之分, 不可改矣"라 압축하여 정의를 내렸던 것이다.

이러한 법가 사상의 기원은 실로 매우 일찍 시작되었다. 일반적으로 이 법가는 도가道家에서 비롯된 것으로 보고 있다. 즉 도가에서 '忍'이 분화되어 노장老莊은 '인내忍耐'로, 한 대漢代의 황로술黃老術은 '은인隱忍'으로, 법가는 '잔인殘忍'으로 저마다 갈 길을 달리했다는 것이다. 이에 대해 임윤林尹은 《中國學術思想大綱》에서 "皆基于忍之一道, 忍之流別不同. 於是得其'忍耐'之途者, 遂成爲'老莊'之學; 得其'隱忍'之方者, 乃流爲'黃老'一派; 得其'殘忍'之變者, 遂有韓非之法術"이라 하였다.

이 때문에 사마천도 《사기史記》에서 도가와 법가를 하나로 묶어 '노장신한열전老莊申韓列傳'으로 처리하였으며 아울러 "韓非者, 喜刑名法術之學, 而其歸本於黃老"라 하였던 것이다.

물론 그러한 법가의 이론은 춘추시대 제齊 환공桓公을 보필하여 패자로 만들었던 관중管仲으로부터 시작되었다. 즉 동주시대가 시작되면서 이미 예교가 무너져 패자의 시대가 되었기 때문이다. 그 뒤를 이어 이회李悝는 《법경法經》을 지어 본격적인 체계를 세우기 시작하였고, 상앙商鞅에 이르러서는 드디어 진나라에서 직접 법치를 실행해 보였으며, 한비에 이르러 대성을 이룬 것이다.

한편 이러한 법가 사상이 유독 진秦나라에서 성공을 거두게 된 이유는, 사회 변화의 기본 원리대로 법가 역시 중원 각국 중에서도 중앙에 위치한 위魏나라나 한韓나라로부터 싹이 텄지만 이들 나라에는 이미 각기 자신들의 토종 사상이 뿌리를 내리고 있었고, 기득권 세력과 수구 권신들의 반발로 빛을 볼 수가 없었다. 이에 도리어 지나친 급진 사상이라 배척을 받게 되자 그러한 반발이 전혀 없었던 무주공산無主空山의 진나라에서 마음 놓고 자신들의 이론을 펼쳐 실행에 옮겨 볼 수 있었던 것이며, 진나라 또한 이러한 통치 방법을 필요로 하고 있었던 것이며, 이로써 마침내 진나라로 하여금 천하통일의 대권을 거머쥘 수 있도록 해 주었던 것이다.

이러한 법가 사상은 《한서漢書》 예문지藝文志에 "法家者流, 蓋出於理官. 信賞必罰, 以輔禮制. 《易》曰「先王以明罰飭法」, 此其所長也. 及刻者爲之, 則無敎化, 去仁愛, 專任刑法而欲以致治, 至於殘害至親, 傷恩薄厚"라 하여 그 장점과 폐단을 함께 논하고 있다.

따라서 당연히 신상필벌信賞必罰로써 친소親疎나 귀천貴賤에 관계없이 법 앞에 일률평등一律平等이었으며, 효율의 극대화, 군주의 통치력 제고, 나아가 성악설性惡說에 기초를 둔 강제성, 이익을 미끼로 한 유도, 공구恐懼를 무기로 구사驅使의 방법이었다. 따라서 유가의 관점에서 송대에 이르도록 비판이

심했으나 결국 시대에 부응하여 혼란을 마무리 한 공의 일면도 없지 않다.

《한서》예문지에 의하면 아래 목록에서 보듯이 그 무렵까지 법가 관련 전적은 다음과 같이 무려 10가家 217편篇이나 실려 있으며, 특히《관자管子》(管仲, 86편)는 도가의 유위파有爲派로 소속시켰으나《수서隋書》경적지經籍志에는 법가로 보았으며 지금은 대체적으로 누구나 법가로 보고 있어 실제로는 11가에 201편이나 되는 셈이다.

《李子》三十二篇(名悝, 相魏文侯, 富國强兵.)

《商君》二十九篇(名鞅, 姬姓, 衛后也, 相秦孝公, 有《列傳》.)

《申子》六篇(名不害, 京人, 相韓昭侯, 終其身諸侯不敢侵韓.)

《處子》九篇

《愼子》四十二篇(名到, 先申′韓, 申′韓稱之.)

《韓子》五十五篇(名非, 韓諸公子, 使秦, 李斯害而殺之.)

《遊棣子》一篇

《鼂錯》三十一篇

《燕十事》十篇(不知作者.)

《法家言》二篇(不知作者.)

이상의 여러 법가는 그 주장과 주의에 따라 다시 5파로 분류하기도 한다.

(1) 첫째, 부강富强을 도모하고 실업實業을 장려하며 무용武勇을 권장한 이회李悝와 관중을 대표로 하는 상실파尙實派이다. 대표 저술로는 지금 《관자》가 전하고 있으며《사기》관안열전管晏列傳을 참고할 수 있다.

(2) 둘째, 신상필벌과 엄격한 법치, 연좌법連坐法 등을 제정하여 실질적인 통치에 적용한 상앙商鞅을 대표로 하는 상법파尙法派이다. 지금 《상군서 商君書》가 전하고 있으며 《사기》 상군열전을 참고할 수 있다.

(3) 셋째, 군주가 실권을 잃지 않도록 술術을 사용해야 하며 법집행의 중심을 군주에게 실어준 신불해申不害를 대표로 하는 상술파尙術派이다. 저술은 전하지 않으며 《사기》 노장신한열전을 참고할 수 있으며 《한서》 예문지에 《신자申子》가 저록되어 있었으나 지금은 전하지 않는다.

(4) 넷째, 군주는 위세威勢로써 그 위치를 지키되 법을 최대한 활용해야 한다고 여겨 '군주론君主論' 쪽으로 기울기 시작한 신도愼到를 대표로 하는 상세파尙勢派이다. 《한서》 예문지에 《신자愼子》 42편이 저록 되어 있으나 지금은 사라지고 청대 엄가균嚴可均이 《군서치요群書治要》를 근거로 집일輯佚한 《신자愼子》(7편)가 있으며 전희조錢熙祚의 교정본이 〈제자집성諸子集成〉에 실려 있다.

(5) 다섯째, 법法과 술術을 중시하고 세勢와 리利를 채찍과 당근처럼 써서 절대 권위를 이루어야 한다는, 종합적 대작을 이룬 한비를 대표로 하는 대성파大成派이다. 한대漢代에는 《한자韓子》라 칭하였으나 송대 이후 《한비자韓非子》라 칭하였으며 지금 55편 그대로 전하고 있다.

(이상은 본인 역주 《韓非子》의 해설부분을 轉載한 것임.)

이처럼 상앙은 상법파尙法派의 대표적 인물이며 신상필벌과 엄격한 법치, 연좌법 등을 제정하여 실질적인 통치에 적용해 보았던 법가의 일파이며 그 냉혹함과 잔인함은 전국시대 중후기의 시대 상황과 맥을 같이 하고 있다. 특히 진나라의 천하통일에 이론적 기초를 세운 학설이며 실천 행동이기도 하였다.

Ⅱ. 商鞅

상앙(B.C. 약 390~338)은 전국시대 정치가이며 사상가로 법가의 대표적 인물이다. 원래 위衛나라 서공자庶公子의 하나로 그 때문에 위앙衛鞅으로도 불린다. 그러나 그의 성은 공손公孫, 이름은 앙鞅으로 공손앙公孫鞅이며 뒤에 진秦나라에서 공을 세워 상(商, 지금의 陝西 商縣 동남쪽)의 15개 읍을 봉지로 받아 상앙商鞅, 혹 상군商君으로 불린다.

그는 처음 위魏나라에서 형명학刑名學을 익혀 그 무렵 위나라 재상이었던 공숙좌公叔痤의 가신이었으며 공숙좌로부터 신임을 받고 있었다. 위나라 혜왕惠王이 공숙좌가 병이 났을 때 뒤를 이을 인물로 천거를 부탁하자 그는 자신의 가신 공손앙을 추천하였다. 그러나 혜왕이 선뜻 흡족해 하지 않자 "쓰지 않으려거든 죽여 없애야 한다"라고 진언하였다. 그리고는 공손앙을 불러 그 사실을 일러주면서 신변의 위험이 닥칠지 모르니 달아날 것을 권하기도 하였다.

뒤에 그는 진나라에 효공孝公이 들어서면서 "천하 경략의 계책을 가진 자, 함양(咸陽, 진나라 도읍)으로 모이라"는 소문을 듣고 큰 기대를 가지고 서쪽 진나라로 가서 효공을 만났다. 처음에는 왕도王道로써 유세하였으나 달가워하지 않자 패도霸道와 부국강병富國强兵의 술책을 강하게 진언하였다. 이로써 드디어 중시를 받아 자신의 꿈, 법가의 통치를 실행해 볼 기회를 얻게 된 것이다. 그리하여 효공 원년(B.C.356) 좌서장左庶長을 거쳐 곧바로 대량조大良造라는 벼슬에 올라 본격적인 변법을 실행하게 된다.

그는 두 번에 걸쳐 대대적인 변법을 실시하였으며, 그 구체적인 내용은 '정전제井田制를 폐기하고 대대적인 개간을 통한 농업생산량의 증대', '농사와 전투를 백성의 일상생활로 하는 경전법耕戰法 실시', '귀족과 종실宗室의 분봉제分封制와 세습제世襲制를 없애고 군현제郡縣制를 도입', '오가작통법五家

作統法을 통해 모든 책임을 함께 하는 연좌제連坐制 실시', '포상과 처벌을 명확히 하여 백성의 이익은 오로지 경전耕戰을 통해서만 가능하도록 함', '법가 이외의 유가 등 인의도덕이나 박애의 사상을 철저히 배척하고 오로지 법치만을 지고至高의 가치로 삼음', '통치에 대한 비판과 여론을 봉쇄하기 위하여 시서예악 등 전적을 전수하지 못하도록 하는 우민화愚民化 정책 실시', '유세와 언변이 나돌지 못하도록 하기 위한 학자의 여행이나 민간인의 이주를 제한', '농업 이외의 상업, 수공업을 천시하여 모든 백성이 오로지 경전에만 몰두하도록 유도', '백성들의 전투의지를 높이기 위해 잦은 전쟁을 불사함', '통치의 편의를 위해 공포정치 조성' 등 이루 말할 수 없는 극심한 전제주의專制主義를 표방하고 나섰다.

그리고 그 엄청난 변법을 실행에 옮기기 전 감룡甘龍, 두지杜摯와 함께 효공 앞에서 논쟁을 벌인 내용이 이 책 첫머리와 《사기》에 자세히 실려 있으며 아울러 거짓 믿음을 사기 위한 유명한 '사목徙木'이라는 고사도 서슴없이 시도할 만큼 적극적으로 교활함을 보이기도 하였다. 그런데 마침 태자가 죄를 범한 일로 인해 법치의 평등이 손상을 입게 되자 태자의 스승(公孫賈)를 대신 처벌하는 일이 벌어졌으며, 뒤에 효공이 죽고 그 태자가 뒤를 잇자 (惠文王, 惠王) 이 일이 빌미가 되었고 게다가 상앙의 권력 남용과 온갖 고통을 이기지 못한 백성의 원한, 조정의 권력투쟁 등에 의해 상앙은 마침내 참혹한 결말을 맞게 된다.

이에 《전국책戰國策》 진책秦策(1)에는 "商君治秦, 法令至行, 公平無私, 罰不諱强大, 賞不私親近, 法及太子, 黥劓其傅. 期年之後, 道不拾遺, 民不妄取, 兵革

大强, 諸侯畏懼. 然刻深寡恩, 特以强服之耳"라 하여 그 법치의 엄혹함을 설명하고 있다. 그리하여 그는 고국 위魏나라로 달아났으나 일찍이 상앙의 공격을 받은 위나라는 그를 다시 진나라로 돌려보냈고, 상앙은 마침내 진나라에서 거열형車裂刑에 처해지고 말았다.

한편 상앙의 유물은 이제까지 발견된 것으로 동극銅戟과 동대銅鐓, 그리고 동방량銅方量 등이 있으며 모두 명문이 새겨져 있어 제작연대 등을 명확히 알 수 있다. 동극은 구리로 만든 창으로 "十三年, 大良造之造戟"이라 하여 B.C.349년에 제조된 것이며, 동대는 철퇴의 하나로 "十六年, 大良造, 庶長鞅之造"로 되어 있어 3년 뒤에 만들어진 것이며, 동방량은 네모 구리판에 도량형의 기준을 새긴 것으로 "十八年, 齊率卿大夫衆來聘, 冬十二月乙酉, 大良造鞅…"으로 되어 있어 제나라 경대부들이 내빙하였을 때 만든 것으로 되어 있다. 여기서 보듯이 상앙은 대량조大良造와 서장(庶長, 左庶長)의 벼슬에 올랐으며, 특히 '대량조'는 다른 나라의 상국相國에 해당하는 직위이다.

상앙의 사상은 아주 원시적인 변증법으로 역사사실을 해석하여 어떠한 경우에도 사람보다는 통치가 우선이며 "형벌로써 형벌을 없앨 수 있다"(以刑去刑)는 무서운 신념에 가득 찬 사례를 남긴 인물이다. 그의 군주론은 세勢와 수數라는 개념을 앞세워 뒷날 한비韓非의 '군주론君主論'으로 발전하였다. 한비의 저술에 많은 부분 상앙을 거론하고 있으며 상군서 기록도 그대로 인용하여 전재하고 있다. 아울러 그의 이러한 논리는 후세 진보 사상가들에게 지대한 영향을 끼쳤으며 마침내 진시황秦始皇의 천하통일에도 기반을 마련해준 셈이 된 것이다.

그러나 그러한 그의 신념은 너무나 혹독하고 잔인하여 인권은 물론, 인간성 파괴의 대표적 사례로 여겨져 후세에 많은 비판을 받았으며 그의 저술 《상군서》도 긴 시간을 두고 주석이나 연구가 늦어진 이유도 여기에서 찾을 수 있을 것이다.

사마천司馬遷은 《사기》 상군열전商君列傳 〈찬贊〉에서 "내 그의 저술을 읽어 보았더니 그의 생각은 그의 사람됨과 똑같았다. 진나라에서 그토록 악명이 높았던 것도 그럴 만한 이유가 있었도다"라고 평할 정도였다.

게다가 역대 이래 '거열형'이라는 참형은 언제나 상앙이 대표로 거론되고 있고, 자신이 만든 법에 자신이 죽게 되는 '상앙지법'이라는 역설적 종말도 상앙이 그 선례가 되고 말았으니 역사의 교훈이 아닐 수 없다.

한편 상앙에 대한 전기는 《사기》 상군열전에 아주 자세히 실려 있어 이를 통해 다시 한 번 그의 면모를 소상하게 들여다 볼 수 있다.

Ⅲ. 《商君書》

　　상앙商鞅의 사상을 모아 정리한 것으로 《상자商子》, 《상군商君》 등으로도 불리며 명청明淸대까지는 주로 《상자》로 칭하였으나 현대에 이르러서는 《상군서》로 더욱 널리 알려져 있다.

　　《한서漢書》 예문지藝文志에는 29편이라 하였으나 지금은 24편만 전하며 그 외에 제 16번째 〈형약편刑約篇〉은 편명만 전하며 21편은 제목조차 없어 명목상으로는 26편인 셈이다.

　　이 책은 모두 상앙 자신이 저술한 것은 아니다. 일부는 상앙이 죽은 뒤의 사건들이 실려 있기도 하며 더러는 내용으로 보아 분명 누군가가 추술(追述)한 것임이 분명한 부분도 있다. 특히 사마천司馬遷은 《사기史記》에서 '개색경전서開塞耕戰書'라 하여 두 편명이 보이며 이는 분명 상앙 자신이 기록한 것으로서 그의 사적과도 일치한다.

　　그러나 나머지는 뒷사람이 추술하거나 위찬僞撰한 것이라 주장하고 있다. 여사면呂思勉은 《사기》의 기록을 근거로 위조는 아니라 하였으며, 곽말약郭沫若은 "일부는 한韓非의 문인들이 상앙의 사상을 추단推斷하여 혹은 위조한 것"이라 하였고, 〈사고전서총목제요四庫全書總目提要〉에는 진秦 '효공孝公'이 살아 있을 때 그의 시호를 직접 지칭한 것과 효공이 죽고 상앙이 황급히 달아나면서 저술에 매달릴 겨를이 없었을 것이라는 점을 들어 자신이 직접 쓴 것이 아님을 강하게 주장하고 있다. 이에 많은 사람들은 전국戰國 말에 상앙의 후학들이 그의 사상을 정리하여 편집한 것이라는 설이 널리 인정을 받고 있다.

　　한편 이 책은 오랜 기간 동안 연구 대상에 들지 못하였으며 활발하게 작업에 임해 온 자가 아주 적었다. 유가儒家의 인본 사상과의 괴리乖離가 너무

심하며, 내용이 각박하고, 사상이 잔인하며 사안事案이 너무 혹독하여 선뜻 덤벼들 명분을 찾기가 어려웠을 것이다. 게다가 문장이 난해하고 읽어낼 수 없을 정도로 전승 과정에 방치되어 온 까닭도 있었을 것이다. 특히 원본이 교감이나 교정을 거치지 않아 오랫동안 탈와脫譌, 천오舛誤 등 헤아릴 수 없이 많은 문제점을 지닌 채 세월이 흘렀으므로 거의 읽어낼 수가 없었다.

그러다가 명대明代에 이르러서야 이《상군서》가 풍몽정馮夢楨의 〈면묘각綿眇閣〉본, 정영程榮의 〈한위총서漢魏叢書〉본, 범흠范欽의 〈천일각天一閣〉본 등에 수록되었고 이어서 진심陳深의 《상군개색경전서商君開塞耕戰書》, 귀유광歸有光의 《상자商子》, 진인석陳仁錫의 《상자商子》, 고기원顧起元의 《상자商子》, 풍근馮覲의 《상자商子》 등이 선을 보였고, 이어서 청대淸代에 〈사고전서四庫全書〉 수록, 손성연孫星衍과 손풍익孫馮翼이 교정校正한 〈문경당총서問經堂叢書〉본과 숭문서국崇文書局의 〈자서백가子書百家〉본 《상자商子》, 전희조錢熙祚의 《상자교기商子校記》, 왕시윤王時潤의 《상군서각전商君書斠詮》 등, 그리고 엄만리嚴萬里, 可均 교정의 〈이십이자二十二子〉본이 나오면서 연구의 기틀이 마련되기 시작하였다.

그러나 그 무렵까지도 판본이 온전치 못하여 열에 서넛은 '焉馬魯魚'(비슷한 글자가 서로 뒤섞임)의 상태였으며 이 때문에 엄만리는 "옛 판본은 천오가 심하여 읽어낼 수가 없다"(舊刻多舛誤, 不可讀)이라 할 정도였다.

그 뒤를 이어 근대에 간서簡書의 《상군서전정商君書箋正》, 윤동양尹桐陽의 《상군서신석商君書新釋》, 진계천陳啓天의 《상앙평전商鞅評傳》과 《상군서교역商君書校譯》, 나근택羅根澤의 《상군서탐원商君書探源》, 용조조容肇祖의 《상군서

고증商君書考證》을 거쳐 주사철朱師轍의 《상군서해고商君書解詁》, 고형高亨의 《상군서주역商君書註譯》 등이 나오면서 비로소 현대인들이 접근할 수 있는 상황을 맞게 된 것이다.

아울러 현대에 이르러서는 장례홍蔣禮鴻의 《상군서추지商君書錐指》, 장시동章詩同의 《상군서주商君書注》와 제로서사齊魯書社의 《상자역주商子譯註》, 그리고 백화어白話語 역주본의 《상군서금주금역商君書今註今譯》(賀凌虛 註譯 臺灣商務印書館 1992 臺北), 《상군서전역商君書全譯》(張覺 貴州人民出版社 1995), 《신역상군서新譯商君書》(貝遠辰 三民書局 1996 臺北), 《상군서역주商君書譯註》(石磊·董昕 黑龍江人民出版社 2002 哈爾濱) 등이 쏟아져 나오면서 일반인들도 쉽게 접할 수 있게 된 것이다. 참고로 국내에는 김영식(옮김)의 《상군서》(홍익출판사 2000)가 나와 있다.

한편 본 책의 역주에 저본을 삼은 《상군서해고정본商君書解詁定本》의 저자 주사철朱師轍은 청대 《설문통훈정성說文通訓定聲》의 저자 주준성(朱駿聲: 1788~1858. 자는 允倩, 錢大昕의 동학이며 安徽 黟縣訓導, 國子監博士를 지냄. 《說雅》, 《左傳旁通》, 《傳經室集》 등이 있음)의 손자이며 주공창(朱孔彰: 1842~1919. 자는 仲我, 仲武. 《說文粹》를 저술)의 아들로써 〈해고解詁〉에 선대부先大父, 가대인家大人이라 칭하며 많은 곳에 조부와 부친의 고증을 인용하고 있다.

주사철은 자는 소빈少濱이며 가향家鄉은 선대를 따라 강소江蘇 오현(吳縣. 고대 安徽 黟縣)사람으로 삼대에 걸친 가학의 영향으로 엄만리(嚴萬里. 可均, 鐵橋)의 《상군서교주商君書校注》를 보고 미진함을 발견, 40여년에 걸쳐 《상군서》만을 집중적으로 연구한 청말민초淸末民初의 학자이다. 그는 사천四川 성도

成都의 화서대학華西大學, 광동廣東의 중산대학中山大學에서 「상군서」과목을
개설하여 교수활동에 참여하면서 교정 작업에 심혈을 기울였다.

그리하여 《예문유취藝文類聚》, 《북당서초北堂書鈔》, 《군서치요群書治要》,
《태평어람太平御覽》, 《초학기初學記》, 《의림意林》, 《장단경長短經》 등과 유월
俞樾의 《제자평의諸子平議》, 손이양孫詒讓의 《찰이札迻》, 도홍경陶鴻慶의 《제자
찰기諸子札記》 등을 근거로 일일이 고증과 교정, 교감校勘 작업을 거쳐 민국
10년(1921) 호박안胡樸安의 소개로 이를 상해上海 광익서국廣益書局에서 초판
본을 발간하였으며 1935년 재판본을, 그리고 1947년 중산대학에서 〈중산
대학총서中山大學叢書〉로 출간하였고 다시 1956년 상해上海 고적출판사古籍
出版社에서 현대판이 발간되었다. 이것을 1979년 대만臺灣 정문서국鼎文書局
에서 다시 복간하여 지금도 널리 이용되고 있다.

〈상군서〉원본

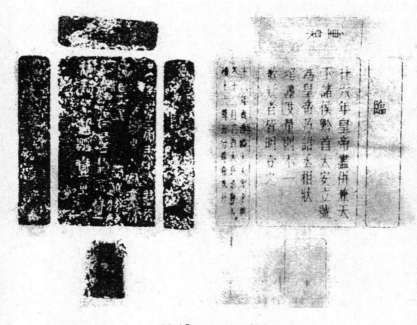

〈상앙「銅方量」銘文탁본〉

商鞅〈廢井田開阡陌圖〉와〈獎勵耕織圖〉(畫像磚)

〈商鞅車裂刑圖〉

四部叢刊子部

商子五卷

商子卷第一

更法第一

孝公平畫公孫鞅甘龍杜摯三大夫御於君慮
世事之變討正法之本使民之道君曰代立不
忘社稷君之道也錯法務民主長臣之行也今
吾欲變化以治更禮以教百姓恐天下之議我
也公孫鞅曰臣聞之疑行無成疑事無功君亟
定變法之慮殆無顧天下之議之也且夫有高

四部叢刊　商子

人之行者必見非於世有獨知之慮者因見毀
於民語○曰愚者暗於成事智者見於未萌民
不可與慮始可與樂成功郭偃之法曰論至德
者不和於俗成大功者不謀於眾法者所以愛
民也禮者所以便事也是以聖人苟可以強國
不法其故苟可以利民不循於禮孝公曰善甘
龍曰不然臣聞之聖人不易民而教智者不變
法而治因民而教者不勞而成功據法而治者
吏習而民安今若變法不循秦國之故更禮以

〈四部叢刊〉《商子》전자판

商子卷第一

更法第一

孝公平畫公孫鞅甘龍杜摯三大夫御於君慮世事之變討正法之本使民之道君曰代立不忘社稷君之道也錯法務民主長臣之行也今吾欲變法以治更禮以教百姓恐天下之議我也公孫鞅曰臣聞之疑行無成疑事無功君亟定變法之慮殆無顧天下之議之也且夫有高

〈四部叢刊〉《商子》원본

秦商鞅撰

更法第一

孝公平畫公孫鞅甘龍杜摯三大夫御於君慮世事之變討正法之本求使民之道君曰代立不忘社稷君之道也錯法務明主長臣之行也今吾欲變法以治更禮以教百姓恐天下之議我也公孫鞅曰臣聞之疑行無成疑事無功君亟定變法之慮殆無顧天下之議之也且夫有高人之行者固見負於世有獨知之慮者必見毀於民語曰愚者闇於成事智者見於未萌民不可與慮始而可與樂成郭偃之法曰論至德者不和於俗成大功者不謀於眾法者所以愛民也禮者所以便事也是以聖人苟可以強國不法其故苟可以利民不循其禮孝公曰善甘龍曰不然臣聞之聖人不易民而教知者不變法而治因民而教者不勞而成功據法而治者吏習而民安之今若變法不循秦國之故更禮以教民臣恐天下之議君願孰察之公孫鞅曰子之所言世俗之言也夫常人安於故俗學者溺於所聞此兩者所以居官而守法非所與論於法之外也三代不同禮而王五霸不同法而霸故知者作法而愚者制焉賢者更禮而不肖者拘焉拘禮之人不足與言事制法之人不足與論變湯武之王也不脩古而興殷夏之滅也不易禮而亡然則反古者未必可非循禮者未足多是也君無疑矣

墾令第二

無宿治則邪官不及為私利於民而百官之情不相稽則農有餘日邪官不及為私利於民則農不敗農不敗而有餘日則草必墾矣訾粟而稅則上壹而民平上壹則信信則臣不敢為邪民平則慎慎則難變上信而官不敢為邪民慎則難變其徙農之情而不變則草必墾矣無以外權任爵與官則民不貴學問又不賤農民不貴學則愚愚則無外交無外交則勉農而不偷民不賤農則國安不殆國安不殆勉農而不偷則草必墾矣祿厚而稅多食口眾者敗農者也則以其食口之數賦而重使之則辟淫游食之民無所於食民無所於食則必農農則草必墾矣使商無得糴農無得糶農無得糶則窳惰之農勉疾商不得糴則多歲不加樂多歲不加樂則饑歲無裕利無裕利則商怯商怯則欲農怯窳惰之農勉疾商欲農則草必墾矣

〈掃葉山房〉《商子》(商君書)

商子卷一

更法第一

秦　公孫鞅　撰

孝公平畫公孫鞅甘龍杜摯三大夫御於君慮世之
變討正法之本使民之道君曰代立不忘社稷君之道
也錯法務民主長臣之行也今吾欲變化以治更禮以
教百姓恐天下之議我也公孫鞅曰臣聞之疑行無成
疑事無功君亟定變法之慮殆無顧天下之議之也且
夫有高人之行者必見非於世有獨知之慮者必見敖
於民語曰愚者暗於成事智者見於未萌民不可與
慮始可與樂成功郭偃之法曰論至德者不和於俗成
大功者不謀於眾法者所以愛民也禮者所以便事也
是以聖人苟可以強國不法其故苟可以利民不循於
禮孝公曰善甘龍曰不然臣聞之聖人不易民而教智
者不變法而治因民而教者不勞而功成據法而治者
吏習而民安令若變法不循秦國之故更禮以教民臣

恐天下之議君顧熟察之公孫鞅曰子之所言世俗之
言也夫常人安於所習學者溺於所聞此兩者所以居
官而守法非所與論於法之外三代不同道而王五霸
不同法而霸故知者作法而愚者制焉賢者更禮而不
肖者拘焉拘禮之人不足與言事制法之人不足與論
變君無疑矣杜摯曰臣聞之利不百不變法功不十不
易器臣聞古無過循禮無邪君其圖之公孫鞅曰前
世不同教何古之法帝王不相復何禮之循伏羲神農
教而不誅黃帝堯舜誅而不怒及至文武各當時而立
法因事而制禮禮法以時而定制令各順其宜兵甲器
備各便其用故曰治世不一道便國不必古湯武之
王也不循古而興商夏之滅也不易禮而亡然則反古
者未可非而循禮者未足多是也君無疑矣孝公曰善
吾聞窮巷多怪曲學多辯愚者笑之智者哀焉狂夫之
樂賢者喪焉拘世以議寡人不之疑矣於是遂出墾草
令

〈四庫全書〉《商子》子部 法家類

商君書解詁卷一

黟縣朱師轍少濱學

更法第一 更改也。漢書王嘉傳。數更政事。顏注。更亦變也。

孝公平畫。公孫鞅、甘龍、杜摯三大夫御於君。慮世事之變。討正法之本。求使民之道。

秦獻公之子。史記秦本紀。孝公元年。下令國中。賓客群臣。有能出奇計彊秦者。吾且尊官。與之分土。衞鞅聞令入秦。故稱衞鞅。以求封於商。又稱商鞅。史記索隱。春秋時甘昭公帶之後。姓譜。商甘盤之後。杜預注。杜摯與王稽攻趙。見國策。御侍也。慮謀思也。討治也。論語。君目代立不孝公名渠梁。

君曰。代立不忘社稷。君之道也。錯法務民主張。臣之行也。

孫詒讓札迻曰。錯法務民主張句。錯法務民主長。是也。當據校正。戰國趙策。趙武靈王與肥義謀胡服章文。與此多同。彼云。王曰。嗣立不忘先德。君之道也。錯質務明主長。臣之論也。明長二字。與新序正同。足證孫說之矯。錯施行也。○嚴校。師轍按趙策長經適變篇。作錯法務民主長。作錯法務民主張句。誤殊不可通。新序善謀篇。作錯法務民主長。長字不誤。

今吾欲變法以治。更禮以教百姓。恐天下之議我也。

禮也。更禮改。師轍按唐趙綋長經適變篇。太平御覽四百九十六。引商君書。皆作無名。

公孫鞅曰。臣聞之。疑行無成。疑事無功。君亟定變法之慮。殆無顧天下之議之也。

史記作無名。師轍按唐趙綋長經適變篇。太平御覽四百九十六。引商君書。皆作無名。亟急也。殆庶幾也。○嚴校。史記作固見

且夫有高人之行者。固見負於世。

見負於世。謂見義於世。漢書武帝紀。士或有負俗之累。顏注。韻被世議論也。○嚴校。師轍按各本拎作必見非於世。非元本同。秦本范本作必見非於世。今據改。

有獨知之慮者。

十六。引作殆猶天下之議。引作固見非於世。是唐時商君書。已有二本。嚴校。必從索隱改。非爲負。殊誤多事。

世。願念也。引作殆猶天下之議。師轍按各本拎作必見非於世。非。元本同。秦本范本作必見非。今據改。師轍按各本拎作必見非於世。非爲負。殊國多事。

世。長短經適變篇。引作固見非於世。是唐時商君書。已有二本。嚴校。必從索隱改。

朱師轍《商君書解詁》

商子卷一

秦　公孫鞅　撰

更法第一

孝公平畫公孫鞅甘龍杜摯三大夫御於君慮世事之
變討正法之本使民之道君曰代立不忘社稷君之道
也錯法務民主長臣之行也今吾欲變化以治更禮以
教百姓恐天下之議我也公孫鞅曰臣聞之疑行無成
疑事無功君亟定變法之慮殆無顧天下之議之也且

夫有高人之行者必見非於世有獨知之慮者因見毀
於民語曰愚者暗於成事智者見於未萌民不可與
慮始可與樂成功郭偃之法曰論至德者不和於俗成
大功者不謀於衆法者所以愛民也禮者所以便事也
是以聖人苟可以強國不法其故苟可以利民不循於
禮孝公曰善甘龍曰不然臣聞之聖人不易民而教
者不變法而治因民而教者不勞而功成據法而治者
吏習而民安今若變法不循秦國之故更禮以教民臣

차 례

❖ 책머리에
❖ 일러두기
❖ 해제

商君書

1. 〈更法〉第一

2. 〈墾令〉第二

3. 〈農戰〉第三

4. 〈去彊〉第四

5. 〈說民〉第五

6. 〈算地〉第六

7. 〈開塞〉第七

8. 〈壹言〉第八

15. 〈徠民〉第十五

16. 〈刑約〉第十六(亡)

17. 〈賞刑〉第十七

18. 〈畫策〉第十八

19. 〈境內〉第十九

20. 〈弱民〉第二十

21. 〈□□〉第二十一(亡)

22. 〈外內〉第二十二

23. 〈君臣〉第二十三

24. 〈禁使〉第二十四

25. 〈愼法〉第二十五

26. 〈定分〉第二十六

❀ 부록

1. 〈更法〉第一

'경법更法'은 '법을 바꾸다'의 뜻이다. 진秦 효공孝公이 변법變法을 공포하기 전날 저녁 상앙商鞅, 감룡甘龍, 두지杜摯와 논쟁을 벌인 내용을 소상하게 밝히고 있다.

《史記》秦本紀에 의하면 시기적으로는 효공 3년(B.C.359)이다. 그러나 '孝公'의 시호를 그대로 쓴 것으로 보아 이는 후세 사람이 추술追述한 것이거나 《戰國策》趙策(2)의 「武靈王平晝閑居」의 문장을 근거로 위작僞作한 것이 아닌가 하는 주장도 있다.

〈解詁〉에는 "更, 改也.《漢書》王嘉傳:「數更政事」顔注:「更, 亦變也.」"라 하였다.

〈青瓷四繫螭耳天雞尊〉(隋) 1956 湖北 武漢 隋墓 출토

001(1-1)
효공孝公과 세 대부

효공孝公이 국정을 평의하여 계획을 세울 때, 공손앙公孫鞅·감룡甘龍·두지杜摯 세 대부가 임금을 모시고, 세태의 변화를 고려하고, 법의 근본을 바르게 할 일을 토론하며, 백성을 부릴 방도를 찾고 있었다.

孝公平畫, 公孫鞅·甘龍·杜摯, 三大夫御於君, 慮世事之變, 討正法之本, 求使民之道.

【孝公】전국시대 秦나라 제25대 군주. 穆公의 15세손. 이름은 渠梁. 獻公의 아들로 B.C.361~B.C.338년까지 24년간 재위함. 富國彊兵의 정책을 펴고자 힘을 쏟았으며 마침내 商鞅을 登用하여 變法을 실시함. 〈解詁〉에 "孝公, 名渠梁. 秦獻公之子.《史記》秦本紀, 孝公元年, 下令國中:「賓客群臣, 有能出奇計彊秦者, 吾且尊官, 與之分土.」商鞅聞令入秦, 因景監求見孝公"이라 함.

【平畫】'平'은 '評'과 같음. 〈解詁〉에 "平, 評議也; 畫, 計策也"라 하여 計策을 相議하여 議決함. '畫'은 '획'으로 읽음. '劃'과 같음.

【公孫鞅】商鞅. 원래 衛나라 사람으로 성은 公孫. 그 때문에 公孫鞅, 衛鞅 등으로도 불림. 公叔座에게 刑名學을 배워 실력을 쌓았으며 공숙좌가 위혜왕에게 그를 추천하면서 "쓰지 않을 것이면 죽여 없애야 한다"고 강하게 말하였으나 혜왕이 관심을 보이지 않자 진나라로 달아나 효공을 만난 뒤 변법을 건의하여 성공함. 뒤에 상(商) 땅에 봉하져 상군으로도 불림. 그러나 가혹한 법으로 인해 태자가 걸려들자 그 일로 태부를 대신 죽인 일 등에 한을 품은 태자가 惠文王에 올라 상군을 車裂刑에 처함.《史記》商君列傳을 참조할 것. 〈解詁〉에 "公孫, 姓; 鞅, 名. 衛庶孽公子, 故稱衛鞅, 以功封於商, 又稱商鞅"이라 함.

【甘龍】孝公의 신하이며 대부.〈解詁〉에 "甘龍,《史記》索隱: 春秋時甘昭公子
　帶之後.《姓譜》: 商甘盤之後"라 함. 司馬貞은 "孝公之臣, 甘姓, 名龍也"라 함.
【杜摯】역시 孝公의 신하. 商鞅의 변법에 반대한 대부.〈解詁〉에 "杜摯與王稽
　攻趙, 見《國策》"이라 함. 그러나《戰國策》秦策(3)의 杜摯와는 시간적으로 맞지
　않아 同名異人으로 보고 있음.
【御】곁에 모시고 있음.〈解詁〉에 "御, 侍也"라 함.
【慮】〈解詁〉에 "慮, 謀事也"라 함.
【討】〈解詁〉에 "討, 治也"라 함.
【正法】법을 바르게 제정함. '正'은 '바르게 하다'의 동사.《荀子》王制篇에
　"正法則"이라 함. 高亨은 '政'으로 보았으나 이는 오류임.
【求】〈解詁〉에 "秦本·氾本, 無「求」字, 元本有. 師轍按: 緜紗閣本·明評校本·吳勉
　學本·程榮本, 俱無「求」字"라 함.

002(1-2)
효공의 걱정

효공이 말하였다.

"대를 이어 임금 자리에 올라 사직을 잊지 않는 것이 군주로서의 도리요, 법을 조치하여 임금으로서의 장점을 살리고 밝히도록 온힘을 쏟는 것이 신하로서의 행동이오. 지금 나는 법을 바꾸어서 다스리고, 예禮를 고쳐 백성을 교화시키고자 하나 천하가 나를 두고 말이 많을까 걱정이오."

君曰:「代立不忘社稷, 君之道也; 錯法務明主長, 臣之 行也. 今吾欲變法以治, 更禮以敎百姓, 恐天下之議我也.」

【代立】 군주의 자리를 대를 이어감.
【錯法務明主長】 '錯'는 '措'와 같음.《論語》爲政篇 "哀公問曰:「何爲則民服?」 孔子對曰:「擧直錯諸枉, 則民服; 擧枉錯諸直, 則民不服.」"이라 하였으며 〈集註〉 에 "錯, 捨置也"라 함. 한편 이 구절은 '錯法務民主張'으로 보기도 함(嚴萬里). 그러나 '主長'은《戰國策》趙策(2)에 "錯質務明主之長"이라 하여 "군주가 자신의 권력과 위세를 主掌함의 이로움을 가지고 있음"의 뜻임. 그러나 〈解詁〉에는 "錯法務民主張"으로 되어 있으며 이에 대해 〈解詁〉에는 "孫詒讓《札迻》曰:「錯法 務民主張句, 義殊不可通.《新序》善謀篇作「錯法務明主長」, 是也. 當據校正. 《戰國策》趙策, 趙武靈王與肥義趙造論胡服章文, 與此多同, 彼云:「王曰:『嗣立 不忘先德, 君之道也; 錯質務明主長, 臣之論也.』」'明長'二字, 與《新序》正同, 可以 互證. 師轍按:「縹緲閣本·程榮學本·吳勉學本·錢熙祚本·四庫本, 俱作「錯法務民 主長」, 「長」字不誤, 足證孫說之塙. 錯, 施行也"라 함.
【更禮】 〈解詁〉에 "更禮, 改禮也"라 함.

003(1-3)
의심하면 이룰 수 없다

공손앙이 말하였다.

"제가 듣기로 '실행을 의심하면 아무것도 이루지 못하고, 일을 의심하면 공을 이루지 못한다'하더이다. 임금께서는 변법에 대한 생각을 급히 정하시고, 천하의 의논은 돌아보지도 마십시오. 게다가 무릇 높은 경지를 가진 자의 행동은 진실로 세상에 비난을 당하게 마련이며, 자신만이 알고 있는 것으로써 생각하는 자는 틀림없이 사람들로부터 비난을 당하게 마련입니다. 속담에 '어리석은 자는 이미 이루어진 일에도 어둡지만, 지혜로운 사람은 아직 싹도 트지 않은 것도 볼 줄 안다. 백성이란 일의 시작을 함께 생각할 수는 없으며 다만 이루어진 일을 함께 즐길 수 있을 뿐'이라 하였습니다. 곽언郭偃의 법法에도 '지극한 덕을 논하는 자는 세속에 영합하지 아니하며, 큰 공을 이루는 자는 민중들과 도모하지 않는다'라고 하였습니다. 법이란 백성을 사랑하기 위한 것이요, 예禮란 일을 쉽게 하기 위한 것입니다. 이 까닭으로 성인으로서 진실로 나라를 강하게 할 수만 있다면 옛 일을 법으로 삼지 아니하며, 진실로 백성을 이롭게만 할 수 있다면 옛날의 예를 따르지 않는 것입니다."

효공이 말하였다.

"좋습니다!"

公孫鞅曰:「臣聞之:『疑行無成, 疑事無功』君亟定變法
之慮, 殆無顧天下之議之也. 且夫有高人之行者, 固見
負於世; 有獨知之慮者, 必見訾於民. 語曰:『愚者闇於

成事, 知者見於未萌. 民不可與慮始, 而可與樂成.』郭偃
之法曰:『論至德者, 不和於俗; 成大功者, 不謀於衆.』
法者, 所以愛民也; 禮者, 所以便事也. 是以聖人苟可以
彊國, 不法其故; 苟可以利民, 不循其禮.」

孝公曰:「善!」

【疑行無成】《史記》에는 '疑行無名'으로 되어 있음. 〈解詁〉에는 "師轍按: 唐趙蕤
《長短經》適變篇·《太平御覽》四百九十六, 引《商君書》, 皆作「無名」"이라 함.
【亟】 '급히, 서둘러, 자주'의 뜻. 〈解詁〉에 "亟, 急也"라 함.
【慮】 고려함, 계획함, 생각함.
【殆無顧天下之議之也】 '殆'는 '거의 기대할 수 있다'의 뜻. 〈解詁〉에 "殆, 庶幾也.
御覽四百九十六, 引作「殆猶天下之議」"라 함. '顧'는 '돌아봄, 염려함'의 뜻.
〈解詁〉에 "顧, 念也"라 함.
【見負於世】 '見'은 被動法. '負'는 '非'(비난)의 뜻. 〈解詁〉에 "見負於世, 謂見譏於世.
《漢書》武帝紀:「士或有負俗之累」 顔注:「謂被世議論也.」○嚴校:《史記》作
「固見非」, 元本同, 秦本·范本作「必見非」. 司馬貞〈索隱〉云:「按《商君書》「非」作
「負」, 今據改」 師轍按: 各本皆作「必見非於世」, 《長短經》適變篇, 引作「固見非於世」.
是唐時《商君書》, 已有二本. 嚴校, 必從〈索隱〉改「非」爲「負」, 殊屬多事"라 함.
【見訾於民】 '訾'는 역시 '비난하다'의 뜻. 〈解詁〉에 "訾, 毁也. 訾, 嚴本作驁.
師轍按:《史記》商君傳〈索隱〉引《商君書》作「謷」, 今據改正.《長短經》適變, 引作
「必見贅」, 「贅」, 當作「謷」之誤字.《楚辭》:「怨上令尹兮贅驁.」 王逸注: 不聽話言
妄語也. 緜眇閣本·吳本·程本·錢本·四庫本, 皆作「因見毁」.○嚴校: 元本「謷」作
「敖」,《史記》同.〈索隱〉引作「必見驁於人」, 今據改. 唐避太宗諱, 故更「民」作「人」.
秦本·范本作「因見毁」譌"라 함.
【語曰】 '語'는 諺語, 俚語, 俗諺, 俗語, 俗談의 뜻. 〈解詁〉에 "語, 諺語也"라 함.
四庫本에는 '語有曰'로 되어 있음. 〈解詁〉에 "四庫本作「語有曰」. 程本·范欽本,
「語」下空一字"라 함.
【闇於成事】 〈解詁〉에 "闇, 冥也. 各本俱作「暗」, 暗, 無日光也. 義皆通"이라 함.
【萌】 〈解詁〉에 "萌, 兆也"라 함.《藝文類聚》(21)에는 "愚者暗於未成, 而知者見
於未萌"이라 함.

【慮始】《呂氏春秋》樂成篇에도 "民不可與慮化擧始, 而可以樂成功"이라 함.

【郭偃】春秋시대 晉 獻公 때의 신하. 占卜과 豫言에 뛰어나 卜偃이라고도 불림. 《國語》晉語 韋昭 注에 "卜偃, 晉掌卜大夫郭偃也"라 하였고,《韓非子》南面篇에 "管仲毋易齊, 郭偃毋更晉, 則桓文不霸矣"라 하였으며,《左傳》僖公 32년에도 "柩有聲如牛, 卜偃使大夫拜, 曰:「君命大事, 將有西師過軼我, 擊之, 必大捷焉,」" 이라 함.

【不法其故, 不循其禮】〈解詁〉에 "故, 古也; 循, 遵也. 謂彊國不必法古, 利民不 必遵禮.「循」,《長短經》引作「脩」"라 함.

004(1-4)
풍속은 바꿀 수 없다

감룡이 말하였다.

"그렇지 않습니다. 제가 듣기로 '성인은 백성의 풍속을 바꾸어서 가르치지 않으며, 지혜로운 자는 법을 고쳐서 다스리지는 아니한다'라 하였습니다. 백성의 사정을 따라 교화시키면 수고하지 않고도 공이 이룰 수 있으며, 법에 의거하여 다스리면 관리들은 익숙하게 되고 백성들은 편안히 여깁니다. 그런데 지금 만약 법을 바꾸어 진秦나라의 옛 제도를 따르지 않고 예를 바꾸어 백성들을 가르친다면, 저는 천하가 임금을 두고 의논거리로 삼을까 두렵습니다. 원컨대 깊이 살펴주시기를 바랍니다!"

甘龍曰:「不然. 臣聞之:『聖人不易民而敎, 知者不變法而治.』因民而敎者, 不勞而功成; 據法而治者, 吏習而民安. 今若變法, 不循秦國之故, 更禮以敎民, 臣恐天下之議君, 願孰察之!」

【據法而治】《長短經》에는 "緣法而理"로 되어 있음.
【吏習】관리들은 이미 있는 법에 밝아 일을 쉽게 처리할 수 있음. 〈解詁〉에 "習, 曉也"라 함.
【秦國之故】〈解詁〉에 "故, 舊也"라 함.
【孰】熟과 같음. 〈解詁〉에 "《荀子》議兵篇「凡慮事欲孰」, 楊倞注:「孰, 謂精審.」" 이라 함.

005(1-5)
세속의 여론

공손앙이 말하였다.

"그대가 말한 바는 세속의 여론입니다. 무릇 보통 사람들은 옛날의 관습을 편안히 여기며, 학자란 자신이 들은 바에 빠져 있게 마련입니다. 이 두 부류의 사람들은 관직에 있으면서 법을 지킬 사람들일 뿐, 법 밖의 일을 더불어 논의할 사람들은 아닙니다. 삼대三代에는 예禮가 같지 않았으나 왕노릇을 하였고, 오패五霸는 법이 같지 않았지만 패자가 되었습니다. 그러므로 지혜로운 자는 법을 만들고, 어리석은 자는 그 법에 제제를 받는 것이요, 현명한 사람은 예를 고치고, 불초한 자는 거기에 구속을 받는 것입니다. 예에 구속되는 사람은 더불어 일을 논의하기에 부족하고, 법의 제제를 받은 자는 더불어 변화를 논의하기에 부족한 것입니다. 임금께서는 의심을 품지 마십시오."

公孫鞅曰:「子之所言, 世俗之言也. 夫常人安於故習, 學者溺於所聞. 此兩者, 所以居官而守法, 非所與論於法之外也. 三代不同禮而王, 五霸不同法而霸. 故知者作法, 而愚者制焉; 賢者更禮, 而不肖者拘焉. 拘禮之人, 不足與言事; 制法之人, 不足與論變. 君無疑矣.」

【子之所言】《長短經》에는 '龍之所言'으로 되어 있어 임금에게 甘龍의 말을 비판한 것으로 되어 있음.

【故習】〈解詁〉에 "故習, 猶習俗也"라 하였으며《長短經》에도 '習俗'으로 되어 있음.

【溺】'구애받다, 빠져들어 헤어나지 못하다'의 뜻.〈解詁〉에 "溺, 惑也"라 함.

【三代】王道政治가 행해지던 夏(禹王), 殷(商, 湯王), 周(文王, 武王) 시대.〈解詁〉에 "三代, 夏商周也. 皆稱王"이라 함.

【五霸】'五伯'으로도 부르며 春秋시대 霸道政治가 이루어지던 시대의 다섯 제후국 패자.《白虎通》號篇에 "霸者, 伯也. 行方伯之職"이라 함. 五霸는 여러 설이 있으나《史記》에 의해 흔히 齊 桓公, 晉 文公, 楚 莊王, 宋 襄公, 秦 穆公을 들고 있으나 다른 주장에는 襄公 대신 吳 闔閭나 越 句踐을 넣기도 함. 高亨은 "戰國人所謂五霸是齊桓公, 晉文公, 楚莊王, 吳王闔閭, 越王勾踐"이라 함.

【知者作法】'知'는 '智'와 같음.《淮南子》氾論訓에 "聖人作法而萬物制焉, 賢者 立禮而不肖者拘焉"이라 하였고, 高誘 注에 "制, 猶從也; 拘, 猶檢也"라 함. 蔣禮鴻은 "制焉, 拘焉, 謂拘制於舊禮故法, 而不敢有所變更也"라 함.

【君無疑矣】〈解詁〉에 "商鞅說孝公, 無疑惑而不變法"이라 함.

006(1-6)
이익이 백 배가 나지 않으면

두지가 말하였다.

"제가 듣기로는 '이익이 백 배가 되지 않으면 법을 바꾸지 않으며, 공이 열 배가 되지 않으면 그릇을 바꾸지 않는다'라 하였습니다. 제가 듣건대 '옛날을 법으로 삼으면 과실이 없게 되며, 옛날 예를 따르면 사악해지지 않는다'라 하더이다. 임금께서는 잘 도모하셔야 할 것입니다!"

杜摯曰:「臣聞之:『利不百, 不變法; 功不十, 不易器.』
臣聞:『法古無過, 循禮無邪.』君其圖之!」

【易器】쓰던 기구를 바꾸지 않고 그대로 씀. 〈解詁〉에 "易器, 謂器物改作. 此杜摯反對變法. 言治國無百倍之利, 不變更法制; 無十倍之功, 不改作器物"이라 함.
【邪】'奸邪不正'의 뜻. 〈解詁〉에 "邪, 僻也. 反正爲邪"라 함. 또는 '斜'의 뜻으로도 볼 수 있음.

007(1-7)
시대가 다르면 법도 다른 것

공손앙이 말하였다.

"이전의 세대에는 교화가 같지 않았는데, 어느 시대의 옛 법을 본받는
다는 것입니까? 제왕帝王들은 서로 똑같이 답습하지 않았는데, 어느 예제를
따른다는 것입니까? 복희伏羲와 신농神農은 교화는 시켰으나 죽이지는
않았고, 황제黃帝와 요堯, 순舜은 죽이기는 하였으나 지나치게 노기를 드러
내지는 않았습니다. 문왕文王과 무왕武王에 이르러서는 저마다 시대에
마땅하게 법을 세우고, 일에 근거하여 예를 제정하였습니다. 이처럼 예와
법이란 시대에 따라 정해야 하는 것이며, 제도와 명령은 저마다 그 마땅
함을 따라야 하며, 무기·갑옷·기구·설비 등은 각기 그 용도에 편해야 하는
것입니다. 그러므로 저는 '세상을 다스리는 데에는 한 가지 길만 있는 것이
아니요, 나라를 편하게 함에는 반드시 옛 것만을 법으로 여길 필요는 없다'
고 말하는 것입니다. 탕왕湯王과 무왕武王이 왕이 된 것은 옛 것을 따르지
않았기에 흥한 것이요, 은殷나라와 하夏나라가 망한 것은 예를 바꾸지 않
았기에 망한 것입니다. 그렇다면 옛 것을 반대한다고 해서 반드시 비난을
받을 것도 아니요, 옛 예를 따른다고 해서 모두 옳다고 할 수는 없는
것입니다. 임금께서는 의혹을 갖지 마시기 바랍니다."

公孫鞅曰:「前世不同敎, 何古之法? 帝王不相復, 何禮
之循? 伏羲·神農, 敎而不誅; 黃帝·堯·舜, 誅而不怒;
及至文·武, 各當時而立法, 因事而制禮. 禮法以時而定,

制令各順其宜, 兵甲器備, 各便其用. 臣故曰:『治世不
一道, 便國不必法古』湯·武之王也, 不循古而興; 殷·夏
之滅也, 不易禮而亡. 然則反古者未可必非, 循禮者未
足多是也. 君無疑矣.」

【帝王】 고대의 三皇五帝.

【復】 '답습하다, 인습하다'의 뜻. 《說文》에 "復, 行故道也"라 함.

【伏羲】 太昊氏 부락의 領袖. 전설상의 임금으로 인류에게 그물 만드는 법과
사냥, 목축 등을 가르침. 《十八史略》(1)에 "太昊伏羲氏: 風姓, 代燧人氏而王.
蛇身人首, 始畫八卦, 造書契, 以代結繩之政, 制嫁娶, 以儷皮爲禮, 結網罟敎佃漁,
養犧牲以庖廚, 故曰庖犧. 有龍瑞, 以龍紀官, 號龍師. 木德王, 都於陳"이라 함.

【神農】 쟁기를 만들어 농사짓는 법을 발명한 집단 炎帝, 산과 들에 불을 놓아
火田으로 시작하여 烈山氏라고도 부름. 《十八史略》(1)에 "炎帝神農氏: 姜姓
人身牛首, 繼風姓而立, 火德王. 斲木爲耜, 揉木爲耒, 始敎耕, 作蜡祭. 以赭鞭鞭
草木, 嘗百草, 始有毉藥. 敎人日中爲市, 交易以退. 都於陳, 徙曲阜"라 함.

【黃帝】 中原 각 민족들의 공동 조상. 公孫氏, 軒轅氏로도 불리며 姬姓의 선조.
역시 《十八史略》(1)에 "黃帝: 公孫姓, 又曰姬姓, 名軒轅, 有熊國君, 少典子也.
母見大電繞北斗樞星, 感而生帝. 炎帝世衰, 諸侯相侵伐, 軒轅乃習用干戈以征
不享, 諸侯咸歸之. 與炎帝戰于阪泉之野, 克之. 蚩尤作亂, 其人銅鐵額, 能作大霧,
軒轅作指南車, 與蚩尤戰於涿鹿之野禽之, 遂代炎帝爲天子. 土德王, 以雲紀官,
爲雲師. 作舟車以濟不通, 得風后爲相, 力牧爲將. 受河圖. 見日月星辰之象,
始有星官之書. 師大撓占斗建作甲子, 容成造曆, 隸首作算數. 伶倫取嶰谷之竹,
制十二律箭, 以聽鳳鳴. 雄鳴六, 雌鳴六. 以黃鐘之宮生六律六呂, 以候氣應,
鑄十二鐘, 以和五音. 嘗晝寢, 夢遊華胥之國, 怡然自得. 其後天下大治, 幾若華胥.
世傳: 黃帝采銅鑄鼎, 鼎成, 有龍垂胡䫇下迎. 帝騎龍上天, 羣臣後宮從者七十
餘人, 小臣不得上, 悉持龍䫇, 䫇拔, 墮弓, 抱其弓而號. 後世名其處曰鼎湖; 其弓
曰烏號. 黃帝二十五子, 其得姓者十四"라 함.

【堯】 전설상 上古시대 五帝의 하나. 陶唐氏. 唐堯로도 부름. 祁姓이며 이름은
放勳. 帝嚳의 아들. 《十八史略》(1)에 "帝堯陶唐氏: 伊祁姓, 或曰名放勛, 帝嚳子也.
其仁如天, 其知如神, 就之如日, 望之如雲, 都平陽. 茆茨不剪, 土階三等. 有草

生庭, 十五日以前, 日生一葉, 以後日落一葉, 月小盡, 則一葉厭而不落, 名曰
蓂莢, 觀之以知旬朔"라 함.《史記》五帝本紀를 볼 것.

【舜】고대 五帝의 하나. 有虞氏. 姓은 姚氏, 이름은 重華. 虞舜으로도 부름.
堯임금으로부터 천하를 물려받아 帝位에 오름. 瞽瞍의 아들로 孝誠이 뛰어
났던 분으로 널리 알려져 있으며 儒家에서 聖人으로 추앙함.《十八史略》(1)에
"帝舜有虞氏: 姚姓, 或曰名重華, 瞽瞍之子, 顓頊六世孫也. 父惑於後妻, 愛少子象,
常欲殺舜. 舜盡孝悌之道, 烝烝乂不格姦"라 함.

【怒】《荀子》君子篇 "刑罰不怒罪, 爵賞不逾德"의 王念孫 注에 "怒·逾, 皆過也"라
하여 '지나치다'의 뜻. 〈解詁〉에는 "周語「怒而不怒」, 注:「怒, 作氣也.」《廣雅》
釋詁:「怒, 多也.」"라 함. 罪보다는 사람을 미워하여 연좌법을 적용하는 등
지나치게 벌을 무겁게 함을 뜻함.

【文王】周나라 건국의 聖王. 姬昌. 后稷(姬棄)의 후손으로 季歷의 아들이며 古公
亶甫의 손자. 商나라 말 紂임금 때 西伯이 되어 인정을 베풀었으며 紂의 미움을
받아 羑里(牖里, 지금의 河南 湯陰縣)의 감옥에 갇히는 등 고초를 겪기도 하였
으며 그 아들 武王(姬發)에 이르러 紂를 牧野에서 멸하고 周나라를 일으킴.
《史記》周本紀 참조.

【武王】姬發. 文王(姬昌, 西伯)의 아들. 殷末 周民族의 領袖. 아버지의 뜻을 이어
庸, 蜀, 羌 등 부족과 연합하여 殷의 紂를 멸하고 西周의 封建王朝를 건립함.
周公(姬旦)의 형이며 成王(姬誦)의 아버지. 周初의 文物制度를 완비하여 儒家
에서 흔히 三代의 개국시조 夏禹, 商湯, 周文武로 칭하며 추앙받기도 함.《史記》
周本紀 참조.

【湯】殷나라 시조 湯王. 子姓. 이름은 履. 武湯, 成湯, 天乙로도 불림. 有자는
접두사. '湯'은 원래 夏나라 때의 諸侯. 亳을 근거로 발전하여 夏나라 末王 桀의
무도함을 제거하고 伊尹을 등용하여 殷(商)을 세운 개국군주. 儒家에서 聖人
으로 받듦.《史記》殷本紀를 참조할 것.《十八史略》(1)에는 "殷王成湯: 子姓,
名履. 其先曰契, 帝嚳子也. 母簡狄, 有娀氏女, 見玄鳥墮卵吞之, 生契. 爲唐虞司徒,
封於商, 賜姓"라 함.

【殷】商. 湯이 夏나라 末王 桀을 쳐서 멸하고 亳(지금의 山東 曹縣)에 세웠던 나라.
殷나라의 末王은 紂로 周 武王에게 망함.

【夏】禹가 세웠던 中國 최초의 왕조. 禹는 夏后氏 부락의 領袖였으며 姒姓. 大禹,
夏禹 등으로도 불리며 이름은 文命. 鯀의 아들. 鯀이 물을 막는 방법으로
治水에 실패하여 죽음을 당한 뒤 禹는 물을 소통시키는 방법으로 성공을 거둔

다음 舜임금으로부터 천하를 물려받아 夏王朝를 세움. 뒤에 천하를 순시하다가 會稽에서 생을 마침. 그는 益에게 천하를 물려주려 하였으나 아들 啓의 무리가 난을 일으켜 益을 죽이고 世襲王朝를 시작함. 이로부터 禪讓(公天下)의 제도가 마감되고 世襲(家天下)의 역사가 시작됨. 이를 "傳子而不傳賢"이라 함. 《史記》에서는 五帝本紀 다음 첫 왕조로 夏本紀가 시작됨. 《十八史略》(1)에 "夏后氏禹: 姒姓, 或曰名文命, 鯀之子, 顓頊孫也. 鯀湮洪水, 舜擧禹代鯀, 勞身焦思, 居外十三年, 過家門不入"라 함. 이 夏나라의 末王은 桀로 탕에게 망함. 《史記》夏本紀를 참조할 것.

008(1-8)
의혹을 떨쳐버리고

효공이 말하였다.

"훌륭하오! 내가 듣기로 '궁벽한 골목에는 괴이하다 여기는 일이 많으며 학문을 곡해하면 논쟁도 많은 법. 어리석은 자가 비웃는 것을 두고 지혜로운 자는 불쌍히 여기며, 미치광이들이 즐거워하는 일에 대하여 현명한 사람은 근심을 한다'라 하였소. 세속에 얽매여 논의한 것을 과인은 의혹을 갖지 않겠소!"

이에 드디어 간초령墾草令을 내렸다.

孝公曰:「善! 吾聞:『窮巷多怪, 曲學多辯. 愚者之笑, 智者哀焉; 狂夫之樂, 賢者憂焉.』拘世以議, 寡人不之 疑矣!」

於是遂出墾草令.

【窮巷多怪】 궁벽한 골목에 사는 사람은 식견이 좁아 괴이하다고 여기는 일들이 많음. 原本 등에는 '怪'자가 '恠'자로 되어 있음. 그러나 《新序》善謀篇 등에 "窮鄕多怪"라 하였고, 《太平御覽》(195)의 인용에도 '恠(怪)'로 되어 있음.
【曲學】 잘못 알려진 학문 이론. 또는 학문의 정도를 곡해함. '曲'은 '偏僻되다' 의 뜻. 《文選》劉淵林 注에 "曲, 謂僻也"라 함. 《荀子》解蔽篇에 "凡人之患, 蔽於一曲, 而暗於大理"라 함.
【辯】 '辨'과 같음. 論辯을 벌임. 嚴萬里 본에는 '辨'으로 되어 있음.

【賢者憂焉】원본에는 "賢者喪焉"으로 되어 있으며 高亨은 "喪, 是悲悼之意, 《禮記》檀弓上:「心喪三年.」"이라 하여 '喪'자를 맞는 것으로 보았음. 그러나 《新序》善謀篇에 의해 고침.

【拘世以議】〈解詁〉에 "孝公言不復拘束於世俗之議, 疑惑而不變法"이라 함.

【墾草令】荒蕪地開墾令. '草'는 '개간되지 않은 황무지나 초지'를 가리킴. 〈解詁〉에 "墾, 闢也. 墾草, 孟子所謂闢草萊, 卽後世墾荒政策. 蓋使國無游民曠土, 則國富彊矣"라 함. 孝公이 제일 처음 반포한 명령임.

2. 〈墾令〉第二

'간령墾令'은 '황무지 개간 법령'이다. 이는 상앙이 구상한 농업 진흥책의 의견서에 해당하며 모두 20장으로 구성되어 있다. 여러 상황을 가정하여 그 효과와 결과를 기대한 것으로 농전農戰의 기초를 위한 전단계로써 부국富國의 기틀을 마련하고자 한 것이다.

〈解詁〉에는 "墾令, 墾草令也"라 하였다.

〈白瓷雙腹龍柄傳瓶〉(隋) 1957 陝西 西安 李靜訓묘 출토

009(2-1)
황무지 개간

처리해야 할 업무를 묵혀두지 못하도록 하면 사악한 관리라 해도 백성들에게 사사로운 이익을 취하는 데 이르지 않을 것이며, 백관百官들의 업무도 서로 미루지 않으면 농사를 짓는 데 시간적 여유가 있게 될 것이다.

사악한 관리가 백성들에게 사사로운 이익을 취하는 데 이르지 않으면 농사를 짓는 데 손실이 없게 될 것이다.

농사에 손실이 없고, 시간적 여유가 있게 되면 황무지는 틀림없이 개간될 것이다.

無宿治, 則邪官不及爲私利於民; 百官之情不相稽,
則農有餘日.

邪官不及以私利於民, 則農不敗.

農不敝而有餘日, 則草必墾矣.

【無宿治】'宿' '묵혀두다. 제 때에 처리하지 않고 실행을 보류하다'의 뜻.《論語》
顔淵篇 "子曰:「片言可以折獄者, 其由也與!」子路無宿諾"의 注에 "宿, 留也"라 함.
'無'는 '毋'와 같음. 금지명령을 표시함. 高亨은 "此言朝廷有事, 馬上就辦"이라 함.
【情】'情'은 '事情'과 같음. 관리로써 처리해야 할 업무를 가리킴.
【稽】'宿'과 같은 뜻임.《說文》에 "稽, 留止也"라 하였고, 〈解詁〉에는 "稽, 猶停
留也"라 함.
【農有餘日】〈解詁〉에 "政無留治, 則貪邪之官不及爲私利於民; 百官不敢稽延
公事, 則農不擾. 故有餘日從事耕作"이라 함.

【農不敗】〈解詁〉에 "敗, 壞也"라 함. 한편 '敗'는 明 陳深의 《諸子品節》에는 '敝'로, 〈范本〉에는 '救'로 되어 있음.

010(2-2)
소년들에게 농사짓는 법을

곡물로써 헤아려 세금을 부과하면 군주의 세금제도가 하나로 통일되고 백성들도 공평해질 것이다.

윗사람으로서의 세금제도가 하나로 통일되면 신뢰하게 되며, 신뢰하면 관리들은 감히 사악한 짓을 하지 못할 것이다. 백성들이 공평하다고 여기면 신중하게 행동할 것이며 신중하게 여기면 농사의 직업을 바꾸기 어렵게 될 것이다.

군주가 신뢰를 얻고 관리가 감히 사악한 짓을 하지 않으며, 백성들이 신중히 하여 자신의 직업을 마구 바꾸지 않으면 아랫사람들이 군주를 그르다 하지 않으며, 마음속으로 관리를 고통스러운 존재로 여기지 않을 것이다.

아랫사람이 임금을 그르다 여기지 않고 마음속으로 관리를 고통스러운 존재로 여기지 않게 되면, 장년의 백성들은 서둘러 농사에 힘쓰며 직업을 바꾸지 않게 될 것이다.

장년들이 농사에 급히 나서면서 직업을 바꾸지 않으면 젊은 백성들은 농사 배우기를 쉬지 않게 될 것이다.

소년 백성들이 농사 배우기를 쉬지 않으면 황무지는 틀림없이 개간될 것이다.

訾粟而稅, 則上壹而民平.

上壹則信, 信則官不敢爲邪; 民平則愼, 愼則難變.

上信而官不敢爲邪, 民愼而難變, 則下不非上, 中不苦官.

下不非上, 中不苦官, 則壯民疾農不變.
壯民疾農不變, 則少民學之不休.
少民學之不休, 則草必墾矣.

【訾】'헤아리다, 계산하다'의 뜻. 陳深은 "訾, 量也: 貲通"이라 함. 그러나 세금을
돈이 아니라 생산된 곡식의 양을 헤아려 받는 것을 뜻함. 〈解詁〉에는 "家大人曰:
訾, 《漢書》杜周傳「家訾累巨萬」, 借爲貲財之貲, 貲粟而稅. 言收稅皆用粟爲貲,
不納錢, 是以歸農衆粟也"라 함.
【稅】蔣禮鴻은 "《說文》: 稅, 租也. 租, 田賦也"라 함.
【官不敢爲邪】原文에는 「官不敢爲邪」로 되어 있으나 俞樾의 《諸子平議》에
"臣, 當作官, 下文云: 「上信而官不敢爲邪」, 可證信字之誤"라 함.
【非】'그릇됨. 잘못됨'의 뜻.
【中不苦官】'中'은 '心中, 心志, 內心'의 뜻. 백성들이 관리를 고통스러운 대상으로
여기지 않음.
【疾農】급히 달려 나가 농사에 온 힘을 쏟음. 〈解詁〉에 "疾, 亟也. 壯民亟於農事,
而不變易其業, 則少民學之不息, 所謂農習先疇之畎畝, 是也"라 함.
【少】젊은 나이. 少年.

011(2-3)
외국과의 교류를 중시하지 않아야

외국의 권력에 의해 작위를 주거나 관직을 주는 일 등이 없게 되면 백성들은 학문學問을 귀히 여기지 않게 될 것이며 또한 농업도 천히 여기지 않게 될 것이다.

백성들이 학문을 귀히 여기지 않으면 어리석어 질 것이며, 백성들이 어리석어지면 외국과의 교류가 없게 될 것이다.

외국과의 교류가 없게 되면 나라가 편안하며 위태롭지 않게 될 것이다.

백성들이 농업을 천히 여기지 않게 되면 농업에 힘쓰면서 편안함을 탐내지 않게 될 것이다.

나라가 안전하고 위태롭지 않으며 농업에 힘쓰고 편안함을 탐내지 않게 되면 황무지는 틀림없이 개간될 것이다.

無以外權任爵與官, 則民不貴學問, 又不賤農.

民不貴學則愚, 愚則無外交.

無外交, 則國安而不殆.

民不賤農, 則勉農而不偸.

國安不殆, 勉農而不偸, 則草必墾矣.

【外權】 다른 제후들의 권력을 빌어 다른 나라의 관리 임명권 등을 행사하거나 영향을 줌. 전국시대에는 유세가들이 오로지 三寸之舌만으로써 제후들을 설득하여 이와 같은 영향을 미쳤으며 그 유세가들은 학문을 익혀 그 실력으로

그러한 이득을 취하였으므로 학문을 익히지 못하도록 유도해야 한다는 논리임. 《韓非子》五蠹篇에 "是故事彊, 則以外權士官於內; 救小, 則以內重求利於外. 國利未立, 封土厚祿至矣; 主上雖卑, 人臣尊矣; 國地雖削, 私家富矣. 事成, 則以權長重; 事敗, 則以富退處"라 함.

【學問】유세를 위해 익히는 학문들.

【愚】愚民政策을 활용하여 백성들로 하여금 오직 농사에만 매달리도록 함.

【勉農不偸】'勉'은 '彊'과 같음, '偸'는 '苟且'와 같음. 〈解詁〉에 "勉, 彊也; 偸, 苟且也"라 함. '偸'는 '偸安'의 뜻. 편안함만을 추구함.

012(2-4)
농사 외에는 먹을 것이 없이 하면

관리들의 녹봉이 많고 세금을 많이 거두어, 일하지 않고 입(말)으로써 먹고 사는 자가 많다는 것은 농업을 망치는 것이다.

그렇다면 농사를 짓지 않고 먹는 식구의 수로써 세금을 거두고 그들을 무겁게 사역을 시켜야 한다.

그렇게 하면 편벽되고, 마구 행동하고 놀이나 하고 게으른 사람들은 밥을 먹을 곳이 없게 될 것이다.

밥을 얻어먹을 곳이 없게 되면 틀림없이 농사를 짓게 될 것이요, 농사를 짓게 되면 황무지는 틀림없이 개간될 것이다.

祿厚而稅多, 食口衆者, 敗農者也.
則以其食口之數, 賦而重使之.
則辟淫游惰之民, 無所於食.
無所於食則必農, 農則草必墾矣.

【祿厚稅多】 관리와 귀족의 봉급이 후하고 그를 충당하기 위해 많은 세금을 거두게 됨. 高亨은 "此指貴族而言, 貴族家屬人多, 又有食客, 所以食口衆"이라 함.
【食口】 세 가지 뜻으로 봄. 입으로 유세하며 직접 농사에는 참여하지 않으면서 먹고 사는 자. 둘째는 밥을 먹고 사는 사람. 셋째는 식객. 〈解詁〉에 "食口者衆, 謂游說之士, 以口舌得祿者多. 或曰貴族卿士之家, 所得俸祿厚, 食邑稅收多, 其子弟游手好閒, 不事農業. 故商君計游閒食口之數, 而重賦之"라 함.

【賦而重使之】'賦'는 원본에는 '賤'으로 되어 있으나 이는 오류임. 孫詒讓은 "賤, 當爲賦之誤"라 함. '使'는 使役을 시킴. 일을 시킴. 稅金이나 勞役을 賦課함.

【辟淫游惰】〈解詁〉에 "辟, 邪也; 淫, 蕩也, 惰, 嬾(懶)也"라 함. 蔣禮鴻은 "辟, 讀爲僻"이라 함. 한편 '游惰'는 四庫本, 吳本, 馮覲本, 彙函本 등에는 모두 '游食'으로 되어 있음.

013(2-5)
상인을 없애라

상인은 식량을 팔지 못하게 하고, 농민은 곡식을 살 수 없도록 해야 한다.

농민이 식량을 살 수 없게 되면 게으르던 농민도 농사에 뛰어들어 힘쓰게 될 것이며, 상인들로써도 쌀을 팔 수 없게 되면 풍년이 든 해라 즐거움을 더 누릴 수가 없게 되며, 풍년이라 해도 즐거움을 누릴 수 없게 되면 흉년이 든 해에는 넉넉한 이득을 볼 수 없게 될 것이다.

넉넉한 이익이 없으면 상인은 겁을 먹을 것이요, 상인이 겁을 먹게 되면 농사를 짓고자 할 것이다.

게으르던 농민이 농사에 뛰어 들어 힘쓰고 상인도 농사를 짓고자 하면 황무지는 틀림없이 개간될 것이다.

使商無得糴, 農無得糶.

農無得糶, 則窳惰之農勉疾; 商無得糴, 則多歲不加樂;

多歲不加樂, 則饑歲無裕利.

無裕利則商怯, 商怯則欲農.

窳惰之農勉疾, 商欲農, 則草必墾矣.

【糴·糶】 '糴'은 '적'으로 읽으며 원래 "쌀을 사들이다"의 뜻이며, '糶'는 '조'로 읽으며 "쌀을 팔다"의 뜻이나 여기서는 두 글자의 위치가 뒤바뀐 것임. 王時潤은 "糴·糶二字, 當互易"이라 함.

【窳惰】'窳'는 원래 '비뚤다. 찌그러지다'의 뜻이나 여기서는 '게으르다'의 뜻임.
《史記》貨殖列傳 "呰窳偸生"의 陳豹 注에 "窳, 惰也"라 함.
【多歲】풍년. 朱師轍은 "多歲, 豐年也"라 함. 뒤의 '饑歲'는 이에 상대하여 凶年을
뜻함.
【裕】넉넉히 이익이 남음. 朱師轍은 "裕, 饒也"라 함.
【怯】이익을 남기지 못할 것을 겁을 냄. 朱師轍은 "怯, 多畏也"라 함. 〈解詁〉에
"商無市穀, 農無出穀, 穀貴則嬾惰之農勉力疾作, 而商不能屯穀, 故無利可獲"
이라 함.

014(2-6)
사치의 유행을 제거하라

음악과 복장이 모든 고을에 유행하지 않으면 사람들이 일을 하면서 그러한 복장을 돌아보지도 않을 것이며, 쉴 때에도 그러한 음악을 듣지 않게 될 것이다.

집에서 쉴 때 그러한 음악을 듣지 않게 되면 정신이 흐트러지지 않을 것이요, 밖에서 일을 할 때 그러한 복장을 돌아보지 않으면 뜻이 틀림없이 전일하게 될 것이다.

마음이 하나로 집중되고 정신이 흩어지지 않으면 황무지는 틀림없이 개간될 것이다.

聲服無通於百縣, 則民行作不顧, 休居不聽.
休居不聽, 則氣不淫; 行作不顧, 則意必壹.
意壹而氣不淫, 則草必墾矣.

【聲服】 유행하는 음악이나 복장. 〈解詁〉에 "聲色服玩, 不使行於百縣, 則民心不紛, 專於農事"라 함.
【通】 유행함.
【縣】 원래 縣이 郡보다 큰 행정 단위였음. 《周書》作雒篇에 "方千里分爲百縣, 縣有四郡"이라 함.
【氣不淫】 '氣'는 사람의 정신이나 기운을 가리킴. 정신이 逸蕩해지지 않아 오로지 농사일에만 매달리게 됨.

015(2-7)
누구나 농사에 매달리도록

일꾼을 고용하지 못하게 하면 대부大夫나 가장家長이라 해도 집을 짓지도
보수하지도 못하게 되어 그가 사랑하는 자식일지라도 밥 먹을 일에 게으름을
피울 수 없고, 게으른 백성일지라도 더 이상 게을러지지 않게 되며 일꾼을
고용하던 사람들도 어디에 밥을 먹을 수가 없게 될 것이며, 이렇게 되면
틀림없이 농사에 뛰어들게 될 것이다.

대부나 가장이 집을 짓지도 수리하지도 못하게 되면 농사에 손상을
입을 일이 없게 될 것이다.

사랑하는 자식이나 게으르던 백성들이 더 이상 게을러지지 않으면 묵혀
두었던 농토도 황폐하게 남아 있을 수가 없을 것이다.

농사에 손상이 없고, 일꾼을 고용하던 이들도 더욱 농사일에 힘쓰게
되면 황무지는 틀림없이 개간될 것이다.

無得取庸, 則大夫家長不建繕, 愛子不惰食, 惰民不窳,
而庸民無所於食, 是必農.

大夫家長不建繕, 則農事不傷.

愛子惰民不窳, 則故田不荒.

農事不傷, 農民益農, 則草必墾矣.

【庸】'傭'과 같음. 직접 농사를 짓거나 집을 수리하지 않고 일꾼을 고용하여 대신
하도록 함. 〈解詁〉에 "《管子》地數篇「毋得聚庸而煮鹽」, 家大人曰:「庸借爲傭,

賣力受直曰傭. 此言無得取傭, 蓋大夫家不許傭工修造, 恐妨農事.」라 함.

【大夫】 '士'보다 높고 '卿'보다 낮은 지위의 신분 부류.

【家長】 '家'는 대부의 집을 일컫는 말. 대부는 제후로부터 땅을 부여받아 그가 관할하는 지역을 '家'라 하며, 그 주인을 家主, 家長이라 칭하였음. 《周禮》 春官 叙官의 鄭玄 注에 "家, 謂大夫所食采地"라 하였고, 《詩經》 周頌 載芟의 "侯主 侯伯"의 毛傳에 "主, 家長也"라 함.

【繕】 집을 보수하거나 수리하는 일.

【農民盆農】 '農民'은 '庸民'이어야 함. 일꾼을 고용하여 대신 농사를 짓도록 하던 대부나 가장들을 가리킴. 〈解詁〉에 "師轍按: 陶鴻慶云:「農民疑作庸民.」 承上 文庸民無所於食, 是必農而言"이라 함.

016(2-8)
숙박업도 없이 하라

　나그네를 맞이하는 숙박업을 없애면 간사하고 거짓되며, 마음을 성급히 구는 자나 사사로운 교제를 하는 자, 농민을 미혹하는 사람들은 나돌아 다닐 수 없게 될 것이다.

　이에 따라 숙박업을 하던 백성은 밥을 먹을 곳이 없게 되면 틀림없이 농사에 뛰어들 것이요, 이들이 농사에 뛰어들면 황무지는 틀림없이 개간될 것이다.

　廢逆旅, 則姦僞·躁心·私交·疑農之民不行.
　逆旅之民無所於食, 則必農, 農則草必墾矣.

【逆旅】나그네를 맞아 숙박업을 하는 여인숙. 《左傳》僖公 2년 "保于逆旅"의
　杜預 注에 "逆旅, 客舍也"라 함. 逆은 迎과 같으며 旅는 客과 같음. 李白의 〈春夜
　宴桃李園序〉에도 "夫天地者, 萬物之逆旅; 光陰者, 百代之過客. 而浮生若夢,
　爲歡幾何? 古人秉燭夜遊, 良有以也"라 함. 한편 《後漢書》百官志에 《風俗通》을
　인용하여 "漢家因秦, 大率十里一亭, 亭, 留也. 蓋行旅宿會之所館"이라 함.
【姦僞】떠돌아 다니며 간사한 짓이나 거짓 행동을 일삼는 자.
【躁心】'마음을 조급히 하다'는 뜻으로 본업인 농사에 전념하지 못하고 다른 이익을
　찾아 조급히 떠돌아 다니는 사람을 가리킴. 《廣雅》에 "躁, 擾也"라 함. 《周書》
　謚法에는 "好變動民曰躁"라 하였고, 《韓非子》喩老篇에는 "離位之謂躁"라 함.
【疑農】농사에 疑惑을 가지도록 미혹시키는 자. 그러나 농사에 의혹을 가진
　본인들을 일컫는 뜻으로 보는 것이 타당함. 〈解詁〉에 "廢逆旅, 則姦僞無所藏,
　故心擾亂疑惑也"라 함.

017(2-9)
나라 자원을 관리하라

산림과 소택의 관리를 하나로 통일하게 되면 농사짓기를 싫어하는 자, 게으른 자, 욕심을 곱절로 가진 자 등은 밥을 먹을 데가 없게 될 것이며, 그들이 밥을 먹을 데가 없게 되면 틀림없이 농사에 전념하게 될 것이다.

그들이 농사에 매달리게 되면 황무지는 틀림없이 개간될 것이다.

壹山澤, 則惡農·慢惰·倍欲之民無所於食; 無所於食, 則必農.

農則草必墾矣.

【壹山澤】 '壹'은 '一'과 같음. 山林과 沼澤의 관리권을 독점함. 관리를 분산하지 않고 하나로 집중시킴을 뜻함. 이리하여 벌목, 산지 개발, 사냥, 어렵 등에 대하여 쉽게 통제할 수 있도록 해야 함을 말함. 〈解詁〉에 "壹山澤, 謂專山澤之禁. 不許妄樵採·佃漁"라 함.

【慢惰】 게으름. 나태함. 〈解詁〉에 "慢, 惰也; 惰, 嬾也"라 함.

【倍欲】 '欲'은 '慾'과 같음. 이익을 곱절로 늘이고자 욕심을 부림. 〈解詁〉에 "倍欲, 猶多欲也"라 함.

018(2-10)
술과 고기값을 비싸게

술과 고기의 값을 비싸게 하여, 그에 대한 조세를 무겁게 부과하되 그 원가의 열 배가 되도록 해야 한다.

그렇게 하면 상인의 수는 줄어들고, 농민들은 술을 마음 놓고 실컷 마시면서 즐기는 일이 있을 수 없으며, 대신들은 업무를 황폐하게 한 채 실컷 먹고 마시는 일이 없게 될 것이다.

상인의 수가 줄어들면 나라는 식량을 낭비하지 않게 될 것이며, 백성들이 마구 마시는 즐거움을 갖지 않게 되면 농민들은 게으르지 않게 될 것이며, 대신들이 업무를 황폐하게 하면서 먹고 마시는 일이 없게 되면 나라의 일을 미루지 않게 될 것이며 임금으로서는 행정조치에 과실이 없게 될 것이다.

국가가 식량을 낭비하지 않고 백성들이 농사에 게으르지 않게 된다면 황무지는 틀림없이 개간될 것이다.

貴酒肉之價, 重其租, 令十倍其樸.

然則商賈少, 民不能喜酣奭, 大臣不爲荒飽.

商賈少, 則上不費粟; 民不能喜酣奭, 則農不慢; 大臣不荒飽, 則國事不稽, 主無過擧.

上不費粟, 民不慢農, 則草必墾矣.

【貴】물건이나 상품의 값이 비쌈.

【樸】원래의 값, 또는 原價. 歸有光은 "樸, 本也"라 하였고, 高亨은 "樸, 指成本" 이라 함. 〈解詁〉에 "師轍按: 謂加重酒肉之稅, 令十倍其原價"라 함.

【商賈】'상고'로 읽으며, 估와 같음. 蔣禮鴻은 《白虎通義》商賈篇: 「商之爲言 商也, 商其遠近, 度其有亡, 通四方之物, 故謂之商也. 賈之爲言固也, 固其有用 之物, 以待民來, 以求其利者也. 行曰商, 止曰賈.」라 하였음. 그러나 상인을 통칭 하여 일컫는 말.

【酣奭】술을 많이 마셔 그로써 큰 즐거움을 삼는 것. 《說文》에 "酣, 酒樂也. 奭, 盛也"라 함. 歸有光은 "酣奭, 謂飮酒盛樂也"라 함.

【荒飽】《周書》諡法에 "好樂怠政曰荒"이라 하여 그 아래 "大臣不荒"과 대비하면 대신들이 다른 즐거움에 빠져 자신의 업무를 제대로 처리하지 않아 행정이 황폐해짐을 뜻함. '飽'는 술과 고기를 먹고 마시는 일에 빠져 있음을 뜻함. 〈解詁〉 에 "荒飽, 謂荒嬉醉飽也"라 함. 《詩經》唐風 蟋蟀에 "蟋蟀在堂, 歲聿其莫. 今我 不樂, 日月其除. 無已大康, 職思其居. 好樂無荒, 良士瞿瞿"의 鄭箋에 "荒, 廢亂也" 라 함.

019(2-11)
다섯 부류의 못된 사람들

형벌을 엄중히 하고 그 죄를 연좌시키면 편협하고 조급한 마음을 가진 자라도 싸움질을 하지 않게 될 것이요, 사납고 강퍅한 자라해도 소송을 벌이지 않게 될 것이요, 태만한 백성이라 해도 떠돌지 않게 될 것이요, 낭비벽이 있는 사람일지라도 마구 일을 저지르지 않을 것이요, 교묘한 행동이나 아부하는 자, 악한 마음을 가진 자라해도 속임수를 쓸 수 없게 될 것이다.

이런 다섯 부류의 사람이 나라 안에 생겨나지 않으면 황무지는 틀림없이 개간될 것이다.

重刑而連其罪, 則褊急之民不鬪, 很剛之民不訟, 怠惰之民不游, 費資之民不作, 巧諛·惡心之民無變也.
五民者不生於境內, 則草必墾矣.

【重刑】 刑罰을 무겁게 하여 一罰百戒의 시범을 보임.
【連其罪】 連坐制를 가리킴. 五家作統, 十家一班 등의 조직을 통해 서로를 감시하고 고발하여 賞罰을 함께 하도록 한 법령.《史記》商君傳에 "令民爲什伍, 而相收司連坐"라 하였고, 司馬貞의 〈索隱〉에 "一家有罪, 而九家連擧發, 若不糾擧, 則什家連坐"라 함.
【褊急】 편협하고 조급하여 남과 쉽게 다투거나 싸움을 벌이는 성격. 〈解詁〉에 "褊, 陜也"라 하였으며 陜은 狹과 같음.

【很剛】 사납고 강퍅함. 아무것도 아닌 일도 소송을 걸고자 나서는 사람. 高亨은 "很, 今字作狠, 凶暴不聽從人爲狠"이라 함.

【費資】 재물을 마구 쓰는 낭비벽이 있는 성격. 〈解詁〉에 "資, 貨也"라 함.

【巧諛】 巧言令色으로 남에게 아첨을 잘하는 사람.《荀子》修身篇에 "以不善和人者謂之諛"라 함.

【變】 '諞'의 뜻으로 봄.《說文》에 "諞, 便巧言也"라 하여 '騙'과도 같음. 남을 속여 자신의 이익을 구함. 〈解詁〉에는 "無變, 謂無變詐"라 함.

020(2-12)
거주의 자유를 제한하라

백성들로 하여금 마구 이사를 다니지 못하도록 하면 백성들은 어리석어질 것이다.

그렇게 되면 농민들을 어지럽게 미혹시키는 사람은 밥을 먹을 데가 없게되어 틀림없이 농사에 뛰어들게 될 것이다.

마음이 어리석고 욕심에 조급한 사람이 뜻을 전일하게 가지게 되면 농민은 틀림없이 조용히 살게 될 것이다.

백성들이 조용하게 안정을 찾고, 어리석어지면 황무지는 틀림없이 개간될것이다.

使民無得擅徙, 則誅愚. 亂農之民, 無所於食而必農.

愚心·躁欲之民壹意, 則農民必靜.

農靜·誅愚, 則草必墾矣.

【誅愚】 '誅'는 '朱'의 가차. 兪樾은 "誅通作朱, 莊子庚桑楚篇:「人謂我朱愚.」卽此
　　文誅愚矣. 義與愚近"이라 함. '誅愚'는 이사를 다니지 못하게 함으로써 외부와
　　서로 소통하지 않게 되고 왕래도 없어 다른 정보를 알 수 없으며 견문이 적어
　　자연히 어리석어 짐을 뜻함.
【亂農之民】 농민을 혼란에 빠지게 하는 이론을 가진 자.
【躁欲】 욕심을 채우기에 조급함.
【壹意】 壹은 一과 같음. 자신의 뜻을 하나로 모아 농사일에만 專一함.
【靜】 자리를 떠나지 않고 조용히 살아감. 安靜됨. 《韓非子》 喩老篇에 "不離位
　　曰靜"이라 함.

021(2-13)
귀족 자제도 농사를 지어야

적자 이외의 귀족자제들에게도 균등하게 사역을 시키는 법령을 내려 대대로 그들을 사역시켜야 하며, 또한 그들의 해사解舍 조건을 강화하며, 용관甬官으로 하여금 그들이 배급받는 식량이 더 있을 경우 깎아내도록 해야 한다.

그들로 하여금 요역을 피할 수 없도록 하여 대관大官일지라도 반드시 벼슬을 얻는 것이 아닐 수 있도록 한다면 나머지 자제들은 남을 섬기겠다고 떠돌아다니는 일이 없게 될 것이며 그렇게 되면 틀림없이 농사에 뛰어들게 될 것이다.

그들이 농사에 종사하면 황무지는 틀림없이 개간될 것이다.

均出餘子之使令, 以世使之, 又高其解舍, 令有甬官食, 概.
不可以辟役, 而大官末可必得也, 則餘子不游事人, 則必農.
農則草必墾矣.

【均】균일화시킴. 균등하게 부과함. 左傳 僖公 5년 "均服"의 賈公彦 注에 "均, 同也"라 함.
【餘子】卿大夫의 庶子들. 즉 嫡長子 이외의 아들들. 朱孔彰은 "餘子, 卿大夫之 庶子也"라 함.
【使令】使役에 대한 법령. 高亨은 "使令, 使役, 卽擔任徭役"이라 함.
【解舍】고대 兵役과 賦役을 면제해 주던 제도의 명칭. 《管子》五輔篇 "上必寬裕, 而有解舍"의 房玄齡 注에 "解, 放也; 舍, 免也"라 함. 高亨은 "解舍乃戰國時代

法制上之術語, 謂免除兵役與其徭役也”라 함. 이러한 조건을 강화하여 귀족
자제일지라도 쉽게 면제되지 않도록 함을 뜻함.

【甬官】요역을 하는 이들에게 말과 되로써 곡물을 계량하여 퍼주는 일을 맡은
말단 직책. 蔣禮鴻은 “甬官, 主斗斛之官”이라 하였고, 高亨은 “甬官掌爲徭役之
人供給穀米之官也”라 함. 彙函本에는 “甬, 穀也. 甬官, 謂量其官”이라 함.

【有】‘取’의 뜻. 귀족 자제에게 쌀이나 곡물을 퍼 줄 때를 가리킴.《廣雅》釋詁에
“有, 取也”라 함.

【槪】평미래. ‘槩’와 같음. 곡식을 될 때 말이나 되의 윗부분을 밀어 평평하게
깎는 막대기나 나무판. 여기서는 동사로 쓰였음.

【辟役】避役과 같음. 요역이나 부역을 피함.〈解詁〉에 “不使之游事人而避役,
以求官爵也”라 함.

【末】‘無’와 같음. 고대 雙聲互訓.《論語》子罕篇 “雖欲從之, 末由也已”의 集註에
“末, 無也”라 함.

【游事人】권세 있는 자를 모시기 위해 떠돌아다님.

022(2-14)
농민의 귀와 눈을 막아라

나라의 대신과 여러 대부들은 널리 배우고 듣는 것, 말 잘하고 지혜를 부리는 것, 떠돌아다니면서 거주하는 것 등의 일은 일체 할 수 없도록 해야 한다.

특히 어떤 고을에도 떠돌면서 거주하지 못하게 하면 농민들은 세상의 온갖 변화나 다른 학설을 들을 수도, 볼 수도 없게 될 것이다.

농민들이 변괴의 일이나 다른 학설을 들을 수도, 볼 수도 없게 되면 지혜로운 농민은 옛날 연고된 농업을 떠나지 않을 것이요, 어리석은 농민은 아는 것이 없어 학문을 좋아하지 않게 될 것이다.

어리석은 농민이 아는 것이 없어 학문을 좋아하지 않게 되면 온 힘을 다해 농사일에 힘쓰게 될 것이요, 지혜로운 농민이 옛날 자신의 농업을 떠나지 않으면 황무지는 틀림없이 개간될 것이다.

國之大臣·諸大夫, 博聞·辯慧·游居之事, 皆無得爲.

無得居游於百縣, 則農民無所聞變·見方.

農民無所聞變·見方, 則知農無從離其故事, 而愚農不知, 不好學問.

愚農不知, 不好學問, 則務疾農; 知農不離其故事, 則草必墾矣.

【辯慧】辯은 辨으로도 표기하며 말 잘하는 것. 慧는 교묘한 속임수를 잘 쓰는 지혜를 가리킴.

【方】다른 학설. 주로 儒家의 학설을 가리키는 것으로 보고 있음. 그러나 〈解詁〉에는 "家大人曰:「放, 當作放. 農民不放效居游也.」"라 하여 '放'(倣)으로 보았음.

【游居】떠돌이 생활. 한 곳에 정착하지 않고 옮겨 다니며 사는 것. 〈解詁〉에 "此節欲使大臣不游居, 皆所以振勤儉之風, 使用力於農"이라 함.

023(2-15)
사사롭게 식량 운반 금지

군대 내부의 시장에 여자들이 없도록 명령을 내리고, 그곳의 상인들에게 스스로 자신의 부대에 갑옷과 무기를 공급하도록 명령하고 군대가 동원되는 상황을 살펴 점검하도록 하여야 하며, 또한 군대 내부의 시장에서 식량을 사사롭게 운송하는 사람을 없도록 하면 간악한 모략을 쓰는 자가 숨길 곳이 없게 될 것이다.

그렇게 되면 몰래 식량을 운반해 들어가는 자가 사사롭게 군중에 머물러 있을 수 없게 될 것이며, 경솔하고 게으른 백성들은 군대 시장 안을 기웃거리지 않게 될 것이다.

식량을 훔쳐낸 자도 이를 팔 곳이 없으며 식량을 운송하려는 자도 사사로운 짓을 하지 못하며, 경솔하고 게으른 백성도 군대 내의 시장을 기웃거리지 않게 되면 농민은 나쁜 짓을 하지 않을 것이며 나라의 곡식도 잘못된 곳에 쓰는 경우가 없게 될 것이니 이렇게 되면 황무지는 틀림없이 개간될 것이다.

令軍市無有女子, 而命其商人自給甲兵, 使視軍興; 又使軍市無得私輸糧者, 則姦謀無所於伏.

盜輸糧者不私稽, 輕惰之民不游軍市.

盜糧者無所售, 送糧者不私, 輕惰之民不游軍市, 則農民不淫, 國粟不勞, 則草必墾矣.

【軍市】 고대에는 군대가 자급자족하기 위해 간단한 시장을 열었음. 《史記》
馮唐傳에 "軍使之租, 皆用自饗士"라 하였고, 〈索隱〉에 "謂軍中市立"이라 함.

【使視】 살펴보아 비교하며 점검함. 〈解詁〉에 "視, 比也"라 함.

【軍興】 군대의 전투동원이나 징집 인원 등을 가리킴. 〈解詁〉에 "興, 起也"라 함.

【輸糧】 상인들이 전투물자의 수요를 파악하여 때맞추어 이를 軍市에 팔고자
운송함. 〈解詁〉에 "《說文》: 輸, 委輸也. 先大夫曰: 以車遷賄之意. 《左傳》:「輸粟
於晉.」"이라 함.

【伏】 몰래 숨겨 저장함. 〈解詁〉에 "伏, 藏也"라 함.

【私稽】 '稽'는 〈解詁〉에 "稽, 留也"라 함. 또는 《漢書》 食貨志(下)에 "以稽市物"
의 注에 李奇의 말을 인용하여 "稽, 貯滯也"라 한 것을 근거로 "물건을 그곳에
두고 시간을 지체하다"의 뜻으로도 봄.

【勞】 "過用하다"의 뜻. 〈解詁〉에 "《管子》 小匡篇:「犧牲不勞, 則牛馬育.」 房注:
過用謂之勞"라 함.

024(2-16)
농사에 힘 쓸 시간을

모든 현의 통치가 하나의 형식으로 통일 되도록 하면 옮겨 가는 전임자는 감히 자신을 잘했노라 꾸미지 못할 것이며, 그 자리를 대신해 오는 후임자는 그 제도를 감히 바꾸지 못할 것이며, 잘못을 저질러 폐출된 자도 능히 자신이 했던 행위를 숨길 수가 없게 될 것이다.

잘못된 행위를 숨길 수 없게 되면 관직에는 사악한 사람이 없게 된다.

옮겨가는 관리가 자신을 잘했노라 꾸미지 않고, 대신해 온 후임자가 제도를 고치지 않으면, 관속官屬은 줄어들고, 백성들은 지나친 부담을 지지 않게 될 것이다.

관직에 사악함이 없으면 백성들이 피해 달아나는 일이 없게 될 것이며, 백성들이 피해 달아날 일이 없으면 본업인 농사일은 어그러짐이 없게 될 것이다.

관속이 줄어들면 징세가 번다繁多하지 않을 것이며, 백성들의 부담이 없으면 농사지을 시간이 많아지게 될 것이다.

농사에 힘쓸 시간이 많아지고, 징수하는 세금이 번다하지 않으며 농업은 무너지지 않을 것이요, 그렇게 되면 황무지는 틀림없이 개간될 것이다.

百縣之治一形, 則從迁(徙遷)者不飾, 代者不敢更其制, 過而廢者不能匿其擧.

過擧不匿, 則官無邪人.

迁者不飾, 代者不更, 則官屬少而民不勞.

官無邪則民不敖, 民不敖則業不敗.
官屬少則徵不煩, 民不勞則農多日.
農多日, 徵不煩, 業不敗, 則草必墾矣.

【則從迁者不敢更其制】孫詒讓은 "此當作「則從迁不飾, 代者不敢更其制」, 今本脫「飾代者不」四字. 與下文不相應"이라 하여 이에 따라 수정함. 그러나 여기에서 '從迁' 또한 오류가 있어 王時潤은 "從迁, 當爲徙遷之訛, 徙遷指舊令長言, 猶今人所謂前任. 代者, 指新令長言, 猶今人所謂後任"이라 하여 '徙遷'이어야 한다고 하였음.

【飾】자기 자신이 한 일을 잘했노라 꾸밈.

【制】제도,〈解詁〉에 "制, 法度也"라 함.

【過而廢者】과실을 저질러 폐출된 관리.

【匿】숨김.〈解詁〉에 "匿, 藏也"라 함.

【擧】행동, 행위. 잘못 저질렀던 措置들.

【官屬】종속된 관리.《周禮》天官 太宰에 "官屬, 謂六官其屬各六十"이라 함.

【敖】遨의 가차자. 王時潤은 "敖與遨通, 謂遨游以避邪官也"라 함.

025(2-17)
관시의 세금을 무겁게

관시關市의 세금을 무겁게 하면 농민들은 장사꾼이 되는 것을 싫어할 것이며, 상인들은 망설임과 게으른 마음을 품게 될 것이다.

농민들이 장사꾼 되기를 싫어하고 상인들이 망설임과 게으른 마음을 품게 되면 황무지는 틀림없이 개간될 것이다.

重關市之賦, 則農惡商, 商有疑惰之心.
農惡商, 商疑惰, 則草必墾矣.

【關市】關은 국경이나 지역 간의 경계를 위한 山梁이나 關門. 이곳을 지날 때 通過稅를 부과하였음. 市는 일반 시장, 交易稅나 商品稅를 부과하였음.《周禮》太宰에 9가지 세금 징수 부분이 있으며 그중 7번째가 關市之賦였음.

【惡商】장사하는 행위를 혐오하며 상인이 되기를 원하지 않음. 즉 농사에 매달리게 됨을 뜻함.〈解詁〉에 "家大人曰: 惡商, 謂不肯爲商也"라 함.

【疑惰】자신의 업무인 상업에 대하여 확신을 가지지 못한 채 망설이며 그로인해 마음조차 나태해짐. 의욕을 잃고 대신 농사에 매달리게 됨.

026(2-18)
농사가 가장 쉬운 일로

상인도 식구 수대로 상인에게 부역을 시켜, 그 집안의 사廊, 여輿, 도동徒童의 일을 하는 자들까지 모두 반드시 이름을 등록하도록 하면 농사일은 편하고 쉬우나 장사하는 일은 노고롭게 될 것이다.

농사 일이 쉬우면 양질의 농지는 황폐해지지 않을 것이요, 장사하는 일이 힘들게 되면 거래와 물자수송의 예물은 각 현縣에 통용되지 않을 것이니, 그렇게 되면 농민은 주리지 않게 되고 행동에도 꾸밈을 중시하지 않게 될 것이다.

농민이 굶주리지 않고 예의를 차리는 데 꾸미지 않게 되면, 나라의 일에 틀림없이 나서게 될 것이며 사사로운 개인의 일도 황폐해지지 않게 될 것이니, 그렇게 되면 농사 일이 틀림없이 훨씬 나은 것이 될 것이다.

농사가 훨씬 나은 일이라 알게 되면 황무지는 틀림없이 개간될 것이다.

以商之口數使商, 令之廊·輿·徒·童者必當名, 則農逸而商勞.

農逸則良田不荒, 商勞則去來賫送之禮, 無通於百縣, 則農民不饑, 行不飾.

農民不饑, 行不飾, 則公作必疾, 而私作不荒, 則農事必勝.

農事必勝, 則草必墾矣.

【廝輿徒童】‘廝’는 ‘厮’로도 표기하며 다른 판본에는 ‘斯’로 되어 있음. 〈解詁〉에 "斯, 析也.《漢書》嚴助傳「厮輿之卒」, 顔注：「析薪者也.」"라 하여 장작을 패는 종을 뜻함. ‘輿’는 수레를 고치고 다루거나 관리하는 낮은 직책의 종. 徒는 徒役에 종사하는 자, 童은 동자로서 잔심부름을 하는 僮僕. 모두가 상인들이 부리는 하인들을 뜻하며 원래 이들은 신분상 官의 명부나 호적에 등록이 되어 있지 않았음을 알 수 있음.

【賫送之禮】서로 재물을 실어 보내며 예를 차리는 것.

【行不飾】왕래를 하지 않음으로써 일상 행동에 예를 차리기 위해 복장이나 장식을 꾸미는 일이 없게 됨. 蔣禮鴻은 "賫送無通於百縣故. 飾, 爲淫服觀美也"라 함.

【勝】‘성취하다, 성공하다, 낫다’의 뜻으로 봄.

027(2-19)
수레도 임대하지 못하도록

식량 운반에 남의 수레를 임대해서 쓰지 못하도록 하고, 자신의 수레로 운반하고 돌아올 때에도 남에게 고용되지 못하도록 해야 하며, 수레, 소, 실려 있는 화물의 중량 등은 이를 설치할 때 반드시 관에 등록하도록 해야 한다.

그렇게 하면 식량 운송의 왕래가 빨라질 것이며, 그렇게 되면 운반하는 업무가 농사에 방해가 되지 않을 것이다.

그 업무가 농사에 방해가 되지 않으면 황무지는 틀림없이 개간될 것이다.

令送糧無得取僦, 無得反庸, 車牛輿重設必當名.
然則往速徠疾, 則業不敗農.
業不敗農, 則草必墾矣.

【僦】'추'로 읽으며 남의 수레를 빌려 물건을 나르는 일을 말함.《一切經音義》(15)에《通俗文》을 인용하여 "雇車載曰僦"라 함. 그러나 〈馮覲本〉注에 "取僦, 取雇載之價也"라 함. 〈解詁〉에는 "僦, 雇載也, 賃也"라 함.

【無得反庸】식량을 나르고 돌아올 때 빈 수레이므로 남에게 다시 고용되면 시간이 늦춰짐을 막기 위한 것. 〈解詁〉에 "反庸, 攬私載而歸也. 如此則往來之久, 農事廢弛矣, 師轍按: 庸, 借作傭"이라 함."라 함.

【輿重】《廣雅》에 "輿, 載也"라 함.

【設】그 일을 시작할 때를 가리킴.《說文》에 "設, 施陳也, 或以設爲役之誤字"라 하여 '役'의 誤字가 아닌가 하기도 하였음. 그러나 이는 되돌아올 때의 일로

보아 〈解詁〉에는 "謂回時, 車牛多載貨物, 必罰之, 當名應役"이라 하였음.

【往速徠疾】往來가 매우 빠름. 시간을 헛되이 보내지 않음. '徠'는 '來'와 같음. 〈解詁〉에 "徠, 各本皆作來"라 함.

028(2-20)
간사한 자가 빌붙을 수 없도록

죄인이 관리들에게 청탁하여 그들에게 음식을 보내어 먹는 일이 없도록 하게 되면 간사한 사람은 섬길 주인이 없게 될 것이다.

간사한 사람이 섬길 주인이 없게 되면, 간사한 짓이 고려를 받을 수 없게 된다.

간사한 짓을 해도 고려를 받지 못하는 것은 간사한 자는 소속되어 빌붙을 데가 없기 때문이다.

간사한 자가 빌붙을 데가 없게 되면 농민들은 손해를 당하지 않는다.

농민들이 손해 당하지 않으면 황무지는 틀림없이 개간될 것이다.

無得爲罪人請於吏而饟食之, 則姦民無主.

姦民無主, 則爲姦不勉.

爲姦不勉, 則姦民無樸.

姦民無樸, 則農民不敗.

農民不敗, 則草必墾矣.

【饟】 다른 판본에는 '餉'으로 되어 있으나 〈解詁〉에는 "饟, 饋也. 謂禁止罪人家屬朋友饋送食物, 絕其往來, 則姦民無人主使, 故心懼不敢爲姦"이라 함.

【勉】 힘써 그런 일을 하라고 북돋워주는 경우가 없게 됨. 고려해 주지 않음. 그러나 〈解詁〉에는 "勉, 讀勸勉之勉. 家大人則謂勉當作免, 言罪人監禁不給食, 則爲姦不免於死"라 하여 다른 뜻으로 보았음.

【樸】兪樾은 "樸之言, 樸屬也.《考工記》鄭注曰:「樸, 猶附著堅固貌也.」謂姦民
無所附屬也"라 하여 '달라붙다, 빌붙다'의 뜻으로 봄. 馮覲本 注에는 "樸, 根株
相附著也. 謂爲姦民匿主也"라 함.

【爲姦不勉, 則姦民無樸】'則'은 '以'와 같은 뜻으로 "～ 때문이다"로 풀이함.

3. 〈農戰〉 第三

　'농전農戰'은 '농사와 전투의 병행', 즉 백성들로 하여금 평시에는
농사에 전념하고 전시에는 목숨을 바쳐 전투에 나서도록 하기 위한
이론을 확립한 것이다.
　경전耕戰과 같은 의미이며 국가의 부富는 농업에서 나오며 병력의
강彊함은 전투에서 시작된다는 대전제 아래 법으로써 백성을 묶어
이를 수행할 수 있도록 해야 한다는 주장이다. 아울러 농업에 방해
되는 말업末業, 즉 수공업과 상업은 배제해야 한다는 이론을 함께
펴고 있다.

　〈解詁〉에는 "使民力農事, 務戰鬪, 則國富彊矣"라 하였다.

〈青釉褐彩詩句陶壺〉 1983 湖南 望城 출토

029(3-1)
농사와 전투

　무릇 군주가 백성들에게 권면하는 것은 관직과 작위이며, 국가가 흥성하게 되는 것은 농사를 지으면서 동시에 싸우기도 하는 농전農戰이다.
　지금의 백성들은 관직과 작위를 구하기만 할 뿐 '농전'으로 하지 않은 채 교언巧言과 허도虛道로써 하면서 이를 일러 백성을 위로하는 것이라 한다.
　백성을 위로하기만 한다면 그 나라는 틀림없이 힘이 없어질 것이요, 힘이 없게 되면 그 나라는 틀림없이 깎이고 말 것이다.

　凡人主之所以勸民者, 官爵也; 國之所以興者, 農戰也.
　今民求官爵, 皆不以農戰, 而以巧言虛道, 此謂勞民.
　勞民者, 其國必無力; 無力者, 其國必削.

【官爵】관직과 작위를 추구하는 욕망을 이용하여 다스림.
【農戰】평시에는 농사에 힘쓰며 전쟁이 일어나면 곧바로 전투에 참가하는 전사가 됨. 상앙의 가장 중요한 사상 가운데 하나.
【求】《淮南子》說山訓 注에 "求, 猶得也"라 함.
【巧言】교묘하게 꾸며 유혹하는 말.《論語》學而篇에 "子曰:「巧言令色, 鮮矣仁!」" 이라 하였고, 衛靈公篇에도 "子曰:「巧言亂德. 小不忍, 則亂大謀.」"라 함.
【虛道】詩書 등 儒家의 학설을 가리킴.
【勞民】'勞'는 '위로하다'는 뜻.《漢書》元帝紀 "勞農勸民"의 注에 "勞農, 謂慰勉之"라 함. 그러나 〈解詁〉에는 "《廣雅》: 勞, 嬾也"라 하여 "백성을 게으르게 그대로 두다"의 뜻으로 보았음.

【削】 나라가 깎임. 削弱의 줄인 말. 〈解詁〉에 "無力, 謂貧也, 嬾民衆, 則國必貧弱,
故國削"이라 함.

030(3-2)
농전 이외에는 살 길이 없어

나라를 잘 다스리는 자는 그 백성을 교화시킴에 있어서 모두가 한결같이 하여 관작을 얻기에 종사하도록 한다. 이 까닭으로 그런 길에 힘쓰지 않고는 관직도 얻을 수 없고 작위도 구할 수가 없다.

나라가 헛된 말을 제거하면 백성들은 순박해지며, 백성들이 순박해지면 넘치는 짓을 하지 않게 된다.

백성들이 군주가 내리는 이익이 하나의 구멍에서 나오는 것을 보고 알게 되면 하나에 힘쓰게 될 것이며 하나에 전일하게 되면 백성들은 구차하게 다른 일을 넘보지 않게 될 것이다.

백성들이 구차하게 다른 일을 넘보지 않게 되면 힘을 많이 모으게 될 것이요, 많은 힘이 생기면 나라는 강해질 것이다.

그런데 지금 나라 안의 백성들은 모두가 "농전은 가히 피할 수 있으며 관작은 가히 얻을 수 있다"고 말하고 있다.

이 까닭으로 호걸들은 모주가 직업을 바꾸어 《시》나 《서》를 배우기에 힘쓰고 외국의 세력을 따르고 추종하여, 그중 뛰어난 자는 드러난 지위를 얻고 아래에 처진 자라도 가히 관작을 얻을 수 있으며, 하찮은 사람은 상업에 종사하거나 기예技藝를 익혀 모두가 농전을 피하고 있다.

이러한 유행이 갖추어지면 나라는 위험해 지고 만다.

백성들이 이러한 방법을 본받는다면 그러한 나라는 틀림없이 깎이고 말 것이다.

善爲國者, 其教民也, 皆從壹而得官爵, 是故不官無爵.
國去言則民樸, 民樸則不淫.

民見上利之從壹空出也, 則作壹, 作壹則民不偸營.

民不偸營則多力, 多力則國彊.

今境內之民, 皆曰「農戰可避, 而官爵可得」也.

是故豪傑皆可變業, 務學詩書, 隨從外權, 上可以得顯,
下可以得官爵; 要靡事商賈, 爲技藝; 皆以避農戰.

具備, 國之危也.

民以此爲敎者, 其國必削.

【壹】 하나에만 專一함. 한결같이 한 가지만을 힘씀. 여기서 '壹'은 農戰을 가리킴.

【是故不官無爵】 이 구절은 누락되어 있음. 즉 "是故不作壹, 不官無爵"으로
되어야 함. 즉 "한 가지, 즉 농전에 전일하지 않으면 관직도 작위도 얻을 수
없다"의 뜻이 되어야 함.

【上利】 上은 군주, '利'는 이익이 되는 작위와 녹봉, 즉 官爵을 가리킴.

【壹空】 '空'은 '孔'과 같음. 오직 農戰에 전일하는 것만이 관작을 얻는 길이며
방도임을 뜻함.

【偸營】 '偸'는 '苟'와 같음. 또는 '넘보다, 훔쳐보다'의 뜻. 다른 것으로써 영리를
얻고자 넘봄.

【豪傑】 재능이 백 사람보다 뛰어난 것을 호(豪), 천 사람보다 뛰어난 것을 걸(傑)
이라 한다 함.

【詩書】 儒家의 경전을 가리킴. 학문을 익혀 遊說術로 관작을 얻음.

【要靡】 '幺麼'와 같음. '幺'는 '小'의 뜻이며 '麼'는 '細'는 뜻으로 '미천하고 하찮다'
의 뜻이 됨. 앞의 豪傑에 상대하여 쓴 말. 王時潤은 "要靡當讀爲幺麼.《鶡冠子》
云:「無道之君任用幺麼, 動則煩濁; 有道之君任用俊雄, 動則明白.」彼以幺麼
與俊雄對言, 與此以豪傑與要靡對言同義"라 하였고, 楊樹達도 "要靡與豪傑爲
對文, 謂細微之人也. 要假爲幺,《說文》:「幺, 小也.」《小爾雅·廣雅》:「靡, 細也.」
靡字或作麼, 麼當爲本字, 靡, 假借字"라 함.

【外權】 외국의 권세나 힘. 유세를 통해 외국과 결탁하여 본국에서 관작을 얻어냄.
《管子》樞言에 "賢大夫不恃宗室, 士不恃外權"이라 함.

【民以此爲敎者】 敎는 效와 같음. 疊韻互訓임. '본받음. 흉내냄'의 뜻. 그러한
방법이 유행을 이룸.《白虎通》에 "敎者, 效也. 上爲之, 下效之"라 함.

031(3-3)
곡식 창고가 가득 찼다 해도

　나라를 잘 다스리는 자는 창름倉廩이 비록 가득 차 있다 해도 농사를 소홀히 하지 아니하며, 나라가 크고 백성이 많다 해도 말을 함부로 하지 않기에 백성들이 순박하고 한 가지 일에 전념하는 것이다.

　백성들이 순박하고 마음이 하나에 전념하게 되면 관작官爵은 교묘하게 군다고 해서 얻을 수 있는 것이 아닌 것이 된다.

　관작을 교묘한 짓으로 얻을 수 없는 것이 되면 간사한 자가 생기지 않을 것이며, 간사한 자가 생기지 아니하면 임금은 미혹되지 않을 것이다.

　그런데 지금 나라 안 백성들과 관작을 가지고 있는 자들은 조정에서 교묘한 말과 뛰어난 언변이면 관작을 구할 수 있음을 알고 있어, 그 때문에 관작은 그러한 방법으로 얻는 것이 곧 정상이 아닌 것이 되고 말았다.

　이 까닭으로 조정에 나가서는 임금에게 아부하고, 물러나서는 사사로운 이익을 꾀하고 있으며, 자신의 사사로운 이익을 채우기 위해 아래로 권력을 팔아먹고 있다.

　무릇 임금에게 아부하고 자신의 사사로운 이익을 채우는 것은 나라에 이익이 되지 않음에도 그렇게 하는 것은 그 작록 때문이며, 아래로 권력을 팔아먹는 짓은 충신이 할 짓이 아님에도 그렇게 하는 이유는 재물을 좇기 때문이다.

　그러니 하급관리로서 승진하기를 바라는 자라면 모두 이렇게 말하고 있다.

　"재물이 많기만 하면 높은 관직도 얻어 하고 싶은대로 할 수 있다"

　그리고 또 이렇게 말한다.

　"내가 재물로써 윗사람을 섬기지 않으면서 승진을 바라는 것은 마치 삶을 미끼로 하여 쥐를 유혹하는 것과 같을 뿐이다. 틀림없이 바랄 수 없는 일이다. 그리고 만약 진실된 마음으로 윗사람을 섬기면서 승진하고자 한다면 이는 마치 끊어진 여러 개의 먹줄을 잡아당겨 굽은 나무를 바로 켜고자 하는 것과 같아 더욱 바랄 수 없는 일이리라. 이 두 가지 방법으로는 승진할 수가 없다면 나로써 어찌 아래로 백성들을 부리고 재물을 갈취하여 윗사람을 섬겨 승진을 구하지 않을 수 있겠는가?"

한편 백성들은 이렇게 말하고 있다.

"나는 농사에 힘써 먼저 나라의 창고를 채워주고 그 나머지를 거두어 어버이를 섬기며, 군주를 위해 삶도 잊은 채 나가 싸워 임금을 존경하고 나라를 안전하게 하고 있다. 그런데도 창고는 비어 있고 임금은 비천해졌으며 집은 집대로 가난해지고 말았다. 그렇다면 차라리 관직을 찾아나서 느니만 못하다."

친척들이 서로 오가면서 모이기만 하면 생각을 바꾸려 하고 있다.

호걸은 《시》,《서》를 배우기에 힘써 외국의 세력을 따르고 있으며, 하찮은 자는 장사를 하고 기예를 익혀 모두가 농전을 피하고 있다.

백성들에게 이런 것으로써 교화한다면 어찌 식량이 적어지지 않을 수 있겠으며, 어찌 병력이 약해지지 않을 수 있겠는가?

善爲國者, 倉廩雖滿, 不偸於農; 國大民衆, 不淫於言, 則民樸壹.

民樸壹, 則官爵不可巧而取也.

不可巧取, 則姦不生; 姦不生, 則主不惑.

今境內之民及處官爵者, 見朝廷之可以巧言辯說取官爵也, 故官爵不可得而常也.

是故進則曲主, 退則慮私, 所以實其私, 然則下賣權矣.

夫曲主慮私, 非國利也, 而爲之者, 以其爵祿也; 下賣權,非忠臣也, 而爲之者, 以末貨也.

　然則下官之冀遷者, 皆曰: 「多貨則上官可得而欲也.」

　曰: 「我不以貨事上而求遷者, 則如以狸餌鼠爾, 必不冀矣. 若以情事上而求遷者, 則如引諸絶繩而求乘枉木也, 愈不冀矣. 二者不可以得遷, 則我焉得無下動衆取貨以事上, 而以求遷乎?」

　百姓曰: 「我疾農, 先實公倉, 收餘以事親, 爲上忘生而戰, 以尊主·安國也. 倉虛·主卑·家貧, 然則不如索.」

　親戚交游合, 則更慮矣.

　豪傑務學詩書, 隨從外權; 要靡事商賈, 爲技藝; 皆以避農戰.

　民以此爲教, 則粟焉得無少, 而兵焉得無弱也?

【倉廩】곡물을 저장해 두는 창고.
【偸】아무렇게나 마구 함. 소홀히 함. 경시함.
【淫】'방자하다'의 뜻. 《尙書》無逸篇 "則其無淫於觀"의 鄭注에 "淫 放恣也"라 하였고 《孟子》滕文公(下) "富貴不能淫; 貧賤不能移, 威武不能屈"의 趙岐 注에 "淫, 亂其心也"라 함. 마구 허투루 함.
【樸壹】순박하면서 동시에 한 가지 일, 즉 농사에 專一함. '壹'은 '一'과 같음.
【巧】남을 속이거나 말솜씨로 남을 미혹시킴. '巧言辯說'의 줄인 말.
【常】樸一한 방법으로 官爵을 얻는 것이 정상적인 법임. 《國語》越語 "無忘國常"의 注에 "常, 法典也"라 함. 〈解詁〉에는 "官爵不可得而常, 謂立談而取卿相, 得官不以常道"라 함.
【曲主】'曲'은 '阿曲'의 뜻. 즉 '아부하여 임금의 뜻에 맞춤'의 의미. 〈解詁〉에 "曲主, 謂委曲以悅其主"라 함.
【所以實其私】'자신의 사욕을 채우기 위하여'의 뜻. '實'은 '채우다, 만족시키다'의 의미.

【賣權】 자신의 권세를 이용해서 사욕을 채우는 행위. 朱師轍은 "賣權, 弄權也"라 함.

【末貨】 '末'은 '逐'의 뜻.《廣雅》에 "末, 逐也"라 함.

【冀遷者】 '遷'은 '승진하여 옮겨가다'의 뜻. 승진을 바라는 자.〈解詁〉에 "遷, 猶升也. 小官望升大官者, 言財多可以行賄, 則大官可得"이라 함.

【狸】 삵, 살쾡이. 그러나 朱師轍은 "狸, 猫也"라 하여 고양이로 보았음.

【餌】 미끼. 朱師轍은 "餌, 誘也"라 함.

【繩】 繩墨. 먹줄. 목수가 직선을 그을 때 먹줄을 튕겨 곧게 켬.

【乘】 秦本에는 '繩'으로 되어 있음. 그러나 '繩'으로 보아 '먹줄을 치다'의 동사로 보아 인신하여 '바로잡다'로 보아도 타당함.《詩經》大雅 綿의 "其繩則直"의 〈釋文〉에 "繩, 本或作乘"이라 하였으며,《廣雅》釋詁에 "繩, 直也"라 하였고,《尙書》囧命 "繩愆糾謬"의 疏에 "繩, 謂彈正"이라 함.

【枉木】 굽은 나무. 그러나 蔣禮鴻은 "枉疑當作杠. 杠卽竿木, 言緣繩以升竿木, 繩絕則不得上也"라 하여 장대로 보아야 한다고도 하였음.《韓非子》有度篇 에도 "繩直而枉木斲"이라 하였음.

【動衆】 '動'은 '노역을 시키다'의 뜻.《論語》子張篇 "道之斯行, 綏之斯來, 動之斯和"의 皇侃 疏에 "動, 謂勞役之也"라 함.

【索】〈解詁〉에 "索, 求也. 言力農無利, 不如求官"이라 함.

【合】 '會'와 같음. 모임.〈解詁〉에 "親戚交游意見合而贊成之, 則改變宗旨矣"라 함.

032(3-4)
백성들이 영리를 도모할 수 없도록

나라를 잘 다스리는 자는 관리를 등용하는 법이 명확하여, 그 때문에 지혜와 계략에 맡기지 않으며, 임금이 하나의 일, 즉 농전에만 힘쓰도록 하므로 백성들은 다른 영리를 도모하지 않으니, 그렇게 하면 국력이 뭉치게 된다.

국력이 뭉치게 되면 강해지지만 나라가 말만 좋아하게 되면 깎이고 만다.

그러므로 "농전에 힘쓰는 사람이 천 명이지만 시서詩書를 가지고 자신의 지혜를 변론하는 자가 한 명이라도 있다면 천 사람은 모두 농전에 태만해질 것이요, 농전에 힘쓰는 사람이 백 명이지만 기예技藝로써 나서는 자가 한 명이라도 있다면 그 백 명은 모두 농전에 태만해질 것"이라 말하는 것이다.

나라는 농전에 의지해야만 안정되고, 임금은 농전에 기대어야만 존엄해진다.

무릇 백성들이 농전에 힘쓰지 않는 것은 임금이 말만 좋아하고 관작의 수여에 상법이 없기 때문이다.

법대로 관작을 준다면 나라는 다스려질 것이요, 한결같이 농전에만 힘쓴다면 나라는 부유해질 것이다.

나라가 부유하여 잘 다스려지는 것이 왕 노릇하는 길이다.

그러므로 "왕도王道는 외교에 있지 않고 스스로 농전에 힘쓰는 데 있을 따름"이라고 말하는 것이다.

善爲國者, 官法明, 故不任知慮; 上作壹, 故民不偸營, 則國力搏.

國力摶者彊, 國好言談者削.

故曰: 「農戰之民千人, 而有詩書辯慧者一人焉, 千人者皆怠於農職矣; 農戰之民百人, 而有技藝者一人焉, 百人者皆怠於農歐矣.」

國待農職而安, 主待農戰而尊.

夫民之不農職也, 上好言而官失常也.

常官則國治, 壹務則國富.

國富而治, 王之道也.

故曰: 「王道作(非)外, 身作壹而已矣.」

【不任知慮】 '知'는 '智'와 같음. 智慧나 謀策. 《管子》 任法에 "聖君任法而不任智"라 하였음.

【壹】 한 가지 일. 즉 農戰을 뜻함.

【民不儉營】 '儉'은 '偸'의 오기임. 〈解詁〉에 "儉營, 疑偸營之譌. 上文有民不偸營, 可證"이라 함. '營'은 '求'의 뜻이며 "영리를 추구하다"의 뜻임.

【摶】 하나로 굳게 뭉쳐짐. 《管子》 霸言에 "摶國不在敦古"의 房玄齡 注에 "摶, 聚也"라 하였고 《史記》 田敬仲完世家 "摶三國之兵"의 注에 "摶, 握領也"라 함.

【言談】 말로만 백성들을 설득함. 특히 詩書 따위의 儒家 사상 仁義道德을 덕목으로 교화를 일삼으면 실효가 없으며 부국강병을 이룰 수 없다는 법가의 주장.

【技藝】 수공업이나 藝能, 技能, 才藝 등으로 성공할 수 있는 재능들. '辯慧'에 상대하여 쓴 것.

【常官】 '常法을 그대로 지키고 그에 맞게 관작을 수여함'의 뜻. 〈解詁〉에 "常官, 人無倖進之心, 故國治; 壹務, 民有專一之業, 故國富"라 함.

【王道作外】 '作'은 '非'의 誤記. 高亨은 "「作」字, 疑當作「非」, 形似而誤"라 함.

033(3-5)
제거해야 할 열 가지 덕목

　임금은 지금 사람들의 재능과 지혜를 논하고 이에 따라 임용하고 있으니 그렇다면 지혜를 가진 사람은 임금의 호오好惡만을 바라보고 관리로 하여금 정사를 제압하여 임금의 마음에 들도록 하게 된다.

　이 까닭으로 관작을 수여함에 상법이 없게 되어 나라는 혼란스럽고 하나로 통일되지 못하고 있으며 말솜씨에만 뛰어난 이들은 법도 없이 날뛰고 있는 것이다.

　이와 같이 되고 나니 백성들이 힘쓸 곳이 어찌 많지 않겠으며 땅인들 어찌 황폐해지지 않을 수 있겠는가?

　시詩, 서書, 예禮, 악樂, 선善, 수修, 인仁, 염廉, 변辯, 혜慧 등 이 나라에 이 열 가지가 있으면 군주는 백성들에게 나라를 지키고 싸우도록 시킬 수가 없게 된다.

　나라가 이 열 가지로써 다스린다면 적이 오면 틀림없이 깎이게 될 것이요, 적이 오지 않더라도 틀림없이 가난해지고 말 것이다.

　나라가 이 열 가지 것을 없애버리면 적은 감히 오지도 못할 것이며, 비록 온다고 해도 반드시 퇴각시킬 수 있고, 우리가 군대를 일으켜서 정벌하면 틀림없이 취할 수 있고, 군대를 주둔시키기만 한 채 정벌하지 않더라도 나라는 틀림없이 부유해질 것이다.

　나라가 힘을 좋아하는 경우에는 난難으로써 공략하는 것이며, 난難으로써 공략하는 자는 반드시 흥하게 되는 것이요, 나라가 말만 좋아하는 경우에는 이易로써 공략하는 것이며, 이易로써 공략하는 자는 틀림없이 위험에 빠지게 마련이다.

　그러므로 성인과 명군은 능히 만물을 모두 다 아는 것이 아니라 만물의 요체만을 아는 것이다.

따라서 그들이 나라를 다스림에는 그 요체만을 살필 따름이다.

今上論材能知慧而任之, 則知慧之人希主好惡, 使官·
制物, 以適主心.

是以官無常, 國亂而不壹, 辯說之人而無法也.

如此, 則民務焉得無多, 而地焉得無荒?

詩·書·禮·樂·善·修·仁·廉·辯·慧, 國有十者, 上無
使守戰.

國以十者治, 敵至必削, 不至必貧.

國去此十者, 敵不敢至; 雖至, 必卻; 興兵而伐, 必取;
按兵不伐, 必富.

國好力者, 以難攻, 以難攻者, 必興; 國好辯者, 以易攻,
以易攻者, 必危.

故聖人·明君者, 非能盡其萬物也, 知萬物之要也.

故其治國也, 察要而已矣.

【論】衡量함. 考察함. 기준으로 삼음. 그것만을 중시함. 논의거리로 함.《呂氏
春秋》論人篇 "此賢主之所以論人也"의 注에 "論, 猶量也"라 하였고,《禮記》
王制 "凡官民材必先論之"의 注에 "論, 謂考其德行道藝"라 함.

【希】'睎'의 假借字. "관망하다, 살피다"의 뜻.《說文》에 "睎, 望也"라 하였고,
〈解詁〉에는 "希, 望也"라 함.

【制物】사물을 제압하고 판단함. 임금의 好惡에 맞추기 위해 정치를 처리함.
高亨은 "制物, 斷事"라 하였고, 〈解詁〉에는 "制, 專也; 物, 事也"라 함.

【十者】모두 儒家의 德目이며 法家에서는 그 功效를 否定的으로 보고 있었음.

【按兵】戰略的 군사 활동을 흔히 '按兵'이라 함. 직접 武力을 쓰지 않은 채 상대에게 압력을 가하는 병법.

【難】뒤의 '易'에 상대하여 쓴 말. 農戰을 가리킴. 〈解詁〉에 "國好力, 謂國重農戰, 重農戰, 則敵難以攻之"라 하여 달리 해석하고 있음.

【易】'辯說'을 가리킴.

【非能盡其萬物也】'盡'은 '盡知'의 줄인 말로 여김. 〈解詁〉에 "謂不能盡知萬物"이라 함.

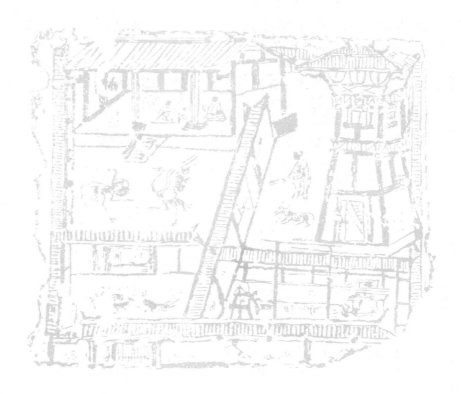

034(3-6)
배운 자는 법을 싫어한다

오늘날 나라를 다스리는 자는 많은 이들은 요체를 터득하지 못하고 있다.

조정에서 다스림을 논할 때면 의견이 분분하여 남의 주장을 바꾸기에만 힘을 기울이고 있다.

이 까닭에 그 임금은 다른 주장에 혼암해지고 그 관리들은 다른 한 마디에 혼란에 빠지며, 그 백성들은 나태해져서 농사에 힘을 기울이지 않게 된다.

그러므로 나라 안 백성들은 모두가 변론하기를 좋아하고, 유가 학설을 배우기를 즐기며, 상업에 매달리고, 기예에 종사하면서도 농전은 피하는 쪽으로 변하고 말았으니 이와 같다면 나라 망할 날은 멀지 않다.

나라에 일이 생기면 배운 사람은 법을 싫어하고 장사하는 사람은 변화에 능하고, 기예에 종사하는 자는 쓸 수가 없게 되니 그 때문에 그 나라는 쉽게 파망하고 마는 것이다.

무릇 농사짓는 사람은 적은데도 유세로써 밥을 먹는 자는 많다면 그 때문에 나라는 가난해지고 위험에 빠지게 될 것이다.

지금 무릇 명螟, 등螣, 구蚼, 촉蠋 등이 봄에 생겨나서 가을이 되어야 죽으니 한 번 나타났다 하면 백성들은 여러 해를 먹을 것이 결핍되고 만다.

지금 한 사람이 경작하여 백 사람이 먹고 있으니 이는 명충, 등충, 구충, 촉충에 비유한다 해도 그보다 더 큰 것이다.

비록 시서詩書가 한 고을에 한 묶음씩, 한 집에 한 권씩만 있다 해도 이는 오히려 다스리는 데에는 아무런 이익이 되지 않는 것이며, 상황을 반전시킬 수 있는 방법이 아니다.

그러므로 선왕先王은 농전을 통해 이를 반전시켰던 것이다.

그 때문에 "백 사람이 농사짓고 한 사람이 한가히 사는 나라는 왕 노릇할 수 있고, 열 사람이 농사짓고 한 사람이 한가히 사는 나라는 강한 나라가 될 수 있으나, 반은 농사짓고 반은 한가히 사는 나라라면 위험에 빠지고 만다"라고 말하는 것이다.

따라서 나라를 다스리는 자는 백성들이 농사를 짓도록 해야 하는 것이다.

나라가 농사에 힘쓰지 않으면 제후들과 권한을 다툴 때에 스스로를 지탱해 낼 수가 없으니 그 이유는 백성들의 힘이 모자라기 때문이다.

그러므로 다른 제후들이 그 나라의 약한 점을 흔들어 그 쇠약함을 좇아 틈타게 되는 것이니 토지가 침삭侵削 당하여 더 이상 떨쳐 일어날 수 없게 되면 더 이상 어쩔 수가 없게 된다.

今爲國者多無要.

朝廷之言治也, 紛紛焉務相易也.

是以其君惛於說, 其官亂於一言, 其民惰而不農.

故其境內之民, 皆化而好辯·樂學, 事商賈·爲技藝·避農戰, 如此, 則亡國不遠矣.

國有事, 則學民惡法, 商民善化, 技藝之民不用, 故其國易破也.

夫農者寡, 而游食者衆, 故其國貧危.

今夫螟·螣·蚼·蠋, 春生秋死, 一出而民數年乏食.

今一人耕, 而百人食之, 此其爲螟·螣·蚼·蠋亦大矣.

雖有詩書, 鄕一束, 家一員, 猶無益於治也, 非所以反之之術也.

故先王反之於農戰.

故曰:「百人農, 一人居者, 王; 十人農, 一人居者, 彊; 半農半居者, 危.」

故治國者欲民之農也.

國不農, 則與諸侯爭權, 不能自持也, 則衆力不足也.

故諸侯撓其弱, 乘其衰, 土地侵削而不振, 則無及已.

【無要】要는 앞장에서 말한 "萬物之要"를 가리킴. "要諦를 터득하지 못하고 있다"의 뜻.

【務相易】서로의 의견을 바꾸기에 힘씀. 상대의 의견을 반대하기에만 힘씀. 〈解詁〉에 "謂紛紛務相變更"이라 함.

【惛於說】다른 사람, 특히 儒家의 학설에 유혹되어 정신이 흐리멍텅해짐.

【亡國不遠矣】원문에는 '不遠矣'로 되어 있음. 〈解詁〉에 "危亡不遠"이라 하였으며 王時潤은 "不遠上當增「亡國」二字"라 하여 보충해 넣음.

【螟螣】'螣'은 '蟘'과 같음. 곡물의 싹이나 줄기 등을 갉아먹는 해충. 蔣禮鴻은 "《爾雅》釋蟲:「食苗心, 螟; 食葉, 蟘.」《說文》:「蟘, 蟲食苗葉者.」引《詩》「去其螟蟘」, 今《毛詩》小雅大田作「去其螟蟘」, 陸璣《詩疏》:「螣, 蝗也.」《說文》螣訓神蛇, 是螣爲蟘之借也"라 함.

【蚼蠋】高亨은 "《爾雅》釋蟲:「蚅, 烏蠋」郭注:「大蟲如指, 似蠶.」此文蚼蠋卽烏蠋, 蚼與烏一聲之轉. 蚼蠋當是一種害蟲之總名, 其形似蠶, 其色青, 其體常曲, 桑葵禾稼及菜蔬之上皆生之, 其所以稱爲蚼蠋者, 蚼之言勾也, 曲也, 其體常曲也"라 함. 《太平御覽》(822)에는 '蚼'가 '蚵'로 되어 있음.

【一員】'員'은 '圓'과 같으며 '一卷'의 뜻. 천에 쓴 글을 말아 하나의 통에 넣어 둥글게 됨을 말함. 高亨은 "一員, 猶一卷也. 布帛所寫之書則卷成一卷, 卷爲圓形, 故戰國時人稱爲一員, 及至漢代則稱爲一卷矣"라 함. 〈解詁〉에는 "謂學詩書者衆"이라 함.

【猶】嚴萬里 본에는 '獨'으로 되어 있으나 《太平御覽》(822)에 의해 고침.

【反之之術】〈解詁〉에 "反之之術, 謂反之於農戰"이라 함. "농전으로 되돌릴 수 있는 대책"을 뜻함.

【不能自持】 스스로 지탱해 낼 수가 없음. 〈解詁〉에 "持, 操也. 不能自操勝算"이라 함.

【撓】 흔들어 약화시킴. 侵撓함.《國語》吳語 "撓亂百度" 注에 "撓, 擾也"라 하였고,《呂氏春秋》高義篇 "則荊國終爲天下撓"의 注에 "撓, 弱也"라 함.

【乘】 '逐'의 뜻.《漢書》陳湯傳에 "乘, 逐也"라 함.

【無及】 미칠 수 없음. 해결할 방법이 없음. 때가 늦고 말게 됨.

035(3-7)
오로지 농사에만

성인聖人은 나라를 다스리는 요체를 알기 때문에 백성들로 하여금 농사짓는 일에 그 마음을 돌리도록 한다.

농사짓는 일에 마음을 돌리게 되면 백성들은 순박해지고 바르게 다스릴 수가 있다.

그들이 순박해지면 쉽게 부릴 수 있고, 그들이 믿음이 생기면 수비와 전투를 수행해 낼 수 있다.

그들이 한 가지 일, 즉 농전에 전일하면 속이는 것이 적어지고 살던 곳을 중시하게 되며, 그들이 전일하게 되면 상벌로써 전진할 수 있게 할 수 있으며, 그들이 전일하게 되면 밖의 일, 즉 전투에도 활용할 수 있게 된다.

무릇 백성들이 임금을 친히 여기며 법령에 따라 죽음도 기꺼이 여길 수 있게 되는 것은 아침이나 저녁이나 농사에 매달리도록 하기 때문이다.

聖人知治國之要, 故令民歸心於農.

歸心於農, 則民樸而可正也.

紛紛, 則易使也; 信, 可以守戰也.

壹, 則少詐而重居; 壹, 則可以賞罰進也; 壹, 則可以外用也.

夫民之親上死制也, 以其旦暮從事於農.

【紛】'紛'은 '純'의 오기로 여김. 高亨은 "紛疑當純, 形似而誤, 純純, 誠懇也"라 함. 그러나 〈解詁〉에는 "紛紛, 樸愚紛散, 故易治"라 하여 글자 그대로 보았음.

【正】'政', '治'와 같음. 〈解詁〉에 "《呂覽》順民: 「湯克夏而正天下.」 高注: 正治也"라 함.

【賞罰進也】〈解詁〉에 "專壹於農, 則樸而少詐, 難於遷徙, 故可以賞罰進退, 可外用與敵國戰"이라 함.

【死制】法制로써 죽음에 이르러도 후회가 없도록 함. 〈解詁〉에 "《禮記》(曲禮下)「士死制」, 鄭玄注: 「謂君敎令所使爲之.」"라 하였으며, 《荀子》解蔽篇 "王也者, 盡制者也"의 注에 "制, 法度也"라 함.

036(3-8)
강함을 천 년 누릴 수 있는 방법

　무릇 백성들을 활용할 수 없는 것은, 언담에 뛰어난 유사游士들은 임금을 섬기기만 해도 자신이 존귀해 지며, 상인들은 자신의 집안을 부유하게 할 수 있고, 기예를 가진 자는 족히 입에 풀칠을 할 수 있음을 보기 때문이다.
　백성들이 이 세 가지는 편하면서도 이롭다는 것을 보게 되면 틀림없이 농사일을 피하게 될 것이요, 농사일을 피하게 되면 백성들은 전부터 살던 곳을 쉽게 떠나도 된다고 여기게 되며, 옛집을 떠나기를 쉽게 여기면 틀림없이 윗사람을 위해 수비나 전투에 나서지 않게 될 것이다.
　무릇 나라를 다스리는 자는 백성들이 흩어져서 다시는 하나로 뭉치게 할 수 없는 일을 걱정하는 것이니 이 때문에 성인은 한결같이 하나로 뭉치게 하는 일에 전념하였던 것이다.
　나라가 일 년을 농전 한 가지에 힘쓰면 십 년은 강해질 것이요, 십 년을 농전 한 가지에 힘쓰면 백 년은 강해질 것이며, 백 년을 농전에 힘쓰면 천 년은 강해질 것이요, 천년이 강하게 되면 천하에 왕 노릇 할 수 있을 것이다.
　군주는 상벌을 제정하여 한 가지 일에 전일하는 교화에 힘써야 하는 것이니 이 까닭으로 교화에는 일정한 상도가 있어야 정치에 성과가 있게 되는 것이다.

　夫民之不可用也, 見言談游士事君之可以尊身也, 商賈之可以富家也, 技藝之足以餬口也.

民見此三者之便且利也, 則必避農; 避農則民輕其居,
輕其居則必不爲上守戰也.

凡治國者, 患民之散而不可摶也, 是以聖人作壹摶之也.

國作壹一歲者, 十歲彊; 作壹十歲者, 百歲彊; 作壹百
歲者, 千歲彊; 千歲彊者王.

君脩賞罰以輔壹敎, 是以其敎有所常, 而政有成也.

【言談游士】농사를 짓지 않고 말솜씨로 유세하는 자들.
【餬口】糊口와 같음.《說文》에 "餬, 寄食也"라 하였고,《莊子》人間世에도 "足以
　　餬口"라 함. "입에 풀칠하다. 먹고 살 수 있다"의 뜻.
【脩】'修'와 같으며 "세우다, 정비하다, 마련하다"의 뜻.
【輔壹敎】農戰에 대한 교화를 도움.〈解詁〉에 "輔, 助也. 以助專壹敎民"이라 함.

037(3-9)
유세하는 자들을 제거하라

왕 노릇하는 자는 백성을 다스리는 지극한 요체를 터득하여야 하는
것이니 그 때문에 상사賞賜를 기다리지 않고도 백성들이 임금을 친히
여기게 되는 것이요, 작록爵祿을 기다리지 않고도 백성들이 일에 복종
하는 것이며, 형벌刑罰을 기다리지 않고도 백성들이 기꺼이 죽음에 나서는
것이다.

나라가 위태롭고 군주가 근심할 때 유세하는 자들이 줄을 서지만
나라의 안위安危에는 아무런 도움이 되지 않는다.

무릇 나라가 위태롭고 군주가 근심하게 되는 이유는 강한 적과 큰 나라
때문이다. 임금이 이러한 강한 적을 굴복시키고 큰 나라를 깨뜨리지
못하고 있다면 수비를 잘 갖추고 지형에 익숙하도록 하고 백성의 힘을
함께 뭉치고 밖의 다른 제후국의 일을 기다린 뒤에 그 근심을 가히 제거
하여야 왕도를 가히 이룰 수 있다.

이 까닭으로 명석한 임금이라면 정치를 잘 닦아 하나로 힘쓰게 하며
쓸모없는 것은 제거하고, 부화浮華한 학문은 금지시키고, 잘못된 것을 일
삼는 백성들에게 한결같이 농사에만 전일하도록 한 뒤에야 국가를 가히
부유하게 할 수 있고 백성의 힘을 하나로 뭉치게 할 수 있는 것이다.

王者得治民之至要, 故不待賞賜而民親上, 不待爵祿
而民從事, 不待刑罰而民致死.
國危主憂, 說者成伍, 無益於安危也.

夫國危主憂也者, 彊敵·大國也.

人君不能服彊敵·破大國也, 則修守備, 便地形, 摶民力, 以待外事, 然後患可以去, 而王可致也.

是以明君修政作壹, 去無用, 止浮學, 事淫之民壹之農, 然後國家可富, 而民力可摶也.

【說者成伍】伍는 '다섯 사람, 줄을 서다'의 뜻.《周禮》에 "五人曰伍"라 하였으며, 〈解詁〉에는 "說者成伍, 言其衆也"라 함.

【便地形】'便'은 '익히다, 익숙하게 하다'의 뜻. 淮南子 原道訓 "便之也"의 注에 "便, 習也"라 함. 그러나 高亨은 '辨'의 가차자로 보았음.

【浮學】儒家 학설을 추종하는 자들과 유세꾼들을 가리킴.

038(3-10)
언변에 뛰어난 자는 백성을 현혹시킨다

오늘날의 군주들은 모두 나라는 위태로운데 병력은 약한 것을 근심하면서 억지로 유세하는 자들의 말을 듣고 있다.

유세하는 자들이 줄지어 번거로운 말과 꾸밈의 논리로 하고 있지만 실제로는 소용이 닿지 않는다.

군주는 그들의 변론을 좋아하면서도 실질을 찾아내지 않고 있으니 유세자들은 더욱 득의하기에 길에는 사실을 굽혀 변론하는 자들이 줄을 지어 무리를 이루고 있다.

백성들은 그들이 왕공대인들의 환심을 사고 있음을 보고 누구나 나서서 그러한 학문을 배우고 있다.

무릇 사람들이 당黨을 모아 함께 하며, 나라에서 말만 늘어놓아 분분해지게 되면, 하찮은 백성들은 이를 좋아라 하고 대인大人들도 이런 것을 즐기게 될 것이니 그 때문에 그 백성들로써 농사를 짓는 자는 적어지고 유세로서 생업을 삼는 자는 많아지게 된다.

이러한 자들이 많아지면 농사짓는 사람들은 게을러질 것이요, 농사짓는 자들이 게을러지면 토지는 황폐해지고 말 것이다.

유세를 배우는 사람들이 풍속을 이루면 백성들은 농사를 버리고 담설談說에 종사하여 소리 높여 말하고 거짓을 꾸며 논의거리로 삼을 것이며 농사를 유세로 먹고 살겠다고 서로 말을 자꾸 높여갈 것이다.

그 때문에 백성들은 임금을 떠나게 되고 신하가 되지 않겠다고 하는 자들이 무리를 이루게 된다.

이는 나라를 가난하게 하고 무력을 약화시키는 가르침이다.

무릇 나라가 말 잘하는 것을 가지고 백성을 등용하면 백성은 농사짓는 것을 좋아하지 않게 될 것이다.

그러므로 오직 현명한 군주만이 교묘한 말을 좋아하는 것으로는 무력을 강하게 할 수 없고 영토도 개척할 수도 없다는 것을 아는 것이다.

오직 성인만이 나라를 다스리는 데에 하나에만 전념하도록 하여야 농업에 뭉치도록 할 수 있을 따름이다.

今世主皆憂其國之危, 而兵之弱也, 而彊聽說者.

說者成伍, 煩言飾辭, 而無實用.

主好其辯, 不求其實, 說者得意, 道路曲辯, 輩輩成羣.

民見其可以取王公大人也, 而皆學之.

夫人聚黨與說議於國, 紛紛焉, 小民樂之, 大人說之, 故其民農者寡, 而游食者衆.

衆則農者殆, 農者殆則土地荒.

學者成俗, 則民舍農, 從事於談說, 高言僞議, 舍農游食, 而以言相高也.

故民離上而不臣者成群.

此貧國弱兵之敎也.

夫國庸民以言, 則民不畜於農.

故惟明君知好言之不可以彊兵闢土也.

惟聖人之治國, 作壹, 摶之於農而已矣.

【煩言飾辭】〈解詁〉에 "煩, 多也; 飾, 巧也"라 함.
【輩輩】줄을 서서 무리를 지음을 뜻함. 〈解詁〉에 "《倉頡篇》: 「輩, 比也.」道路中曲辯之士, 比比皆是"라 함.

【黨與】‘黨’ ‘徒黨’의 뜻. 여(與)에는 ‘무리’ ‘동류’의 뜻이 있음.

【殆】‘殆’는 ‘怠’와 같음. 蔣禮鴻은 “殆, 讀爲怠”라 함.

【庸民】‘庸’은 ‘用’의 뜻. 〈解詁〉에 “庸, 用也”라 함.

【畜】‘좋아하다(好)’의 뜻. 〈解詁〉에 “《呂覽》適威:「民善之則畜也.」高誘注:「畜, 好也.」”라 함.

4. 〈去彊〉第四

　'거강去彊'은 '강퍅强愎한 자를 제거'해야 한다는 이론이다. 즉 강한 强悍하여 날뛰거나 법령을 따르지 않는 백성은 없애야 법치를 이룰 수 있음을 강조한 것이다. 이 용어가 전체 내용을 포괄하는 것은 아니지만 법치를 이루기 위해서는 어떠한 엄혹嚴酷한 조치나 강제력에 대해서도 부정적으로 보지 않는 상앙의 매정한 시각이 드러나는 내용들이다. 내용은 잡다하며 일부 주장은 〈설민편說民篇〉(5), 〈약민편弱民篇〉(26)과 같은 맥락을 이루고 있다.

　〈解詁〉에는 "論治國彊弱之理, 謂能以弱去彊, 乃爲眞彊. 此篇當與〈說民〉·〈弱民〉二篇參觀"이라 하였다.

〈黑釉三彩馬〉(唐) 明器 1971 河南 洛陽 출토

039(4-1)
중부重富와 중빈重貧

강한 조치로써 강한 것을 제거하면 나라가 약해지고, 약한 조치로써 강함을 제거하면 나라가 강해진다.

나라가 선하게 다스리면 간악한 자가 반드시 많아지게 마련이다.

나라가 부유한데도 가난하게 하는 방법으로 다스리는 것을 일러 '중부'重富라 하며 중부의 정책으로 쓰는 나라는 강해진다.

나라가 가난한데도 부유하게 하는 방법으로 다스리는 것을 일러 '중빈重貧'이라 하며 중빈의 정책을 쓰는 나라는 약해진다.

병력이, 적이 감히 행할 수 없도록 행동하게 되면 강한 군대가 되며, 일을 벌이되 적이 부끄러워할 바를 하면 유리해진다.

군주는 많은 변화를 귀한 것으로 여기며 나라는 변화가 적은 것을 귀하게 여긴다.

나라에 물자가 적은 이유는 나라가 깎였기 때문이요, 나라에 재물이 많은 것은 강대하기 때문이다.

천승지국千乘之國이 천 대 정도의 전차에 쓰일 물자만을 가진 것은 약소하기 때문이다.

전쟁에 미리 준비가 잘 되고 병사들이 잘 이용되는 것을 일러 강한 나라라 하고, 전쟁이 혼란스럽고 병사들이 게으르면 나라는 깎이게 된다.

以彊去彊者, 弱; 以弱去彊者, 彊.

國爲善, 姦必多.

國富而貧治, 曰重富; 重富者彊.

國貧而富治, 曰重貧, 重貧者弱.

兵行敵所不敢行, 彊; 事興敵所羞爲, 利.

主貴多變, 國貴少變.

國多物, 削; 主少物, 彊.

千乘之國, 守千物者削.

戰事兵用曰彊, 戰亂兵息而國削.

【以彊去彊】 '彊'은 '强'과 같으며, '강하다, 억세다'의 뜻. 앞의 '彊'은 강한 조치나 법령, 즉 인의도덕을 가리킴. 백성들이 그 법령대로라면 임금이나 윗사람에게 복종하지 않아도 된다는 강한 생각을 갖도록 유도하는 덕목들. 본장에서 말하는 儒家의 善, 禮, 樂, 詩, 書, 修, 孝, 弟, 廉, 辯 등과 重賞輕罰을 가리킴. 하나의 文治이며 儒家의 덕목으로 이 또한 사회를 혼란으로 몰고 간다고 본 것임. 그에 따라 《商君書全譯》에는 《韓非子》五蠹篇의 "儒以文亂法, 俠以武犯禁"이라 한 말을 들고 있음. 뒤의 '彊'은 표한하여 법령에 복종하지 않으며, 법치주의에 반대하고 있는 백성들을 가리킴.

【以弱去彊】 '弱'은 '연약하다, 나약하다'의 뜻으로 사람을 연약하게 하여 법령에 복종할 수밖에 없도록 하는 조치나 법령. 즉 유가의 덕목을 일체 배제하고 恐怖와 武斷으로서 옭죄는 통치 방법을 말함. 重罰輕賞을 통해 법에 따르지 않으면 살아갈 수 없도록 함을 뜻함. 하나의 武治이며 法家의 대표적인 통치 방법.

【國爲善】 나라에서 백성들에게 유가의 덕목으로 교화하여 이를 통치의 기준으로 삼음. 어진 정치를 펼 뜻함. 〈解詁〉에 "孟子所謂徒善不足以爲政, 鄭子太叔爲政, 國多盜之類"라 함.

【貧治·富治】 '貧治'는 백성들을 가난하도록 하는 통치 방법. 즉 農戰에 전념하여 그 수확으로 작위를 사도록 유도하여 늘 가난에 얽매이도록 함. '富治'는 사치를 숭상하도록 하는 통치 방법. 〈解詁〉에 "貧治, 謂重節儉; 富治, 謂尙奢侈"라 함.

【重富·重貧】 〈解詁〉에 "重, 謂增益也"라 함.

【事興】전쟁을 가리킴.《禮記》樂記 “恐不逮事也”의 注에 “事, 戎事也”라 함. ‘興’은《呂氏春秋》懷寵 “復興之”의 注에 “興之, 擧其事”라 함. 전쟁을 수치 스러운 일로 여기지 않으며 당연하고 잔인하게 적을 쳐야 함을 강조한 것.

【多變‧少變】〈解詁〉에 “主貴多權謀, 國貴少變之故”라 함.

【國多物削, 主少物彊】‘主’는 ‘國’자여야 하며, ‘多’와 ‘少’는 위치가 바뀌어야 함. 王時潤은 “主當作國, 多少二字宜互易, 〈弱民篇〉云:「利出一孔, 則國多物; 出十孔, 則國少物. ……故國致物者彊, 去物者弱.」 可證此處以「國少物, 削; 國多物, 彊」爲是”라 함.

【千乘之國】天子國 즉 萬乘之國에 상대하여 ‘千乘之國’은 제후국을 가리킴. 〈解詁〉에 “古制, 九夫爲井, 六十四井爲乘. 出長轂一乘, 馬四匹. 能出兵車千乘, 大國也”라 함.

【守千物】〈解詁〉에 “守千物, 謂紛營衆事, 不能專壹.《老子》曰:「抱一, 爲天下式.」” 이라 함.

【戰事兵用曰彊】‘事’는 ‘治’의 뜻.《淮南子》精神訓 “欲生而不事”의 注에 “事, 治也” 라 함. 여기서는 각 부서별로 전쟁을 준비함을 뜻함. ‘戰事’는 전쟁을 대비하여 법치를 강화하고 상벌의 기준을 엄격히 하는 등 준비상황을 가리킴.

【息】‘怠’의 오기. 高亨은 “據〈弱民篇〉, 息當作怠, 因字形相似而誤”라 함. 그러나 〈解詁〉에 “謂事戰鬪, 兵常用, 則國彊; 廢戰備, 兵久息, 則國削”이라 하여 “병력을 오래도록 휴식시키다”의 뜻으로 보았음.

040(4-2)
농사와 장사꾼, 그리고 관리

농사와 장사, 관리, 이 세 가지는 나라에 늘 있어야 할 직업이다.

이 세 가지에서 '이蝨'와 같은 것이 생기는 일이 여섯 가지가 있다.

첫째는 세歲, 둘째는 식食, 셋째는 미美, 넷째는 호好, 다섯째는 지志, 여섯째는 행行이다.

이 여섯 가지가 이처럼 달라붙게 되면 나라는 틀림없이 깎이고 만다.

세 가지 직업에는 세 종류의 사람이 달라붙어 있고, 여섯 가지 이는 한 사람에게 달라붙어 있다.

법으로 다스리는 나라는 강해지고, 정치로 다스리는 나라는 약해진다.

관리가 법에 의해 일을 잘 처리하면 관직이 승진한다.

큰 것으로써 다스리면 나라가 약소해지고, 작은 것으로써 다스리면 나라가 강대해진다.

백성을 억세게 만들면 더욱 약해지고, 약하게 만들면 더욱 강해진다.

무릇 강한 것으로써 강한 것을 공격하면 망하고, 약한 것으로써 강한 것을 공격하면 왕王이 될 수 있다.

나라가 강한데도 전쟁을 하지 않으면, 해독이 나라 안으로 모여들어, 예악禮樂과 같은 이들이 관직에 생겨나 틀림없이 약해지고 만다.

나라가 전쟁을 해내고 해독을 적국에게 가도록 하여 나라 안에 예악과 같은 이들이 생겨나지 못하도록 하면 틀림없이 강해진다.

나라를 위해 영예를 이룬 자와 공로가 있는 사람을 거용하는 것을 일러 강彊이라 하는 것이니 직업에 이가 생기면 틀림없이 약해지고 만다.

농민은 적어지고 상인이 많아져서 귀인일지라도 가난해지고, 상인도 가난해지며 농민도 가난해져 세 직업이 모두 가난해지면 나라는 반드시 약해지고 만다.

農·商·官三者, 國之常官也.

三官者生蝨官者六: 曰歲, 曰食, 曰美, 曰好, 曰志, 曰行.

六者有樸, 必削.

三官之樸三人, 六官之樸一人.

以治法者, 彊; 以治政者, 削.

常官法者遷官.

治大, 國小; 治小, 國大.

彊之, 重削; 弱之, 重彊.

夫以彊攻彊者, 亡; 以弱攻彊者, 王.

國彊而不戰, 毒輸於內, 禮樂蝨官生, 必削;

國遂戰, 毒輸於敵, 國無禮樂蝨官, 必彊.

擧榮任功, 曰彊, 蝨官生, 必削.

農少商多, 貴人貧; 商貧農貧, 三官貧, 必削.

【常官】常은 法과 같음. 必須不可缺의 뜻. 앞의 '官'은 '관리, 관직'을, 뒤의 '官'은 '職'을 뜻함. 〈解詁〉에 "農商官爲三官, 猶言士農工商, 爲國四民, 農商官三者, 皆國之不可缺者也. 故謂之曰常官"이라 함. 《國語》晉語 韋昭 注에 "官, 猶職也"라 함.

【蝨官】'官'은 '事'와 같음. '蝨'은 '虱'로도 표기하며 몸의 기생충 '이'. 빌붙어서 괴롭히거나 거기에 寄生하는 것을 비유함. 〈解詁〉에 "蝨, 《說文》:「齧人蟲也.」生蝨官, 謂爲官之害, 猶蝨之害於人"이라 함. 그러나 '蝨官'은 '蝨害'의 오기가 아닌가 함. 高亨은 "蝨官, 義不可通. 當作蝨害, 害官因字形相似而誤. 蝨者害人之蟲, 故謂之蝨害"라 함.

【歲】〈解詁〉에 "歲, 謂偸惰歲功"이라 하여 수확에 따라 부과해야 할 조세에 게으름을 뜻함. 高亨은 "歲的蝨指農民游惰, 使年歲歉收"라 함.

【食】〈解詁〉에 "食, 謂暴棄食物, 皆害於農"이라 하여 음식물을 마구 버리는 것.

【美】〈解詁〉에 "美, 謂美衣食"이라 하여 입고 먹는 데에 아름다움을 위해 사치를
　　부리는 일.
【好】〈解詁〉에 "好, 謂重玩好, 皆有害於商"이라 하여 기호품에 빠지는 것.
【志】〈解詁〉에 "志, 謂有暴慢之志"라 하여 포악하고 거만한 뜻을 가지는 것.
【行】〈解詁〉에 "行, 謂有貪汚之行, 皆有害於官"이라 하여 벼슬을 하면 탐오한
　　행동을 하는 것. 그러나 이상 해악에 대하여 〈弱民篇〉(147)에는 "農有餘食, 則薄
　　燕於歲; 商有淫利, 有美好, 傷器; 官設而不用, 志行爲卒. 六蝨成俗, 兵必大敗"
　　라 하여 구체적으로 실려 있음.
【樸】'朴의' 가차로 보아《說文》에 "朴, 木皮也"라 하여 마치 나무껍질이 나무에
　　붙어있듯이 '달라붙다, 빌붙다, 의지하다, 기대다, 기생하다'의 뜻으로 쓰였음.
　　〈解詁〉에는 "樸, 質也"라고만 하였음. 그러나 高亨은 "樸, 猶本也. 根也.《說文》:
　　「樸, 木素也.」引申樸可訓本根"이라 하여 근본으로 보았음.
【六官之樸一人】한 사람은 군주를 가리킴. 군주에게 달라붙어 해악을 일삼음.
　　그러나 〈解詁〉에는 "此二句不可解, 疑有脫簡"이라 하였으나 高亨은 "一人, 指
　　國君"이라 함.
【以治法者彊, 以治政者削】〈解詁〉에 "以, 用也. 治法, 謂畫一法令, 遵而行之;
　　治政, 謂恃人而治, 不重法令"이라 함. 그러나 陶鴻慶은 "治法・治政, 皆當二字
　　倒乙"이라 하여 治와 法, 治와 政 가운데 하나는 도치되었을 것이라 주장하였고
　　高亨도 "此二句當作「以法治者彊, 以政治者削」, 是說用法律治國, 事有常規, 所以
　　國彊; 用政令治國, 事無定守, 所以國削"이라 함. 엄격한 법으로 통치하면 원칙이
　　있어 강해지고, 정치적인 교화(儒敎)로 다스리면 법을 중시하지 않으므로 약해
　　진다는 뜻으로 여겨짐.
【常官治者遷官】〈解詁〉에 "常官治者, 謂農商官三者各有常經, 則不過遷移官職
　　而已. 言其治之易也"라 함.
【治大・治小】〈解詁〉에 "大國, 民衆事繁, 政常難周, 當如治小國之精密; 小國,
　　地狹財乏, 治易苟且, 當如治大國之宏遠. 彊須防其削, 弱須圖其彊"이라 함.
【以彊攻彊・以弱攻彊】'攻'은 '擊'과 같음. 앞장 참조. 〈解詁〉에는 "以彊攻彊者亡,
　　如苻堅攻晉之類; 以弱攻彊者王, 如句踐攻吳之類"라 하여 나라와 나라 사이의
　　전쟁을 뜻하는 것으로 보았음.
【國遂戰】나라가 전쟁을 수행해냄.《尙書大傳》"昔者, 三王愨然欲錯刑遂罰"의
　　注에 "遂, 行也"라 함.
【毒輸於內】'毒'은 '害毒, 毒素'. '輸'는 '聚'의 뜻.

【舉榮任功】 ‘榮’은 영예로운 공을 세운 자. 〈解詁〉에 《漢書》揚雄傳「四皓采榮
於南山」, 顔師古注: 「榮, 聲名也.」라 함. 〈解詁〉에는 “擧榮, 謂擧賢, 〈算地篇〉
有論榮擧功以任之, 可證不誤”라 함. 그러나 嚴萬里는 “以榮爲勞之誤”라 하여
“노고를 다한 사람을 거용하다”의 뜻으로 보았으며, 陶鴻慶도 “榮, 蓋勞字之誤.
〈錯法篇〉云: 「用必出於其勞, 賞必加於其功.」 是其證也. 〈算地篇〉云: 「論榮擧
功以任之.」 榮, 亦當作勞”라 함.

【農少商多】 洪自明은 “農爲本, 商爲末. 農少商多, 但有貿遷而食不足. 食之者衆,
生之者寡, 日久枯渴, 不獨貴人貧·農貧, 而商亦貧矣. 故曰三官貧必削”이라 함.

041(4-3)
유가儒家의 덕목은 나라를 망치는 것

나라에는 예禮, 악樂, 시詩, 서書, 선善, 수修, 효孝, 제弟, 염廉, 변辯 등이 있다.

나라에 이 열 가지 것이 있으면 군주는 백성들에게 전쟁을 하도록 불릴 수 없어 틀림없이 약해져서 멸망에 이르게 되며, 나라에 이 열 가지 것이 없으면 군주는 백성들에게 전쟁을 하도록 부릴 수 있어 틀림없이 흥하여 왕 노릇하기에 이를 수 있다.

나라가 백성을 착하게 하는 방법으로 간악한 백성을 다스리면 반드시 혼란이 일어나 약해지며, 나라가 간악한 방법으로 선한 백성을 다스리면 틀림없이 치세를 이루어 강하게 될 수 있다.

나라가 시, 서, 예, 악, 효, 제, 선, 수를 이용하여 다스리게 되면 적이 침략해 왔을 때 반드시 영토가 깎여나갈 것이요, 침략해 오지 않더라도 틀림없이 가난한 나라가 되고 말 것이다.

이 여덟 가지 것을 쓰지 않고 나라를 다스리면 적군이 감히 침략해 오지 못할 것이요, 비록 침략해 오더라도 반드시 물리칠 수 있으며, 군사를 일으켜 정벌에 나서면 틀림없이 취할 수 있을 것이요, 취하고 나서는 틀림 없이 소유할 수 있고, 군대를 쉬게 하여 공격하지 않더라도 반드시 부유 하게 될 수 있다.

나라가 힘을 숭상하는 것을 일러 '어려운 것으로 공격하는 것'이라 하고, 나라가 말만 좋아하는 것을 일러 '쉬운 것으로 공격하는 것'이라 한다.

나라가 '어려운 것으로써 공격하면' 한 가지를 일으켜 열 가지를 얻을 수 있으며, 나라가 '쉬운 것으로써 공격하면' 열 가지를 내놓았다가 백 가지를 잃게 된다.

國有禮·有樂·有詩·有書·有善·有修·有孝·有弟·有廉·有辯.

國有十者, 上無使戰, 必削至亡; 國無十者, 上有使戰, 必興至王.

國以善民治姦民者, 必亂至削; 國以姦民治善民者, 必治至彊.

國用詩·書·禮·樂·孝·弟·善·修治者, 敵至必削國, 不至必貧國.

不用八者治, 敵不敢至, 雖至, 必卻; 興兵而伐, 必取, 取必能有之; 按兵而不攻, 必富.

國好力, 曰以難攻; 國好言, 曰以易攻.

國以難攻者, 起一得十; 國以易攻者, 出十亡百.

【十者】여기에서 거론된 열 가지 덕목은 모두 儒家가 중시하는 것으로 法家에서는 통치에 해독이 된다고 여긴 것임.

【善民·姦民】백성으로 하여금 선한 행동을 하도록 하는 것과 간악하도록 유도하는 통치 방법. 즉 남의 죄악을 덮어주는 것이 '善'이며, 남의 죄악을 고발하는 것이 '姦'이므로 법에 따라 남의 죄악을 들추어내도록 하는 것. 高亨은 "所謂善與姦, 有其特殊的函義, 卽親親而掩蓋別人的罪惡爲善, 不親親而高發別人的罪惡爲姦"이라 함. 〈解詁〉에는 "善, 良也. 以治良民之法治姦民, 必亂至削; 以治姦民之法治良民, 必治至彊"이라 함.

【按兵】戰略的 군사 활동을 흔히 '按兵'이라 함. 직접 武力을 쓰지 않은 채 상대에게 압력을 가하는 병법.

【難攻】뒤의 '易'에 상대하여 쓴 말. 農戰을 통해 길러진 힘을 가리킴.

【易攻】'辯說'을 가리킴.

【起一得十】〈解詁〉에 "起一得十, 謂一起兵必得十倍之利; 出十亡百, 謂十出兵, 其損失必百倍也"라 함.

042(4-4)
형벌과 포상의 비율

  벌은 무겁게, 상은 가볍게 하면 임금이 백성을 사랑하면 백성도 임금에게 목숨을 바칠 것이요, 상은 후하게, 형벌은 가볍게 하면 임금이 백성을 사랑하지 않으면 백성도 임금을 위해 목숨을 바치지 않을 것이다.
  흥하는 나라에서 형벌을 시행하면, 백성들은 부리기 편리하고 게다가 임금을 두려워하게 되며, 그러한 나라에서 상을 베풀면 백성들은 부리기 편리하고 게다가 임금을 사랑하게 된다.
  나라가 힘이 없으면서도 지혜와 교묘함을 시행하면 틀림없이 망하고 말 것이다.
  겁 많은 백성을 형벌로써 부리면 틀림없이 용감해질 것이요, 용감한 백성을 상으로써 부리면 죽음도 무릅쓸 것이다.
  겁 많은 백성이 용감해지고 용감한 백성이 죽음을 무릅쓰게 되어 나라에 적수가 없게 되면 강해지고, 강해지면 반드시 천하에서 왕 노릇을 할 수 있게 될 것이다.
  가난한 자를 형벌로써 부리면 부유해질 것이요, 부유한 자를 상으로써 부리면 가난해지고 만다.
  나라를 다스림에 가난한 자를 부유하게 하고 부유한 자를 가난하게 할 수 있으면 나라가 힘이 많아지고, 힘이 많아지면 왕 노릇을 할 수 있게 된다.
  왕 노릇을 하는 나라는 형벌을 9할을 쓰고 상은 1할을 쓰며, 강한 나라는 형벌을 7할을 쓰고 상은 3할을 쓰며, 약한 나라는 형벌을 5할을 쓰고 상도 5할을 쓴다.

重罰輕賞, 則上愛民, 民死上; 重賞輕罰, 則上不愛民,
民不死上.

興國行罰, 民利且畏; 行賞, 民利且愛.

國無力而行知巧者, 必亡.

怯民使以刑必勇, 勇民使以賞則死.

怯民勇, 勇民死, 國無敵者彊, 彊必王.

貧者使以刑則富, 富者使以賞則貧.

治國能令貧者富, 富者貧, 則國多力; 多力者王.

王者刑九賞一, 彊國刑七賞三, 削國刑五賞五.

【重罰輕賞則民畏】〈解詁〉에 "重罰輕賞則民畏, 犯罪者寡, 故謂愛民, 民爭赴戰
而爲上死; 重賞輕罰, 則民犯罪者衆, 故謂不愛民, 民怯赴戰, 不爲上死"라 함.
蔣禮鴻은 "何謂輕賞? 賞必當其功勞, 不濫也. 夫重罰則民畏法, 輕賞則冀幸之
心絶, 故能死上之事也"라 함.

【民利且愛】이 그절 아래에 舊本에는 "行刑重其輕者, 輕其重者, 輕者不生, 重者
不來"의 18자가 있음. 이 구절은 〈靳令篇〉(099)과 같음. 이에 대해 嚴萬里는
"文義未全, 今從秦本刪去"라 하였으나 朱師轍은 "師轍按: 各本有, 不當刪"이라
하여 의견을 달리하고 있음.

【行知巧者必亡】'知'는 '智'와 같음.《老子》(19)에는 "絶聖棄智, 民利百倍; 絶仁
棄義, 民復孝慈; 絶巧棄利, 盜賊無有"라 하였고,《韓非子》揚權에는 "聖人之道,
去知與巧, 知巧不去, 難以爲常"이라 함. 蔣禮鴻은 "此之謂「國好言, 曰以易攻」·
「出十亡百」也"라 함.

【貧者使之以刑】형벌로써 농사를 짓도록 시킴.

【貧者富, 富者貧】〈解詁〉에 "貧者威以刑罰, 使勤勉則富矣. 富者獎以虛榮, 使奢
侈則貧矣. 管仲常操其術, 以富四郊之民"이라 함. 蔣禮鴻은 "民貧則國貧, 民富
而不歸於上, 國仍貧, 且有蠹. 故民貧不可, 富亦不可也.《史記》本傳變法之令曰:
「大小僇力本業耕織, 致粟帛多者, 復其身. (使民出財貨以取爵賞, 則民貧而國富.
本篇下文曰:「粟爵粟任則國富.」〈壹言篇〉曰:「富者廢之以爵, 不淫.」) 事末利及怠
而貧者, 擧以爲收孥.」卽使富者貧·貧者富之法也"라 함.

043(4-5)
천 년을 농전에 힘쓰면

나라가 일 년을 농전에 전념하면 십 년이 강하며, 십 년을 농전에 전념하면 백 년간 강하고 백 년을 농전에 전념하면 천 년이 강하며, 천 년이 강하면 왕 노릇을 할 수 있다.

위세가 있으면, 하나로써 열 가지의 성과를 취할 수 있으며 명성으로써 하면 실리를 취할 수 있으니 그 때문에 능히 위세를 만들어 낼 수 있는 나라는 왕 노릇을 할 수 있게 되는 것이다.

능히 살리기만 하고 죽이지 못하는 것을 일러 '스스로를 공격하는 나라'라고 하니 그러한 나라는 틀림없이 약해질 것이요, 능히 살리기도 하고 능히 죽이기도 하는 것을 일러 '적을 공격하는 나라'라 하며 그러한 나라는 틀림없이 강해질 것이다.

그러므로 관官을 공격하고, 힘을 공격하고, 적을 공격하는 세 가지 가운데에 나라가 그중 두 가지를 쓰고 하나는 포기할 지라도 반드시 강해지며 이 세 가지를 모두 합해 쓰면 위엄이 갖추어져 틀림없이 왕 노릇을 할 수 있게 될 것이다.

國作壹一歲, 十歲彊; 作壹十歲, 百歲彊; 作壹百歲, 千歲彊; 千歲彊者王.

威, 以一取十, 以聲取實, 故能爲威者王.

能生不能殺, 曰「自攻之國」, 必削; 能生能殺, 曰「攻敵之國」, 必彊.

故攻官·攻力·攻敵, 國用其二, 舍其一, 必彊; 令用三者,
威, 必王.

【作壹】'壹'은 '一'과 같음. 한 가지 즉, 農戰에 전일함.
【威】〈解詁〉에 "威, 畏也. 威使人畏, 能以少取衆, 以虛聲取實利"라 함.
【能生不能殺】'殺'은 혹 '쇄'로 읽어 '덜다, 줄이다(減)'의 뜻으로도 봄. 〈解詁〉에
"殺, 讀如《周禮》「詔王殺邦用」之殺. 鄭注: 「殺, 猶減也.」"라 함. 그러나 生의
상대로 쓰인 만큼 '살'로 보되 뜻은 '제거하다, 없애다'로 보는 것이 타당할 듯함.
【攻官·攻力·攻敵】'攻官'은 三官(農商官)에 빌붙어 사욕을 채우는 이(蟲)를 없애는
일. '攻力'은 殺力과 같음. '攻敵'은 전투에 나서서 싸우는 일. 〈解詁〉에 "攻, 治也.
攻官, 謂去蟲官; 攻力, 謂重農事; 攻敵, 謂尙戰鬪"라 함.
【舍其一】'舍'는 '捨'와 같음. 〈解詁〉에 "舍, 置也"라 함.
【令用三者】'令'은 '合'자의 오기로 여김. 蔣禮鴻은 "令, 是合字之誤"라 함. 그러나
〈解詁〉에는 "令, 善也. 善用三者有威, 故必王. 或謂令爲全字之譌"라 하여 '令'을
'善', 혹은 '全'자로 보기도 함.

044(4-6)
하룻밤을 넘겨 업무를 처리하면

열 개 마을에서 옳고 그름을 판단하면 그 나라는 약소해지고, 아홉 개 마을에서 옳고 그름을 판단하면 그 나라는 강해진다.

낮에 그 날의 업무를 처리하는 나라는 왕 노릇을 하게 되고, 밤에 그 날의 업무를 처리하는 나라는 강하게 되며, 하룻밤을 넘긴 뒤에 업무를 처리하는 나라는 약해진다.

十里斷者, 國弱; 五里斷者, 國彊.

以日治者王, 以夜治者彊彊, 以宿治者削.

【里】 고대의 행정 단위. 《周禮》 地官 遂人에는 "五家爲鄰, 五鄰爲里"라 하였고, 《鶡冠子》에는 "五家爲伍, 十伍爲里"라 하였음.

【斷】 〈解詁〉에 "斷, 猶決也"라 함.

【五里】 원문에는 '九里'로 되어 있으나 嚴萬里는 "九當作五, 下〈說民篇〉亦作五"라 하여 수정함. 반 수 이상이 행정에 대하여 논단하면 나라가 시끄러워짐을 말함.

【宿】 하루를 넘김. 〈解詁〉에 "過夜爲宿, 宿, 留也. 國家治事迅速則彊, 遲滯則削"이라 함. 《左傳》 莊公 3년 傳에 "凡師, 一宿爲舍, 再宿爲信, 過信爲次"라 함.

045(4-7)
호구戶口를 등록시켜라

　백성들의 호구 수를 등록하되 살아있는 사람은 기록해 두고, 죽은 사람은 삭제해야 한다.
　그러면 백성들은 납세의 의무를 회피하지 않을 것이며 들판에는 황무지가 없게 될 것이니, 그렇게 되면 나라가 부유해질 것이며, 나라가 부유해지면 강해진다.

　擧民衆口數, 生者著, 死者削.
　民不逃粟, 野無荒草, 則國富, 國富者彊.

【擧】'기록하다, 등록하다'의 뜻. 兪樾은 "襄二十七年《左傳》:「仲尼使擧是禮也.」〈釋文〉引沈注曰:「擧, 謂記錄之也.」此擧字, 義與彼同"이라 함. 〈解詁〉에는 "此戶籍之法也. 擧凡民衆戶口之數, 生者著於籍, 死者削其名, 戶籍可攷, 故民不逃粟, 而土地盡墾"이라 함.
【削】고대에는 竹簡에 기록하였으므로 이를 없앨 때는 칼로 깎아내었음.
【逃粟】세금을 내지 않고 빠져 나감. 〈解詁〉에 "逃粟, 逃賦稅也. 孟子有粟米之征, 趙岐注:「兵, 糧也.」"라 함.

046(4-8)
형벌로써 형벌이 없는 나라를 만들라

형벌로써 형벌을 없애면 나라가 잘 다스려질 것이요, 형벌로써 더 많은 형벌이 생기도록 하면 나라가 혼란스러워질 것이다.

그러므로 "형벌을 집행할 때에 가벼운 죄를 중형에 처하면 형벌도 제거되고 일도 성취시킬 수 있어 나라는 강해진다. 무거운 죄를 중형에 처하고 가벼운 죄를 가벼운 형에 처하면 형벌을 내려야 할 일은 늘 나타나고 일도 생겨나서 나라는 약해지고 만다"라고 말하는 것이다.

형벌은 힘을 생기게 하고, 힘이 생기면 강해지며, 강해지면 위엄이 생기고 위엄은 은혜를 생기게 하며 은혜는 힘에서 생겨난다.

힘 있는 자를 거용함으로써 용감하게 전쟁을 치르게 되고, 전쟁을 함으로써 지혜와 계략을 이루게 되는 것이다.

以刑去刑, 國治; 以刑致刑, 國亂.

故曰:「行刑重輕, 刑去事成, 國彊; 重重而輕輕, 刑至事生, 國削.」

刑生力, 力生彊, 彊生威, 威生惠, 惠生於力.

擧力以成勇戰, 戰以成知謀.

【以刑去刑】 "가벼운 죄에 대해서도 중형을 내림으로써 백성들이 형벌을 무서워하여 쉽게 죄를 짓지 않을 것이므로 형벌을 쓰지 않으려는 목적에 맞게 된다"고 보는 法家의 견해임. 〈解詁〉에 "以刑去刑, 如晉文公之誅顚頡; 以刑致刑, 如齊

頃公之繁刑"이라 함.

【以刑致刑】형벌을 써서 도리어 형벌을 내릴 일이 자꾸 생겨나게 함. 즉 무거운 죄에 대해 가벼운 형벌을 내림으로써 백성들이 형벌을 무서워하지 않아 쉽게 죄를 짓게 됨을 말함. 《管子》法法篇에 "上赦小過, 則民多重罪, 積之所由生也"라 함.

【行刑事生】형벌을 써서 자꾸 事端이 생기는 경우를 말함. 〈解詁〉에 "行刑重其輕者, 則犯罪者寡, 故刑去事成, 國彊; 若重其重而輕其輕, 則犯罪者衆, 故刑至事生, 國削"이라 함.

【刑生力】형벌은 전사로 하여금 싸움에서 용감하게 만들며, 백성들로 하여금 농사에 힘쓰게 하므로 '형벌은 힘을 낳는다'고 말한 것. 〈解詁〉에 "刑罰驅民於農戰, 故能生力. 國有力則彊, 彊則有威, 威加然後知惠, 故威生惠. 〈說民篇〉作「威生悳」, 悳‧惠一也"라 함.

【擧】'그러한 자를 숭상하여 거용함'의 뜻. 〈解詁〉에 "擧, 用也"라 함.

047(4-9)
곡물과 돈

곡식이 살아나면 돈은 죽게 되어 있고, 곡식이 죽으면 돈은 살아난다.

기본이 되는 물자는 값이 천해지고 그에 종사하는 사람이 많으면서 이를 매입하는 자가 적으면 농민은 곤궁해지고 간악한 상인들이 나서게 되며, 그렇게 되면 병력은 약해지고 나라는 틀림없이 깎여 멸망에 이르게 된다.

금 한 냥이 국경 안에서 생겨나면 곡식 12 섬이 국경 밖으로 나가 죽게 되며, 곡식 12섬이 국경 안에서 힘을 펴 살아나게 되면 금 한 냥이 국경 밖으로 나가 가치를 잃게 된다.

나라가 경내에서 금이 제 힘 펴기를 좋아하게 되면 금과 곡식 두 가지 모두가 생명력을 잃게 되며, 곳간과 금고 두 가지 모두가 비게 되어 나라는 약해지고 만다.

나라가 경내에서 곡식이 제 힘을 펼 수 있도록 하기를 좋아하면 돈과 곡식 두 가지가 모두 제 힘을 펴서 살아나며 곳간과 금고도 충실해져서 나라가 강하게 된다.

粟生而金死, 粟死而金生.

本物賤, 事者衆, 買者少, 農困而姦勸; 其兵弱, 國必削至亡.

金一兩生於竟內, 粟十二石死於竟外; 粟十二石生於竟內, 金一兩死於竟外.

國好生金於竟內, 則金粟兩死, 倉府兩虛, 國弱.
國好生粟於竟內, 則金粟兩生, 倉府兩實, 國彊.

【粟生而金死】'生'은 살아 있는 것처럼 제 기능을 발휘함. 즉 곡식이 돈 대신 값을 발휘하고 돈은 그 기능을 잃음.

【本物】기본이 되는 물자. 즉 곡식을 가리킴. 〈解詁〉에 "本物爲米粟, 從事於農者衆, 粟米賤, 則農困, 而相勸爲姦"이라 함.

【勸】勸勉함. 서로 商業을 하겠다고 鼓舞됨.

【竟】'境'과 같음. 高亨은 "竟, 借爲境"이라 함. 국경 안, 나라 안, 국내.

【石】용량의 단위 섬. 10말이 1섬임.

【國好生金】상업을 숭상함을 말함. 그렇게 되면 백성들은 농사를 버리고 상업에 뛰어들게 됨.

【倉府】倉은 倉廩. 곡식창고. 府는 府庫. 돈과 재물을 갈무리하는 곳.

048(4-10)
나라가 알고 있어야 할 열세 가지

강한 나라가 되려면 다음 열세 가지의 숫자를 알고 있어야 한다.

국경 안의 창고와 인구수, 건장한 남자와 건장한 여자의 수, 노인과 허약한 자의 수, 관리와 선비의 수, 언설言說로 먹고 사는 자의 수, 이로운 백성의 수, 말과 소와 가축사료의 수이다.

강한 나라가 되고자 하면서 나라 안의 이 열세 가지 수를 모르면 땅이 비록 비옥하고 백성이 많다 하더라도 나라가 갈수록 약해져 영토가 깎여 나가는 지경에 이르게 될 것이다.

彊國知十三數:

竟內倉口之數·壯男壯女之數·老弱之數·官士之數·以言說取食者之數·利民之數·馬牛芻藁之數.

欲彊國, 不知國十三數, 地雖利, 民雖衆, 國愈弱至削.

【士】 선비. 학자. 학문에 종사하는 사람.

【以言說取食者】〈解詁〉에 "謂遊說之士"라 함.

【利民】 蔣禮鴻은 "蓋謂農也"라 함. 〈解詁〉에는 "利, 饒也. 謂富民也"라 함.

【芻藁】 가축에게 먹이는 풀과 볏짚. 芻는 가축이 먹는 꼴을 가리키며, 藁는 稿와 같음.

【地雖利】 '利'는 토지가 비옥하고 물산이 풍부함을 말함.《戰國策》秦策 "西有巴蜀漢中之利"의 注에 "利, 饒也"라 하였고, 〈解詁〉에는 "地形便利, 或曰利謂富也"라 함.

049(4-11)
나라에게 원망이 없는 나라

나라에 원망하는 백성이 없는 경우를 일러 강국彊國이라 한다.

군대를 일으켜 다른 나라를 정벌할 때에 무공武功에 따라 작위를 내리고 관직을 내리면 틀림없이 승리를 거둘 것이요, 군대를 주둔시키고 농사를 지을 때에는 곡식의 생산량에 따라 작위를 내리고 관직을 내리면 나라가 부유해질 것이다.

군대를 일으켰을 때 적을 이기고, 군대를 주둔시켰을 때 부유하면 왕노릇을 할 수 있을 것이다.

國無怨民曰彊國.

興兵而伐, 則武爵武任, 必勝; 按兵而農, 粟爵粟任, 則國富.

兵起而勝敵·按兵而國富者, 王.

【武爵武任】 전투에서 이룬 武功에 따라 작위를 주고 벼슬자리에 임명함. 〈解詁〉에 "武爵武任, 謂以戰功大小錫爵任官"이라 함.

【粟爵粟任】 군대의 안병 기간은 물론 일반 백성에게도 적용됨. 〈解詁〉에 "粟爵粟任, 謂以致粟多寡, 錫爵任官.《史記》商君傳:「有軍功者, 各以率受上爵, 力本業耕織致束帛多者, 復其身.」 是也"라 함.

【按兵】 戰略的 군사 활동을 흔히 '按兵'이라 함. 직접 武力을 쓰지 않은 채 주둔만 하면서 상대에게 압력을 가하는 병법. 이러한 시간을 이용하여 屯田을 일구어 농업 생산량을 늘임. 嚴萬里 본에는 '按國'으로 되어 있음.

5.〈說民〉第五

   '설민說民'은 '백성이란 어떠한 성향을 가졌는가에 대한 논설'이다. 그들이 정서와 성향을 알아야 통치할 수 있으며 정치의 성패 여부는 여기에 달려 있다는 것이다. 법이 백성의 의지를 이겨야만 존재할 수 있으며 그에 따라 변혜辯慧, 예악禮樂, 자인慈仁, 임예任譽 등 유가儒家에서 주장하는 것들은 배제해야 한다는 주장이다. 본격적인 법가法家의 이념을 그대로 반영한 내용이 주를 이루고 있다. 앞의 〈거강편去彊篇〉과 같은 맥락을 이루고 있다.

   〈解詁〉에는 "說民之性情, 與用民之術. 此篇多與〈去彊篇〉相發明"이라 하였다.

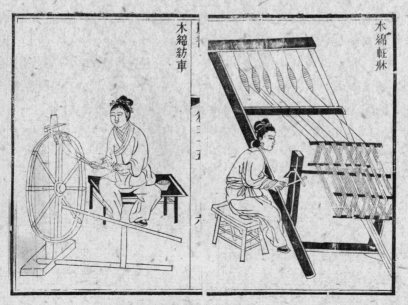

〈木棉紝床圖〉《農書》

050(5-1)
여덟 부류의 못된 무리들

변辯과 혜慧는 혼란을 조성하는 것이요, 예禮와 악樂은 음일淫佚을 불러들이는 것이요, 자慈와 인仁은 죄의 어머니요, 임任과 예譽는 간사함의 쥐와 같은 것이다.

혼란을 조장하는 것이 있으면 그것이 유행하게 될 것이요, 음일을 불러들이는 것이 있으면 그것을 쓰게 될 것이요, 죄를 짓도록 하는 어머니가 있으면 사단이 생겨나게 될 것이요, 간사함에 쥐처럼 있으면 금지시킬 수가 없게 될 것이다.

이 여덟 가지가 무리를 이루면 백성들의 힘이 정치보다 앞서게 되지만, 나라에 이러한 여덟 가지가 없게 되면 정치가 백성보다 낫게 된다.

백성이 정치를 앞서면 나라가 약해질 것이요, 정치가 백성을 앞서면 병력이 강해진다.

그러므로 나라에 이 여덟 가지가 있으면 임금은 백성들로 하여금 방어나 전투를 하도록 시킬 수 없게 되어 틀림없이 깎여 망하는 지경에 이르게 될 것이요, 나라에 이 여덟 가지가 없어야 임금은 백성으로 하여금 방어와 전투를 시킬 수 있어 틀림없이 나라가 흥성해져서 왕 노릇을 할 수 있게 될 것이다.

辯·慧, 亂之贊也; 禮·樂, 淫佚之徵也; 慈·仁, 過之母也; 任·譽, 姦之鼠也.

亂有贊則行, 淫佚有徵則用, 過有母則生, 姦有鼠則不止.

八者有群, 民勝其政; 國無八者, 政勝其民.

民勝其政, 國弱; 政勝其民, 兵彊.

故國有八者, 上無以使守戰, 必削至亡; 國無八者, 上有

以使守戰, 必興至王.

【辯慧】말솜씨에 뛰어남과 智謀를 잘 짜내어 약삭빠른 것. 이것이 나라를 위한
　　것이 아니라 개인의 사리를 위한 것임을 말함. 〈解詁〉에 "慧, 儇也"라 함.

【贊】〈解詁〉에 "贊 助也. 辯慧, 足以淆是非, 故爲亂之助"라 함.

【徵】〈解詁〉에 "徵, 召也. 禮樂, 足以適體志, 故爲淫佚之召"라 함.

【淫佚】다른 판본에는 '淫泆'로 되어 있음. 〈解詁〉에 "泆, 水所蕩泆也.《書》酒誥:
　　「淫泆于非彝.」《左傳》隱三年:「驕奢淫泆.」亦皆爵泆. 泆乃正字. 佚乃借字"라
　　하였고, 高亨은 "淫, 荒淫. 佚與逸通, 卽安逸"이라 하여 '荒淫安逸'의 뜻으로
　　보았음.

【母】〈解詁〉에 "母, 本也. 慈仁不足以懲惡, 故爲生過之本"이라 함. 高亨은 "尙氏
　　認爲以慈仁對人, 不忍用嚴刑統治臣民, 臣民就敢於犯過犯罪, 所以說「慈仁, 過之
　　母也.」"라 함.

【任譽】〈解詁〉에 "任, 用也; 譽, 名美也.《韓非子》六反:「活賊匿姦, 當死之民也.
　　而世尊之曰任譽之士.」"라 함. 그러나 高亨은 "《說文》:「任, 保也.」仗義出力,
　　來保護別人叫做任, 卽任俠. 贊揚別人叫做譽"라 함.

【鼠】〈解詁〉에 "鼠, 善穿穴害物.《漢書》五行志:「鼠小蟲, 性盜竊.」任譽適足啓
　　倖進, 故爲姦之鼠"라 함. 그러나 蔣禮鴻은 "鼠·處, 二字聲近義通,「姦之鼠也」
　　云「姦之宅也.」"라 함.

051(5-2)
법관은 악독해야

선량한 사람을 등용하면 백성들은 자기와 친한 사람만을 친히 여기게 되며, 간악한 사람을 등용해야 백성들이 법제法制를 친히 여기게 된다.

다른 사람과 같은 생각으로 남의 죄악을 덮어주는 사람이 선한 사람이며, 자기와 구별하여 다른 사람의 죄악을 감시하는 사람이 간악한 사람이다.

선량한 사람을 표창하면 사람의 죄악이 숨겨지게 되며, 간악한 사람을 임용해야 죄 있는 자가 죽임을 당하게 된다.

죄악이 숨겨지면 백성들은 법보다 더 앞서게 되며, 죄 있는 자가 죽임을 당해야 법이 백성을 앞서게 되는 것이다.

백성이 법을 앞서면 나라가 어지러워지고, 법이 백성을 앞서야 병력이 강해진다.

그러므로 "선량한 백성을 임용하여 다스렸다가는 틀림없이 혼란을 넘어 깎이는 지경에 이를 것이며, 간악한 사람을 임용해야 틀림없이 다스림을 넘어 강한 나라가 된다"라고 말하는 것이다.

用善, 則民親其親; 任姦, 則民親其制.
合而復者, 善也; 別而規者, 姦也.
章善則過匿, 任姦則罪誅.
過匿則民勝法, 罪誅則法勝民.

民勝法, 國亂; 法勝民, 兵彊.

故曰:「以良民治, 必亂至削; 以姦民治, 必治至彊.」

【用善】善은 선량한 사람. 그러한 자가 등용되어 관리가 되면 백성들에게 관용을
베풀어 통치가 제대로 이루어지지 않는다고 본 것. 〈解詁〉에 "用治善民之法
治民, 則民愛其私親"이라 함.

【親其親】친한 사람을 친히 여기는 풍조가 이루어져 법치가 허물어짐.

【任姦】간악한 사람이 관리가 되어야 잔인하게 법을 적용, 통치가 이루어짐.
〈解詁〉에 "用治姦民之法治民, 則民重其法制"라 함.

【親其制】인정보다는 법을 더 친히 여기는 풍조가 조성됨.

【合而復】'合'은 '남도 자신과 같은 생각일 것이라 여김, 인지상정을 이해하고
관용으로써 대함'의 뜻. '復'는 '覆'와 같음. '덮어주다, 감싸주다, 가려주다,
보호해주다'의 뜻. 〈解詁〉에 "復, 覆也"라 하였고, 蔣禮鴻은 "復, 當爲覆. 合而
復者, 民合則相爲掩覆也"라 함. 高亨은 "此處所謂合與別, 其義略如《墨子》所謂
兼與別. 合者, 兼愛他人也; 別者, 只愛自己也"라 함.

【別而規】'別'은 앞의 '合'과 상대하여 쓴 것. 남과 자신은 별개라고 여겨 잔인
하게 굶을 뜻함. '規'는 '窺'와 같으며 역시 '復'과 상대하여 '窺察하다'의 뜻. 남의
죄를 용서함이 없이 살펴 밝혀냄.

【章】'彰'과 같음. 〈解詁〉에 "章, 表也"라 함.

【罪誅】죄를 지은 자는 반드시 벌을 받음. 간악한 자를 등용해야 법을 어긴 자가
틀림없이 벌을 받게 되며 그래야 법가가 주장하는 통치가 이루어짐. 〈解詁〉에
"表善, 則過失藏匿; 任姦, 則有罪必誅"라 함.

052(5-3)
쉽다는 것과 어렵다는 것

나라가 난難으로써 공략하면 한 가지를 일으켜 열 가지를 얻게 되고, 이易로써 공략하면 열 가지를 일으켰다가 백 가지를 잃게 된다.

나라가 힘을 좋아하는 것을 일러 '난으로써 공략한다'라 하고, 나라가 말만 좋아하는 것을 일러 '이로써 공략한다'라 하는 것이다.

백성들이 말로 하는 것이 쉽다고 여기면 활용하기가 어렵다.

국법國法으로 백성들이 '쉽다(易)'고 여기는 것을 진작시키고, 병兵으로 백성이 '어렵다難'고 여기는 것에 활용하여 힘으로써 공략하는 자는 한 가지를 일으켜 열 가지를 얻게 되지만 국법으로 백성들이 쉽다고 하는 바를 진작시키고, 병으로 백성들이 어렵다고 여기는 바를 쓰면서 게다가 말로써 공략하는 자는 열 가지를 일으켰다가 백 가지를 잃고 말 것이다.

國以難攻, 起一取十; 國以易攻, 起十亡百.

國好力, 曰以難攻; 國好言, 曰以易攻.

民易爲言, 難爲用.

國法作民之所難, 兵用民之所易, 而以力攻者, 起一得十;

國法作民之所易, 兵用民之所難, 而以言攻者, 出十亡百.

【用】'백성을 활용하여 시킴'을 뜻함. 農戰을 가리킴.《周禮》小司徒 "乃會萬民 之卒伍而用之"의 注에 "用, 謂使民事之"라 함.

【作】 ‘振作시키다’의 뜻. 《說文》에 “作, 起也”라 함.

【國法爵民之所易, 兵用民之所易】 ‘易’와 ‘難’은 위치가 서로 바뀌어야 함. 高亨은
“兩個兵用句中易難兩字當互換, 乃傳寫之誤”라 함.

【出十亡百】 〈解詁〉에 “法作民之所難犯, 兵用民之所樂從, 此謂以力攻. 故起一
得十; 法作民之所易犯, 兵用民之所畏難. 此謂以言攻, 故出十亡百”이라 함.

053(5-4)
처벌은 엄하게 할수록

형벌이 엄중해야 작위가 존귀함을 받으며, 상이 가벼워야 형벌의 위엄이 선다.

작위가 존귀함을 받아야 임금이 백성을 사랑하게 되며, 형벌에 위엄이 서야 백성들이 임금을 위해 목숨을 바친다.

그러므로 흥하는 나라에서 형벌을 집행하면 백성들은 이용할 수 있고, 상賞을 쓰면 임금이 존중을 받게 된다.

법이 지나치게 상세하면 형벌이 증가하게 되지만, 법이 간명하면 형벌이 줄어들게 된다.

백성이 다스려지지 않으면 혼란이 일어나지만 혼란이 일어나고 다스려도 다시 혼란이 일어난다.

그러므로 백성들이 잘 다스려질 때에 다스리면 잘 다스려지지만, 백성들이 혼란스러울 때 다스리면 더욱 혼란이 일어난다.

백성들의 정서란 다스려지기를 바라고 있으면서도 그들이 일으키는 일은 혼란스러운 것이다.

따라서 형벌을 집행함에 있어서 가벼운 죄를 중형에 처하면, 가벼운 범죄는 일어나지 않게 되며, 그렇게 되고나면 무거운 범죄는 일어날 수가 없게 된다.

이것을 일러 "잘 다스려질 때에 그들을 다스려야 한다"라고 말하는 것이다.

형벌을 집행함에 있어서 무거운 죄를 중형에 처하고 가벼운 죄를 가볍게 처벌하면 가벼운 죄를 범하는 일이 그치지 않게 되며, 그렇게 되면 무거운 범죄도 그치게 할 방법이 없게 된다.

이를 일러 "어지러울 때에 그들을 다스리고 있다"라고 말하는 것이다.

그러므로 가벼운 죄를 중형에 처하면, 형벌이 없어지고 일도 잘 성취되어 나라는 강해지지만, 무거운 죄를 중형에 처하고 가벼운 죄를 가볍게 처벌하면 형벌이 계속 시행되어야 하고 사단도 일어나 나라는 약해지고 마는 것이다.

罰重, 爵尊; 賞輕, 刑威.

爵尊, 上愛民; 刑威, 民死上.

故興國行罰則民利, 用賞則上重.

法詳則刑繁, 法繁則刑省.

民治則亂, 亂而治之, 又亂.

故治之於其治則治, 治之於其亂則亂.

民之情也治, 其事也亂.

故行刑, 重其輕者; 輕者不生, 則重者無從至矣.

此謂治之於其治也.

行刑, 重其重者, 輕其輕者; 輕者不止, 則重者無從止矣.

此謂治之於其亂也.

故重輕, 則刑去·事成, 國彊; 重重而輕輕, 則刑至而事生, 國削.

【爵尊, 上愛民】農戰의 법에 의해 받은 작위는 존중을 받아야 함. 〈解詁〉에 "官爵尊貴, 則民歆羨而趨於事, 故謂上愛民; 刑罰嚴厲, 則民畏威而勇於戰, 故謂民死上"이라 함.

【法詳】법이 지나치게 상세함. 법이 번잡함. '詳'은 부정적으로 쓴 것.

【法繁則刑省】'繁'은 '簡'의 오기. 〈解詁〉에 「法繁」, 當作「法簡」.《韓非子》八說:

「法省而民訟簡.」 義同"이라 함.

【民治則亂】 蔣禮鴻과 高亨 등은 모두 "民不治則亂"이 되어야 한다고 보았음.

【民之情也治, 其事也亂】 〈解詁〉에 "此謂致治於未亂, 保邦於未危. 民之情本望治, 而其事勢常趨於亂. 蓋飢寒衣食之爭, 而變亂生焉"이라 함.

【治之於其治】 〈解詁〉에 "《韓非》說儲上, 公孫鞅之法也. 重輕罪者, 人之所難犯也, 而小過者, 人之所易去也. 使人去其所易, 無離其所難, 此治之道. 夫小過不生, 大罪不至, 是人無罪, 而亂不生也. 一曰, 昆孫鞅曰:「行刑, 重其輕者. 輕者不至, 重者不來. 是謂以刑去刑」《史記》李斯傳, 商君之法:「刑棄灰於道者. 夫棄灰薄罪也, 而被刑重罰也. 彼唯明主, 爲能深督輕罪, 大罪輕且督深, 而況有重罪乎? 故民不敢犯也.」"라 함.

054(5-5)
겁먹는 백성은 죽여 없애야

백성이 용감하면 그들이 바라는 것을 상으로 주고, 백성이 겁을 먹으면 그들이 싫어하는 것으로써 죽여버린다.

그러므로 겁을 내는 백성을 형벌로써 부리면 용감해지고, 용감한 백성은 상으로써 부리면 죽음을 무릅쓰게 될 것이다.

겁이 많던 백성이 용감해지고 용감한 백성이 죽음을 무릅쓰게 되면 나라는 대적할 상대가 없어질 것이며 틀림없이 왕 노릇을 할 수 있게 될 것이다.

民勇, 則賞之以其所欲; 民怯, 則殺之以其所惡.

故怯民使之以刑, 則勇; 勇民使之以賞, 則死.

怯民勇, 勇民死, 國無敵者, 必王.

【所欲】백성이 바라는 것은 爵位와 俸祿을 임.

【所惡】백성이 싫어하는 것은 죽음임. 〈算地篇〉(066)에 "羞·辱·勞·苦者, 民之所惡也; 顯·榮·佚·樂者, 民之所務也"라 함.

【怯民】죽음이 두려워 겁을 먹고 있는 백성. 〈解詁〉에 "怯民, 惡死"라 함. 따라서 이들에게 죽음을 내림으로써 겁을 벗어나 용맹으로 바뀜.

055(5-6)
기생충 이와 같은 존재들

백성이 가난하면 나라를 약하게 만들고, 백성이 부유하면 방탕하게 되며, 방탕하면 '이'같은 일이 있게 되고, '이'같은 일이 있으면 나라가 약해진다.

그러므로 가난한 사람은 형벌로써 다스려 농업에 힘쓰게 하면 부유해지고, 부유한 사람은 상으로써 곡물을 바치도록 유도하면 가난해진다.

나라를 다스리는 일이란 가난한 사람을 부유하게 하고, 부유한 사람을 가난하게 하는 일을 귀히 여긴다.

가난한 자가 부유해지면 나라가 강해지고, 부유한 자가 가난해지면 삼관三官에 이가 생기지 않는다.

나라가 오래도록 강하면서 이가 없게 되면 틀림없이 왕 노릇 할 수 있게 될 것이다.

民貧則弱, 國富則淫; 淫則有蝨, 有蝨則弱.
故貧者益之以刑, 則富; 富者損之以賞, 則貧.
治國之擧, 貴令貧者富, 富者貧.
貧者富, 國彊; 富者貧, 三官無蝨.
國久彊而無蝨者, 必王.

【富則淫】'淫'은 방탕과 사치를 부림. 〈解詁〉에 "淫, 謂放蕩奢侈"라 함.
【蝨】〈解詁〉에 "淫害於國, 猶人身之有蝨也"라 함.

【以刑則富】 가난한 자에게 형벌로써 농사에 힘쓰게 하면 부유하게 됨. 마찬가지로 부유한 자에게는 그 곡물로 관직을 사도록 하여 가난하게 만듦. 〈解詁〉에 "民貧以刑督之力農則富, 民富粟多者, 使輸粟得官爵, 以殺其富, 故貧. 〈靳令篇〉 民有餘糧, 使民以粟出官爵"이라 함.

【三官】 農, 商, 官. 〈去彊篇〉(040)을 볼 것.

056(5-7)
형벌은 힘을 생겨나게 한다

형벌은 힘을 생기게 하며, 힘은 강성함을 낳으며, 강성함은 위세가 낳으며, 위엄은 덕을 낳는다.

이처럼 덕은 형벌에서 생겨난다.

그러므로 형벌이 많으면 상이 중시를 받으며, 상이 적으면 형벌이 중시를 받는다.

백성에게는 바라는 것도 있고 싫어하는 것도 있는데, 바라는 것에는 육음六淫이 있고 싫어하는 것에는 사난四難이 있다.

육음을 그대로 풀어놓으면 나라가 약해지고, 사난을 실행하면 병력이 강해진다.

그러므로 왕노릇을 하는 나라는 형벌이 9할이라면 상을 주는 일은 1할이다.

형벌이 9할이나 되면 육음은 제지될 수 있으며, 상이 1할이면 사난이 실행될 수 있다.

육음이 제지되면 나라에 간사함이 없게 될 것이며, 사난이 실행되면 군대에 맞설 자가 없게 될 것이다.

刑生力, 力生彊, 彊生威, 威生德.

德生於刑.

故刑多則賞重, 賞少則刑重.

民之有欲有惡也, 欲有六淫, 惡有四難.

從六淫, 國弱; 行四難, 兵彊.

故王者刑於九, 而賞出一.

刑於九, 則六淫止; 賞出一, 則四難行.

六淫止, 則國無姦; 四難行, 則兵無敵.

【刑生力】〈去彊篇〉(046)에 "刑生力, 力生彊, 彊生威, 威生惠, 惠生於力"라 함.
〈解詁〉에는 "卽上文罰重爵尊, 賞罰刑威之意"라 함.

【六淫】여섯 가지의 방탕한 일의 유형. 앞에서 말한 '六蝨'과 같음. 또는 사람
으로서의 여섯 가지 욕구를 가리킴. 〈解詁〉에 "六淫, 六欲也.《呂覽》貴生: 「六欲
皆得其宜.」 高誘注: 「六欲, 生死耳目口鼻也.」 蓋心淫於死生, 耳淫於聲, 目淫於色,
口淫於味, 鼻淫於臭"라 함.

【四難】백성들이 하기 싫어하는 것. 嚴刑, 峻法, 力農, 務戰의 네 가지. 또는 羞,
辱, 勞, 苦를 들기도 함. 〈解詁〉에 "四難, 謂嚴刑·峻法·力農·務戰. 尹桐陽以
〈算地篇〉:「羞·辱·勞·苦者, 民之所惡也.」 釋此四難亦通"이라 함. 그 외에 달리
務農, 力戰, 出錢, 告姦을 들기도 함. 高亨은 "人民看到務農, 力戰, 出錢, 告姦
四件事都能立功, 都可得賞, 就都願意幹, 四件難事就都做到了"라 함.

【形於九而賞出一】'九'는 9할, 매우 많은 수나 양을 상징함. '一'은 오직 한 가지
즉 '農戰'을 통해서만 상을 받을 수 있음.

057(5-8)
수많은 욕구를 채워줄 구멍은 단 하나

　백성들이 바라는 것은 수만 가지이지만 그들에게 이익을 내어주는 그것이 나오는 길은 오직 하나 농전農戰일 뿐이다.

　백성들은 이 하나의 길이 아니면 바라는 바를 이룰 수 없기 때문에 그 하나에 매달리게 될 것이다.

　이 하나에만 매달리게 되면 힘이 뭉쳐지고, 힘이 뭉쳐지면 강해진다.

　강한 상태를 잘 이용하면 더욱 강해질 것이다.

　그러므로 능히 힘을 만들어낼 수도 있고 그 힘을 능히 소모시킬 수도 있는 나라를 일러 '적을 공격하는 나라'라고 하며 이러한 나라는 틀림없이 강하게 될 것이다.

　사사로운 길을 막아 사람들의 망상을 없애고 하나의 문만을 열어놓아 그 문으로써 자신들이 바라는 것에 이르도록 유도하여, 백성들로 하여금 그들이 싫어하는 바를 먼저 하도록 한 뒤에야 바라는 것에 이르도록 하므로 나라의 힘이 많아지게 되는 것이다.

　나라가 힘이 많은데도 그 힘을 쓰지 않으면 사람들의 뜻이 막히게 될 것이니 뜻이 막히면 사사로움이 생기며, 사사로움이 생기면 나라는 약해지고 만다.

　그러므로 능히 힘을 생산해 낼 수만 있고 그 힘을 소모시킬 수 없는 나라를 일러 '스스로를 공격하는 나라'라고 하며, 그러한 나라는 틀림없이 약해지고 말 것이다.

　따라서 "왕노릇을 하는 나라는 나라에 힘을 모아두고만 있지 않으며, 집에 곡식을 쌓아두고만 있지는 않는다"라고 말하는 것이다.

　나라에 힘을 모아두고 있지 않으니 백성들의 힘이 쓰이는 것이요,

집에 곡식을 쌓아두고만 있지 않으니 임금이 이를 창고에 저장할 수 있는 것이다.

民之所欲萬, 而利之所出一.

民非一則無以致欲, 故作一.

作一則力摶, 力摶則彊.

彊而用, 重彊.

故能生力, 能殺力, 曰攻敵之國, 必彊.

塞私道以窮其志, 啓一門以致其欲, 使民必先其所要, 然後致其所欲, 故力多.

力多而不用則志窮, 志窮則有私, 有私則有弱.

故能生力不能殺力, 曰自攻之國, 必削.

故曰:「王者國不蓄力, 家不積粟.」

國不蓄力, 下用也; 家不積粟, 上藏也.

【利之所出一】 '利'는 작위나 녹봉의 상을 가리킴.

【彊而用】 '用'은 그들의 힘을 씀. '전쟁에 이를 쓰다'의 뜻으로 보고 있음.

【能殺力】 '殺'는 '쇄'로 읽으며 '덜어냄, 소모시킴'의 뜻. 그 힘을 전쟁에 이용함. 〈解詁〉에 "殺, 猶減也. 彊而用, 謂彊而用於戰"이라 함.

【塞私道以窮其志】 '私道'는 사사롭게 개인의 사욕을 채우고자 하는 방법. 農戰 이외의 방법을 말함. '塞'은 막아 버림, 끊어버림. 〈解詁〉에 "塞, 絶也; 窮, 困也"라 함.

【啓一門】 〈解詁〉에 "啓, 開也. 啓一門以致其欲, 謂力農戰, 則可得官爵"이라 함.

【使民必先行其所要】 '要'는 '惡'의 오기. 四難을 가리킴. 陶鴻慶은 "要, 乃惡字之誤"라 함.

【不蓄力】 〈解詁〉에 "《國語》:「蓄力一紀」 韋注:「蓄, 養也.」 國不必蓄力, 而可以戰; 下用命也; 家不必蓄粟, 而無饑荒, 上藏倉庫也"라 함.

058(5-9)
연좌법을 실시하라

　나라의 다스림에는 몇 가지 상황이 있으니, 백성의 집에서 옳고 그름이 판단되는 나라는 천하에서 왕 노릇하며, 관리에 의해 옳고 그름이 판단되는 나라는 강하게 되고, 군주에 의해 옳고 그름이 판단되는 나라는 약해지고 만다.

　가벼운 죄를 중형에 처하면 형벌이 사라지고 법에 따라 벼슬이 내려지면 그러한 나라는 잘 다스려진다.

　형벌을 줄이는 데에는 백성들을 연좌하여 보증하도록 하되 상을 내릴 때에는 믿음을 져버려서는 안 된다.

　간사함이 있을 때 반드시 고발하도록 하면 백성들이 자신의 마음으로 이를 판단하므로 임금이 그렇게 하도록 명령하면 백성들은 이를 알고 그에 맞게 반응할 것이다.

　기물器物이 백성의 집에서 만들어지면 관청에서 이를 쓰게 되는 것은 통용되는 그러한 일은 백성들이 집에서 스스로 판단하여 결정하기 때문이다.

　그러므로 왕노릇하는 나라는 형벌과 상을 민심에서 판단되도록 하며, 기물과 용구에 대해서는 백성들의 집에서 판단되도록 한다.

　정치가 명확하면 백성들의 판단이 군주와 같아지고, 정치가 어두우면 군주와 백성의 의견이 달라진다.

　의견이 같아지면 실행이 되고, 의견이 다르면 저지되고 말 것이며, 실행되면 다스려지지만 저지되면 혼란이 일어난다.

　나라가 잘 다스려지는 것은 백성의 집에서 판단하기 때문이요, 나라가 어지러워지는 것은 군주가 판단하기 때문이다.

　나라를 다스리는 자는 아래의 백성들이 판단하는 것이 귀히 여기므로 열 개의 마을에서 옳고 그름을 판단하는 나라는 쇠약해지고, 다섯 개의 마을에서 판단하는 나라는 강해진다.

백성의 집에서 판단하면 여유가 있으므로 이를 일러 "그 날 낮에 일을 처리해 내는 나라는 왕노릇 할 수 있다"라고 말하는 것이다.

관리가 판단하면 시간이 모자라므로 "밤에서야 그 날의 일을 처리해 내는 나라는 그런대로 강하다"라고 말하는 것이다.

군주가 판단하면 혼란이 생기므로 "하룻밤을 넘기고서야 처리해 내는 나라는 약해진다"라고 말하는 것이다.

그러므로 도道가 있는 나라는 군주의 말을 듣고서 처리하지는 않으며, 백성이 일을 처리할 때에는 관리의 말을 따르는 것은 아니다.

國治: 斷家, 王; 斷官, 彊; 斷君, 弱.

重輕刑去, 常官則治.

省刑要保, 賞不可倍也.

有姦必告之, 則民斷於心, 上令而民知所以應.

器成於家而行於官, 則事斷於家.

故王者刑賞斷於民心, 器用斷於家.

治明則同, 治闇則異.

同則行, 異則止; 行則治, 止則亂.

治則家斷, 亂則君斷.

治國者貴下斷, 故以十里斷者弱, 以五里斷者彊.

家斷則有餘, 故曰「日治者王」.

官斷則不足, 故曰「夜治者彊」.

君斷則亂, 故曰「宿治者削」.

故有道之國, 治不聽君, 民不從官.

【要保】 '要'는 '묶다'의 뜻. 蔣禮鴻은 "要, 約也"라 함. 다섯 집, 열 집을 하나의
　通班으로 조직하여 서로 감시하고 보증을 서도록 하는 連坐法을 가리킴.
　〈解詁〉에 "省刑要保, 謂使民互相爲保. 有姦必告, 則民不敢犯法, 故刑減省"이라
　하였고, 高亨은 "要保, 指建立什伍的制度, 使人民互相約束, 互相擔保"라 함.

【倍】 '背'와 같음. '배반하다, 신의를 잃다, 믿음을 저버리다'의 뜻. 〈解詁〉에 "倍,
　猶背也. 謂賞必信"이라 함. 章詩同은 "倍, 同背, 背反, 失信"이라 함. 雙聲互訓임.

【民斷於心】 〈解詁〉에 "民斷於心, 謂民心知法嚴, 不敢爲非"라 함.

【器成於家, 而行於官】 기는 나라에 쓰이는 각종 器物. 〈解詁〉에 "百姓所作器用,
　不爲淫巧. 樸實適用, 有裨民生, 爲公家所利用. 故器成於家而行於官, 所謂事斷
　於家也"라 함.

【治明則同, 治闇則異】 〈解詁〉에 "同, 讀如周語「龢同可觀」之同. 韋注:「一心不
　二曰同.」 治明則同, 謂上下同心.《說文》:「異, 分也.」《墨子》經:「異二體不合不類」
　治闇則異, 謂上下分離"라 함.

【日治者王】 〈解詁〉에 "家斷, 謂刑賞斷於民心, 則政簡. 日有餘, 故曰「日治」.
　《韓非子》有度:「治不足而日有餘」是也"라 함.

【治夜者彊】 〈解詁〉에 "官斷, 謂事皆經官決定, 已有日力不足之虞, 故曰「夜治」"
　라 함.

【宿治者削】 〈解詁〉에 "國政皆須待君主決定, 則政事遲滯, 故曰「宿治」"라 함.

【有道之國】 〈解詁〉에 "有道之國, 法令畫一, 故臣據法而治, 民不必聽命於君主;
　民遵法而行事, 不必依附其長官. 商君法治之精神, 今日歐西諸國, 言法治者, 不能
　逾也"라 함.

【從】 따름. 말을 들음.《說文》에 "從, 相聽也"라 하였고, 王時潤은 "治不聽君,
　卽官斷之謂也; 民不從官, 卽家斷之謂也"라 함.

6. 〈算地〉第六

　'산지算地'는 '국토의 농지를 계산하여 개간 계획을 세워야 한다'는 내용이다. 인구와 토지의 비율을 감안하여 농지 개간의 확대를 실행할 수 있는 효과적 대안을 마련해야 한다는 것이다. 백성의 노동력을 최대한 이용하여 부국의 길을 열기 위해 상벌賞罰, 조세租稅, 속농屬農 정책을 강화해야 한다는 내용이 주를 이루고 있다.

　〈解詁〉에는 "算, 計也. 計地之廣狹, 民之衆寡, 以使民, 務盡其地力" 이라 하였다.

〈綏德鳥蓋曲頸銅瓠壺〉

059(6-1)
토지를 계산하라

　무릇 세상 임금들의 근심은 용병用兵에는 그 힘을 헤아리지 않고, 황무지를 개척함에는 그 땅을 재어보지 않는다는 점이다.

　그러므로 땅은 좁고 백성은 많은 경우에는 백성이 그 땅보다 더 우세하고, 땅은 넓은데 인구는 적은 나라는 땅이 그 백성보다 우세하다.

　백성이 그 땅보다 우세한 나라는 땅을 넓히기에 힘써야 하고, 땅이 백성보다 우세한 나라는 외국의 노동력을 불러오도록 해야 한다.

　땅을 넓히려면 군대를 배로 늘려야 한다.

　그러나 인구수가 땅보다 지나치면 나라의 경제 수입이 적고 군사력도 부족하게 되며, 땅이 인구수보다 지나치면 산택山澤의 자원이 제대로 활용되지 못한다.

　무릇 천연의 자원을 포기하고 백성의 사치만을 조장하는 경우는 세상 군주들의 임무가 잘못되었기 때문인데도 이러한 일을 위아래가 함께 똑같이 하고 있으니 그 때문에 백성이 많건만 병력은 약하고, 국토는 넓건만 힘은 모자란 나라가 되고 만 것이다.

　凡世主之患, 用兵者不量力, 治萊者不度地.

　故有地狹而民衆者, 民勝其地; 地廣而民少者, 地勝其民.

　民勝其地者務開; 地勝其民者事徠.

　開則行倍.

民過地, 則國功寡而兵力少; 地過民, 則山澤財物不爲用.

夫棄天物, 遂民淫者, 世主之務過也, 而上下事之, 故民衆而兵弱, 地大而力小.

【患】〈解詁〉에 "患, 憂也"라 함.

【草萊】草는 '황무지', '萊' '황폐해진 농토'를 가리킴. 〈解詁〉에 《詩》楚茨序: 「田萊多荒.」 疏: 田廢生草謂之萊"라 함.

【度】'탁'으로 읽으며 헤아림. 〈解詁〉에 "度, 量也"라 함.

【勝】〈解詁〉에 "勝, 猶過也"라 함.

【開】'개척하다, 국토를 넓히다'의 뜻. 〈解詁〉에 "開, 闢也. 謂務在闢草萊"라 함.

【徠】來와 같음. 외국의 노동력이나 떠도는 자들을 불러옴. 〈解詁〉에 "徠, 至也. 謂宜從事招至流亡"이라 함.

【開則行倍】이 문장 아래에 빠진 것이 아닌가 함. 嚴萬里는 "按此下當有闕文"이라 함. '行'은 '항'으로 읽으며 군대의 行伍를 뜻함. 인신하여 '兵力'을 가리킴. 《周禮》夏官 司馬 序 "行司馬中士十有六人"의 注에 "行, 謂軍行列, 晉作六軍而有三行, 取名於此"라 함. 그러나 〈解詁〉에는 "能開草萊, 出産將倍於常"라 하여 땅에서 나는 생산력으로 보았음.

【國功】나라에 필요한 功效.

【不爲用】〈解詁〉에 "民過地, 謂民多地少, 則生産不足, 故兵力減少; 地過民, 謂地多民少, 則地利不能開, 故財物不爲用"이라 함.

【棄天物, 遂民淫】〈解詁〉에 "遂, 從也. 言秦有民而不知用, 有地而不知墾, 是謂棄天物. 遂民淫, 有世主規畫之誤, 而相似事之, 謂主與臣皆如此, 宜其民衆國弱, 地大力小"라 함. 혹 '遂'는 '助長하다'의 뜻으로도 쓰임. 《呂氏春秋》振亂 "而遂桀紂之過也"의 注에 "遂, 猶長也"라 함.

060(6-2)
토지 활용의 비율

옛날 나라를 다스리고 토지를 맡아 이용한 비율은 다음과 같다.

산림이 10분의 1을 차지하고, 호수와 못이 10분의 1을 차지하며, 계곡의 유슈流水가 10분의 1을 차지하며, 각 고을의 혜도蹊道가 10분의 1을 차지하며, (조악한 농토가 10분의 2를 차지하고, 좋은 농토가 10분의 4를 차지하는) 것이니 이것이 선왕先王들이 바르게 비율을 정한 것이다.

옛날 나라를 다스릴 때 전답에 분배하였던 조세의 액수는 5백 무畝의 세금 징수로도 족히 한 번의 전투에 대비할 수 있었으나 이는 제대로 그 임무를 다한 것이 아니며, 사방 백 리의 토지로 전졸戰卒 만 명을 할당하는 것도 그 숫자는 적은 것이다.

이는 농토를 개간하여 족히 그 백성을 먹여 살릴 수 있었고, 각 고을의 그만한 도로면 백성이 사용할 수 있었으며, 산림, 호수와 못, 계곡이면 족히 이용할 자원을 공급할 수 있었고, 늪과 못, 제방이면 필요한 물을 비축할 수 있었기 때문이었다.

그 때문에 군대가 출정할 때에는 양식을 공급할 수 있었고 재물은 여유가 있었으며, 군대가 쉬고 있을 때면 백성들은 일을 하여 비축한 물자들이 언제나 넉넉하였던 것이다.

이것이 이른바 토지를 잘 관리하여 전투에 대처하는 규율이었던 것이다.

故爲國任地者:

山林居什一, 藪澤居什一, 溪谷流水居什一, 都邑蹊道居什四, (惡田處什二, 良田處什四), 此先王之正律也.

故爲國分田數小畝五百, 足待一役, 此地不任也; 方土百里, 出戰卒萬人者, 數小也.

此其墾田足以食其民, 都邑·遂路足以處其民, 山林·藪澤·溪谷足以供其利, 藪澤·堤防足以畜.

故兵出, 糧給而財有餘; 兵休, 民作而畜長足.

此所謂任地待役之律也.

【故】'古'와 같음. '故國'은 역사가 긴 오래된 나라를 뜻함.《孟子》梁惠王(下)의 "所謂故國者" 注에 "故者, 舊也"라 함.

【任地】'任'은 '일로 삼아 다스리다'의 뜻.《周禮》大司馬 "以任邦國"의 鄭注에 "任, 猶事也"라 함.

【居】'處'와 같음.《周易》繫辭傳〈釋文〉에 "居, 處也"라 함.

【藪澤】'藪'는 풀이 우거진 늪이나 넓은 호수. '澤'은 얕은 못.《說文》에 "藪, 大澤也"라 하였고,〈解詁〉에는 "先大父曰: 謂澤之地多水少, 草木所聚者"라 함.《風俗通》에는 "水草交厝名之謂澤"이라 함.

【都邑】《左傳》莊公 28년 傳에 "凡邑, 有宗廟先君之主曰都, 無曰邑. 邑曰築, 都曰城"이라 함. 蔣禮鴻은 "《呂氏春秋》貴因篇:「舜一徙成邑, 再徙成都.」注:《周禮》四井爲邑, 邑方二里也. 四縣爲都, 都方二十二里也. 邑有封, 都有成(城).」然則邑小都大"라 함.

【蹊道】小路. 작은 오솔길.《史記》李將軍列傳과 太史公自序에 "桃李不言, 下自成蹊"라 함.

【惡田】俞樾은 "都邑蹊道下有闕文, 今據〈來民篇〉補云:「都邑蹊道居什一, 惡田居什一, 良田居什四.」라 하여 ( )안에 보충해 넣음. 그러나 王時潤은 "當作惡田居什二"라 함.

【戰卒萬人】〈解詁〉에 《周禮》:「諸男之國, 封疆方百里, 又制軍, 萬有二千五百人爲軍, 小國一軍.」賈疏:「子男爲小國, 方土百里, 出戰卒萬人.」"이라 함.

【數小也】'數'는 '사람 수' 또는 '토지의 수량' 등 두 가지로 보고 있음.〈解詁〉에 "是數小也. 國小地狹, 地不足用, 而能待役, 以分田數小, 能盡地力, 而無遺利也"라 함.

【小畝】周나라 때 地積 단위. 사방 6尺을 1步라 하고, 사방 100보를 1畝라 함. 大畝는 秦나라 이후에 단위 사방 240보를 1畝라 한다 함. 高亨은 "小畝者, 周制之畝也. 大畝者, 秦漢制之畝也.《鹽鐵論》未通篇曰:「古者制田, 百步爲畝. 先帝, ……制田, 二百四十步爲一畝.」《説文》曰:「六尺爲步, 百步爲畝. 秦田二百四十步爲畝.」可見古制一百方步爲一畝, 秦漢制二百四十方步爲一畝. 周制每夫受田百畝, 卽小畝一百, 而秦制每夫受田小畝五百, 此乃以秦地廣民稀之故也"라 함.

【墾田】개간하여 농사를 짓고 있는 농토.

【逐路】逐는 마을 단위 명칭. 〈解詁〉에 "《周禮》:「五縣爲逐.」注:「鄰鄼鄙縣逐, 猶郊內比閭族黨州鄉也.」"라 함.

【利】《周禮》職方氏 "周知其利害"의 注에 "利, 金石竹箭之屬"이라 함. 여기서는 資源을 가리킴.

【畜】'蓄'과 같음. 章詩同은 "畜, 假借爲蓄. 下畜字同"이라 하였고, 〈解詁〉에 "畜, 積也"라 함.

061(6-3)
순박해야 노동에 매달린다

오늘날 군주들은 사방 수천 리의 땅이 있지만 식량은 전투에 대처하기에도, 창고를 채우기에도 모자라며, 게다가 군대는 이웃나라들과 대적하고 있으니, 나는 이 때문에 지금의 세속 군주들을 위해 걱정하고 있다.

무릇 땅이 넓은 데도 개간을 하지 않고 있는 것은 땅이 없는 것과 마찬가지이며, 백성이 많은데도 쓰이지 않고 있는 것은 백성이 없는 것과 마찬가지다.

그러므로 나라를 다스리는 방법으로써 임무란 황무지 개간에 힘쓰는 데에 있으며, 용병用兵의 도로써 임무란 상賞을 하나로 통일하는 데에 있다.

사사로운 이익이 농전 이외에는 없도록 막으면 백성들은 농사짓는 데로 되돌아가기에 힘쓸 것이며, 그들이 농사짓기로 되돌아가면 순박해질 것이며, 그들이 순박해지면 법령을 두려워하게 될 것이요, 사사롭게 상을 주는 일을 아래 사람들이 하지 못하도록 금지하면 백성의 힘은 적을 상대하여 뭉쳐질 것이며, 적을 상대하여 뭉쳐진다면 승리를 거둘 수 있게 될 것이다.

그렇게 됨을 어떻게 알 수 있는가?

무릇 백성들의 정서란 순박하면 노동하는 마음이 생겨나 쉽게 힘을 쏟게 되며, 궁하면 지혜가 생겨나 이익을 저울질하게 되어 있다.

힘쓰는 일을 대수롭지 않게 여기면 죽음도 가벼이 여기며 임금에게 쓰임을 즐겁게 여기지만 이익을 저울질하다 보면 벌을 두려워하여 고생스러운 일도 대수롭지 않게 여기게 된다.

고생을 쉽게 여기면 토지의 힘을 다 얻을 수 있으며 쓰임을 즐겁게 여기게 되면 병력의 힘을 다 발휘할 수 있게 되는 것이다.

今世主有地方數千里, 食不足以待役·實倉, 而兵爲鄰敵, 臣故爲世主患之.

夫地大而不墾者, 與無地者同; 民衆而不用者, 與無民者同.

故爲國之數, 務在墾草; 用兵之道, 務在壹賞.

私利塞於外, 則民務屬於農; 屬於農則樸, 樸則畏令; 私賞禁於下, 則民力摶於敵, 摶於敵則勝.

奚以知其然也?

夫民之情, 樸則生勞而易力, 窮則生知而權利.

易力則輕死而樂用, 權利則畏罰而易苦.

易苦則地力盡, 樂用則兵力盡.

【兵爲隣敵】군사들이 이웃 적들과 대치하고 있음. '爲'는 '與'와 같음. 〈解詁〉에 "爲, 猶與也. 言兵與鄰國對敵, 而不能戰"이라 함.

【壹賞】상을 하나로 통일함. 信賞必罰을 뜻함.

【私賞禁於下】〈解詁〉에 "私賞禁於下, 謂非功不賞, 公賞以戰功爲主, 其他恩賞, 皆私賞也"라 함.

【摶】뭉침. 단결함. 모음. 〈解詁〉에 "摶, 聚也"라 함.

【易】쉽게 여김. 대수롭지 않게 여기고 참아냄. 高亨은 《左傳》襄公四年杜預注: 「易, 猶輕也.」易力是看輕自己的力量, 卽不吝惜自己的力量"이라 함.

【權利則畏罰而易苦】'權'은 動詞로 '稱'의 뜻. 〈解詁〉에 "權利, 計算利益也"라 함. "이익을 저울질 해 보았더니 그래도 벌이 더 무서워 벌보다는 고통을 참아내는 편이 쉽다고 여김"의 뜻. 그러나 蔣禮鴻은 "此當作「易力則畏法而易苦, 權利則輕死而樂用」"이라 함.

062(6-4)
굶주리면 먹을 것을 찾게 마련

무릇 나라를 다스리는 자가 능히 토지의 힘을 다 발휘시키고 백성들에게 죽음을 무릅쓰게 할 수 있으면, 명예와 이득이 함께 이르게 될 것이다.

백성의 본성이란 굶주리면 먹을 것을 찾고, 힘들면 편안함을 찾으며, 괴로우면 즐거움을 찾고, 치욕을 당하면 영예를 찾는 것이니, 이것이 백성들의 정서이다.

백성들은 이익을 찾을 때에는 예의의 법도를 잃으며, 명예를 구할 때에는 본성의 떳떳함도 잃는 법이다.

그렇게 됨을 무엇으로 설명할 수 있는가?

지금 도적이 위로는 임금이 금한 법을 범하고 아래로는 신하나 백성의 예를 잃은 채, 명예가 욕되고 자신이 위험한데도 도둑질을 그만두지 못하는 것은 이익 때문이다.

상고시대 선비들은 옷 입는 데 몸이 따뜻함을 추구하지 않았으며, 먹는 데에 배부름을 추구하지 않고, 그 뜻과 의지를 고통스럽게 하며 사지를 노고롭게 하고, 오장을 손상시키면서도 자신을 더욱 여유롭게 넓게 하였을 따름인데 이는 살아가는 정상 법칙이 아니건만 그렇게 한 것은 명예 때문이었다.

그러므로 "명예와 이익이 모이는 곳이면 백성들은 그곳으로 인도된다"라고 하는 것이다.

夫治國者, 能盡地力而致民死者, 名與利交至.

民之性, 饑而求食, 勞而求佚, 苦則索樂, 辱則求榮, 此民之情也.

民之求利, 失禮之法; 求名, 失性之常.

奚以論其然也?

今夫盜賊上犯君上之所禁, 而下失臣民之禮, 故名辱
而身危, 猶不止者, 利也.

其上世之士, 衣不暖體, 食不滿腸, 苦其志意, 勞其四肢,
傷其五臟, 而益裕廣耳, 非生之常也, 而爲之者, 名也.

故曰:「名利之所湊, 則民道之.」

【交】'함께', '俱, 並'의 뜻.

【佚】'逸'과 같음. 安逸함. 佚樂함. 便安함.

【常】規律. 떳떳함. '人之常情'의 '常'과 같음.

【滿腸】《意林》에는 '滿腹'으로 되어 있음.

【裕廣】여유가 있도록 하고 넓게 퍼지도록 함. 〈解詁〉에 "裕, 足也; 廣, 大也.
謂士之勞苦困乏其身, 爲益裕廣大名譽計耳. 非性之常也, 所以爲之者名也"라 함.
高亨은 "裕廣, 言胸懷寬裕曠達, 滿不在乎. 如伯夷叔齊陳仲子, 就是此等人"
이라 함.

【湊】모여들. 〈解詁〉에 "湊, 聚也"라 함.

【民道之】'道'는 '導'와 같음. 引導됨, 誘導됨. 〈解詁〉에 "道, 借爲導, 行也. 謂名
利之所在, 則民趨之"라 함. 그러나 于鬯은 "道, 訓由, 訓從"이라 하여 '말미암다,
따르다, 좇다'로 보았음.

063(6-5)
권병權柄과 술수術數

군주가 명리名利의 손잡이 자루를 잡고 능히 공과 명예를 이룰 수 있는 것은 수數이다.

성인聖人은 권權을 살펴 그 자루를 쥐고, 수數를 살펴 백성을 부린다.

수數란 임금으로서 가지고 있어야 할 술術이며 나라의 요체이다.

그러므로 만승의 나라가 수를 잃었음에도 위험하지 않다거나 임금이 술을 잃었는데도 혼란스럽지 않았다거나 하는 경우란 있어본 적이 없다.

그런데 오늘날의 군주들은 땅을 개척하고 백성을 다스리고자 하면서도 수를 살피지 않으며 신하로서는 그 일을 극진히 다하고자 하면서도 술을 세우지 않고 있으니 그 때문에 나라에는 복종하지 않는 백성이 있고 임금에게는 명령을 따르지 않는 신하가 있게 된 것이다.

그 때문에 성인의 나라 다스림에 있어, 들어서서는 백성들로 하여금 농업에 귀속하도록 하고, 나서서는 백성들을 전쟁에 대해 계산해 보는 것이다.

무릇 농사란 백성들로서는 고달픈 바요, 전투란 백성들로서는 위험하게 여기는 것이다.

고달픈 일을 범하고 그 위험하다고 여기는 것을 실행하는 것이 계計이다.

그러므로 백성들은 살아서는 이익을 계산하고, 죽어서는 명예를 염려하는 것이다.

명예와 이익이 나오는 곳에 대하여 잘 살피지 않을 수 없다.

이익이 땅에서 나오면 백성들은 힘을 다해 농사를 지을 것이요, 명예가 전투에서 나온다면 백성들은 죽음을 바칠 것이다.

안으로 백성들로 하여금 힘을 다하도록 한다면 황무지가 그대로 묵어 있을 수 없을 것이요, 밖으로 전투에서 백성들로 하여금 죽음을 무릅쓰도록 하면 적을 이기게 될 것이다.

적을 이겨내고 황무지가 묵어 있지 않게 되면 부국강병의 공적은 앉아
서도 이룩할 수가 있을 것이다.

主操名利之柄, 而能致功名者, 數也.
聖人審權以操柄, 審數以使民.
數者, 臣主之術而國之要也.
故萬乘失數而不危, 臣主失術而不亂者, 未之有也.
今世主欲辟地治民而不審數, 臣欲盡其事而不立術,
故國有不服之民, 主有不令之臣.
故聖人之爲國也, 入令民以屬農, 出令民以計戰.
夫農, 民之所苦; 而戰, 民之所危也.
犯其所苦, 行其所危者, 計也.
故民, 生則計利, 死則慮名.
名利之所出, 不可不審也.
利出於地, 則民盡力; 名出於職, 則民致死.
入使民盡力, 則草不荒; 出使民致死, 則勝敵.
勝敵而草不荒, 富彊之功, 可坐而致也.

【柄】 자루. 통치권.
【數】 통치에 있어서의 꾀, 권모, 술수, 통치술, 책략 등을 뜻함. 〈解詁〉에 "數, 術也.
《韓非子》制分: 「夫治法之至明者, 任術不任人.」"이라 하였고, 高亨은 "數, 事物
前進發展的必然順序和前因後果的必然官階, 古語叫做數, 所以數等於今語所
謂定律"이라 함. 그러나 法家에 있어서의 數는 術과 함께 매우 고차원적인 통치
수단을 뜻함.
【臣主】 '人主'의 오기. 아래의 '臣主' 또한 같음.
【盡力·致死】 〈解詁〉에 "民求利, 惟有墾地, 故盡力; 求名, 惟有力戰, 故致死"라 함.

064(6-6)
제거해야 할 다섯 부류의 사람들

지금은 그렇지 못하다.

세속의 군주들이 더욱 힘쓰는 것은 모두가 나라의 급한 일이 아니다.

자신에게는 요堯, 순舜의 행동이 있다 해도 공적은 탕湯이나 무왕武王의 책략에 미치지 못하고 있으니 이것은 권력을 잡고 있는 자의 과실이다.

청컨대 그들의 과실을 말해 보겠다.

무릇 나라를 다스리면서 세勢를 버리고 담설에 맡기고 있다면 그 자신은 수양이 될 수 있겠으나 공적은 적을 수밖에 없다.

그 때문에 《시》·《서》나 담설談說만 늘어놓는 선비들에게 맡기면 백성들은 자리를 잡지 못하고 돌아다니면서 그 임금을 가볍게 볼 것이요, 처사處士에게 맡기면 백성들은 조정을 멀리하면서 그 임금을 비난하게 될 것이요, 용사勇士에게 맡기면 백성들은 다투면서 금지한 것을 가볍게 볼 것이요, 기예技藝만 뛰어난 자가 임용되면 백성들은 경박해져서 옮겨 살기를 쉽게 여길 것이요, 상고商賈들이 편안하면서 이익까지 누리게 되면 백성들은 그들로 인해 임금을 논의 대상으로 삼게 될 것이다.

그러므로 이 다섯 부류의 사람들이 나라의 임용에 더해지면 전답은 황폐해지고 군대는 약해지고 말 것이다.

담설의 선비가 밑천으로 삼는 것은 입에 있고, 처사가 밑천으로 삼는 것은 뜻에 있으며, 용사가 밑천으로 삼는 것은 기氣에 있고, 기예의 재주꾼들이 밑천으로 삼는 것은 손에 있으며, 장사하는 사람이 밑천으로 삼는 것은 몸에 있다.

그러므로 천하가 자신들 집인 양 살아가면서 몸에 그러한 밑천을 둘러치고 있는 셈이다.

백성들의 밑천이 자신의 몸만 의지하는데 거듭되어 있으면 밖으로 세력이 있는 곳에 두루 의탁하게 되며, 거기에 거듭 가지고 있는 밑천을 끼고 천하인 집을 두루 제 것인 양 하게 되면 요堯, 순舜일지라도 다스리기 어렵게 여기는 것이다.

그 때문에 탕과 무왕은 이런 것을 금지하였으며 그렇게 했기에 공이 세워지고 명성이 이루어졌던 것이다.

성인은 세상 사람들이 쉽게 여기는 것으로써 그들이 어렵게 여기는 바를 이겨낸 것이 아니라 모름지기 그들이 갖기 어려운 것으로써 그들이 갖기 쉬운 것을 이겨낸 것이다.

따라서 백성이 어리석으면 지혜로 그들을 이겨낼 수 있었던 것이며, 세태가 지혜로우면 힘으로써 그들을 이겨낼 수 있었던 것이다.

백성이 어리석으면 힘은 갖기 쉽지만 교묘함을 갖추기는 어려운 법이며, 세태가 교묘하면 지혜는 갖기 쉽지만 힘을 갖기는 어려운 법이다.

그러므로 신농씨神農氏는 농사짓는 법을 가르쳐 천하에 왕 노릇을 하였으니, 바로 이러한 그의 지혜를 본받아야 할 것이요, 탕과 무왕은 강한 힘으로 제후들을 정복하였으니, 이것이 그의 힘에 복종하게 한 것이다.

지금 세태는 교묘하고, 백성들은 사악하므로 탕과 무왕을 본받을 때이건만 신농씨와 같은 일을 행하면서 세상에 하지 말아야 할 것을 따르고 있으니 그 때문에 천승의 나라임에도 미혹하고 혼란스럽게 되었으니 이는 더 힘쓰고 있는 것이 잘못되었다는 것이다.

今則不然.

世主之所加務者, 皆非國之急也.

身有堯舜之行, 而功不及湯武之略者, 此執柄之罪也.

臣請語其過:

夫治國舍勢而任說說, 則身修而功寡.

故事詩書談說之士, 則民游而輕其君; 事處士, 則民遠而非其上; 事勇士, 則民競而輕其禁; 技藝之士用, 則民剽而易徙; 商賈之士佚且利, 則民緣而議其上.

故五民加於國用, 則田荒而兵弱.

談說之士, 資在於口; 處士, 資在於意; 勇士, 資在於氣; 技藝之士, 資在於手; 商賈之士, 資在於身.

故天下一宅, 而圜身資.

民資重於身, 而偏託勢於外, 挾重資歸偏家, 堯舜之所難也.

故湯武禁之, 則功立而名成.

聖人非能以世之所易, 勝其所難也; 必以其所難, 勝其所易.

故民愚, 則知可以勝之; 世知, 則力可以勝之.

臣愚, 則易力而難巧; 世巧, 則易知而難力.

故神農敎耕而王天下, 師其知也; 湯武致彊而征諸侯, 服其力也.

今世巧而民淫, 方倣湯武之時, 而行神農之事, 以隨世禁, 故千乘惑亂, 此其所加務者, 過也.

【加務】 더욱 힘을 쏟아 정책적으로 중시하고 있는 일. 〈解詁〉에 "加務, 謂加意所務之事"라 함.

【堯舜】 仁義와 德으로 다스렸던 시대를 상징함.

【湯武】 殷(商)의 시조 湯과 周나라 武王. 저마다 夏왕조와 殷왕조를 武力으로 멸하고 새로운 나라를 건설한 인물들로 德보다는 武를 더욱 중시한 것임을 말함.

【略】 經略함. 다스림. 주안점을 삼음. 《說文》에 "略, 經略土地也"라 하였고, 《廣雅》에는 "略, 治也"라 함.

【執柄】〈解詁〉에 "執柄, 猶今言操政權.《周禮》太宰:「以八柄詔王馭群臣.」鄭注:「所秉執以起事者也.」《莊子》天道:「天下奮楝.」司馬注:「威權也.」楝, 爲柄之或體"라 함.

【舍勢】권세를 포기함. 〈解詁〉에 "舍勢, 謂舍權"이라 함. 그런 尹桐陽은 '勢'를 '執'로 보았으며 '執'는 種(農)과 같으므로 '농사를 포기하는 것'이라 하였음.

【說說】'談說'의 오기. 〈解詁〉에 "上說字, 當爲談字之譌"라 함.

【身脩而功寡】'脩'는 '勞', 또는 '偸'의 오기로 보기도 함.

【事詩書】儒學者를 임용함. '事'는 '임용하다'의 뜻. 〈解詁〉에 "事, 任也, 用也"라 함.

【剽】〈解詁〉에 "剽, 輕也"라 함.

【佚且利】'佚'은 '편안하다'의 뜻.《廣雅》에 "佚, 樂也"라 함. 상인들은 큰 노고 없이 게다가 이익까지 얻음.

【緣而議其上】'緣'은 '그것을 이유로'의 뜻. 〈解詁〉에 "緣, 因也"라 함.

【五民加於國用】〈解詁〉에 "加, 增也. 謂國重用五民, 則田荒兵弱"이라 함. 그러나 嚴萬里는 "加字, 疑衍"이라 함.

【資】밑천으로 삼음. 자본으로 삼음. 〈解詁〉에 "資, 貨也, 用也"라 함.

【天下一宅, 而圜身資】'圜'은 두루두루 둘러치고 있음. 〈解詁〉에 "圜, 周也. 言此五民, 視天下如一家, 而周身則其資, 故易藉外勢, 挾重資, 敖遊列國, 不似農民樸質, 安土重遷, 此其民堯舜所難治也"라 함. 陶鴻慶은 "圜, 當爲環.《韓非子》:「自環者爲私.」"라 함.

【偏】'徧, 遍'과 같음.

【臣愚則易力而難巧】'臣'은 '民'이어야 함. 〈解詁〉에 "臣, 民也.《呂氏春秋》上農:「民舍本而事末, 則好知, 好知則多詐, 多詐則巧法令"이라 함.

【世禁】"무력 사용을 꺼림"을 말함. 〈解詁〉에 "禁, 吉凶之忌也. 以隨世禁, 謂從世之忌諱. 喩爲治拘於流俗也"라 하였고, 〈評注〉에는 "禁, 忌諱, 指忌諱用强力"이라 함.

【神農】쟁기를 만들어 농사짓는 법을 발명한 집단 炎帝, 산과 들에 불을 놓아 火田으로 시작하여 烈山氏라고도 부름.《十八史略》(1)에 "炎帝神農氏: 姜姓人身牛首, 繼風姓而立, 火德王. 斲木爲耜, 揉木爲耒, 始敎耕, 作蜡祭. 以赭鞭鞭草木, 嘗百草, 始有醫藥. 敎人日中爲市, 交易以退. 都於陳, 徙曲阜"라 함.

【方傚】'傚傚, 仿效'와 같음. 본받음. 따라함. 〈解詁〉에 "效, 像也". "與敥傚義若同"이라 함.

【千乘】'千乘之國'을 말함. 제후 나라로서 큰 나라를 가리킴.

065(6-7)
백성들의 성향이란

백성들의 성향이란 길이를 재어보아 긴 것을 취하고, 무게를 달아보아 무거운 것을 가지려 하며 저울로 달아보아 이익이 되는 것을 찾는다.

현명한 군주가 이 세 가지를 신중히 관찰하면 나라를 다스릴 원칙을 세울 수 있고, 백성의 힘을 능히 얻을 수 있다.

나라가 백성들에게 요구하는 것은 적지만 백성들로서는 그러한 나라의 요구를 피할 방법은 얼마든지 있다.

들어서서는 백성들로 하여금 농업에 귀속하도록 하고 나서서는 백성들로 하여금 전투에 전력하도록 해야 한다.

그러므로 성인의 다스림에는 금하는 것을 많이 두어 그들의 지능을 저지하고 임任을 써서 속임수를 막았던 것이니, 이 두 가지를 고르게 쓰면 나라 안의 백성들은 하나가 되며, 백성들이 마음을 하나로 쏟으면 농사가 이루어질 것이요, 농사가 이루어지면 순박해질 것이며 순박해지면 살고 있는 곳을 편안히 여겨 다른 곳으로 나가는 것을 싫어할 것이다.

따라서 성인의 나라 다스림에는 백성들의 본바탕을 땅에 묻혀 있게 하고 밖으로는 위험을 의탁하는 경우가 적도록 한다.

백성들이 본바탕을 땅에 묻어두게 되면 순박해질 것이며, 위험을 밖으로 의탁하겠다는 생각에는 미혹함을 느낄 것이다.

백성들이 있던 자리를 지키면 순박해지고 밖으로 나가는 것에 의혹을 느끼므로 농사에 힘을 기울이고 전투에는 승리하게 될 것이다.

백성들이 농사에 힘쓰면 자산이 중해지고, 전투에 뜻을 두어 승리를 거두면 이웃나라가 위험해질 것이다.

자산이 중해지면 그것을 짊어지고 달아날 수 없을 것이며, 이웃나라가 위험해지면 자산이 없는 그런 이웃나라로는 돌아가지 않을 것이다.

위험한 곳으로 돌아가거나 외지에 의탁하는 것은 미친 자라해도 그렇게 하지 않을 것이다.

그러므로 성인의 나라 다스림에는 풍속을 보고 법을 세우면 다스려질 것이요, 나라를 살피고 근본을 일로 삼았기에 올바르게 되었던 것이다.

그 때의 풍속을 관찰하지 않고 나라의 근본을 살피지 않으면 그러한 법이 세워지더라도 백성들은 난을 일으키며 일을 많이 벌인다 해도 공적은 적게 마련이다.

이것이 내가 말하는 과실이라는 것이다.

民之生, 度而取長, 稱而取重, 權而索利.

明君愼觀三者, 則國治可立, 而民能可得.

國之所以求民者少, 而民之所以避求者多.

入使民屬於農, 出使民壹於戰.

故聖人之治也, 多禁以止能, 任力以窮詐, 兩者偏用,
則境內之民壹; 民壹則農, 農則樸, 樸則安居而惡出.

故聖人之爲國也, 民資藏於地, 而偏託危於外.

資藏於地則樸, 託危於外則惑.

民入則樸, 出則惑, 故其農勉而戰戰也.

民之農勉則資重, 戰戰則鄰危.

資重則不可負而逃, 鄰危則不歸於無資.

歸危外託, 狂夫之所不爲也.

故聖人之爲國也, 觀俗立法則治, 察國事本則宜.

不觀時俗, 不察國本, 則其法立而民亂, 事劇而功寡.
此臣之所謂過也.

【民之生】 '生'은 '性'과 같음. 情緖, 性品, 일반적인 性向. 于鬯은 "生, 讀爲性"
이라 함.
【權】 이익을 저울질하여 따져봄.
【國治可立】 '治'는 紀綱, 正道, 原則을 뜻함.《周禮》太宰 注에 "使帥其屬而掌
邦治"의 疏에 "治, 所以紀綱天下"라 하였고,《荀子》解蔽篇 注에 "治, 謂正道也"
라 함.
【民能可得】 백성의 능력을 나라에서 얻어낼 수 있음. '能'은 '力'과 같음.
【求民者少】 나라가 백성에게 요구하는 것은 오직 農戰일 뿐임. 蔣禮鴻은 "求于
民者少, 農戰而已"라 함.
【多禁以止能】 '能'은 "백성들이 국가의 요구를 회피하는 많은 방법"을 가리킴.
그러한 교활한 능력을 금지시킴.
【偏託危於外】 '偏'은 '적다'의 뜻. 밖은 위험한 곳이므로 그곳에 의탁하겠다는
생각을 적게 가지게 됨. 〈解詁〉에 "偏, 少也, 託, 寄也, 依也. 危, 險也. 民力農則富,
依外則危. 故少依外也"라 함.
【農勉而戰戩】 '戩'은 兪樾과 朱師轍은 '捷, 勝'의 뜻으로 보았으나《爾雅》에는
"戩, 聚也"라 하여 '모으다'의 뜻이었음. 그러나 '戰疾'의 뜻으로 보기도 함.
【鄰危則不歸】 이웃나라가 위험해지면 그러한 나라로 망명하는 일이 없음.
【劇】 번다함. 〈解詁〉에 "劇, 繁多也"라 함.

066(6-8)
형벌이란 사악함을 금하기 위한 것

무릇 형벌이란 간사함을 금하기 위한 것이요, 상이란 금지함을 돕기 위한 것이다.

수치, 굴욕, 힘듦, 고생스러움이란 사람이라면 누구나 싫어하는 것이며, 존귀, 영광, 안일, 즐거움이란 사람으로서 누구나 얻고자 힘쓰는 것이다.

그러므로 그 나라가 형벌은 증오할 것이 없다거나 작록爵祿이 힘쓸 대상이 아닌 경우라면 이는 나라가 망할 징조이다.

형벌 받을 사람이 복권되거나 누락된다면 소인들은 사악해지고 방종해져서 형벌 따위는 괴로운 것이라 여기지도 않게 될 것이다.

그렇게 되면 사람들과 군주에게 요행을 바라게 될 것이며, 사람들이나 군주에게 요행을 얻는 것은 이익이 된다.

존귀와 영화를 구하는 문이 하나가 아닐 경우, 군자들조차도 권세를 좇아 명성을 이루게 된다.

소인배들은 금지하는 법령을 피하지 않으므로 형벌은 더욱 번잡해지고, 군자들은 그 법령을 행하지 않으므로 처벌이 행해지게 된다.

형벌이 번잡해지고 처벌이 시행되는 것은 나라에 간사한 사람이 많아졌기 때문이요, 그렇게 되면 부자는 자신의 재산을 지켜낼 수가 없게 되고 가난한 사람은 자신의 생업에 종사할 수가 없게 되어 전답이 황폐해질 것이요, 나라는 가난해질 것이다.

전답이 황폐해지면 백성들의 속임수가 생겨나고, 나라가 가난해지면 군주는 상을 줄 재원이 바닥나고 말 것이다.

그러므로 성인의 다스림에는 형을 받은 사람은 나라에서 작위를 주지 않았고, 형벌을 받은 자는 관직의 임무를 주지 않았다.

형을 받은 사람이 작위를 받게 되면 군자가 작위라는 것을 하찮게 여길 것이며, 비단옷을 입고 고기를 먹는다면 소인들은 자신도 그러한 이익을 누리겠다고 바라게 된다.

군자가 작위 따위를 하찮게 여기면 공을 세우는 것을 수치로 여기게 되고, 소인들이 그러한 이익을 바라면 간사한 짓을 자랑거리로 여기게 될 것이다.

그러므로 형벌이란 간사함을 억제하기 위한 것이요, 관작이란 공을 세우도록 권면하기 위한 것이다.

그러나 지금 나라가 작위를 세웠건만 백성들이 작위 얻는 것을 부끄럽게 여기고, 형벌을 마련하였건만 백성들이 형벌받기를 즐거워하고 있으니, 이는 아마도 법술法術이 잘못되었기 때문이리라.

따라서 군자가 권력을 잡아 정책을 통일시켜서 법술을 세우고, 관직을 설치하여 작위가 그에 걸맞도록 하며, 영예와 공을 거론하여 그에 맞게 임용하면 이는 상하가 형평을 이루는 것이 될 것이다.

상하가 평형을 이루면 신하로서는 그 힘을 모두 쏟을 수 있고, 임금으로서는 그 권력의 자루를 독점하여 잡을 수 있게 될 것이다.

夫刑者, 所以禁邪也; 而賞者, 所以助禁也.

羞·辱·勞·苦者, 民之所惡也; 顯·榮·佚·樂者, 民之所務也.

故其國刑不可惡而爵祿不足務也, 此亡國之兆也.

刑人復漏, 則小人辟淫而不苦刑.

則徵倖於民上, 徵於民上以利.

求顯榮之門不一, 則君子事勢以成名.

小人不避其禁, 故刑煩; 君子不設其令, 則罰行.

刑煩而罰行者, 國多姦; 則富者不能守其財, 而貧者不能事其業, 田荒而國貧.

田荒則民詐生, 國貧則上匱賞.

故聖人之爲治也, 刑人無國位, 戮人無官任.

刑人有列, 則君子下其位; (戮人)衣錦食肉, 則小人冀其利.

君子下其位, 則羞功; 小人冀其利, 則伐姦.

故刑戮者, 所以止姦也; 而官爵者, 所以勸功也.

今國立爵而民羞之, 設刑而民樂之, 此蓋法術之患也.

故君子操權一政以立術, 立官貴爵以稱之, 論榮擧功以任之, 則是上下之稱平.

上下之稱平, 則臣得盡其力, 而主得專其柄.

【佚】'逸'과 같으며 '편안하다'의 뜻. 〈解詁〉에 "佚, 安也"라 함.

【復漏】'復'은 '면제하다, 복권시키다'의 뜻. '漏'는 누락시켜 죄에 걸려들지 않음. 또는 '復'을 '覆'로 보아 '덮어주어 죄를 묻지 않음'의 뜻으로도 봄.

【徼倖】'僥倖'과 같음.

【民上】民은 다른 사람. 上은 군주.

【求顯榮之門不一】〈解詁〉에 "小人徼倖於民上, 爲利是求, 則顯榮之門不一, 故君子藉勢力以成名"이라 하여 〈解詁〉는 '求'자를 앞으로 이어 '利求'로 보았음.

【君子不設其令】'設'은 '집행하다'의 뜻. 군자는 그 법령을 실행에 옮기지 않음. 지키지 않음. 그 때문에 형벌을 가할 수밖에 없음.

【刑人無國位, 戮人無官任】'刑人'과 '戮人'은 구별이 뚜렷하지 않으나 경중의 차이를 두고 한 말로 여겨짐.

【(戮人)衣錦食肉】王時潤은 "衣錦句上疑當有戮人二字"라 하여 보충해 넣음.

【利】관직과 녹봉의 상을 가리킴.

【伐】자랑함. 《左傳》襄公 12년 "小人伐其技"의 注에 "自稱其能爲伐"이라 함.

【稱】〈解詁〉에 "稱, 謂權其輕重而授官爵"이라 하였고, 蔣禮鴻은 "稱, 擧也"라 함.

【論榮】'榮'은 '勞'의 오기가 아닌가 함. 嚴萬里는 "按, 榮字疑誤"라 함.

7. 〈開塞〉第七

　‘개색開塞’은 ‘막힌 것을 열다’의 뜻으로 ‘오랫동안 닫혀있었던 고대 무력으로 제후를 정벌하였던 탕湯이나 무왕武王의 방법을 열어야 한다’는 주장이다. 즉 본문에 “湯武塞, 故萬乘莫不戰, 千乘莫不守. 此道之塞久矣, 而世主莫之能廢也, 故三代不四”라 한 것이 그 주제이다. 특히 인류 사회 발전 상황을 근거로 삼아 도덕이 기준이 되던 시대는 지나고 오직 법치만이 사회를 이끌어나갈 수 있다는 관념을 제시하기도 하였다.

　〈解詁〉에는 “塞, 隔也. 湯武之道不明, 故開其塞.《史記》商君傳, 司馬貞〈索隱〉:「開, 謂嚴刑則政化開; 塞, 謂布恩賞則政化塞」與本篇義不合”이라 하였다.

〈長信宮鎏金宮女銅燈〉(西漢) 1968 河北 滿城 출토

067(7-1)
세태의 변화에 따른 법의 용도

천지가 갖추어지고 사람이 생겨났다.

그 무렵에는 사람들이 어머니만을 알았을 뿐 아버지를 알지 못하였으며, 그들에게 있어서의 도덕이라는 것도 친한 사람을 가까이하고 사사로운 것을 좋아하는 정도였다.

친한 사람만을 친히 여기면 친소의 구별이 있게 되었고, 사사로운 것만을 좋아하면 음험해져서, 사람들이 많아지게 되자 친소의 구별과 음험함만을 일삼게 되면서 백성들 사이에 혼란이 일게 되었다.

그 무렵 백성들은 남을 이기기에만 힘을 쓰면서 힘으로써 정벌하였다.

이기기에 힘쓰면 다툼이 일어나고, 힘으로 정벌을 하면 소송이 일어나며, 소송에 정당한 기준이 없으면 그 본성의 삶을 제대로 누릴 수 없게 된다.

그 때문에 현자賢者가 중정中正의 기준을 세워 사사로움이 없이 설정하자 백성들은 인仁이라는 것을 좋아하게 되었다.

이러한 때가 되어서야 친한 사람만을 친히 여기는 것이 폐기되었고, 현인을 높이 여겨 세우게 되었던 것이다.

무릇 인자仁者는 남을 사랑하고 이롭게 해 주는 것을 임무로 삼았고, 현자는 서로 내세워 주는 것을 도로 삼았다.

그러나 사람의 수는 많아졌는데 제도가 없어 오랫동안 서로 추천하는 것만을 원칙으로 삼았기에 혼란이 있게 되었다.

그 때문에 성인聖人이 이러한 시대를 이어받아 토지와 재물, 남녀의 구분을 짓게 되었다.

구분이 정해져도 제도가 없으면 안 되겠기에 그 때문에 금지할 것을 세웠으며, 금지할 것을 세웠다 해도 이를 맡아 다스릴 사람이 없이는 안 되겠기에 그 때문에 관직을 세운 것이며, 관직을 마련하였다 해도 이를 하나로 통일할 자가 없으면 안 되겠기에 임금을 세우게 된 것이다.

이렇게 이윽고 임금이 세워지자 현인을 높이 여기던 전례는 폐기되었고, 대신 귀인貴人을 귀히 여기는 시대가 세워진 것이다.

그렇다면 상세上世는 친한 이를 친히 여겨 사사로운 것만 아끼던 시대였고, 중세中世는 현자를 높이 여겨 인仁을 즐겁게 여기던 시대였으며, 하세下世는 귀한 이를 귀히 여기고 관직을 높이 여기던 시대였다.

현자를 높이 여긴 것은 도로써 서로를 추천하는 것이었으나, 임금을 세우게 되자 현자가 하던 일은 더 이상 쓸 수 없게 되었고, 친한 이를 친히 여겼던 것은 사사로움을 도로 여겼던 것이었으나 중정으로 하게 되자 사사로움이 더 이상 통용될 수 없게 되었던 것이다.

이러한 세 가지는 서로 어긋남을 일로 여겨서가 아니라 사람들이 생각에 폐단이 있어서 중하게 여기는 바가 바뀌었기 때문이며, 세상의 일이 변하여 실행해야 할 원칙이 서로 달랐기 때문이었다.

그러므로 "다스림의 도에는 기준이 되는 법칙이 있다"라고 말하는 것이다.

天地設而民生之.

當此之時也, 民知其母而不知其父, 其道親親而愛私.

親親則別, 愛私則險, 民衆而以別·險爲務, 則民亂.

當此時也, 民務勝而力征.

務勝則爭, 力征則訟, 訟而無正, 則莫得其性也.

故賢者立中正, 設無私, 而民說仁.

當此時也, 親親廢, 上賢立矣.

凡仁者以愛利爲務, 而賢者以相出爲道.

民衆而無制, 久而相出爲道, 則有亂.

故聖人承之, 作爲土地·貨財·男女之分.

分定而無制, 不可, 故立禁; 禁立而莫之司, 不可, 故立官; 官設而莫之一, 不可, 故立君.

旣立君, 則上賢廢, 而貴貴立矣.

然則上世親親而愛私, 中世上賢而說仁, 下世貴貴而尊官.

上賢者, 以道相出也, 而立君者, 使賢無用也; 親親者, 以私爲道也, 而中正者, 使私無行也.

此三者, 非事相反也, 民道弊而所重易也, 世事變而行道異也.

故曰:「王道有繩.」

【天地設】《周易》繫辭傳에 "子曰:「易, 其至矣乎! 夫易, 聖人所以崇德而廣業也. 知崇禮卑, 崇效天, 卑法地. 天地設位, 而易行乎其中矣. 成性存存, 道義之問.」"라 함.

【不知其父】母系社會를 말함. 定婚 시대가 아니었으므로 아버지는 알 수 없음. 《呂氏春秋》恃君篇에 "昔太古嘗無君矣, 其民聚生羣處, 知母不知父, 無親戚兄弟夫妻男女之別, 無上下長幼之道, 無進退揖讓之禮, 無衣服履帶宮室畜積之便, 無器械舟車城郭險阻之備, 此無君之患. 故君臣之義, 不可不明也. 自上世以來, 天下亡國多矣, 而君道不廢者, 天下之利也. 故廢其非君, 而立其行君道者. 君道何如? 利而物利章"이라 함.

【親親而愛私】혈족과 사유재산 제도가 겨우 정착된 이후의 의식수준.

【愛私則險】자신의 혈족과 재산만을 아끼게 되면 생각이 험악해짐. 〈解詁〉에 "險, 惡也"라 함.

【訟而無正】'訟'은 '爭'과 같음. '正'은 시비판단의 표준. 〈解詁〉에 "訟, 爭也. 《說文》: 「正, 是也.」"라 함.

【中正】'中'은 치우치지 않음. '正'은 표준. 《中庸》31장에 "齊莊中正, 足以有敬也; 文理密察, 足以有別也"라 하였고, 高亨은 "不偏叫做中, 不邪叫做正"이라 함.

【說仁】'說'은 '悅'과 같음. 〈解詁〉에 "說, 借爲悅, 樂也"라 함. 仁을 베풀어주는 자에 대하여 즐겁게 여김.

【相出爲道】'出'은 "나아가게 하다, 진달시키다, 지도자로 삼다, 추천하다" 등의 뜻. 〈解詁〉에 《釋名》:「出, 推推而前也. 賢者而推擧賢人爲道」라 함. 어진 자가 지도자를 추천하는 것으로써 사회가 유지됨. 〈解詁〉에 "仁者以愛利萬物爲務, 賢者以出私上賢爲道"라 함. 그러나 陶鴻慶은 '出'을 '屈'로 보아 "出, 當爲屈. 言自高其賢以相屈服"이라 함.

【無制】법도가 없음. 법이 없음. 〈解詁〉에 "制, 法度也"라 함.

【聖人承之】〈解詁〉에 "承, 奉也. 受也. 謂聖人奉受其敎而立制度"라 함.

【立君】《左傳》襄公 14년 傳에 "天生民而立之君, 使司牧之, 勿使失性"이라 함.

【上世】上古와 같음. 伏羲氏와 神農氏로부터 黃帝 軒轅氏 등의 전설시대.

【中世】中古와 같음. 黃帝, 堯, 舜, 禹의 시대. 五帝時代를 가리킴.

【下世】近古와 같음. 夏, 殷, 周의 三代.

【上賢者以道相出也】〈解詁〉에 "上賢者, 以道出其私"라 함.

【民道弊】〈解詁〉에 "言風俗薄而法令須改變"이라 함.

【王道有繩】王道는 '천하를 다스리는 도'의 뜻. '王'은 動詞로 쓰였음. 繩은 繩墨. 먹줄, 인신하여 準則을 뜻함. 〈解詁〉에 "繩, 法也. 或曰王道如繩墨之有準則"이라 함.

백성은 어리석어야

무릇 왕도王道에도 하나의 원칙이 있고, 신도臣道에도 하나의 원칙이 있으니 그들이 원칙으로 삼는 바는 다르지만 그 기준은 하나이다.

그 때문에 "백성들이 어리석으면 지혜로 가히 통치할 수 있고, 세상 사람들이 지혜로우면 힘으로써 가히 통치할 수 있다. 백성들이 어리석으면 힘은 남아돌지만 지혜는 부족하게 마련이며, 세상 사람들이 지혜로우면 교묘함은 남아돌지만 힘은 부족하기 마련이다"라고 말하는 것이다.

사람의 본성이란 모르면 배우고자 하며, 힘이 다하면 굴복하게 마련이다.

그 때문에 신농씨神農氏는 농사짓는 법을 가르치는 것으로써 천하를 다스렸으니 그들이 지혜를 스승으로 삼기를 바라던 시대였으므로 가능하였으며, 탕湯과 무왕武王은 강함 힘을 길러 제후를 정복하였으니 힘에 의해서만 굴복시킬 수 있었기 때문이었다.

무릇 백성들은 어리석어 지식을 품고 있지 못하면 남에게 묻게 되어 있고, 세상 사람들이란 총명하기만 하고 남는 힘이 없으면 굴복하게 마련이다.

그러므로 사랑으로써 천하를 다스리는 자는 형벌을 배제하지만 힘으로써 제후를 정복하는 자는 덕은 뒤로 미루는 법이다.

夫王道一端, 而臣道一端; 所道則異, 而所繩則一也.

故曰:「民愚, 則知可以王; 世知, 則力可以王. 民愚,
則力有餘而知不足; 世知, 則巧有餘而力不足.」

民之性, 不知則學, 力盡而服.

故神農教耕而王天下, 師其知也; 湯·武致彊而征諸侯,
服其力也.

夫民愚, 不懷知而問; 世知, 無餘力而服.

故以(愛)王天下者, 幷刑; 力征諸侯者, 退德.

【臣道】 신하의 입장에서 말하는 도. 〈解詁〉에 "臣道, 謂臣所言之道"라 함.

【神農】 쟁기를 만들어 농사짓는 법을 발명한 집단 炎帝, 산과 들에 불을 놓아
火田으로 시작하여 烈山氏라고도 부름.《十八史略》(1)에 "炎帝神農氏: 姜姓
人身牛首, 繼風姓而立, 火德王. 斲木爲耜, 揉木爲耒, 始敎耒, 作蜡祭. 以赭鞭鞭
草木, 嘗百草, 始有醫藥. 敎人日中爲市, 交易以退. 都於陳, 徙曲阜"라 함.

【湯】 夏나라 桀을 멸하고 殷(商)을 세운 임금. 마침내 下剋上을 일으킨 것임.

【武】 殷의 末王 紂를 멸하고 周나라를 세운 임금. 역시 힘으로 정벌을 한 것임.

【不懷知】 지혜나 지식을 품고 있지 못함. 〈解詁〉에 "懷, 抱也"라 함.

【故以王天下者幷刑, 力征諸侯者退德】 다른 판본에는 모두가 '以' 다음에 '愛'
자가 있음. 〈四庫本〉에는 '愛'자만 있고 '王'자는 없음. 그러나 陶鴻慶은 "此當云:
「故以知王天下者幷刑, 以力征諸侯者退德.」"이라 하여 '愛'자 대신 '知'자를
넣어야 한다고 보았음. 〈解詁〉에는 '德'이 '悳'으로 표기되어 있음.

【幷刑】 俞樾은 "幷, 當讀爲屛, 謂屛除之也"라 하여 '배제하다, 없애버리다, 막아
버리다'로 보았음. 이에 대해 〈解詁〉에는 "師轍按: 俞說是也,《莊子》天運:
「爵幷焉.」注:「幷, 除棄也.」"라 함.

069(7-3)
시대마다 정의는 다른 것

성인은 옛날을 법으로 삼지 아니하며, 지금을 따르지도 않는다.

옛날을 법으로 삼으면 시대에 뒤떨어지고, 지금을 따르기만 하면 추세에 막히게 된다.

주周나라는 상商나라를 법으로 삼지 않았으며, 하夏나라는 우虞나라를 법으로 삼지 않았으니 삼대三代가 저마다 형세는 달랐지만 모두가 천하의 왕 노릇을 할 수 있었다.

그러므로 왕업王業을 일으키는 데에는 원칙이 있으나 그것을 지탱해 나가는 데에는 다스리는 방법이 달랐던 것이다.

무왕武王은 반역을 하여 정권을 취하였음에도 임금에게 순종하는 것을 귀히 여겼으며, 천하를 쟁탈하였건만 겸양을 높이 여겼다.

그는 취하는 데에는 무력으로 하였지만 그것을 지탱해 나가는 데에는 의義로서 하였던 것이다.

지금 세대의 강대국은 다른 나라를 겸병하는 것을 일삼으며, 약소국은 온힘을 다해 지키는 데에 힘을 쏟고 있으나, 위로는 우나라나 하나라에 미치지 못하고 아래로는 탕이나 무왕이 도를 따르지 못하고 있다.

탕과 무왕의 통치 방법이 막혀 있으므로 만승의 큰 나라라 해도 전쟁을 하지 않을 수 없고, 천승의 나라 정도도 수비하지 않을 수 없게 되었다.

이러한 도가 막힌 지 오래 되었음에도 지금의 세속 군주는 능히 이러한 방법을 펴지 못하고 있으니 그 때문에 삼대를 넘어 사대四代가 될 수 없는 것이다.

명석한 군주가 아니고서는 능히 알아들을 수 없으니 오늘 이러한 도를 열어서 그 효과가 있기를 바란다.

聖人不法古, 不修今.

法古則後於時, 修今則塞於勢.

周不法商, 夏不法虞, 三代異勢, 而皆可以王.

故興王有道, 而持之異理.

武王逆取而貴順, 爭天下而上讓.

其取之以力, 持之以義.

今世彊國事兼幷, 弱國務力守; 上不及虞·夏之時, 而下不修湯·武之道.

湯·武之道塞, 故萬乘莫不戰, 千乘莫不守.

此道之塞久矣, 而世主莫之能廢也, 故三代不四.

非明主莫有能聽也, 今日願啓之以效.

【不修今】'修'는 '循'의 뜻임. 邵瑞彭은 "脩, 當作循, 下同"이라 함. 그러나 〈解詁〉에는 "脩, 行也; 塞, 隔也"라 하였음.

【周】기원전 11세기 周 武王(姬發)이 商(殷)의 紂를 멸하고 세운 왕조. 鎬京 (지금의 陝西 西安 근처)을 도읍으로 하여 周公(姬旦)이 宗法制, 典章制度의 완비를 하고 封建制를 실시함. B.C.771년 申侯가 犬戎과 연합하여 幽王을 살해하자 태자 宜臼(平王)가 洛邑(지금의 河南 洛陽)으로 천도하여 재건함. 이때 이전을 西周라 하며 낙양 천도 이후부터 B.C.256년 秦에게 멸망할 때까지를 東周라 함. 한편 東周의 前半期는 春秋, 後半期는 戰國時代라 하며 商鞅은 바로 동주의 전국시대 인물임.

【商】周나라 앞의 조대. 殷으로도 부름. 湯이 시조이며 子姓. 이름은 履. 武湯, 成湯, 天乙로도 불림. 有자는 접두사. '湯'은 원래 夏나라 때의 諸侯. 亳을 근거로 발전하여 夏나라 末王 桀의 무도함을 제거하고 伊尹을 등용하여 殷(商)을 세운 개국군주. 儒家에서 聖人으로 받듦.《史記》殷本紀를 참조할 것.《十八史略》(1) 에는 "殷王成湯: 子姓, 名履. 其先曰契, 帝嚳子也. 母簡狄, 有娀氏女, 見玄鳥墮 卵吞之, 生契. 爲唐虞司徒, 封於商, 賜姓"이라 함.

【夏】禹가 세웠던 中國 최초의 왕조. 禹는 夏后氏 부락의 領袖였으며 姒姓. 大禹,
夏禹 등으로도 불리며 이름은 文命. 鯀의 아들. 鯀이 물을 막는 방법으로
治水에 실패하여 죽임을 당한 뒤 禹는 물을 소통시키는 방법으로 성공을 거둔
다음 舜임금으로부터 천하를 물려받아 夏王朝를 세움. 뒤에 천하를 순시하다가
會稽에서 생을 마침. 그는 益에게 천하를 물려주려 하였으나 아들 啓의 무리가
난을 일으켜 益을 죽이고 世襲王朝를 시작함. 이로부터 禪讓(公天下)의 제도가
마감되고 世襲(家天下)의 역사가 시작됨. 이를 "傳子而不傳賢"이라 함.《史記》
에서는 五帝本紀 다음 첫 왕조로 夏本紀가 시작됨.《十八史略》(1)에 "夏后氏禹:
姒姓, 或曰名文命, 鯀之子, 顓頊孫也. 鯀湮洪水, 舜擧禹代鯀, 勞身焦思, 居外
十三年, 過家門不入"라 함. 이 夏나라의 末王은 桀로 탕에게 망함.《史記》
夏本紀를 참조할 것.

【虞】舜임금이 재위하던 시대. 舜은 堯에게 禪讓을 받아 천자에 올랐으며 舜은
有虞氏 집단의 영수였음. 그 때문에 舜임금 시대를 虞나라라 부름.

【湯武塞】"殷湯과 周武王이 하극상의 방법, 즉 자신이 모시던 군주를 시해하고
나라를 세우는 무력행사의 통치와 정복 수단"의 방법을 쓰지 않고 막혀 있음.

【世主莫之能廢也】'廢'는 '發'의 뜻.〈解詁〉에 "廢, 借爲發.《廣雅》:「發, 開也.」
莫之能廢, 謂莫能開其塞. 或云:「言世主莫能廢湯武之道.」"라 함.

【三代不四】三代(夏, 殷, 周)와 같은 혁명으로 왕도를 이루는 시대가 네 번째로
이어져야 함에도 그런 시대가 오지 않고 있음.

070(7-4)
옛날 사람들은 순박하였기에

옛날 사람들은 순박하여 후덕스러웠으나 지금의 백성들은 교묘하여 위선을 부린다.

그러므로 옛날에는 덕을 앞세워 다스리는 것이 효험이 있었으나, 지금은 형벌을 앞세워 법대로 하는 것이 효험이 있는데도 세속에서는 이를 제대로 알지 못하고 있다.

오늘날 세상에서 소위 말하는 의義라는 것은 사람들이 좋아하는 것을 세워주고 싫어하는 것을 폐기하는 것이며, 세상에 말하는 불의不義라는 것은 사람들이 싫어하는 것을 세우고 즐거워하는 것을 폐기하는 것이다.

이 두 가지는 명칭과 실질이 바뀌어져 있으니 잘 살펴보지 않을 수 없다.

사람들이 좋아하는 것을 세워주면 그들은 도리어 싫어하는 것에 의해 상해를 입으며, 백성들이 싫어하는 것을 세우면 그들은 도리어 즐겁게 여기는 것에 안주하게 된다.

어떻게 그렇다는 것을 알 수 있는가?

무릇 사람들은 근심스러우면 많은 생각을 하게 되고, 많은 생각을 하다 보면 법도를 떠올리게 되지만, 즐거움에 빠지면 넘치게 되고 넘치다 보면 일탈이 생겨난다.

그 때문에 형벌로 다스리면 백성들이 두려워하게 되고, 백성들이 두려워하면 간악한 짓이 사라질 것이며, 간악한 짓이 없어지면 백성들은 자신들이 좋아하는 것에 편안함을 느끼게 된다.

그러나 의義로써 가르치면 백성들은 방종하게 되고, 백성들이 방종해지면 난이 일어나고, 난이 일어나면 백성들은 자신들이 싫어하는 바에 의해 상해를 당하게 된다.

내가 말하는 바의 형刑이라는 것은 의義를 실현할 수 있는 근본이며, 세상에서 소위 말하는 바의 의란 사람을 난폭하게 하는 길이다.

무릇 백성들을 바르게 다스리는 것이란, 그들이 싫어하는 바로써 해야 하는 것이니 그렇게 되면 그들은 틀림없이 좋아하는 바로써 끝을 맺게 될 것이며, 좋아하는 바로써 하면 틀림없이 싫어하는 바에 의해 실패를 당하고 말 것이다.

古之民樸以厚, 今之民巧以僞.

故效於古者, 先德而治; 效於今者, 前刑而法, 此俗之所惑也.

今世之所謂義者, 將立民之所好, 而廢其所惡; 此其所謂不義者, 將立民之所惡, 而廢其所樂也.

二者名貿實易, 不可不察也.

立民之所樂, 則民傷其所惡; 立民之所惡, 則民安其所樂. 何以知其然也?

夫民憂則思, 思則出度; 樂則淫, 淫則生佚.

故以刑治則民威, 民威則無姦, 無姦則民安其所樂.

以義教則民縱, 民縱則亂, 亂則民傷其所惡.

吾所謂利者, 義之本也; 而世所謂義者, 暴之道也.

夫正民者, 以其所惡, 必終其所好; 以其所好, 必敗其所惡.

【所好·所惡】 '好'는 작위와 봉록, '惡'는 형벌을 지칭함.

【名貿實易】 '貿'와 '易'은 모두 '뒤바뀌다. 顚倒되다'의 뜻. '義'와 '不義'에 대하여 거꾸로 생각하고 있음.

【出度】 법도대로 따를 생각을 도출해 냄.

【生佚】佚은 佚脱(逸脱)함. 과실을 저지름. 통치의 의도를 벗어남. 앞의 '度'에
상대하여 표현한 것.

【利】'刑'자의 오기. 陶鴻慶은 "利, 乃刑字之誤"라 함.

【必終其所好】〈解詁〉에 "此言以刑治, 雖民之所惡, 然可使無游惰而衣食足, 故謂
必終得所好"라 함.

【必敗其所惡】〈解詁〉에 "以義敎, 雖民之所好, 然安佚驕縱而貧窮生, 故謂必敗
壞其所惡"라 함.

071(7-5)
형벌이 많을수록 나라는 다스려진다

다스려지는 나라는 형벌이 많고 상이 적으며, (혼란한 나라는 상은 많고 형벌은 적다.)

그러므로 왕 노릇하는 나라는 형벌이 9할, 상은 단지 1할뿐이며, 쇠약한 나라는 상이 9할, 형벌이 1할밖에 되지 않는다.

무릇 죄에는 큰 것이 있고 작은 것이 있다면 형벌에도 경중輕重이 있어야 하며, 잘한 일도 대소大小가 있다면 상도 또한 다소多少의 차이가 있어야 한다.

이 두 가지는 세상에서 변함없이 운용되어야 한다.

죄악이 조성되고 나서 그 뒤 형벌이 가해지면 간악한 짓은 제거되지 아니하며, 백성들이 의롭다고 여기는 바에 상이 베풀어지면 죄과는 그치지 않는다.

형벌로써 간악함을 제거할 수 없고 상으로써 과실을 제지할 수 없는 나라는 틀림없이 혼란에 빠지고 말 것이다.

그러므로 왕 노릇하는 나라에서는 앞으로 죄를 지으려 할 때에 형벌이 쓰여져야 더 큰 죄악이 발생하지 않으며, 간악한 짓을 고발하는 자에게 상이 베풀어져야 작은 허물의 과실을 저지르지 않게 되는 것이다.

백성을 다스림에 그들로 하여금 더 큰 죄악이 발생하지 않도록 해주고, 작은 허물의 과실을 저지르지 않도록 해 준다면 나르는 다스려질 것이요, 나라가 다스려지면 틀림없이 강해질 것이다.

하나의 나라가 이러한 방법을 실행하면 그 나라 국내는 홀로 잘 다스려질 것이요, 두 나라가 이러한 방법을 실행하면 전쟁도 조금씩 그치게 될 것이며, 천하가 이러한 방법을 실행하면 지극한 덕이 다시 수립될 것이다.

나는 이것이 살육과 형벌로써 하면 도덕으로 되돌아가지만, 의義로써
하는 것은 포악함에 합치되고 마는 것이라 생각하는 것이다.

治國刑多而賞少, (亂國賞多而刑少.)

故王者刑九而賞一, 削國賞九而刑一.

夫過有厚薄, 則刑有輕重; 善有大小, 則賞有多少.

此二者, 世之常用也.

刑加於罪所終, 則姦不去, 賞施於民所義, 則過不止.

刑不能去姦, 而賞不能止過者, 必亂.

故王者刑用於將過, 則大邪不生; 賞施於告姦, 則細
過不失.

治民能使大邪不生, 細過不失, 則國治, 國治必彊.

一國行之, 境內獨治; 二國行之, 兵則少寢; 天下行之,
至德復立.

此吾以殺刑之反於德, 而義合於暴也.

【(亂國賞多而刑少)】嚴萬里 校正에 "一切舊本, 此下並有脫句. 按文義, 當補「亂國
  賞多而刑少」七字"라 하여 補入해 넣음.

【姦不去·過不止】〈解詁〉에 "罪惡旣重, 然後加刑, 則犯罪者衆, 故姦不去; 民以
  爲義, 不察施賞, 則衆競飾非, 故過不止"라 함.

【寢】종식됨. '息'과 같음. 陳啓天은 "少寢, 稍息也. 二國治强, 足以相敵, 均不敢
  輕啓釁端, 故兵事得以稍息也"라 함.

【反於德】덕으로 되돌아감. 덕에 합당해짐. 〈解詁〉에 "反於悳, 謂反合於悳"이라
  하여 '德'이 '悳'으로 표기되어 있음.

072(7-6)
법이 생기게 된 기원

　옛날에는 사람들이 한 곳에 모여 생활하면서 무리지어 살면서 질서가 혼란스러워지자 그 때문에 자신들을 다스려줄 임금이 있기를 바라게 되었던 것이다.

　그렇다면 천하가 임금이 있기를 즐겁게 여긴 것은 앞으로 다스려지기를 위함이었다.

　그런데 지금 군주는 있으나 법이 없다면 그 해악은 군주가 없는 것과 같고, 법은 있으나 혼란을 이겨내지 못한다면 법이 없는 것과 같다.

　천하 사람들은 군주가 없는 것이 즐겁지 않다고 여기면서도 법을 앞질러 가는 것을 즐겁게 여기고 있으니 온 세상 사람들이 모두 미혹되었다고 여겨진다.

　무릇 천하 사람들을 이롭게 하는 것으로써 다스림보다 더 큰 것이 없고, 다스림에는 임금을 세우는 것보다 더 즐거운 것이 없으며, 임금을 세우는 길은 법을 잘 지키는 것보다 더한 것은 없으며, 법을 잘 지키는 임무는 간악한 자를 제거하는 것보다 더 급한 것이 없으며, 간악한 자를 제거하는 근본은 엄한 형벌보다 더 심각한 것은 없다.

　그러므로 왕 노릇 하는 자는 상으로써 죄를 금하고 형벌로써 법을 지키도록 권장하며, 잘못을 저지를 자를 찾아낼 뿐, 잘한 자는 찾으려 들지 않으며, 형벌에 의지하여 형벌을 제거하는 것이다.

古者, 民藂生而群處, 亂, 故求有上也.
然則天下之樂有上也, 將以爲治也.

今有主而無法, 其害與無主同; 有法而不勝其亂, 與不法同.

天下不安無君, 而樂勝其法, 則擧世以爲惑也.

夫利天下之民者, 莫大於治; 而治莫康於立君; 立君之道, 莫廣於勝法; 勝法之務, 莫急於去姦; 去姦之本, 莫深於嚴刑.

故王者以賞禁, 以刑勸; 求過不求善, 藉刑以去刑.

【叢生而群處】'叢'은 '叢'과 같음. 〈解詁〉에 "叢, 聚也"라 하였고, 蔣禮鴻은 "叢, 俗叢字"라 함.《呂氏春秋》恃君篇에 "昔太古嘗無君矣, 其民聚生羣處, 知母不知父, 無親戚兄弟夫妻男女之別, 無上下長幼之道, 無進退揖讓之禮, 無衣服履帶宮室畜積之便, 無器械舟車城郭險阻之備, 此無君之患"이라 함.

【有上】'上'은 임금. 자신들을 지도하고 질서를 바로잡아 줄 지도자. 〈解詁〉에 "上, 謂君也.《意林》引作:「古者民叢居而群處亂, 乃立君.」"이라 함.

【勝其亂】'勝'은 '克'과 같음. 이겨냄. 그 혼란을 극복해냄. 〈解詁〉에 "勝, 克也. 有法不能定亂, 則如無法同"이라 함.

【與不法同】'不法'은 다른 인용에는 '無法'으로 되어 있음. 〈解詁〉에 "師轍按:《藝文類聚》卷五十二, 引「古者, 民聚生而群處, 故求有上也. 然則天下之樂有上, 將以爲治也. 今有主而無法, 其害與無主同. 有法而不勝其亂, 與無法同也.」唐本《商君書》如此, 足證今本之誤"라 함.

【天下不安無君】〈解詁〉에 "安, 樂也"라 함.

【樂勝其法】여기서의 勝은 '초과하다, 앞지르다, 무시하다'의 뜻.

【治莫康于立君】〈解詁〉에 "康, 樂也. 廣大也"라 함.

【立君之道莫廣于勝法】여기서의 '勝'은 '인정하다. 지키다, 법에 맡기다'의 뜻. 〈解詁〉에 "勝, 任也"라 함.

【賞禁】禁止한 법령을 어기는 자를 고발한 자에게 상을 주어 범죄를 없도록 유도함. 〈解詁〉에 "以賞禁邪"라 하였고, 蔣禮鴻은 "賞於告姦, 故姦得禁"이라 함.

【藉刑以去刑】형벌로써 형벌을 없앰. '以刑去刑'과 같음. '藉'는 '빌리다, 이용하다'의 뜻. 〈解詁〉에 "藉, 借也"라 함.

8. 〈壹言〉第八

　‘일언壹言’은 ‘한 가지에만 전념해야 함에 대한 논설’이라는 뜻이다.
한 가지란 바로 농전農戰을 뜻한다. 즉 농전에 힘쓰는 자를 존중하고
변설辯說과 기예技藝에 종사하는 자는 낮추며 유학游學에 들뜬 자는
천시함으로써 나라 백성들로 하여금 농전만이 최상의 가치이며 이익을
창출하고 포상을 받을 수 있음을 인지시켜야 한다는 것이다.

　〈解詁〉에는 “言治民之道, 在於壹務”라 하였다.

秦始皇陵 〈銅馬車〉 1980ʻ 陝西 秦始皇陵 출토

073(8-1)
최고의 가치는 농전

무릇 앞으로 나라를 세우려 함에 제도에 대하여 살피지 않을 수 없으며, 정책과 법령에 대하여 신중하지 않을 수 없고, 나라의 힘쓸 일에 대하여 삼가지 않을 수 없으며, 일의 근본에 대하여 전일하게 하지 않을 수 없다.

제도가 시의에 맞으면 나라의 풍속이 변하여 백성이 제도에 따르게 할 수 있을 것이요, 정책과 법령이 명확하면 관직에는 사악함이 없게 될 것이요, 나라의 업무가 한 가지에 전일하게 되면 백성이 응하여 쓸 수 있고, 일의 근본에 집중하면 백성들은 농사짓기를 즐거워하고 전쟁에도 기꺼이 나서게 될 것이다.

무릇 성인이 법을 세우고 풍속을 교화하여 백성들로 하여금 조석으로 농사에 종사하게 하면서도 이를 잘 알고 있지 않으면 안 되었다.

대체로 백성들이 자신들의 일에 종사하면서 법제法制를 위해 목숨을 바치는 것은 임금이 그들을 위해 마련한 영화로운 명분과 상벌이 명확하기 때문이며, 변설과 사문私門을 위하지 않아도 공로를 세울 수 있도록 해 주었기 때문이다.

무릇 백성들이 농사일을 기뻐하고 전쟁을 기꺼이 수행하는 것은 임금이 농전農戰에 종사하는 이들은 존중하지만 변설과 기예技藝에 종사하는 백성들은 비하하며, 나아가 떠돌아다니며 학문이나 하는 이들은 천하게 여김을 보고 있기 때문이다.

그러므로 백성들이 오로지 한 가지 일 즉 농전에만 매달리면 그들의 집은 틀림없이 부유해지며 그들 자신은 나라에서 존귀하게 되는 것이다.

임금은 공리公利는 열어두되 사문은 막아 백성의 힘을 이루도록 해주고 사사롭게 힘쓰는 것은 나라에 영광을 얻지 못하며 사문은 임금에게 청원하지 못하도록 하여야 한다.

이와 같이 하여 공명을 이룬 자가 권면을 받게 된다면 임금의 명령은 실행될 것이요, 황무지는 개간될 것이며, 태만한 백성은 사라지고 간악함은 싹이 트지 않게 될 것이다.

나라 다스림에 능히 백성의 힘을 하나로 단결시키고 백성의 일로써 농전 하나에 온 힘을 쏟게 할 수 있는 나라라면 강해질 것이요, 능히 근본인 농업에 힘쓰도록 하고 말업인 상업이나 수공업을 금지시키는 나라라면 부유해질 것이다.

凡將立國, 制度不可不察也, 治法不可不愼也, 國務不可不謹也, 事本不可不摶也.

制度時, 則國俗可化, 而民從制; 治法明, 則官無邪; 國務壹, 則民應用; 事本摶, 則民喜農而樂戰.

夫聖人之立法·化俗, 而使民朝夕從事於農也, 不可不知也.

夫民之從事死制也, 以上之設榮名, 置賞罰之明也, 不用辯說私門而功立矣.

故民之喜農而樂戰也, 見上之尊農戰之士, 而下辯說技藝之民, 而賤游學之人也.

故民壹務, 其家必富, 而身顯於國.

上開公利而塞私門, 以致民力, 私勞不顯於國, 私門不請於君.

若此而功名勸, 則上令行而荒草闢, 淫民止而姦無萌.

治國能摶民力而壹民務者, 彊; 能事本而禁末者, 富.

【治法】정책과 법령.

【事本】일로서의 근본. 農戰을 가리킴. 蔣禮鴻은 "事本者, 事之本也. 下文曰: 「民之從事死制」, 從事承事本言, 死制承制度言, 甚明. 事本謂農戰, 治法者, 制度之實, 事本者國務之實"이라 함.

【不可不知也】다른 판본에는 거의가 "不可不變也"로 되어 있으나 〈解詁〉에는 "嚴校: 一切舊本, 知作變, 此依秦本"이라 하여 이를 따름. 한편 高亨은 "作變, 當是古本, 變, 借爲辨"이라 하였으며《荀子》富國篇 注에 "辨, 明察也"라 함. "임금으로서는 백성의 일상생활도 명확히 살피고 있어야 한다"는 뜻임.

【故民之喜農而樂戰也】여기서는 '故'는 '夫'와 같음.

【私門不請於君】〈解詁〉에 "請, 求也.《韓非子》和氏篇: 商君敎秦孝公: 塞私門之請, 而遂公家之勞; 禁游宦之民, 而顯耕戰之士"라 함.

【萌】〈解詁〉에 "萌, 兆也"라 함.

074(8-2)
뭉쳐진 힘은 소모시켜야

무릇 성인의 나라 다스림에는 능히 백성들의 힘을 뭉칠 수도 있고, 백성들의 힘을 상쇄할 수도 있어야 한다.

제도가 잘 살펴지면 백성들의 힘은 뭉쳐지지만 힘이 뭉쳐졌는데도 그 힘을 농전에 소모시키지 않으면 실행이 되지 않는 것이요, 실행이 됨에도 부유하게 해주지 않으면 혼란이 일어나고 만다.

그러므로 나라를 다스리는 자는 백성들의 하나로 뭉쳐 부국강병富國彊兵을 이루며, 그 힘을 덜어 적을 찔러 죽이도록 백성을 권면하는 해야 하는 것이다.

무릇 백성이 알도록 열어주어 막지 않으면 백성의 지혜가 자랄 것인데 지혜가 자랐는데도 이를 다스리지 않으면 간사함이 생겨날 것이며, 막기만 하고 열어주지 않으면 백성들은 혼암해질 것인데 혼암해졌는데도 이를 쓰지 않으면 힘이 남아돌게 되고, 힘이 남아도는데도 이를 처리해주지 않으면 간악한 이蝨같은 존재들이 생겨날 것이다.

그러므로 힘을 하나로 뭉쳐 한 가지 일에 힘을 쏟도록 하고, 힘을 덜어 적을 공격해야 한다.

나라를 다스리는 자는 백성에게 한 가지에 일념하도록 함을 귀히 여기며, 백성들이 한 가지에 일념하면 순박해질 것이요, 순박해지면 농사에 매달릴 것이요, 농사에 매달리면 쉽게 부지런해질 것이요, 부지런해지면 부유하게 될 것이다.

부유한 자에게는 작위를 사도록 하여 부유함이 더 늘어나지 못하게 하면 태만해지지 않을 것이요, 태만한 자에게는 형벌을 가하여 더 이상 태만해지지 않도록 하면 농사에 매달리게 될 것이다.

그러므로 백성의 힘을 모을 줄만 알고 능히 이를 쓸 줄 모르는 자는 틀림없이 혼란이 올 것이요, 능히 그 힘을 덜 줄만 알고 능히 이를 모을 줄은 모르는 자는 틀림없이 망하고 말 것이다.

따라서 명철한 군주로써 이 두 가지에 조화를 이룰 줄 알게 되면 그 나라는 강해질 것이나, 이 두 가지에 조화를 이룰 줄 모르는 자는 그 나라가 쇠약해지고 말 것이다.

夫聖人之治國, 能摶力, 能殺力.

制度察則民力摶, 摶而不化則不行, 行而無富則生亂.

故治國者, 其摶力也, 以富國彊兵也; 其殺力也, 以事敵勸民也.

夫開而不塞則短長, 長而不攻則有姦; 塞而不開則民渾, 渾而不用則力多, 力多而不攻則有姦蝨.

故摶力以壹務也, 殺力以攻敵也.

治國者貴民壹; 民壹則樸, 樸則農, 農則易勤, 勤則富.

富者廢之以爵, 不淫; 淫者廢之以刑而務農.

故能摶力而不能用者, 必亂; 能殺力而不能摶者, 必亡.

故明君知齊二者, 其國彊; 不知齊二者, 其國削.

【殺力】 '殺'는 '쇄'로 읽으며 "덜어 消耗시킴. 相殺시킴, 減殺시킴"의 뜻. 〈解詁〉에 《周禮》廩人「詔王殺邦用」, 鄭注: '殺, 猶減也.」라 함.

【制度察】 〈解詁〉에 "察, 審也"라 함.

【不化則不行】 '化'는 '변화시키다, 소비하다, 소모하다, 사용하다'의 뜻.

【生亂】 〈解詁〉에 "民力摶聚而不能融化之, 則不能行事, 行事而無財, 則生亂"이라 함.

【事敵勸民】 '事'는 '剚'와 같음. 高亨은 "事, 讀爲剚, 刺也, 殺也"라 함. 〈解詁〉에는 "以從事於敵國勸民, 所以減殺民力也. 今泰西諸國, 每以國民對外, 減殺其內爭, 合於商君殺力之旨"라 함.

【短長】 '短'은 '知'의 誤記. 〈解詁〉에 "民知開而不塞, 則短長其上, 長此而不攻去之, 則生姦. 陶校:「短, 乃知字之誤. 知與智同. 長, 讀上聲, 當作「知長而不攻」. 攻, 治也.」"라 하였으며 '攻'은 '治'의 뜻임.

【渾】 '昏'과 같음. 同音假借. '어리석다'의 뜻. 高亨은 "渾, 猶愚也. 水濁爲渾, 用來 比喩人的愚昧"라 함.

【姦蝨】 〈靳令篇〉의 "國富而不戰, 偸行於內, 有六蝨, 必弱"의 六蝨을 가리킴. 〈解詁〉에 "姦之生, 如蝨之藏於衣縫間也"라 하였으며 '姦'은 衍文으로 보기도 함. 〈解詁〉에 "陶校: 姦字涉上而衍. 自外言之故曰姦; 自內言之故曰蝨. 力多而不攻 則有蝨, 與知長則有姦, 相對成文"이라 함.

【富者廢之以爵~務農】 부유한 자에게 爵位를 사느라 부를 소모하여 더 이상 부유해지지 못하도록 유도함. 〈解詁〉에 "廢, 止也. 富者歉以爵賞. 禁其淫佚, 淫者, 威以刑罰, 使之務農"이라 함.

【明君知齊二者】 '明君'의 '明'자는 衍文으로 보고 있음. '齊'는 '劑'와 같음. 〈解詁〉에 "齊, 謂二者相調和; 二者, 搏力·殺力也"라 함. 于鬯은 "齊之言劑也, 謂調劑於 搏力·殺力二者, 則其國强彊; 不知調劑二者, 則其國削也. 古調劑之劑, 蓋止 作齊"라 함.

075(8-3)
법을 공포해도 따르지 않는다면

무릇 백성들이 다스려지지 않는 것은 군주가 비천한 행위를 금지하지 않았기 때문이며 법령이 분명하게 지켜지지 않는 것은 군주가 혼란을 조장하기 때문이다.

그러므로 명석한 군주는 비천한 행위를 그대로 두지 아니하며, 혼란을 조장하지 아니한다.

권력을 쥐고 군주자리에 서며 법령을 내려 통치하여 이로써 윗자리에서도 간사한 짓을 알아내어 관직에는 사악한 짓이 없도록 하며, 상벌은 백성들이 판단하도록 하며, 기물과 용구는 제도에 맞게 써야 한다.

이와 같이 하면 나라의 법제가 명확해지고 백성들은 힘을 다할 것이며, 위에서 내린 작위가 존중을 받고 여러 무리들은 거용될 것이다.

지금 세속의 군주들은 모두가 백성이 다스려지기를 바라면서 도리어 혼란이 일어나도록 조장하고 있으며, 백성들이 즐겨 난을 짓는 것이 아니건만 지난 옛 것을 편안히 여겨 시속의 변화를 들여다보지 못하고 있다.

이는 위로 옛 것을 법으로 여기면서 막힌 방법을 쓰기 때문이요, 아래로는 지금의 시속을 따르기만 할 뿐 시대에 맞추어 변화를 이루지 못하기 때문이며, 세속의 변화에 명확하지 못하고 백성들을 그 정서에 맞추어 다스려야 할 것을 제대로 살피지 못하기 때문이니, 그러므로 상을 많이 주어 도리어 그들로 하여금 형벌에 이르게 하며, 형벌을 가볍게 하여 상의 효과를 제거하고 있는 것이다.

무릇 임금이 형벌을 펼쳐놓아도 백성들은 복종하지 않으며, 상은 바닥이 나도록 주어도 간사한 자는 더욱 많아지니 그 때문에 임금은 백성에게 형벌을 먼저 가하고 상은 뒤로 미루어야 하는 것이다.

그러므로 성인의 나라 다스림에는 옛 것을 법으로 삼지 아니하며 지금을 따르지도 않으며, 세상의 변화에 의거하여 다스림으로 삼고 세속을 헤아려 이를 법으로 삼는 것이다.

따라서 법이 백성들의 실정을 살피지 않은 채 세워지면 성공을 거둘 수 없고 다스림이 시의에 맞게 하여 실행되면 혼란이 생겨나지 않게 되는 것이다.

그러므로 성왕聖王의 다스림에는 법을 신중히 하고, 힘써야 할 것이 무엇인지 관찰하여 그 마음을 오로지 한 가지에만 귀속시킬 따름이다.

夫民之不治者, 君道卑也; 法之不明者, 君長亂也.

故明君不道卑, 不長亂也.

秉權而立, 垂法而治, 以得姦於上而官無不, 賞罰斷而器用有度.

若此, 則國制明而民力竭, 上爵尊而倫徒擧.

今世主皆欲治民, 而助之以亂; 非樂以爲亂也, 安其故而不窺於時也.

是上法古而得其塞, 下修令而不時移, 而不明世俗之變, 不察治民之情, 故多賞以致刑, 輕刑以去賞.

夫上設刑而民不服, 賞匱而姦益多. 故民之於上也, 先刑而後賞.

故聖人之爲國也, 不法古, 不修今, 因世而爲之治, 度俗而爲之法.

故法不察民之情而立之, 則不成; 治宜於時而行之, 則不干.

故聖王之冶也, 愼爲察務, 歸心於壹而已矣.

【道卑】 "비루한 짓을 열어주다"의 뜻. '道'는《周易》繫辭傳(上) "道義之門"의
　　疏에 "道, 謂開通也"라 하였고,《左傳》襄公 31년 "不如小決使道"의 注에 "道,
　　通也"라 하였음. '卑'는《左傳》昭公 25년 "語卑宋大夫"의 注에 "卑, 謂其才德薄"
　　이라 하였음.

【長亂】 '長'은 '助長하다'의 뜻.

【垂法而治】〈解詁〉에는 "垂法而法治"로 되어 있으며, "師轍按: 躲眇閣本, 吳本,
　　評校本, 錢本, 作「垂法而治」; 程本, 吳本: 治上亦無法字, 惟治上空二字"라 함.

【官無不】 '不'은 '否'와 같으며, '邪'의 뜻임. "治法明則官無邪"의 '邪'와 같음.
　　그러나〈解詁〉에는 "官無不賞"으로 아래 구절과 이었으며 "得姦而官無不賞,
　　必罰而器用有度. 陶校:「官無不, 疑當作'官無邪', 上文'治法明則官無邪', 是其證.」
　　師轍按: 陶說亦通, 以賞字屬下讀"이라 함.

【器用】 고대 禮器 및 무기 등을 말함.

【倫徒擧】 '倫'은《說文》에 "倫, 輩也"라 하였고, '徒'는《白虎通》에 "徒, 衆也"라 함.
　　'擧'는《呂氏春秋》職分 "魯國之匹夫也而我擧之"의 注에 "擧, 用也"라 함.

【下修令】 '修令'은 '循今'이어야 함. 王時潤은 "修, 當作循. 下同"이라 하였고,
　　兪樾은 "令, 乃今字之誤"라 함.

【輕刑以去賞】 형벌을 가벼이 하여 도리어 상의 원래 장점을 없애는 결과를
　　초래함.〈解詁〉에 "賞多而姦愈滋, 刑輕而民益玩"이라 함.

【故民之於上也, 先刑而後賞】〈解詁〉에 "故民之於上也, 當作「故上之於民也」"라
　　하여 "임금으로서 백성에게 있어서 형벌을 먼저 가하고 상을 나중에 주어야
　　한다"라는 뜻이어야 함.

【不干】 '干'은 '亂'의 뜻. 疊韻互訓.〈解詁〉에 "干, 亂也"라 함. 그러나 "저촉되다,
　　간섭하다"의 뜻으로도 볼 수 있음.

【愼爲】 '愼法'이어야 하며 '爲'는 '법'자여야 함. 篆書로 쓸 경우 형태가 비슷하여
　　잘못 傳寫된 것이라 함.

9. 〈錯法〉第九

　'조법錯法'은 '조법措法'과 같다. 즉 '법으로 조치함, 법치를 실행함'의 뜻이다. 《論語》爲政篇의 "哀公問曰:「何爲則民服?」孔子對曰:「擧直錯諸枉, 則民服; 擧枉錯諸直, 則民不服.」"에서의 '錯'와 같으며 이 경우 '조'로 읽는다. 《禮記》仲尼燕居 "擧而錯之而已"의 注에도 "錯, 猶施行也"라 하였다.

　본편은 '법대로 실행함'에서 법이란 상賞과 벌罰을 뜻한다. 사람이 작록爵祿을 좋아하고 형벌을 싫어하는 호오지정好惡之情을 최대한 이용하여 백성들을 유도하여 농전의 효과를 극대화하는 방법으로 통치해야 한다는 주장이다.

　〈解詁〉에는 "錯, 施行也"라 하였다.

李家山 〈雙牛銅枕〉 1972 雲南 李家山 古墓群 17호 출토

076(9-1)
군대는 포상이라는 미끼가 있어야

제가 듣기로 "옛날 명석한 군주가 법을 시행하면 백성들의 사악함이 없어지고, 전쟁을 벌이면 인재들이 저절로 숙련되며, 상을 베풀면 군대가 강해진다"라고 하였는데 이 세 가지는 다스림의 근본이다.

무릇 "법을 시행하면 백성들이 사악함이 없어진다"는 것은 법이 분명하여 백성들이 법대로 하는 것을 이롭다 여기기 때문이다.

"전쟁을 벌이면 인재들이 저절로 숙련된다"라는 것은 전쟁은 공로가 분명해지기 때문이니, 공로가 분명하면 백성들이 힘을 다하게 될 것이요, 백성들이 힘을 다하면 재능을 가진 자들이 저절로 단련하게 되는 것이다.

"상을 베풀면 군대가 강해진다"라는 것은 작록爵祿을 두고 한 말이니, 작록이란 병사들에게 있어서 실질적 이익이 되는 것이다.

이 까닭으로 군주가 작록을 내림에는 그 원칙이 분명해야 하는 것이다.

원칙이 분명하면 나라는 날로 강성해질 것이며, 원칙이 숨겨져 있으면 나라는 날로 쇠약해진다.

그러므로 작록에서 원칙이 되는 바는 바로 나라 존망의 관건인 셈이다.

무릇 쇠약한 나라와 망하는 군주도 작록을 베풀지 않아서가 아니라 그 원칙이 잘못되었기 때문이다.

삼왕三王과 오패五霸도 그들이 원칙으로 세운 바는 그저 작록에 지나지 않았지만 그 공의 효과가 서로 만 배나 되었던 것은 그 원칙이 분명하였기 때문이었다.

이러한 까닭으로 명석한 군주가 신하를 부림에는 임용은 반드시 그들의 수고로부터 나오며 상은 모름지기 그들이 세운 공에 의해 보태어 주는 것이다.

공로에 따른 상이 분명하면 백성들은 공을 다투기에 나설 것이다.

　나라를 다스림에 능히 그 백성들로 하여금 온힘을 쏟아 공을 세우는데 다투도록 할 수 있다면 군대는 틀림없이 강해질 것이다.

　臣聞:「古之明君, 錯法而民無邪, 擧事而材自練, 行賞而兵彊.」此三者治之本也

　夫「錯法而民無邪」者, 法明而民利之也.

「擧事而材自練」者, 功分明; 功分明則民盡力, 民盡力則材自練.

「行賞而君兵彊」者, 爵祿之謂也, 爵祿者, 兵之實也.

　是故人君之出爵祿也, 道明.

　道明則國日彊, 道幽則國日削.

　故爵祿之所道, 存亡之機也.

　夫削國亡主, 非無爵祿也, 其所道過也.

　三王五霸, 其所道不過爵祿, 而功相萬者, 其所道明也.

　是以明君之使其臣也, 用必出於其勞, 賞必加於其功.

　功賞明, 則民競於功.

　爲國而能使其民盡力以競於功, 則兵必彊矣.

【擧事】여기서는 전쟁, 전투를 뜻함.

【材自練】'材'는 '才'와 같음. 즉 전쟁을 수행하는 병사들을 가리킴.《呂氏春秋》簡選篇 "可以勝人之精士練材"의 注에 "練材, 擧用有力之材"라 함.〈解詁〉에는 "練, 猶閱歷也"라 하여 많은 見聞, 經歷을 통해 스스로 숙련되고 단련됨을 뜻함. '練'은 陳啓天은 "練, 練達也"라 함.

【兵彊】〈解詁〉에 "賞之以爵祿, 故兵彊"이라 함.

【道明】 '道'는 '原則에 맞게 행하다'의 뜻으로 줄여서 '원칙'으로 풀이하였음. 《荀子》王霸篇 "故古之人有大功名者必道是者也"의 注에 "道, 行也"라 함.

【道幽】 〈解詁〉에 "幽, 暗也"라 함.

【三王】 夏禹, 商湯, 周文武의 三代 四王을 아울러 일컫는 말. 모두 王道政治를 실행하여 儒家의 성인들로 숭앙되는 인물들.

【五霸】 여러 설이 있으나 《史記》에는 齊桓公, 宋襄公, 晉文公, 秦穆公, 楚莊王을 들고 있음. 그 외에 宋襄公 대신 吳王闔閭나 越王句踐을 넣기도 함.

【功相萬者】 그 功效가 만 배나 됨. 〈解詁〉에 《呂覽》貴當: 「此功之所以相萬也」, 高誘注: 「萬倍也.」라 함.

077(9-2)
자신이 가지고 있지 않은 것을 사용하라

같은 서열이었으나 서로가 다른 쪽을 노예로 삼는 것은 빈부貧富 때문에 그렇게 되는 것이요, 똑같이 부강한 나라였으나 서로가 상대를 겸병하는 것은 강약強弱 때문이며, 영토가 있고 임금도 있음에도 나라가 강하기도 하고, 혹은 약하기도 한 것은 치란治亂 때문이다.

만약 진실로 도가 있다면 사방 1리의 땅에서라도 충분히 몸을 담을 수 있고, 사민士民들을 오도록 할 수 있다.

만약 진실로 저자거리에 몸을 담을 수 있다면 재물도 모을 수는 있다.

토지를 가진 자는 가난하다고 말 할 수 없으며, 백성을 가진 자는 약하다고 말할 수 없다.

토지가 진실로 이용되면 재물이 없음을 근심하지 않게 될 것이며, 백성이 진실로 쓰여지면 강하고 포악한 적을 두려워하지 않게 된다.

원칙이 뚜렷하고 법령이 시행되면 백성들이 가진 것을 자신을 위해 쓸 수가 있을 것이다.

그러므로 명석한 군주라면 자신이 갖지 않은 것을 쓰며 자신의 백성이 아닌 사람을 부릴 수 있는 것이다.

同列而相臣妾者, 貧富之謂也; 同實而相幷兼者, 彊弱之謂也; 有地而君或彊或弱者, 治亂之謂也.

苟有道, 里地足容身, 士民可致也.

苟容市井, 財貨可聚也.

有土者不可以言貧, 有民者不可以言弱.

地誠任, 不患無財; 民誠用, 不畏彊暴.

德明敎行, 則能以民之有爲己用矣.

故明主者, 用非其有, 使非其民.

【臣妾】 臣妾은 奴隷를 뜻함. 尙書 費誓 "臣妾逋逃"의 傳에 "役人賤者, 男曰臣, 女曰妾"이라 함.

【實】 實力, 財物, 富를 뜻함.《說文》에 "實, 富也"라 하였고,《國語》晉語 "吾有卿之名而無其實"의 注에 "實, 財也"라 함.

【苟有道】 '苟'는 副詞로 '진실로', 또는 '만약'의 뜻. '道'는 원칙, 사물을 대처하는 방법. 한편 '里'는 〈解詁〉에는 "苟有道里, 地足容身"으로 앞으로 이었으며 "嚴校: 范本里作理. 師轍按: 各本俱作理. 苟有道理, 猶俗言苟有辦法. 或曰: 道里猶言地方"이라 함.

【財貨可聚】 〈解詁〉에는 "財貨可衆"으로 되어 있으며 "各本衆作聚"라 함.

【德明敎行】 蔣禮鴻은 "賞以爵祿曰德, 督以威刑曰敎"라 하였으나 교는 계령, 금령의 뜻으로 보는 것이 타당할 듯함.《荀子》大略篇 "以其敎出畢行"의 注에 "敎, 謂戒令"이라 함.

【使非其民】 자신의 백성이 아니면서 그들이 스스로 나서도록 분위기를 만듦. 蔣禮鴻은《呂氏春秋》用民篇의 "夙沙之民, 自攻其君, 而歸神農. 密須之民, 自縛其主, 而與文王. 湯武非徒能用其民也, 又能用非己之民. 能用非己之民, 國雖小, 卒雖少, 功名猶可立"을 예로 들고 있음.

078(9-3)
이익이 없으면 목숨을 내놓지 않는다

명철한 군주가 귀하게 여기는 바는 실적에 따라 작위를 주는 것이니, 실적에 따라 작위를 주어 그들로 하여금 영예롭게 여기고 현달하도록 해주어야 한다.

영예롭게 여기지 않으면 그들은 작위를 나누어주는 데에 대해 급히 여기지 않을 것이며, 현달시켜주지 않으면 백성들은 작위를 높이 여기지 않는다.

작위가 쉽게 얻어지면 백성들은 임금이 주는 작위를 귀하게 여기지 않으며, 작위를 두고 녹봉의 포상이 그 문으로 말미암지 않으면 백성들은 작위를 다투기 위한 목숨은 바치지 않는다.

明主之所貴, 惟爵其實, 爵其實而榮顯之.

不榮則不急列位, 不顯則民不事爵.

爵易得也, 則民不貴上爵; 列爵祿賞, 不由其門, 則民不以死爭位矣.

【列位】'列'은 '裂'과 같음. 〈長恨歌〉에 "姉妹兄弟皆列土"의 '列土'는 '裂土'와 같음.
【不道其門】'道'는 '由'와 같음. 章詩同은 "道, 由"라 함. 〈解詁〉에는 "不道民以 爵祿之途, 則民不肯趨戰鬪, 而爭祿位矣"라 함.

079(9-4)
백성의 호오를 상벌로서 이용하라

사람은 태어나면서부터 호오好惡를 가지고 있으므로 백성은 다스릴 수 있는 것이니 군주는 그러한 호오를 잘 살피지 않으면 안 된다.

호오란 상벌賞罰의 근본이다.

무릇 사람들의 정서란 작록은 좋아하고 형벌은 싫어하게 마련이니 군주는 이 두 가지를 설정하여 백성의 뜻을 제어하고 그들이 하고자 하는 바를 세워주어야 한다.

대체로 백성들이 자신의 힘을 다 바쳤으면 작위가 그 뒤를 따라야 하고, 공이 세워졌으면 포상이 그 뒤를 따라야 한다.

임금으로서 능히 그 백성들로 하여금 이를 마치 해나 달처럼 믿도록 한다면 군대는 대적할 자가 없게 될 것이다.

人君而有好惡, 故民可治也, 人君不可以不審好惡.

好惡者, 賞罰之本也.

夫人情好爵祿而惡刑罰, 人君設二者以御民之志, 而立所欲焉.

夫民力盡而爵隨之, 功立而賞隨之.

人君能使其民信於此如明日月, 則兵無敵矣.

【人君而有好惡】 '人君'은 '人生'의 오기. 陶鴻慶은 "人君而有好惡, 當作「人生而有好惡」"라 함. 好惡은 좋아하고 싫어하는 기본 감정.
【審】 신중히 살펴봄. 〈解詁〉에 "審, 愼也"라 함.

080(9-5)
군주의 세 가지 근심거리

군주 가운데에는 작위를 시행하였건만 군대가 약한 경우가 있고, 봉록을 시행하였건만 나라가 가난한 경우가 있으며, 법을 세웠건만 다스림에 혼란이 있는 경우가 있다.

이 세 가지는 나라의 근심거리다.

그러므로 군주가 가까운 자들, 청탁과 알현하는 자들을 우선으로 하고, 공로를 세우고 힘을 다한 자를 뒤로 미룬다면 작록을 행한다 해도 군대는 약해지는 것이요, 백성들이 죽음으로써 어려움에 대들지 않아도 이록利祿을 얻을 수 있다고 여기게 되면 이록을 행한다 해도 나라는 가난해지는 것이며, 법에 도수度數가 없으면서도 일이 날로 번거로워지면 법이 서 있다 해도 다스림에 혼란이 오게 되는 것이다.

이 까닭으로 명석한 군주가 그 백성을 부림에는 백성들이 모름지기 힘을 다하여 공을 겨루도록 하고, 공이 세워지면 부귀가 그 뒤를 따르게 하되, 사사로운 덕으로써 해서는 안 된다.

그러므로 교령敎令이 성취를 이루게 되는 것이니 이와 같이 한다면 신하는 충성을 다하고 군주는 명석해지면 치적은 드러나 병력이 강해질 것이다.

人君有爵行而兵弱者, 有祿行而國貧者, 有法立而治亂者.

此三者, 國之患也.

故人君者, 先便請謁, 而後功力, 則爵行而兵弱矣; 民不死犯難, 而利祿可致也, 則祿行而國貧矣; 法無度數, 而事日煩, 則法立而治亂矣.

是以明君之使其民也, 使必盡力以規其功, 功立而富貴隨之, 無私德也.

故教流成, 如此, 則臣忠・君明・治著而兵彊矣.

【便請謁】 '便僻請謁'이어야 한다고 봄. 陶鴻慶은 "便下當有僻字. 〈君臣篇〉: 「或事便僻而請之」是其證"이라 함. '便僻'은 '便嬖'와 같음. '便'은 늘 가까이 하여 허물없는 근신, '嬖'는 임금이 총애하는 신하나 여인들을 가리킴.

【犯難】 '難'은 '災難, 患難, 戰爭'등의 뜻. 죽음을 무릅쓰고 대들어 해결함.

【度數】 '度'는 節度, 혹 法制. '數'는 術數. 〈解詁〉에 "法無度數, 謂權量度數不立. 無畫一之法, 而事日煩"이라 함.

【私德】 군주가 사사로운 親疎나 寵愛, 好惡에 의해 상을 주는 경우를 가리킴. '德'은 '褒賞'을 뜻함.《韓非子》二柄에 "慶賞之謂德"이라 함.

【盡力以規其功】 '規'는 '競'의 오류가 아닌가 함. 〈解詁〉에 "規, 蓋競之誤. 上文「爲國而能使其民盡力以競其功」, 可證"이라 함. 그러나 〈全譯本〉에는《淮南子》主術訓 "是故心知規而師傅諭導"의 注 "規, 謀也"를 들어 "모책을 세우다"의 뜻으로 보았음.

【教流成】 '教'는 敎令. 즉 施行命令. '流'는 '行'의 뜻.《荀子》議兵篇 "刑罰省而威流"의 注에 "流, 行也"라 함. 그러나 '流'는 '化'의 뜻으로도 봄. 王時潤은 "流, 化也"라 함.

081(9-6)
덕행은 임용의 고려 대상이 아니다

그러므로 명철한 군주의 다스림에는 사람들이 노력하여 공헌하는 것으로써 임용할 뿐 덕행을 따져 임용하지는 않는 것이므로 근심하지도 않고 노고롭지도 않은 채 공을 세울 수 있는 것이다.

도수度數가 이미 세워졌다면 법은 가히 시행될 수 있는 것이니 그 때문에 군주는 자신부터 신중히 하지 않을 수 없는 것이다.

무릇 이주離朱는 백 보 밖에서도 미세한 털끝까지 볼 수 있지만 그 밝은 눈을 남에게 줄 수는 없는 것이며, 오획烏獲은 천 균鈞의 무거운 것을 들 수 있지만 그 큰 힘을 남에게 줄 수는 없는 것이다.

무릇 성인이 스스로 체득하여 가지고 있는 특성도 다른 사람에게 줄 수 없는 것이다.

그럼에도 공적이 성취될 수 있는 것은 바로 법 때문인 것이다.

故凡明君之治也, 任其力不任其德, 是以不憂不勞, 而功可立也.

度數已立, 而法可修, 故人君者不可不愼己也.

夫離朱見秋豪百步之外, 而不能以明目易人; 烏獲擧千鈞之重, 而不能以多力易人.

夫聖人之存體性, 不可以易人.

然而功可得者, 法之謂也.

【可修】'修'는 '실행되다'의 뜻. 《國語》晉語(5) "晉爲盟主而不修天罰"의 注에 "修, 行也"라 함.

【離朱】'離婁'. '婁'와 '朱'는 쌍성 관계. 黃帝 때 눈이 아주 밝기로 이름났던 인물. 《孟子》離婁篇(上)에 "孟子曰:「離婁之明, 公輸子之巧, 不以規矩, 不能成方員; 師曠之聰, 不以六律, 不能正五音; 堯舜之道, 不以仁政, 不能平治天下"라 하였고, 《愼子》內篇에도 "離朱之明, 察毫末於百步之外"라 함. 역시 《莊子》天地篇·駢拇篇에도 '離朱'로 되어 있으며 司馬彪는 「離朱. 黃帝時人, 百步見秋毫之末. 《孟子》作離婁」라 함. 《韓非子》姦劫弑臣에도 "人主者, 非目若離婁乃爲明也, 非耳若師曠乃爲聰也. 不任其數, 而待目以爲明, 所見者少矣, 非不弊之術也; 不因其勢, 而待耳以爲聰, 所聞者寡矣, 非不欺之道也"라 함. 〈解詁〉에는 皇甫謐의 《帝王世紀》를 인용하여 "秦武王好多力之士, 烏獲之徒, 並皆歸焉. 秦王於洛陽擧周鼎, 烏獲兩目血出"이라 함.

【秋豪之末】'秋毫之末'로도 표기함. 짐승의 가을 털갈이는 그 털이 아주 가늘어진다 하며 이에 지극히 미세함을 뜻하는 말로 쓰임. 《孟子》梁惠王(上)에 "吾力足以擧百鈞, 而不足以擧一羽; 明足以察秋毫之末, 而不見輿薪"이라 함.

【易】'移'와 같음. 남에게 빌려줌. 그러나 孫詒讓은 "易, 賜之借字, 易人, 猶言賜予人也"라 하여 "남에게 내려주다"의 의미로 보았음.

【烏獲】《史記》에 의하면 戰國시대 秦 武王의 力士로써 周나라에 이르러 九鼎을 들다가 구정의 발을 부러뜨렸다 함. 그러나 본 《商君書》에 이미 '烏獲'이라는 사람이 등장하는 것으로 보아 고대부터 있었으며 力士의 대명사로 쓰였음을 알 수 있음. 陳啓天은 이러한 사실을 들어 "烏獲, 爲秦武王時力士, 距商鞅死約三十年, 詳《史記》秦本紀, 可見此篇非鞅所作"이라 하여 《商君書》본편은 商鞅 자신이 지은 것이 아니라는 설을 제기하기도 하였음. 한편 尹桐陽은 《韓子新釋》觀行篇의 注에서 "烏獲, 古力士之稱. 秦武王時有力士曰烏獲, 蓋因有力而冒名者耳. 《商君書》錯法有烏獲, 則秦武王前有烏獲矣"라 함.

【鈞】1鈞은 30斤이었다함. 천 균은 엄청난 무게를 비유하여 쓴 것임.

【體性】몸소 터득하여 지니고 있는 특성.

【法之謂也】〈解詁〉에 "無聖人之才能, 而可得聖人之功者, 以有法度可遵守也"라 함.

10. 〈戰法〉第十

　'전법戰法'은 병법兵法과 같다. 작전의 방법이다. 국가의 정치력은
마침내 대외적인 전쟁, 전투를 통해 강화되며 이에 따라 국내 통치를
위한 밖으로의 전략전술을 중시해야 한다는 주장이다. 이에 따라 국내
정치 상황과 물자, 인력 등을 계산하고 나아가 적국에 대한 "勝而不驕,
敗而不怨"의 정서까지 조성해야 한다는 고차원적인 兵法論을 거론
하고 있다.

〈犀角形玉杯〉1983 廣州 象崗山 西漢 南越王 趙眜墓 출토

082(10-1)
전투에 죽음을 가볍게 여기도록 하는 방법

무릇 전법戰法을 모름지기 정치의 우세에 근본을 둔다면 백성들은 평소에는 다투지 않을 것이며, 평소에 다투지 않게 되면 사사로운 뜻이 없어져 임금의 의도를 자신들의 의도로 삼게 될 것이다.

그러므로 왕 노릇하는 자의 정치는 백성들로 하여금 고을에서의 하찮은 싸움에는 겁을 내도록 하고 외적과의 전투에는 용맹을 부릴 수 있도록 하는 것이다.

그렇게 하면 백성들은 온 힘을 다하여 전난戰難을 공격하는 데에 익숙하게 되며 그럼으로써 죽음도 가벼이 여기게 될 것이다.

凡戰法必本於政勝, 則其民不爭; 不爭則無以私意, 以上爲意.

故王者之政, 使民怯於邑鬪, 而勇於寇戰.

民習以力攻難, 故輕死.

【政勝】 국내 정치의 우세를 뜻함. 국내에서 이미 백성들을 제압함.
【則其民不爭】 '不爭'은 전쟁이나 전투가 아닌 경우 국내에서 평소 서로 다투는 일이 없음. 〈解詁〉에 "戰法先以修內政爲本, 所謂戰勝於廟堂之上; 政修則民不爭, 不爭則不以私意害公, 而以君上之意爲意. 上下協和, 故戰必勝.《孫子》計篇: 「道者, 令民與上同意也.」"라 함.

【邑鬪】 자신들이 사는 고을에서 사사로운 감정으로 싸움을 벌임. 〈解詁〉에
"《韓非子》八姦:「邑鬪之勇, 無赦罪.」注:「邑鬪, 謂勇者恃力, 與邑人私鬪.」"라 함.
【以上爲意】 上은 군주. 군주의 뜻을 자신들의 뜻으로 여김.
【寇戰】 敵國과의 전쟁.《左傳》文公 7년 傳에 "凡兵作於內爲亂, 於外爲寇"라
 하였고, 〈解詁〉에 "寇戰, 謂與敵國戰"이라 함.

083(10-2)
달아나는 적은 뒤쫓지 말라

적들이 마치 제방이 무너지듯 하고 무너져 달아나기를 그치지 않으면 그대로 놓아두어야 한다.

그러므로 병법兵法에 "큰 전투에서 이겼을 경우 패하여 물러서는 적을 뒤쫓되 10 리를 넘지 말 것이며, 작은 전투에서 승리하여 패하여 물러서는 적은 5리를 넘지말라"라 하였던 것이다.

見敵如潰, 潰而不止, 則免.

故兵法:「大戰勝, 逐北無過十里; 小戰勝, 逐北無過五里.」

【潰】 허물어짐. 제방 따위가 터지듯 무너져 潰滅됨.

【不止】 흩어지면서 중간에 다시 전열을 재정비하지 않음. 계속 퇴각만 함.

【免】 免放해줌. 《左傳》成功 7년 杜預 注에 "免, 放也"라 함. 그러나 〈解詁〉에는 "言見敵如潰散, 潰散而不止, 恐有伏, 故縱之而不窮追. 免, 猶縱也"라 함.

【兵法】《司馬法》을 가리킴. 〈仁本篇〉에 "古者, 逐奔不過百步, 縱綏不過三舍, 是以明其禮也; 不窮不能而哀憐傷病, 是以明其仁也; 成列而鼓, 是以明其信也; 爭義不爭利, 是以明其義也"라 함.

【逐】 '追'와 같음.《說文》에 "逐, 追也"라 함. 뒤를 추격함.

【北】 패배(敗北). 〈解詁〉에 "《史記》樂書:「北者, 敗也.」"라 함.

084(10-3)
속전과 지구전

전투가 벌어지면 적을 잘 헤아려 보아 자신의 정치가 그들만 못하면 적과 더불어 싸움을 벌이지 말 것이며, 식량이 적만 못하면 적과 지구전을 벌이지 말 것이며, 적이 수가 많으면 내가 먼저 공격하는 쪽이 되지 말아야 하되, 적이 앞에 든 여러 조건이 우리만 못하면 이를 공격하되 주저하지 말아야 한다.

그러므로 "용병의 큰 원칙은 신중함에 있으니 적을 알아보고 여러 상황을 고찰하면 승부는 미리 알 수가 있다"라고 말하는 것이다.

兵起而程敵, 政不若者, 勿與戰; 食不若者, 勿與久; 敵衆勿爲客, 敵盡不如, 擊之勿疑.

故曰:「兵大律在謹, 論敵察衆, 則勝負可先知也.」

【程敵】 '程'은 '헤아려 봄'. 《廣雅》에 "程, 量也"라 함.
【勿與久】 '久'는 長期戰, 持久戰. 〈解詁〉에 "勿與久相持"라 함.
【爲客】 '客'은 本陣을 떠나 공격하는 자의 입장이 됨을 말함. 《國語》越語 "弗爲 人客"의 韋昭 注에 "攻者爲客"이라 하였고, 〈解詁〉에는 "敵衆不可輕易爭利, 當以逸待勞, 則爲主而不爲客"이라 함.
【大律】 큰 원칙. 가장 중요한 規律. 〈解詁〉에 "用兵大律在於謹愼, 《荀子》議兵: 「敬敵無曠」是也"라 함.
【論敵】 '論'은 '연구하다'의 뜻으로 보고 있으나 古語에서는 '이것저것 따져 보다'의 의미가 강함.

085(10-4)
이기고 나서도 교만하지 않아야

　왕 노릇하는 자의 병사는 이기고 나서도 교만하지 아니하며, 지고 나서도 원망하지 않는다.
　이기고 나서도 교만하지 않은 것은 전술이 명확하였기 때문이요, 지고 나서도 원망하지 않는 것은 실패한 원인을 알기 때문이다.

　王者之兵, 勝而不驕, 敗而不怨.
　勝而不驕者, 術明也; 敗而不怨者, 知所失也.

【王者之兵】 다른 판본에는 '王者之政'으로 되어 있음.
【術明】 전술이 명확하였음을 뜻함.

086(10-5)
승리는 묘산^{廟算}으로부터

    만약 강약이 서로 대등할 경우, 장수가 똑똑하다면 승리를 거둘 수 있지만 장수가 상대방만 못할 경우는 패하고 만다.

    만약 그 정치가 묘산^{廟算}에서 나왔을 경우 장수가 똑똑하다면 역시 승리를 거둘 수 있으며 장수가 상대방만 못하다 해도 역시 승리를 거둘 수 있다.

若兵敵彊弱, 將賢則勝, 將不如則敗.
若其政出廟算者, 將賢亦勝, 將不加亦勝.

【敵】대등함.《戰國策》秦策 "四國之兵敵"의 注에 "敵, 强弱等也"라 함. 그러나 이 구절 "若兵敵彊弱"은 "若兵弱敵彊"이어야 한다고 보기도 함.〈解詁〉에 "當作 「若兵弱敵彊」 陶校: 敵字疑在彊弱下. 言兵彊弱, 彼此相敵, 則視將之賢否, 以決 勝敗也, 亦通"이라 함.

【賢】賢能의 뜻. 똑똑하고 능력이 있음. 또는 '낫다'의 뜻으로도 봄.《國語》晉語 "敬賢於請"의 注에 "賢, 愈也"라 함.

【廟算】'廟'는 선조의 祠堂, 太廟를 가리킴. 祠堂에서 전쟁에 대한 대책을 세움. 매우 중시하여 거국적으로 朝廷과 太廟에서 세밀하게 대책을 수립함을 뜻함. 《孫子》計篇 "未戰而廟算勝者, 得算多也"의 杜牧 注에 "廟算者, 計算於廟堂之上也" 라 하였고,〈解詁〉에는 "古者, 國家大政, 謀於太廟, 凡國功曰廟算廟謨也"라 함.

087(10-6)
정치부터 이루어져야

정치가 백성을 제압하는 방법을 오래도록 유지하는 자는 틀림없이 강해져서 왕이 될 것이다.

만약 백성들이 복종하고 군주를 따른다면 나라는 부유해지고 군대는 승리할 것이니, 이렇게 실행하면 틀림없이 오래도록 천하에서 왕 노릇을 할 수 있을 것이다.

政久持勝術者, 必彊至王.
若民服而聽上, 則國富而兵勝, 行是, 必久王.

【勝術】백성을 제압하는 술책. '勝民之術'의 줄인 말. 〈解詁〉에 "《呂覽》愼大: 「唯有道之主, 能持勝.」 又曰: 「善持勝者, 以術彊弱.」"이라 함.
【行是必久王】'是'는 '勝術'을 가리킴. 그러나 孫詒讓은 "當作「行是久必王」, 今本 誤倒, 不可通"이라 함.

088(10-7)
패전의 이유

　용병에서의 실수는 적을 업신여기고 깊이 쳐들어가서, 험준한 곳을 등지고 끊어지고 막힌 길을 가다가 병사들은 지치고 게다가 주리고 목이 마르며 다시 질환까지 만나는 경우로써 이는 패배하는 지름길이다.

　그러므로 장수가 병사를 부림에는 마치 좋은 말을 타는 것처럼 하여 조화를 이루지 않으면 안 된다.

　其過失, 無敵, 深入, 偕險絶塞, 民倦且饑渴, 而復遇疾, 此敗道也.

　故將使民者乘良馬者, 不可不齊也.

【其過失】用兵이나 作戰에서 실패의 예를 뜻함.

【無敵】'無'는 '마구 대하다, 업신여기다'의 뜻. 蔣禮鴻은 "無, 當讀作慢"이라 함. 그러나 朱師轍은 '無'를 '많다'의 뜻으로 보았음. "無敵, 謂敵衆多也"라 함.

【偕險】'偕'는 '偝'자의 오기. 孫詒讓은 "偕險, 義難通. 偕, 當爲偝. 形近而誤. 偝與背通"이라 함.

【絶塞】끊어지고 막힌 곳. 퇴각할 길이 없는 지형. 〈解詁〉에 "周策:「秦敢絶塞而伐韓.」"이라 하였고 注에 "塞, 隘處也"라 함.

【民倦】'民'은 병사들을 가리킴.

【者乘良馬者】앞의 '者'는 '若'자여야 함. 즉 "若乘良馬者"가 되어야 함. 〈解詁〉에 "上者字, 乃若字之譌. 當作「若乘良馬者.」"라 함.

【不可不齊】'齊'는 調和를 이룸. 〈解詁〉에 "齊, 謂整齊調和也"라 함.

11. 〈立本〉第十一

　‘입본立本’은 ‘근본을 세우다’의 뜻으로, 여기서의 근본이란 강한
병력을 갖추어 적을 이김을 가리킨다. 이에 따라 세 가지 단계로써
첫째, 전쟁이 있기 전에 법치를 실행할 것, 둘째, 전투에 용맹을
다할 수 있는 분위기를 만들 것, 셋째, 전투에 직접 쓰이는 무기와
장비를 갖출 것 등을 제시하고 있다.
　포상褒賞과 형벌刑罰을 통한 중농중전重農重戰 사상의 대표적인
주장들이다.

　〈解詁〉에는 “立治國彊兵之本也”라 하였다.

〈播種〉(畵像磚) 漢 1955 四川 德陽縣 출토

089(11-1)
용병에서 승리의 세 단계

무릇 용병하여 승리하는 데는 세 단계가 있다.

만약 전쟁이 아직 일어나지 않았으면 법치法治를 시행해야 하며 법으로 조치하면 풍속이 이루어지고, (풍속이 이루어지면) 전쟁에 쓸 기구들이 갖추어지게 된다.

이 세 가지는 반드시 영토 안에서 이루어진 이후에야 군대가 가히 출동할 수 있게 된다.

凡用兵, 勝有三等:

若兵未起而錯法, 錯法而俗成, (俗成)而用具.

此三者必行於境內, 而後兵可出也.

【錯法】법으로 措置함. 법치를 실행함. '錯'는 '措', '置'와 같음.《論語》爲政篇 "哀公問曰:「何爲則民服?」孔子對曰:「擧直錯諸枉, 則民服; 擧枉錯諸直, 則民不服.」"의 注에 "錯, 捨置也"라 함. 음도 '조'로 읽음. 蔣禮鴻은《史記》本傳曰: 「令鞅爲左庶長, 卒定變法之令: 有軍功者各以率受上爵, 爲私鬪者各以輕重被刑」 此錯法之說行於秦者也"라 함.

【俗成】풍속, 즉 농사를 열심히 짓고 전투에는 감투 정신을 발휘하는 분위기를 뜻함. 한편 뒤의 '俗成' 두 글자는 원문에 없으나 孫詒讓은 "俗成二字, 當重. 今本誤脫"이라 하였고, 〈解詁〉에는 "師轍按: 孫說是也. 蓋用兵制勝之道, 其次序有三. 兵未起, 先修法度, 法度修而民俗成, 民俗成而器用具, 然後可戰"이라 함.

蔣禮鴻은 "《韓非子》初見秦篇曰:「今秦出號令而行賞罰, 有功無功相事也, 出其父母懷衽之中, 生未嘗見寇耳, 聞戰, 頓足徒裼, 犯白刃・蹈爐炭, 斷死於前者, 皆是也.」若此, 可謂俗成者矣"라 함.

090(11-2)
두 가지 형세

세 가지 단계를 시행하는 데에는 두 가지 형세가 갖추어져야 한다.

첫째는 군주가 법을 잘 도와주어 법치가 시행되어야 하는 것, 둘째는 거사擧事를 할 때에는 반드시 타당함을 얻어 법이 확립되어야 하는 것이다.

그러므로 병사가 많음을 믿는 것을 일러 '즙葺'이라 하며, 그 비축된 장비와 장식만 의지하는 것을 일러 '교巧'라 하며, 헛된 자랑을 믿는 것을 일러 '사詐'라 한다.

이 세 가지 가운데 하나만 의지하여 믿어도 그 병사들은 적에게 사로잡힐 수 있다.

그러므로 "강한 나라는 모름지기 그 백성들이 견강한 투지를 갖도록 하는 것이니, 투지가 갖추어지면 온힘을 다할 것이요, 온힘을 다 기울이면 그들이 전투용의 쓰임이 되는 것이다. 이런 까닭에 나라 안에 더 이상 맞설 상대가 없게 되는 것"이라 말하는 것이다.

行三者有二勢:

一曰輔法而法行, 二曰擧必得而法立.

故恃其眾者謂之葺, 恃其備飾者謂之巧, 恃擧目者謂之詐.

此三者, 恃一因, 其兵可禽也.

故曰:「彊者必剛鬥其意; 鬥則力盡, 力盡則備. 是故無敵於海內.」

【二勢】 '勢'는 승리할 수 있는 資産, 바탕. 그러한 도움이 될 힘을 뜻함. 〈解詁〉에 "《韓非子》八說:「勢者, 勝衆之資也.」"라 함.《戰國策》秦策 "其勢不能"의 注에 "勢, 力也"라 함.

【輔】《廣雅》에 "輔, 助也"라 함. 〈解詁〉에 "行三者有二利, 一曰以法爲輔而法行, 二曰擧事必當而法立"이라 함.

【茸】 "많이 있다 해도 견고하지 않다"의 뜻. 〈解詁〉에 "茸, 茨也. 以茅蓋屋曰茨. 言恃衆者如以茅蓋屋, 雖多而不堅固也"라 함.

【備飾】 '備'는 무기, '飾'은 무기에 하는 장식을 뜻함. 〈解詁〉에 "備飾, 謂守備美觀, 而無實力也"라 하였고,《周禮》夏官 掌固 "設其飾器"의 注에는 "兵甲之屬, 今城郭門之器亦然"이라 하였으며, 孫詒讓은 〈正義〉에 "謂兵甲皆有英飾, 旣資防御, 又壯觀瞻也"라 함. 보기에는 좋아도 실속이 없음을 말함.

【譽目】 〈解詁〉에는 "譽目, 謂徒有虛聲也"라 하여 "헛된 자랑"이라 보았으나 高亨은 "目, 當作臣, 形似而誤; 譽, 當作瞽, 形似而誤. 瞽同謨, 謀也"라 하여 신하들의 모책으로 보았음.

【因其兵可禽也】 '因'은 '則'과 같으며, '禽'은 '擒'과 같음. 〈解詁〉에 "禽, 獲也"라 함.

【剛鬪】 〈解詁〉에 "剛, 彊也. 言彊者必有奮鬪之志, 有鬪志則盡其力, 則有備. 是故無敵於海內"라 함.

【備】 그들이 전투에 쓰임. 그 병력으로써 전투를 할 수 있음.《淮南子》修務訓 "遂爲天下備"의 注에 "備, 猶用也"라 함.

091(11-3)
군사력은 정치에서 생긴다

다스림이 실행되면 재물이 쌓이고, 재물이 쌓이면 상을 능히 후하게 줄 수 있을 것이다.

상을 오로지 한 가지 기준에 의해서 주게 되면 작위가 존귀해질 것이요, 작위가 존귀함을 받으면 상은 그들에게 이로운 것이 될 것이다.

그러므로 "군사력은 정치에서 생기지만 그 활용에 따라 달라지고, 풍속은 법에서 생기지만 수 만 가지로 달라질 수 있으며, 적의 세력을 넘어서는 것은 마음에 근본을 두지만 군비와 모책에 의해 증가된다"라고 말하는 것이다.

이 세 가지에 분명한 이해가 있으면 그로 인해 강한 힘이 확립될 수 있을 것이다.

治行則貨積, 貨積則賞能重矣.

賞壹則爵尊, 爵尊則賞能利矣.

故曰:「兵生於治而異, 俗生於法而萬轉, 過勢本於心而飾於備勢.」

三者有論, 故彊可立也.

【治行】 '治'는 '법에 의한 다스림'을 말함.
【能利】 작위를 이용함으로써 베푸는 임금과 받는 자가 모두 이익을 얻음.
〈解詁〉에 "治行則貨積, 孟子所謂「善政得民財」. 賞出於壹, 則爵不可倖得, 故爵尊.

爵尊則民以得賞爲榮"이라 함.

【俗】백성들의 일반적인 속성. 즉 農戰에 힘쓰는 백성의 정서와 習俗.〈解詁〉에 "俗, 習也"라 함.

【萬轉】수없이 많은 경우가 생김.

【過勢】'過'는 넘어섬. '勢'는 힘. 적을 이겨내는 힘. 적보다 더 우세한 역량.

【飾于備勢】'飾'은 '증가하여 덧붙여지다'의 뜻. '備'는 '군비, 무기'를 뜻함. '勢'는 '計略'을 가리킴.《後漢書》崔駰傳 "范蠡錯勢於會稽"의 注에 "勢, 謂謀略也"라 함.〈解詁〉에는 " 兵彊雖在於修政, 而其用不同; 雖在於行法, 而萬變其勢. 兵之用 雖本於一心, 而在於修守備與勢力"이라 함.

【三者】위에 든 '兵', '俗', '過勢'를 가리킴.〈解詁〉에 "三者能討論其要, 則彊可立也"라 함.

【論】'고찰하다, 바르게 알다'의 뜻.

092(11-4)
강한 자만이

이 까닭으로 강한 나라는 반드시 다스려지고, 다스려지는 나라는 반드시 강해지는 것이요, 부유한 나라는 반드시 다스려지고 다스려지는 나라는 반드시 부유해지는 것이며, 강한 나라는 반드시 부유해지며, 부유한 나라는 반드시 강해지는 것이다.

그러므로 "다스려지고 강성해지는 길은 세 가지로써 그 근본을 잘 이해하는 것"이라 말하는 것이다.

是以彊者必治, 治者必彊; 富者必治, 治者必富; 彊者必富, 富者必彊.

故曰:「治彊之道三, 論其本也.」

【三】 '兵生於治', '俗生於法', '過勢本於心'을 가리킴.
【論】 앞장과 마찬가지로 "바르게 알다, 명확하게 이해하다"의 뜻임.

12. 〈兵守〉第十二

　'병수兵守'는 전투에서의 방비와 수비를 뜻한다. 방어전에 있어서의
전략과 전술을 다룬 것으로 사방이 적으로 싸인 나라로써 수성守城
방법을 구체적으로 다루고 있다. 그 요점으로 '죽기를 각오함(敢死
之力)', '나는 편안히 하여 적이 지치기를 기다림(以逸待勞)', '모든 백성을
전투요원으로全民皆兵'의 세 가지를 들고 있다. 아울러 각 조직과
개인의 임무와 책임을 세밀하게 거론하여 실제 상황에 그대로 따르
도록 지침을 내리고 있으며 나아가 전투에서의 엄격한 상벌제도를
거론하고 있다.

　〈解詁〉에는 "言用兵守城之法"이라 하였다.

〈屯墾圖〉(魏晉) 磚畫 1972 嘉峪關 戈壁灘 출토

093(12-1)
공격전과 수비전

사방이 적으로 둘러싸인 나라는 수비전을 귀히 여겨야 하며, 바다를 등지고 있는 나라는 공격전을 귀히 여겨야 한다.

사방이 적으로 둘러싸인 나라가 군대를 일으키기 좋아하여 사방 이웃 나라를 쳐들어가다가는 위험에 빠지고 만다.

사방 이웃나라와 하나씩 맞서서 전쟁을 하다가는 사방에서 군대를 일으켜야 하므로 나라가 위험해지는 것이다.

사방으로 적을 맞아 싸우는 나라가 능히 일만 호의 읍으로도 거만 鉅萬의 군사를 배치시키지 못한다면 그러한 나라는 위험에 빠진다.

그러므로 "사방으로 적을 맞아 싸우는 나라는 수비전에 힘써야 한다" 라고 말하는 것이다.

四戰之國, 貴守戰; 負海之國, 貴攻戰.

四戰之國, 好擧興兵, 以距四鄰者, 國危.

四鄰之國一興事, 而已四興軍, 故曰國危.

四戰之國, 不能以萬室之邑舍鉅萬之軍者, 其國危.

故曰:「四戰之國, 務在守戰.」

【四戰之國】 사방이 적국으로 둘러싸인 위치의 나라. 戰國시대 中原의 三晉이 이러한 경우임.《史記》燕世家에 "趙, 四戰之國, 其民習兵, 不可伐"이라 하였고, 〈解詁〉에는 "四戰之國, 如三晉, 利於守戰"이라 함.

【負海之國】〈解詁〉에 "負, 背也. 負海之國, 如齊, 利於攻戰"이라 함.《戰國策》
齊策(1)에 "從人說大王者, 必謂齊西有强趙, 南有韓魏, 負海之國也"라 함.

【好擧興兵】'擧'는 衍文이며 혹 '卽'자의 오기로 보임. 유월은 "擧, 衍字. 蓋卽興
字之誤而衍者"라 함.

【萬家之邑】나라가 크고 큰 읍이 매우 많음을 뜻함.〈解詁〉에 "萬家之邑, 糧食
芻薪材具蓄積, 不能供鉅萬之軍者, 其國危"라 함.

【舍】군사를 주둔시킴.《左傳》莊公 3년 傳에 "凡師, 一宿爲舍, 再宿爲信, 過信
爲次"라 함. 다른 본에는 '舍'으로 되어 있음. 이에 대해〈解詁〉에는 "師轍按:
舍, 各本俱作舍. 舍, 藏也. 嚴氏是否從元本, 未注明. 舍, 止也"라 함.

【鉅萬之軍】'鉅'자는 '巨'자와 같음. 아주 많은 수를 뜻함.

【距四鄰者】'距'는 '이르러감, 진입해 들어감, 공격함'의 뜻.《尚書》益稷 "予決
九川距四海"의 傳에 "距, 至也"라 함.

094(12-2)
죽음을 무릅쓴 군사로 키워야

수비에 있어서 성벽이 있는 읍을 가지고 있는 것이 죽을힘을 다하여 공격해오는 힘 센 적군과 싸우는 군사를 가진 것이 나으니 그러한 성은 무너뜨리기 어렵다.

만약 죽기를 각오한 군사의 힘이라면 공격하는 자들이라 해도 그 성벽을 지키는 사람들을 다 죽이지 못하고는 공격자도 그 성 안으로 들어갈 수가 없으니 이를 일러 죽기를 각오한 힘과 살아남겠다고 하는 공격자들과의 싸움이라 한다.

그 성벽을 지키는 자들이 모두 죽고 공격하는 자들이 들어간다 해도 공격하던 자들은 틀림없이 지치게 될 것이며, 성 안에 있던 이들은 틀림없이 편안할 것이다.

이렇게 편안한 힘을 비축하고 있던 자들과 지친 힘을 가진 자들이 싸우게 되는 것이니 이를 일러 살아있는 이들의 힘으로써 죽어가는 공격군 힘과 싸우는 것이라 한다.

그러므로 누구나 "성을 포위할 때의 염려는 수비군들 누구나 죽기를 무릅쓴 이들이 아님이 없는 읍일 경우"라 말하는 것이다.

이 세 가지에 대해 공격할 때 충분히 염려하지 않는다면 이는 장수의 잘못이다.

守有城之邑, 不如以死人之力, 與客生力戰, 其城難拔.
者死人之力也, 客不盡夷城, 客無從入, 此謂以死人之
力與客生力戰.

城盡夷, 客若有從入, 則客必罷, 中人必佚矣.

以佚力與罷力戰, 此謂以生人力與客死力戰.

皆曰:「圍城之患, 患無不盡死而邑.」

此三者非患不足, 將之過也.

【守有城之邑】성벽의 방위시설을 갖춘 읍을 수비하는 전투형태.

【不如】일부 판본에는 '不知'로 잘못 표기된 것도 있음. 〈解詁〉에는 "師轍按: 不知, 嚴校本作不如誤. 今從各本改正"이라 하여 '不知' 그대로 두었음.

【客】공격하는 자의 입장이 됨을 말함.《國語》越語 "弗爲人客"의 韋昭 注에 "攻者爲客"이라 함.

【拔】함락을 당함.《漢書》高帝紀 注에 "拔者, 破城邑而取之, 言若拔樹木, 幷得 其本根也"라 함.

【者死人之力也】'者'는 '若'의 오기로 보고 있음. 〈解詁〉에 "者, 當作若. 如〈戰法篇〉 「者乘良馬」, 同一誤字"라 함.

【夷城】'夷'는 '痍'와 같으며 '죽이다, 멸하다'는 뜻.《左傳》隱公 6년 "芟夷蘊 崇之"의 注에 "夷 殺也"라 함. '城'은 성벽을 가리킴. 〈解詁〉에 "夷, 傷也. 夷城, 謂破壞城. 言守有城之邑, 不知用民死力與敵生力戰, 其城必破; 若能得死力, 則敵不盡破壞城, 無從得入, 此謂以民死力與敵生力戰"이라 함.

【客必罷】罷는 피로에 지침. 〈解詁〉에 "罷, 勞也. 敵罷勞, 城中人安佚, 兵法所謂 「以佚待勞」"라 함.

【皆曰】〈解詁〉에 "皆言圍城之患, 患於一邑盡死. 師轍按: 評校本, 邑作亡. 或言 無借爲撫, 謂患撫循人民不盡力死守而城亡"이라 함.

【而邑】'而'는 '其'와 같음.

【此三者】〈解詁〉에 "三者, 謂萬乘之邑, 舍鉅萬之軍, 以死力與生力戰, 以佚力與 罷力戰. 言將不知用此三者, 故爲將才不足之過"라 함. 그러나 于鬯은 "三, 當作二" 라 하였고, 高亨도 "二者, 指上文「以死人之力與客生力戰」及「以生人力與客死 力戰」而言"이라 하여 다른 견해를 제시함.

【非患不足】'非'는 어조사. '患不足'의 주체는 공격하는 장수의 모책을 뜻함.

095(12-3)
군사 조직

성을 지키는 방법은 힘을 크게 키우는 것이다.

그 때문에 공격에 오는 적군이 있으면 호적과 징집문서를 정리하여 소집된 삼군三軍의 군사 인원이 많아지면 이를 공격해오는 적군에 맞추어 척후병 수레를 나눈다.

삼군은 장남壯男을 일군으로, 장녀壯女를 일군으로, 남녀 가운데 노약자를 일군으로 하며 이를 일러 삼군이라 한다.

장남의 부대는 식량을 담고, 무기를 날카롭게 하고 진을 치고 적을 기다리도록 한다.

장녀의 부대는 식량을 담고, 흙을 담을 광주리를 지고 진을 치고 명령을 기다리도록 한다.

공격해 오는 적군이 이르면 흙을 쌓아 험한 장애물을 만들고 네모의 함정을 파고, 교량을 뜯고 가옥을 철거하여 때맞추어 이를 옮기며, 옮길 시간이 없으면 이를 불을 질러 공격해 오는 적군들로 하여금 공격해 올 때의 그것들을 설비를 삼는 데 도움이 되지 못하도록 해야 한다.

노약자들로 이루어진 부대는 소, 말, 양, 돼지를 기르도록 하며, 초목 가운데 가축에게 먹일 만한 것들을 거두어 이들 가축에게 먹여서, 장남과 장녀 부대가 식량을 획득할 수 있도록 한다.

그러나 삼군이 서로 오고가지 않도록 신중히 해야 한다.

장남의 부대가 장녀 부대를 경과할 때면 남자는 여자에게 사랑하는 마음을 품게 되고, 간악한 자는 방종한 모책을 세우게 되어 나라가 망하는 결과를 가져올 수도 있으며, 그들이 함께 있기를 좋아하면서 곧 전투가 있을 것을 두려워하여 용감한 병사들조차 싸우려 들지 않게 될 것이다.

장남과 장녀의 부대가 노약자의 부대를 지나게 되면 늙은이들은 장년의 그들을 슬픔에 젖게 하고, 약한 자는 강한 병사들에게 불쌍한 마음을 갖게 하여 슬픔과 동정하는 생각에 마음에 있게 되면 용감하던 병사들은 더욱 걱정을 하게 되고, 겁 많은 병사들은 전투에 나설 마음이 사라지게 한다.

그러므로 "세 군대가 서로 왕래하지 않도록 신중히 해야 한다"라고 말하는 것이다.

이것이 곧 수비의 힘을 크게 키우는 방법이다.

守城之道, 盛力也.

故曰客, 治簿檄, 三軍之多, 分以客之候車之數.

三軍: 壯男爲一軍, 壯女爲一軍, 男女之老弱者爲一軍, 此之謂三軍也.

壯男之軍, 使盛食・屬兵, 陳而待敵.

壯女之軍, 使盛食・負壘, 陳而待令.

客至而作土以爲險阻及耕格阱; 發梁撤屋, 給從從之, 不洽而燎之, 使客無得以助攻備.

老弱之軍, 使牧牛馬羊彘; 草水之可食者, 收而食之, 以獲其壯男女之食.

而愼使三軍無相過.

壯男過壯女之軍, 則男貴女, 而姦民有從謀, 而國亡; 喜與其恐有蚤聞, 勇民不戰.

壯男壯女過老弱之軍, 則老使壯悲, 弱使彊憐, 悲憐在心, 則使勇民更慮, 而怯民不戰.

故曰:「愼使三軍無相過.」

此盛力之道.

【盛力】'盛'은《廣雅》에 "盛, 多也"라 하여 '힘이 많아지도록 키움'을 뜻함. 〈解詁〉에 "守城之道, 增多守禦之力"이라 함.

【曰客】'曰'은 '有'의 오기. 〈解詁〉에 "師轍按: 曰, 當爲有字之誤. 言故有敵來, 則治軍籍文書"라 함.

【簿檄】簿는 軍籍, 軍冊. 檄은 징집 포고문이나 입대 영장, 徵集 臺帳.《漢書》高帝紀 "吾以羽檄徵天下兵"의 顔師古 注에 "檄者, 以木簡爲書, 長尺二寸, 用徵召也"라 함.

【分以客之候車之數】〈解詁〉에 "分三軍之衆以禦敵, 觀敵之兵車分幾路來攻, 亦分幾路禦之也"라 함. '候車'는 斥候用 수레. 朱師轍은 "候車, 斥候之車"라 함.

【盛食】'盛'은 '담다'의 동사. 高亨은 "盛, 裝也"라 하였고, 〈解詁〉에는 "《穀梁傳》范注:「在器曰盛.」盛食, 謂飽餐"이라 함.

【厲兵】'厲'는 "날카롭게 벼리다"와 '勵', 즉 "격려하다"의 두 가지 뜻으로 봄. 〈解詁〉에 "〈秦冊〉:「綴甲厲兵.」注:「厲, 利也.」厲, 各本皆作勵, 則言激勵其兵也"라 함.

【陳】'陣'과 같음. 고대에는 '陣'자가 없었으며 '陳'자가 대신 쓰였음.《論語》衛靈公篇에 "衛靈公問陳於孔子. 孔子對曰:「俎豆之事, 則嘗聞之矣; 軍旅之事, 未之學也.」明日遂行"이라 하였고, 〈集註〉에 "陳, 謂軍師行伍之列"이라 함. 이 '陳'자가 '陣'자로 군사학에서 '진을 치다'는 전용어로 바뀐 것에 대한 이론은 꽤 많으며 이에 대하여《顔氏家訓》書證篇에는 "太公《六韜》, 有天陳·地陳·人陳·雲鳥之陳.《論語》曰:「衛靈公問陳於孔子.」《左傳》:「爲魚麗之陳.」俗本多作阜傍車乘之車. 案諸陳隊, 並作陳·鄭之陳. 夫行陳之義, 取於陳列耳, 此六書爲假借也,《蒼》·《雅》及近世字書, 皆無別字; 唯王羲之〈小學章〉, 獨阜傍作車, 縱復俗行, 不宜追改《六韜》·《論語》·《左傳》也"라 함.

【負壘】負는 "어깨에 메다, 등에 짊어지다"의 뜻. '壘'는 '虆'로 흙을 담는 삼태기나 바구니를 뜻함.《孟子》滕文公(上)에 "蓋歸反虆梩而掩之. 掩之誠是也, 則孝子仁人之掩其親, 亦必有道矣"라 하였고, 劉熙 注에 "虆, 盛土籠也"라 함. 高亨은 "壯女背着籠子, 以便蓄防御工事"라 함.

【險阻】 흙으로 凹凸의 험한 장애물을 만들어 놓음.

【耕格阱】 孫詒讓은 "耕格, 當作柞格"이라 하였고, '阱'은 '穽'과 같음. 陷穽. 그러나 〈解詁〉에는 "《周禮》:「雍氏令爲阱穫」 鄭注云:「阱, 穿地爲塹. 所以禦禽獸, 其或超踰則陷焉. 穫, 柞鄂也.」《國語》魯語:「鳥獸成, 設穽鄂」 韋注云:「穽, 柞格也.」 柞, 耕, 形近而誤. 阱字上下疑有脫字"라 함.

【發梁】 '發'은 '廢'의 뜻. 폐기하여 철거함.

【給從從之, 不洽而燻之】 '給'과 '洽'은 雙聲互訓으로 쓰인 것임. '시간이 있다'의 뜻.《漢書》王莽傳(下) 集註에 "給, 暇也"라 하였으며, 俞樾은 "給, 洽古通用, 上作給, 正字; 下作洽, 假字"라 함. 그러나 이는 "給徙, 徙之; 不給, 而燻之"여야 한다고 보기도 함. 孫詒讓은 "此當作「給徙, 徙之; 不給, 而燻之.」謂所發徹之 材可徙入城邑則徙之, 急卒不及徙則焚之.《墨子》號令篇云:「外空室盡發之, 木盡伐之, 諸可以攻城者盡內城中. 材木不能盡內, 卽燒之, 無令客得用之」 此云 '徙', 卽《墨子》所謂'內城中'也"라 함.

【草木之可食者】 高亨은 "此言老弱之軍吃草木之可食者, 節省一些糧米, 壯男壯 女便多得一些糧米"라 하였으나 '食'는 가축에게 먹일 사료임을 뜻함. 한편 '木'자는 일부 판본에는 '水'로 되어 있으나 이는 오기임.

【貴女】 '貴'는 '愛'와 같음. 남녀상애의 감정을 품음.《荀子》正論篇 "下安則 貴上"의 注에 "貴, 猶愛也"라 함.

【姦民有從謀】 民은 병사를 가리키며, '從'은 '縱'과 같음. 마구 방종해짐. 高亨은 "從, 當爲縱.《爾雅》釋詁:「縱, 亂也」"라 함. 〈解詁〉에 "壯男過壯女之軍, 則男 貴女, 而姦民有相謀, 而國亡. 蓋男女相狎, 歡娛憂懼之心生, 則壯氣衰, 故勇民 怯於戰也"라 함.

【蚤聞】 '蚤'는 '早'와 같으며 '聞'은 '鬪'의 오기. '곧 전투가 있게 되면'의 뜻. 高亨은 "聞, 鬪字之誤"라 함.

13. 〈斬令〉第十三

 '근령斬令'은 '엄격한 법령'이란 뜻으로, 군주가 자신의 명령을 엄격하게 실행함을 뜻하며 첫 구절 용어를 취하여 편명을 삼은 것이다. 그러나 혹 '칙령飭令'이 아닌가 여기기도 하였으며 이 경우도 또한 같은 뜻으로 《韓非子》에도 〈칙령편〉이 있다. 상앙의 법치 사상의 근간을 이루고 있으며 주요 내용은 법치의 원칙을 세울 것, 법의 실행은 공정해야 하며, 어떠한 경우에도 법의 엄격함을 손상시킴이 없어야 할 것, 법치의 공리성을 준수할 것 등이며 '형벌은 무겁게 하고 포상은 적게 하여'(重刑少賞) 법치의 최상 목적인 '형벌로 인해 형벌이 사라지는' (以刑去刑) 단계를 실현시켜야 한다는 주장이다.

 〈解詁〉에는 "嚴校:「斬,〈秦本〉作飭」師轍按: 飭, 謹也. 斬, 段借爲飭. 斬·謹, 一聲之轉, 各本皆作'斬令'. 此篇之文, 多與〈去彊〉·〈說民〉二篇相同. 《韓非子》飭令篇, 全鈔此篇, 不同者十之一二而已"라 하였다.

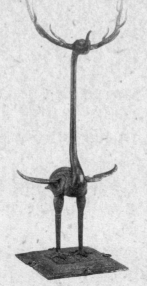

〈鹿角立鶴〉湖北博物館 소장

096(13-1)
법은 엄정해야

법령이 엄정하면 행정처리가 늦춰지는 일이 없을 것이며, 법이 공평하면 관리들이 간악한 짓을 하지 않게 될 것이다.

법이 이미 제정되고 나면 군주는 좋은 말로 법을 해치는 일이 없도록 해야 한다.

공로가 있는 사람을 임용하면 백성들의 입방아가 적어질 것이요, 선한 일을 했다고 등용하다 보면 백성들이 말이 많아지고 만다.

정치를 시행함에는 판단으로 말미암는 것이니, 다섯 마을에서 옳고 그름을 판단하는 나라는 왕 노릇을 할 수 있고 열 마을에서 옳고 그름을 판단하는 나라는 강해지며, 하룻밤을 넘긴 뒤에야 업무를 처리하는 나라는 쇠약해지고 말 것이다.

형벌로써 다스리고 상으로써 전투를 시키며, 잘못을 찾아내어야지 선행을 찾아서는 안 된다.

그러므로 법이 만들어져 지고 나서 이를 고쳐지지 않으면, 그 법이 분명해져서 백성들은 주벌誅罰을 변별하게 되고, 변별하여 알게 되면 주벌당할 일은 그치게 될 것이다.

귀족과 일반 평민은 다르게 시켜 모든 도시에서의 존작尊爵과 후록厚祿은 자신이 세운 공에 의해 얻어져야 한다.

나라에 간악한 사람이 없으면 도시에 간악한 상거래가 없게 될 것이다.

상품이 많고 말업末業에 종사하는 자가 많거나 농업이 해이해지고 간악한 짓이 더 낫다는 생각이 번지면 나라는 반드시 쇠약해지고 만다.

백성들에게 남아도는 식량이 있을 경우 곡식으로써 관직과 작위를 사도록 하여 관직과 작위를 반드시 자신들의 힘으로 사게 되면, 농민들은 게으르지 않게 될 것이다.

네 촌 길이의 대롱에 밑바닥이 없으면 아무리 부어도 틀림없이 채울 수 없게 될 것이다.

관직과 작위를 수여하며 녹봉을 내 주는 것이 공로로써 하지 않는 것은 마치 대롱에 밑바닥이 없는 것과 같다.

靳令則治不留, 法平則吏無姦.

法已定矣, 不以善言害法.

任功則民少言, 任善則民多言.

行法曲斷: 以五里斷者王, 以十里斷者彊, 宿治者削.

以刑治, 以賞戰. 求過不求善.

故法立而不革, 則顯民變誅, 計變誅止.

貴齊殊使, 百都之尊爵厚祿以自伐.

國無姦民, 則都無姦市.

物多末衆, 農弛姦勝, 則國必削.

民有餘糧, 使民以粟出官爵, 官爵必以其力, 則農不怠.

四寸之管無當, 必不滿也.

授官·予爵·出祿不以功, 是無當也.

【靳令】 '靳'은 '謹', '敕' 등과 같으며 '嚴하게 하다, 빈틈없이 하다, 堅決히 貫徹시키다'의 뜻. 법치를 강하게 함을 뜻함.《荀子》王制篇 "謹其時禁"의 注에 "謹 嚴也"라 하였고,《孝經》"制節謹度"의 注에는 "愼行禮法, 謂之謹度"라 함.
【不留】 처리해야 할 업무를 늦추지 않음.〈解詁〉에 "不留, 不稽留也"라 함.
【善言害法】 좋은 말, 즉 仁義道德 등을 발언하여 법의 嚴格함에 損傷을 줌.
【行治曲斷】 정치를 행함에 백성들의 판단으로써 함. '曲'은 '由'의 오기로 보임.《韓非子》顧廣圻 校注에 "曲, 當作由"라 하였고, 兪樾 또한 "曲, 疑由字之誤"

라 함. 그러나 '曲'을 '鄕曲', 즉 마을로 보기도 함. 于鬯은 "曲者, 鄕曲之曲也"라 함.
이 경우 "정치의 실행은 마을에서 판단하다"의 뜻이 됨.

【宿】 하루를 묵히고 나서 일을 처리함. '제 때에 처리하지 않고 실행을 보류하다'
의 뜻.《論語》顔淵篇 "子曰:「片言可以折獄者, 其由也與!」子路無宿諾"의 注에
"宿, 留也"라 함.

【立法而不革】 법을 세우고 나서는 다시 바꾸지 않고 강하게 적용함.〈解詁〉에
"革, 改也"라 함.

【民變誅】 '變'은 '辨'의 뜻. 백성들은 주벌을 변별함. 어떤 잘못을 저지르면
주벌을 당한다는 것을 변별하여 알게 됨.

【計變誅止】 '計'자는 '心計'의 뜻. '마음속으로 판단하다' '마음속으로 계산하다'의
뜻. 그러나〈解詁〉에는 "顯民變誅計, 變誅止"로 되어 "師轍按: 誅計, 當爲奸計
之譌"라 함.

【貴齊殊使】 嚴萬里 본에는 "貴商"으로 되어 있으나 이는 오기임. '貴齊'는 '貴族'과
'濟民'을 뜻함. 즉 귀족과 일반 백성. 朱師轍은 "貴齊, 貴族與齊民"이라 함.

【百都】 모든 도시. 그러나 朱師轍은 "百都, 當作百官"이라 하였고, 蔣禮鴻은
"〈墾令〉篇言百縣, 此言百都. 都者, 縣之屬. 顧炎武曰:「《史記》商君傳:『築冀闕
宮庭於咸陽, 秦自雍徙都之, 而集小都鄕邑聚爲縣, 置令丞, 凡三十一縣』上都
國道之都, 下都都鄙之都.」"라 하여 國都와 일반 都市를 뜻하는 것으로 보았음.

【伐】 '功'의 뜻. 자랑할 만한 공을 뜻함.《左傳》莊公 28년 傳 "且旌君伐"의 杜預
注에 "伐, 功也"라 함.〈解詁〉에 "言人君以厚祿馭下, 乃能自立其功"이라 함.

【姦市】 간악한 거래. 嚴萬里 본에는 '示'로 되어 있으나《韓非子》에는 '姦市'로
되어 있음.

【農不怠】〈解詁〉에 "使民以粟之多寡進官爵, 是官爵必以力農得之, 故農不怠惰"
라 함.

【當】 그릇이나 단지 등의 밑바닥을 뜻함.《淮南子》說林訓 "三寸之管而無當"의
高誘 注에 "當, 猶底也"라 함.

【是無當也】〈解詁〉에는 "四寸小管無底, 貯物猶不能滿. 況國家有限之官位爵祿,
而以與無功之人, 是猶貯無當之管也"라 함. 한편 본장은《韓非子》飭令篇에는
"飭令, 則法不遷; 法平, 則吏無姦. 法已定矣, 不以善言害法. 任功, 則民少言; 任善,
則民多言. 行法曲斷, 以五里斷者王, 以九里斷者强, 宿治者削. 以刑治, 以賞戰,
厚祿以用術, 行都之過, 則都無姦市. 物多末衆, 農弛姦勝, 則國必削. 民有餘食,
使以粟出, 爵必以其力, 則農不怠. 三寸之管毋當, 不可滿也. 授官爵出利祿不以功,
是無當也"라 하였음.

097(13-2)
나라가 가난해도 전투는 해야

나라가 가난하지만 전쟁에 힘쓰면 적국에게 해독이 생기고 국내에는 육슬六蝨이 사라져 틀림없이 강한 나라가 될 것이다.

나라가 부유하지만 전쟁을 하지 않으면 나라 안에 안일함을 추구하게 되어 육슬이 생겨나서 틀림없이 약한 나라가 되고 말 것이다.

나라가 공로로써 관직과 작위를 수여하는 것을 일러 지모智謀를 증가시켜 전투에 용맹을 더하는 것이라 하고, 지모를 증가시키고 전투에 용맹을 더하게 되면 그 나라는 틀림없이 대적할 상대가 없게 될 것이다.

나라가 공로로써 관직과 작위를 수여하면 다스릴 일이 줄어들고 비난의 여론이 적어질 것이니 이를 일러 법으로써 법을 제거하고 말로써 말을 없애는 것이라 한다.

나라가 육슬로써 관직과 작위를 수여하면 다스림에 혼란이 일어나고 비난의 여론이 생겨날 것이니 이를 일러 다스림 때문에 다스림을 불러오고 말로써 말을 불러오는 것이라 한다.

그렇게 되면 군주는 유세나 여론에 현혹되고, 관에서는 사악한 자들을 다스리느라 혼란에 빠지게 되며, 사악한 신하들이 뜻을 얻게 될 것이며, 공을 세운 자는 날로 퇴출되고 말 것이니 이를 일러 실수라 한다.

열 가지를 지키는 자는 혼란에 빠질 것이요, 한 가지만 지키는 자는 다스림을 얻게 될 것이다.

법이 이미 제정되었는데도 육슬을 즐겨 등용하는 나라는 망하고 말 것이다.

백성들 모두가 농사짓는 것을 선택하게 되면 나라는 부유해질 것이다.

육슬을 등용하지 않으면 병사들과 백성들은 모두 다투어 서로 격려하며 군주에게 쓰이는 것을 즐거워할 것이며, 나라 안 백성들은 서로 다투어 그러한 것을 영광으로 느낄 뿐 누구도 치욕으로 여기지 않게 될 것이니 (이것이 최상의 다스림이다)

그 다음으로 상으로 격려하고, 형벌로 저지되는 것이며, 그보다 낮은 다스림은 백성들이 농전을 싫어할 경우, 걱정하도록 하며, 부끄럽게 여기도록 하는 것이다.

자신들을 꾸며 말로써 떠들기나 하면서 임금과 교류를 터서 봉록을 받는 것을 부끄럽게 여겨 농전을 회피하는 경우와 외국과 결탁하여 자신을 대비하는 자가 있다면 이는 나라에 위험한 것이다.

배고픔과 추위로 죽는 경우가 있다 해도 이록利祿 때문에 전투에 나서지는 않겠다고 한다면 이는 나라를 망하게 하는 풍속이다.

國貧而務戰, 毒生於敵, 無六蝨, 必彊.

國富而不戰, 偸生於內, 有六蝨, 必弱.

國以功授官予爵, 此謂以盛知謀, 以盛勇戰; 以盛知謀, 以盛勇戰, 其國必無敵.

國以功授官予爵, 則治省言寡, 此謂以法去法, 以言去言.

國以六蝨授官予爵, 則治煩言生, 此謂以治致法, 以言致言.

則君務於說言, 官亂於治邪, 邪臣有得志, 有功者日退, 此謂失.

守十者亂, 守壹者治.

法已定矣, 而好用六蝨者亡. 民澤畢農, 則國富.

六蝨不用, 則兵民畢競勸, 而樂爲主用, 其竟內之民, 爭以爲榮, 莫以爲辱.

其次, 爲賞勸罰沮; 其下, 民惡之, 憂之羞之.

修容而以言, 恥食以上交, 以避農戰, 外交以備, 國之危也.

有饑寒死亡, 不爲利祿之故戰, 此亡國之俗也.

【毒】 상대 나라에서 우리의 공격을 받아 혼란을 겪음. 〈解詁〉에 "毒生於敵, 謂毒中於敵也"라 함.

【六蝨】 〈去彊篇〉(040)에 "三官者生蝨官者六: 曰歲, 曰食, 曰美, 曰好, 曰志, 曰行"이라 한 여섯 가지 이와 같은 害弊. 〈解詁〉에 "六蝨, 歲食美好志行也"라 함.

【偸生於內】 偸는 '훔치다, 구차스럽다'의 뜻. 〈解詁〉에 "偸, 猶苟且也"라 함.

【盛知謀】 '盛'은 '多', '長'의 뜻. 《尙書大傳》: "周公盛養成王"의 注에 "盛, 猶長也"라 함. '知'는 '智'와 같음.

【以法去法, 以言去言】 '以法去法'을 《韓非子》에 의해 '以治去治'로 바꾼 판본도 있음. 그러나 〈解詁〉에 "「以法去法」, 《韓非子》作「以治去治」, 誤. 以法去法, 謂法立以刑罰省; 以言去言, 謂失行則虛言食"이라 하여 원문(嚴萬里 본)을 따름.

【治煩言生】 〈解詁〉에 "煩, 亂也"라 함.

【以治致治, 以言去言】 朱師轍은 "以治致治"는 위의 문장에 따라 "以法致法"으로 바뀌어야 한다고 주장하였음. 〈解詁〉에 "依上文, 當作「以法致法」"이라 함.

【君務於說言】 '務'는 '瞀'의 가차. '眩惑되다'의 뜻. 〈解詁〉에 "務, 借爲瞀. 眩惑之意"라 함.

【此謂失】 '失'자 아래에 글자가 누락된 것으로 보이며 '失法'이 아닌가 함. 〈解詁〉에 "師轍按: 失下當奪一法字. 承上文法定而言"이라 하였고, 嚴萬里는 "此句疑有闕文"이라 함.

【十者】 〈農戰篇〉(033)과 〈去彊篇〉(041)에서 제시한 열 가지와 같음.

【民澤畢農】 '澤'은 '擇'의 假借. 畢른 '모두'의 뜻. 〈解詁〉에 "《爾雅》:「畢, 盡也.」澤, 借爲擇. 柬選也. 民擇業盡在於農, 則國富"라 함.

【(이것이 최상의 다스림이다.)】 이는 문장 전체로 보아 다스림의 등급을 다섯 유형으로 나눈 것이어서 역자가 추가 보충한 것임.

【賞勸罰沮~憂之羞之】 〈解詁〉에 "沮, 止也. 治國其次爲賞以勸其功, 爲罰以禁其淫. 使民惡辱而求榮, 憂貧而力耕, 羞恥而勇戰"이라 함.

【外交以備】 '備'는 《禮記》祭統에 "備者, 百順之名也. 無所不順者之爲備"라 함. 외국의 세력과 결탁해 자신의 일이 잘 되도록 구비함을 뜻함. 그러나 〈解詁〉에는 "師轍按: 「恥食」當爲「恥貧」之譌. 「上」當作「外」, 謂「恥貧窮以事外交, 以避農戰」. 故下文云「外交以備」, 可證. 〈農戰篇〉云: 「皆以避農戰. 具備, 國之危也.」 其文義與此略同. 嚴校非"라 하여 嚴萬里의 의견을 반박하고 있음.

【亡國之俗】 〈解詁〉에 "民有饑寒死亡, 不肯戰鬪以取利祿, 是曰惰民. 此亡國之俗也"라 함. 한편 《韓非子》飭令篇에는 "國以功授官與爵, 此謂以成智謀, 以威勇戰, 其國無敵. 國以功授官與爵, 則治者省, 言有塞, 此謂以治去治, 以言去言"이라 하였음.

098(13-3)
육슬六蝨

육슬六蝨은 예악禮樂, 시서詩書, 수선修善, 효제孝弟, 성신誠信, 정렴貞廉, 인의仁義, 비병非兵, 수전羞戰 등이다.

나라에 열 두 가지 있으면 군주는 백성들을 농전에 부릴 수가 없어 틀림없이 가난해져 쇠약함에 이르게 될 것이다.

이 열 두 가지가 무리를 이루게 되면 이를 일러 임금의 통치가 신하를 제압하지 못하고, 관리의 다스림이 백성을 제압하지 못한다고 하는 것이니, 이를 일러 육슬이 정치를 제압한다고 말하는 것이다.

이 열 두 가지가 근본이 되면 나라는 틀림없이 약해지고 만다.

이 까닭으로 흥하는 나라는 이 열 두 가지를 등용하지 않는 것이므로 그러한 나라는 국력이 커져서 천하에 누구도 그를 범할 수 없게 되는 것이다.

이러한 나라는 군대가 출정하면 틀림없이 땅을 취할 수 있을 것이요, 땅을 취했다 하면 틀림없이 그 땅을 소유할 수 있을 것이며, 예컨대 주둔만 시키고 공격하지 않더라도 틀림없이 부유하게 될 것이다.

이러한 나라의 조정 관리들은 숫자가 적은 집단이라도 비방을 받지 않을 것이며, 많은 수를 이룬 무리라 해도 손상을 입지 않게 될 것이며, 공적에 따라 관작을 취하므로 비록 언변에 뛰어난 자가 있다 해도 그들보다 앞설 수 없게 될 것이니, 이를 일러 술수로써 통치한다라고 말하는 것이다.

힘으로 다른 나라를 공격하는 자는 하나를 내어 열을 취하지만, 말로써 공격하는 자는 열을 내었다가 백을 잃게 된다.

나라는 힘을 선호해야 하는 것이니 이를 일러 난難으로써 공격하는 것이라 하고, 나라가 말을 좋아하게 되면 이를 일러 이易로써 공격하는 것이라 한다.

六蝨: 曰禮樂, 曰詩書, 曰修善, 曰孝弟, 曰誠信, 曰貞廉, 曰仁義, 曰非兵, 曰羞戰.

國有十二者, 上無使農戰, 必貧至削.

十二者成羣, 此謂君之治不勝其臣, 官之治不勝其民, 此謂六蝨勝其政也.

十二者成樸, 必削.

是故興國不用十二者, 故其國多力, 而天下莫之能犯也.

兵出必取, 取必能有之; 按兵而不攻必富.

朝廷之吏, 少者不毁也, 多者不損也.

效功而取官爵, 雖有辯言, 不能以相先也, 此謂以數治.

以力攻者, 出一取十; 以言攻者, 出十亡百.

國好力, 此謂以難攻; 國好言, 此謂以易攻.

【國有十二者】'十二'는 본 내용에 맞지 않음. 〈解詁〉에는 "師轍按: 〈去彊篇〉云: 「生蝨官者六: 曰歲曰食曰好曰志曰行.」 又云: 「國有禮有樂有詩有書有修有孝有弟有廉有辯. 國有十者, 上無使戰, 必削至亡.」 與此不同. 此篇當有誤. 兪氏樾謂: 「六蝨二字衍. 以禮樂詩書孝弟爲六事, 合修善誠信貞廉仁義非兵羞戰爲十二者之數.」, 亦未免武斷"이라 함.

【成樸】〈去彊篇〉(040) "六者有樸, 必削"의 注에 高亨은 "樸, 猶本也. 根也"라 함.

【相先】공을 이룬 자보다 더 우대 받음을 뜻함.

【以數治】'數'는 '통치의 술수'를 뜻함.

【難·易】〈農戰篇〉(033)의 본문과 주를 볼 것. 한편 《韓非子》飭令篇에는 "以功與爵者也, 故國多力, 而天下莫之能侵也. 兵出必取, 取必能有之; 案兵不攻, 必富. 朝廷之事, 小者不毁, 效功官爵, 廷雖有辞言, 不得以相干也, 是謂以數治. 以力攻者, 出一取十; 以言攻者, 出十喪百. 國好力, 此謂以難攻; 國好言, 此謂以易攻"라 하였음.

099(13-4)
엄한 법은 군주가 백성을 사랑하는 것

형벌을 엄하게 하고 상을 적게 하는 것이 군주가 백성을 사랑하는 것이며 백성은 상을 위해 죽음을 무릅쓰게 되는 것이요, 상을 많이 내리고 형벌을 가벼이 하는 것은 군주가 백성을 사랑하지 않은 것이며 백성은 상을 위해 죽음을 무릅쓰지 않게 된다.

이利가 하나의 구멍에서 나오게 되면 그러한 나라는 대적할 자가 없게 될 것이요, 이가 두 구멍에서 나오면 그러한 나라는 이가 반으로 줄어들고, 이가 열 구멍에서 나오면 그러한 나라는 지켜낼 수가 없게 된다.

형벌을 엄하게 하면 큰 제도들이 명확해지지만 그것이 명확하게 되지 못하는 것은 육슬六蝨 때문이다.

육슬이 무리를 이루게 되면 백성들은 임금에게 쓰여지지 않게 된다.

이 까닭으로 흥하는 나라에서 형벌이 시행되면, 백성들은 군주를 친히 여기게 되고, 상이 시행되면 군주는 백성들을 부리기 편리해진다.

형벌을 시행함에 있어서 가벼운 죄를 중형에 처하거나, 무거운 죄를 가볍게 처하면 가벼운 죄를 짓는 자가 생겨나지 않을 것이며, 무거운 죄를 범하는 사람도 더 이상 나타나지 않게 될 것이니. 이를 일러 형벌로써 형벌을 제거하는 것이라 하며 형벌이 제거되면 일은 성취될 것이다.

그러나 종죄를 범한 자에게 가벼운 형을 내리면 형벌은 계속 사용되어야 하며 사건은 더욱 많아지게 될 것이니, 이를 일러 형벌로써 형벌을 부르는 것이라 하며, 그러한 나라는 틀림없이 약해지고 말 것이다.

重刑少賞, 上愛民, 民死賞; 重賞輕刑, 上不愛民, 民不死賞.

利出一空者, 其國無敵; 利出二空者, 國半利; 利出十空者, 其國不守.

重刑明大制, 不明者六蝨也.

六蝨成群, 則民不用.

是故興國罰行則民親, 賞行則民利.

行罰重其輕者, 輕其重者, 輕者不至, 重者不來, 此謂以刑去刑, 刑去事成.

罪重刑輕, 刑至事生, 此謂以刑致刑, 其國必削.

【死賞】상을 위해 목숨을 바침. 그러나 이는 '死上'이 되어야 한다고 보기도 함. 〈解詁〉에 "兪樾曰: 死賞, 皆當作死上. 聲之誤也. 〈去彊篇〉曰:「則上愛民, 民死上. 重賞輕罰, 則上不愛民, 民不死上.」可證此文之誤"라 하였으나 朱師轍은 "《韓非子》亦作死賞, 不得爲此文有誤"라 하여 다른 의견을 제시함.

【利出一空】'利'는 爵祿을 뜻함. '空'은 '孔'과 같으며 하나의 기준. 즉 農戰을 뜻함. 朱師轍은 "空, 孔也"라 함.

【賞行則民利】'利'는 '군주가 그러한 백성을 부리기에 편하다'(便於用)의 뜻. 〈去彊便〉(042)의 본문 및 주를 참조할 것. 그러나 "백성들은 법을 지키는 것이 이롭다고 여기다"의 뜻으로 볼 수도 있음.

【輕其重者】嚴萬里는 "按:「輕其重者」句, 當在下「罪重刑輕」上"이라 하였고, 王時潤은 "「輕其重者」句, 不當有.《韓非子》飭令篇亦無, 當據刪"이라 하여 잘못 삽입된 구절로 보았음. 한편《韓非子》飭令篇에는 "重刑少賞, 上愛民, 民死賞; 多賞輕刑, 上不愛民, 民不死賞. 利出一空者, 其國無敵; 利出二空者, 其兵半用; 利出十空者, 民不守. 重刑明民, 大制使人, 則上利. 行刑, 重其輕者, 輕者不至, 重者不來, 此謂以刑去刑. 罪重而刑輕, 刑輕則事生, 此謂以刑致刑, 其國必削"이라 함.

100(13-5)
엄혹한 법은 인의를 실행하는 것

성군聖君은 사물의 요체를 알기 때문에 백성을 다스림에 지극한 요체를 가지고 있었던 것이다.

그 때문에 상과 벌을 쥐고 한 가지에만 전념하도록 하는 것, 이것이 인仁을 보필하는 것이라 여겨 마음으로 전해져 온 것이다.

성군의 백성 다스림에는 반드시 마음으로 전해진 그것을 터득함으로써 그 때문에 백성의 힘을 이용할 수 있었던 것이다.

이 사람들을 다스릴 때는 반드시 사람들의 마음을 얻을 수 있으므로 그들의 힘을 쓸 수 있다.

힘은 강함을 낳고, 강함은 위엄을 낳고, 위엄은 혜택을 낳으며 혜택은 덕을 낳게 되는 것이니 덕이란 바로 힘에서 생기는 것이다.

성군만이 유독 이를 가지고 있기에, 그 때문에 능히 천하에 인의를 진술하였던 것이다.

聖君知物之要, 故其治民有至要.

故執賞罰以壹輔仁者, 心之續也.

聖君之治人也, 必得其心, 故能用力.

力生彊, 彊生威, 威生惠, 惠生德, 德生於力.

聖君獨有之, 故能述仁義於天下.

【心之續】 마음으로 계속 이어 傳授해 옴. 心傳을 뜻함. 〈解詁〉에 "《淮南子》脩務: 「教順施續.」注:「續, 猶傳也.」 執賞罰以輔行仁義, 此聖人治國之心傳也"라 함.
【述仁義于天下】 〈解詁〉에 "述, 陳也. 各本俱作「威生德, 德生力, 王君獨有之, 能述 仁義於天下.」"라 함. 그러나 '述'을 '받들어 실천하다'의 뜻으로도 보고 있음.

14. 〈修權〉第十四

　'수권修權'은 '군주가 자신의 권병權柄을 잘 다듬어 굳게 지니고 있어야
한다'는 뜻이다. 군주는 법法, 신信, 권權 세 가지 寶物을 가지고 있으며
법과 신은 임금과 신하, 그리고 백성이 공유해야 되지만 권은 임금 홀로
독단적으로 장악하고 있어야 한다는 주장이다. 법과 신은 만인에게
공개되어 공지해야 할 기추機樞이지만 권은 누구에게도 보여주거나
일러주어서는 안 되는 임금만의 독장獨掌이어야 함을 강조하고 있다.
　한편《群書治要》에 인용된《商君子》에는 본 편 앞에 〈六法篇〉
156자가 실려 있어 〈唐本〉 29편 가운데 하나가 아닌가 한다. 부록을
참조할 것.

　〈解詁〉에는 "修, 治也. 人君修其權柄, 則國治矣. 師轍按:《群書治要》
此篇前, 引有《商君子》六法篇一百五十六字. 此唐本《商君書》猶見二十九篇
全文, 至五代之亂始佚也. 因《隋志》未書其亡篇. 嚴可均謂〈六法〉當作
〈立法〉. 以佚文度之近是"라 하였다.

〈猪紋陶〉(신석기) 1973 餘姚縣 河姆渡 유적지 출토. 浙江博物館 소장

101(14-1)
법法, 신信, 권權

나라가 잘 다스려지기 위한 것으로의 세 가지는 첫째 법法, 둘째 신信, 셋째 권權이다.

법이란 군주와 신하가 함께 조종해야 하는 것이요, 신이란 군주와 신하가 함께 세워야 하는 것이지만, 권이란 군주가 홀로 제압하는 것이다.

군주가 이를 지켜내지 못하면 위험에 빠지고, 임금과 신하가 법을 버리고 사사로움에 맡기면 틀림없이 혼란에 빠지고 말 것이다.

그러므로 법을 세우고 구분을 뚜렷이 하여 사사로움 때문에 법을 해치는 일이 없도록 하면 다스려질 것이요, 권력과 통제가 임금에게 홀로 결단할 수 있도록 되어 있으면 임금이 권위가 선다.

백성들이 임금이 내리는 상을 믿으면 하는 일마다 성공을 거둘 것이요, 나라의 형벌을 믿게 되면 간악한 짓이 일어날 수 없게 될 것이다.

오직 명철한 군주만이 권력을 아끼고 믿음을 중시하여, 사사로움으로 인해 법이 손해를 보는 일을 하지 않는다.

그러므로 임금이 은혜로운 말만 많이 하면서 능히 상을 제대로 베풀지 않으면 아랫사람이 쓰이지 않게 되고, 자주 엄한 명령만 더할 뿐 그 형벌을 제대로 쓰지 못하면 백성들은 사형에 오만함을 부리게 될 것이다.

무릇 상이란 문文이요, 형벌이란 무武이다.

문과 무라고 하는 것은 법으로써 묶어야 하는 것이니 그러므로 명석한 군주는 법을 신중하게 여기는 것이다.

명석한 군주가 가려지지 않는 것을 일러 명明이라 하고 속임을 당하지 않는 것을 찰察이라 한다.

따라서 상은 후히 하면서 믿음이 있게 해야 하며, 형벌은 무겁게 하되 틀림없이 가려내어 소원한 자라 해도 빠뜨리지 않고, 친근한 자라 해도 사사롭게 해서는 안 된다.

그럼으로써 신하는 임금을 가리지 못하고, 아랫사람은 임금을 속이지 못하는 것이다.

國之所以治者三: 一曰法, 二曰信, 三曰權.

法者, 君臣之所共操也; 信者, 君臣之所共立也; 權者, 君之所獨制也.

人主失守, 則危; 君臣釋法任私, 必亂.

故立法明分, 而不以私害法, 則治; 權制獨斷於君, 則威.

民信其賞, 則事功成; 信其刑, 則姦無端.

惟明主愛權·重信, 而不以私害法.

故上多惠言而不克其賞, 則下不用; 數加嚴令而不致其刑, 則民傲死.

凡賞者, 文也; 刑者, 武也.

文武者, 法之約也, 故明主慎法.

明主不蔽之謂明, 不欺之謂察.

故賞厚而信, 刑重而必, 不失疏遠, 不私親近.

故臣不蔽主, 而下不欺上.

【權】權術, 權柄, 權秉. 통치의 손잡이. 《文選》五等論 注에 《國語》賈注를 인용하여 "權, 秉也"라 함. '秉'은 '柄'과 같음.

【操】操縱함. 지켜냄. 〈解詁〉에 "操, 猶守也"라 함.

【失守】〈解詁〉에 "失守, 謂失其權柄"이라 함.

【釋法任私】〈解詁〉에 "釋, 猶去也; 任, 用也"라 함.

【姦無端】〈解詁〉에 "姦無端, 謂姦無端而生"이라 하였고,《群書治要》에는 "民信
其賞則事功, 不信其刑則姦無端矣"라 함.

【惠言】仁義道德 등 儒家의 말. 否定的으로 본 것임.

【不克其賞】嚴萬里 본에는 '不'자가 빠진 채 "故多惠言而克其賞"으로 되어 있으나
《群書治要》(36)에 인용된 구절을 근거로 '不'자를 보입함. '克'은《爾雅》에 "克,
能也"라 함.

【賞者, 文也】〈解詁〉에 "賞者, 如以文德懷人; 刑者, 如武力威人"이라 함.

【約】매어서 묶음. 〈解詁〉에 "約, 纏束也"라 함. 그러나 '綱要'의 뜻으로 보기도 함.
高亨은 "約, 當讀爲要, 卽綱要之要"라 함.

【明·察】〈解詁〉에 "明主不爲人所蔽欺, 故能明察"이라 함. 한편 "明主不蔽之謂明,
不欺之謂察"의 두 구절은 문장 맨 끝에 있어야 한다고 보기도 함.

【賞厚而信】다른 판본에는 "賞厚而利"로 되어 있으나《韓非子》定法篇에 "賞厚
而信, 刑重而必"이라 하여 본 구절과 같음.

102(14-2)
저울과 자가 있는 이유

세속의 통치하는 자들은 주로 법을 버리고 사사로운 논의에 맡기고 있으나 이는 나라가 혼란스러워지는 원인이다.

선왕들이 무게를 재는 저울을 만들어 걸고 척촌을 재는 자를 세워 지금에 이르도록 이를 법으로 삼고 있음으로써 구분이 뚜렷해진 것이다.

무릇 저울을 버리고 경중을 판단한다거나 자를 폐기하고 장단을 가늠한다면 비록 잘 살핀다 해도 장사꾼조차도 이런 방법을 쓰지 않을 것이니 그렇게 해서는 꼭 들어맞지 않기 때문이다.

그러므로 법이라는 것은 나라의 저울인 셈이다.

世之爲治者, 多釋法而任私議, 此國之所以亂也.

先王縣權衡, 立尺寸, 而至今法之, 其分明也.

夫釋權衡而斷輕重, 廢尺寸而意長短, 雖察, 商賈不用,

爲其不必也.

故法者, 國之權衡也.

【縣權衡】縣은 懸과 같음. 매달아 놓고 표준으로 삼음. 《說文》에 "縣, 繫也"라 함.
　'權衡'은 저울대의 기움에 따라 무게를 재는 기구.
【至今法之】오늘에 이르도록 이를 표준으로 삼음. 〈解詁〉에 "權衡以鈞輕重,
　立尺寸以度長短. 後世法之, 以其分明而不可廢也"라 함.

【察】〈解詁〉에 "察, 明也. 雖能察明輕重長短, 然而商賈不用者, 爲其不能必無錯誤也"라 함.

【故法者, 國之權衡也】 이 구절은 원본에는 없으며 《群書治要》(36)에 의해 補入한 것임. '故'는 '夫'자로 되어 있음. 〈解詁〉에 "《群書治要》, 爲「其不必也」下, 多「故法者, 國之權衡也」一句"라 함.

103(14-3)
상벌이 공과功過에 맞지 않는다면

무릇 법도를 위배하고 사사로운 논의에 맡긴다면 모두가 이러한 유형을 알지 못하는 것이다.

법에 의하지 않고서도 사람들의 지혜와 능력, 현불초賢不肖를 알아낼 수 있는 자는 오직 요堯임금일 뿐이며, 그렇다고 세상 사람들이 모두 요임금인 것은 아니다.

이 까닭으로 선왕은 스스로를 논의하고 사사로운 것을 칭찬하는 자는 가히 임용할 수 없음을 알았으므로 법을 세워 구분을 분명히 한 것이며, 그에 따라 법에 맞게 하는 자에게는 상을 주고, 공의를 훼손하는 자는 처벌하였던 것이다.

상과 처벌에 대한 법이 그 정의를 잃지 않았으므로 백성들이 다투지 않았던 것이다.

작록을 가깝고 친한 자라 하여 주는 법이 없으면 힘들었던 신하도 원망하지 않게 되고, 형벌도 멀리 있는 자라 하여 숨겨주는 경우가 없이 한다면 아랫사람이 임금을 친히 여기게 될 것이니 그 때문에 관리는 현명해지고 능력 있는 자가 뽑히게 되는 것이다.

그러나 만약 관작官爵을 수여함에 공로로써 하지 않는다면 충신忠臣일지라도 나서지 않을 것이며, 상과 녹을 주면서 그 공적에 걸맞게 하지 않는다면 전사戰士라도 쓸 수가 없게 될 것이다.

夫倍法度而任私議, 皆不知類者也.

不以法論知·能·賢不肖者, 惟堯; 而世不盡爲堯.

是故先王知自議譽私之不可任也, 故立法明分, 中程者賞之, 毁公者誅之.

賞誅之法, 不失其義, 故民不爭.

不以爵祿便近親, 則勞臣不怨; 不以刑罰隱疏遠, 則下親上, 故官賢選能.

授官予爵, 不以其勞, 則忠臣不進; 行賞賦祿, 不稱其功, 則戰士不用.

【倍法】 '倍'는 '背'와 같음. 등짐. 위배함.

【類者】 유형, 같음. 법. 《方言》에 "類, 法也"라 함.

【堯】 전설상 上古시대 五帝의 하나. 陶唐氏. 唐堯로도 부름. 祁姓이며 이름은 放勳. 帝嚳의 아들. 《十八史略》(1)에 "帝堯陶唐氏: 伊祁姓, 或曰名放勛, 帝嚳子也. 其仁如天, 其知如神, 就之如日, 望之如雲, 都平陽. 茆茨不剪, 土階三等. 有草生庭, 十五日以前, 日生一葉, 以後日落一葉, 月小盡, 則一葉厭而不落, 名曰蓂莢, 觀之以知旬朔"이라 함. 《史記》 五帝本紀를 볼 것. 〈解詁〉에는 "蓋法者, 論功而爵祿. 堯擧舜於畎畝之中, 未試以事, 而授之高位, 是不以法論知能賢不肖, 有堯之聖, 始能用舜, 而世不盡如堯之聖"이라 함.

【自議】 법에 의하지 않고 자신의 생각대로 함. 〈解詁〉에 "自議, 謂不依法議"라 함. 《管子》 法法篇에는 "明君在上位, 民毋敢立私議自貴者"라 함.

【中程者】 '中'은 '맞다'의 뜻. '程'은 '법도, 규정'의 뜻.

【不以爵祿便近親~故官賢選能】 이 구절은 원본에는 없으며 《群書治要》(36)에 의해 보입된 것임. 한편 그 아래의 「授官予爵」 네 글자는 다른 판본에는 없음. 〈解詁〉에 "各本無此四字. 《治要》亦無. 多「不以爵祿便近親, 則勞臣不怨; 不以刑罰隱疏遠, 則下親上, 故官賢選能」二十八字"라 함.

【賦祿】 '賦'는 '授'와 같음. 《國語》 晉語 "賦職任功"의 韋昭 注에 "賦, 授也"라 함. 兪樾은 "《漢書》哀帝紀:「皆以賦貧民.」顔師古注:「賦, 給與也.」"라 함.

104(14-4)
임금의 호오에 따라 신하는 달라진다

평범한 신하로써 임금 섬김에는 주로 임금이 좋아하는 바로써 임금을 섬기게 마련이다.

임금이 법을 좋아하면 신하는 법으로서 임금을 섬기고, 임금이 말을 좋아하면 신하는 말로 군주를 섬긴다.

임금이 법을 좋아하면 단정하고 정직한 선비들이 그 앞에 있게 마련이며, 임금이 말을 좋아하면 비방하거나 칭찬을 늘어놓는 신하들이 그 곁에 있기 마련이다.

凡人臣之事君也, 多以主所好事君.

君好法, 則臣以法事君; 君好言, 則臣以言事君.

君好法, 則端直之士在前; 君好言, 則毁譽之臣在側.

【端直之士】 단정하고 정직한 선비.

【毁譽之臣】 남을 헐뜯거나 칭찬만 늘어놓는 신하.

105(14-5)
공公과 사私

공公과 사私의 구분이 뚜렷하면 소인은 어진 이를 질투하지 못하며, 불초한 자는 공을 이룬 자를 시기하지 못한다.

그러므로 요堯와 순舜이 천하를 다스릴 수 있었던 것은 천하의 이익을 사사로이 여겨서가 아니라 천하를 위하여 천하에 섰었기 때문이었다.

현명한 자를 선택하고 능력 있는 자를 천거하여 그들에게 자리를 넘겨주었던 것은 부자父子 사이를 멀리하고 월인越人을 친히 여겨서가 아니라 치란治亂의 도리에 있어서 명확함을 기하고자 해서였다.

따라서 삼왕三王이 의로써 천하를 친히 여기고, 오패五霸가 법으로써 천하를 바로잡았던 것은 모두가 천하의 이익을 사사롭게 여겨서가 아니라 천하를 위하여 천하를 다스렸기 때문이었다.

이 까닭으로 그들은 명성도 날리고 공로도 있었던 것이며 천하는 그들의 정치를 좋아하면서 어떤 것도 능히 상처를 줄 수 없었던 것이다.

지금 난세亂世의 임금과 신하들은 구구區區하게 모두가 자신들 한 나라의 이익만을 거머쥐고, 하나의 관직의 중요한 것만 관할하여 자신들의 사사로운 이익을 도모하고 있으니 이것이 나라가 위험해지는 원인이다.

그러므로 공사公私의 교차는 바로 국가 존망의 근본이다.

公私之分明, 則小人不疾賢, 而不肖者不妒功.

故堯舜之位天下也, 非私天下之利也, 爲天下位天下也.

論賢擧能而傳焉, 非疏父子·親越人也, 明於治亂之道也.

故三王以義親, 五霸以法正諸侯, 皆非私天下之利也,
爲天下治天下.

是故擅其名, 而有其功; 天下樂其政, 而莫之能傷也.

今亂世之君臣, 區區然皆擅一國之利, 而管一官之重,
以便其私, 此國之所以危也.

故公私之交, 存亡之本也.

【疾·妒】嫉·妬와 같음. 陳啓天은 "疾與嫉通用, 惡也"라 함.

【堯】전설상 上古시대 五帝의 하나. 陶唐氏. 唐堯로도 부름. 祁姓이며 이름은
放勳. 帝嚳의 아들. 《十八史略》(1)에 "帝堯陶唐氏: 伊祁姓, 或曰名放勳, 帝嚳子也.
其仁如天, 其知如神, 就之如日, 望之如雲, 都平陽. 茆茨不剪, 土階三等. 有草生庭,
十五日以前, 日生一葉, 以後日落一葉, 月小盡, 則一葉厭而不落, 名曰蓂莢, 觀之
以知旬朔"이라 함. 《史記》五帝本紀를 볼 것.

【舜】고대 五帝의 하나. 有虞氏. 姓은 姒氏, 이름은 重華. 虞舜으로도 부름.
堯임금으로부터 천하를 물려받아 帝位에 오름. 瞽瞍의 아들로 孝誠이 뛰어났던
분으로 널리 알려져 있으며 儒家에서 聖人으로 추앙함. 《十八史略》(1)에 "帝舜
有虞氏: 姚姓, 或曰名重華, 瞽瞍之子, 顓頊六世孫也. 父惑於後妻, 愛少子象,
常欲殺舜. 舜盡孝悌之道, 烝烝乂不格姦"이라 함. 高亨은 "古代傳說: 帝堯讓位於舜,
而不傳給他的兒子丹朱, 帝舜讓位於禹, 而不傳給他的兒子商均"이라 하여 公
天下의 禪讓時代였음을 말함.

【位天下】'位'는 '立'과 같으며 '立'은 다시 '涖, 莅'와 같음. '涖'는 '臨'의 뜻이며
'臨'은 '治'의 뜻. 결국 '천하에 임하다, 천하를 다스리다'의 뜻임. 한편 《周易》
繫辭傳에 "聖人之大寶曰位"라 하였고, 〈解詁〉에는 "位天下, 君天下之位也"라 함.

【論賢】'論'은 '掄'과 같음. 《荀子》王霸篇 "論一相"의 注에 "論, 選擇也"라 함.

【越人】越나라 지금의 浙江 이남의 사람들로 中原과 달라 '관계가 먼 사람'을
비유하는 말로 쓴 것.

【三王】夏禹, 商湯, 周文武의 三代 四王을 아울러 일컫는 말. 모두 王道政治를
실행하여 儒家의 성인들로 숭앙되는 인물들. 〈解詁〉에 "三王以仁義親天下, 五霸
以法令正諸侯"라 함.

【以義親】 목적어가 없어, '親'자 아래에 '民', 혹은 '天下'가 들어가야 함. 陶鴻慶은 "「以義親」下, 當有「天下」二字"라 함.

【五霸】 여러 설이 있으나 《史記》에는 齊桓公, 宋襄公, 晉文公, 秦穆公, 楚莊王을 들고 있음. 그 외에 宋襄公 대신 吳王闔閭나 越王句踐을 넣기도 함.

【區區然】 득의만만한 모습. 의기양양한 모습. 《呂氏春秋》務大篇 "區區焉相 樂也"의 注에 "區區, 得志貌也"라 함. 그러나 〈解詁〉에는 "區區, 小也"라 하여 '자질구레하다'의 뜻으로 풀이하는 것이 전체 문맥으로 보아 훨씬 적절할 것으로 보임.

【擅】 '독점하다, 거머쥐다'의 뜻. 〈解詁〉에 "擅, 專也"라 함.

【以便其私】 사사로운 이익을 꾀함. '便'은 《呂氏春秋》本生便 "以便一生"의 注에 "便, 利也"라 함.

【公私之交】 '交'는 '바꾸다, 교체하다'의 뜻. 《小爾雅》廣詁에 "交, 易也, 更也" 라 함.

106(14-6)
좀이 많으면 기둥이 쓰러지게 마련

　무릇 군주가 법도를 버리고 사사로운 논의를 좋아하게 되면 간신들이 권세를 팔아 백성들로부터 녹봉 외에도 더 요구하려 할 것이요, 질관秩官의 관리들은 아랫사람을 속이고 백성을 착취하게 될 것이다.

　속담에 "좀벌레가 많으면 나무가 부러지고, 틈이 커지면 담장이 무너진다"라 하였다.

　그러므로 대신들이 사사로운 이익을 다투느라 백성을 돌아보지 않으면, 아랫사람들은 임금에게서 떠나게 될 것이며 아랫사람이 임금에게서 떠나는 것이 나라의 틈이 되는 것이다.

　질관의 관리들이 아랫사람을 속이고 백성을 착취하는 것, 이것이 백성들에게 있어서의 좀벌레이다.

　그러므로 나라에 틈이 벌어지고 좀벌레가 있는데도 나라가 망하지 않는 경우란 천하에 드물다.

　이 까닭으로 명석한 군주는 법에 맡겨 사사로움을 없애기에 나라에 틈이 벌어지는 경우나 좀벌레가 생기는 일이 없게 되는 것이다.

　夫廢法度而好私議, 則姦臣鬻權以約祿; 秩官之吏, 隱下而漁民.

　諺曰:「蠹衆而木折, 隙大而牆壞.」

　故大臣爭於私而不顧其民, 則下離上; 下離上者, 國之隙也.

秩官之吏, 隱下以漁百姓, 此民之蠹也.

故國有隙·蠹而不亡者, 天下鮮矣.

是故明主任法去私, 而國無隙·蠹矣.

【鬻】'팔다(賣)'의 뜻. 〈解詁〉에 "鬻, 賣也.《左傳》:「鮒也鬻獄.」"이라 함.

【約祿】約은 '要'의 뜻. 〈解詁〉에 "約, 要求也"라 함. 나라로부터 받는 녹봉 외에도 더 많은 것을 갖고자 백성에게 요구함.

【秩官】'秩'은 '祿'과 같음. 즉 나라로부터 녹을 받는 관리.《荀子》王霸篇 "重其 官秩"의 注에 "秩, 祿也"라 하였고 〈强國篇〉 "官人益秩, 庶人益祿"의 注에는 "秩·祿, 皆謂廩食"이라 함.

【漁民】'漁'는 動詞로 '漁撈', 즉 물고기를 그물로 훑치듯이 백성의 재물을 약탈 함을 뜻함. 〈解詁〉에 "姦臣鬻權以求賄, 秩官之吏, 隱蔽於下, 以欺漁百姓"이라 함.

【諺】俗語, 俗談. 〈解詁〉에 "諺, 俗語也"라 함.

【蠹·隙】'蠹'는 좀벌레, '隙'은 갈라진 틈. 〈解詁〉에 "蠹, 木中蟲; 隙, 壁際孔也" 라 함.

15. 〈徠民〉第十五

　　'내민徠民'의 '徠'는 '來'와 같으며 '진秦나라 동쪽 삼진(三晉: 韓, 魏, 趙)
백성들을 오도록 하여 이들의 노동력으로 농전農戰의 기틀을 튼튼히
해야 한다'는 초민招民 정책이다. 삼진의 백성들이 진나라로 이주해 올
경우 진나라는 부강해지고 삼진은 약화되는 '富强兩成之效'를 거둘 수
있다는 주장이다.

　　한편 본 편은 문맥으로 보아 상앙商鞅이 임금에게 상주문上奏文
형식으로 올린 것으로 되어 있어 존대어를 써서 해석하였다.(譯者 注)

　　〈解詁〉에는 "徠, 至也. 論招徠三晉之民之術. 〈縣眇閣本〉·〈程本〉·
〈吳本〉·〈馮本〉·〈錢本〉·〈評校本〉·〈范本〉·〈合雅本〉, 俱作'來民'. 師轍按:
《說文》有'來'無'徠', 作'來'是, 馬驌《繹史》謂:「篇內多言鞅以後事, 非商
子本書也.」"라 하였다.

〈毛公鼎〉清 道光 연간 陝西 岐山縣 周原에서 출토. 臺北故宮博物館 소장

107(15-1)
토지를 나누어 인구를 분배하는 비율

"땅이 사방 백 리인 나라는 산릉山陵이 1할, 수택藪澤이 1할, 계곡과 유수가 1할, 도시와 읍, 도로가 1할, 악전惡田이 2할, 양전良田이 4할을 차지합니다.

이로써 일하는 어른 남자 5만 명을 먹이며, 산릉, 수택, 계곡에서는 자재를 공급할 수 있으며, 도시와 읍, 도로가 족히 백성을 거처할 수 있으니, 이것이 선왕先王들이 토지를 나누고 인구를 분배하였던 비율입니다."

「地, 方百里者; 山陵處什一, 藪澤處什一, 溪谷·流水處什一, 都邑·蹊道處什一, 惡田處什二, 良田處什四.

以此食作夫五萬, 其山陵·藪澤·溪谷, 可以給其材; 都邑·蹊道, 足以處其民, 先王制土分民之律也.」

【山陵】山과 丘陵지대.
【藪澤】'藪'는 풀이 우거진 늪이나 넓은 호수. '澤'은 얕은 못. 《說文》에 "藪, 大澤也"라 하였고, 〈算地篇〉(060)의 주에는 "先大父曰: 謂澤之地多水少, 草木所聚者"라 함. 《風俗通》에는 "水草交厝名之謂澤"이라 함.
【都邑】《左傳》莊公 28년 傳에 "凡邑, 有宗廟先君之主曰都, 無曰邑. 邑曰築, 都曰城"이라 함. 蔣禮鴻은 "《呂氏春秋》貴因篇:「舜一徙成邑, 再徙成都」注: 《周禮》四井爲邑, 邑方二里也. 四縣爲都, 都方二十二里也. 邑有封, 都有成(城).」然則邑小都大"라 함.

【蹊道】 小路. 작은 오솔길. 《史記》 李將軍列傳과 太史公自序에 "桃李不言, 下
　自成蹊"라 함.

【惡田】 농사를 짓기 어려운 땅.

【食作夫五萬】 《穀梁傳》 宣公 15年 "古者, 三百步爲里, 名曰井. 井田者, 九百畝,
　公田居一"의 注에 "出除公田八十畝, 餘八百二十畝, 故井田之法, 八家共一井,
　八百畝. 餘二十畝, 家各二畝半爲廬舍"라 하였고, 蔣禮鴻은 "地方百里者得方一里
　者萬, 田土占十之六, 爲方一里者六千. 方里爲井, 井九百畝, 一夫受田百畝, 井食
　農夫九家. 六千九倍之, 可食農夫五萬四千. 以中有惡田, 故損之, 約略得五萬也.
　作夫, 卽農夫也"라 함.

【律】 기준. 비율. 〈解詁〉에는 "以百里之地, 養作夫五萬, 足以給其材而安其居.
　此先王制土分民之定律也"라 함.

108(15-2)
삼진三晋의 백성들을 불러오십시오

"지금 진秦나라는 사방 천 리인 땅이 다섯이나 되지만, 곡식을 심는 토지는 2할이 되지 못하여, 정전井田의 수는 백만이 되지 않고, 수택藪澤과 계곡, 명산, 대천에서 나는 재물과 귀한 보물 또한 제대로 활용되지 못하고 있으니 이는 인민의 수가 그 토지에 대칭을 이루지 못하고 있기 때문입니다.

진나라가 이웃하고 있는 나라는 삼진三晋이며, 진나라가 무력을 시도해 보려는 대상은 한韓나라와 위魏나라입니다.

그들 토지는 좁고 인구는 많아, 주택들은 서로 뒤섞여 혼잡을 이룬 채 자리를 차지하고 있고, 외지에서 온 사람들과 세를 들어 사는 사람들은 위로는 자신의 이름도 등록하여 통고할 수 없고 아래로는 토지나 주택을 공급받지 못하여 자신들의 간사한 말업末業에 의지하여 살아가고 있습니다.

그런가 하면 사람들 가운데 음지, 양지, 호수 물가에 굴을 파고 사는 사람들이 반이 넘습니다.

이는 그 땅이 백성들을 살려내기에는 모자라지만, 그럼에도 진나라 백성들이 땅을 충분히 실제로 이용하지 못하는 것보다는 나을 수도 있습니다.

백성들의 정서를 생각해 본다면 그들이 바라는 것은 전답과 주택이건만 진晋나라에는 그것을 해결해 줄 수 없는 상황임이 분명하며, 진秦나라에는 얼마든지 그렇게 해 줄 수 있는 여유가 있음이 틀림없습니다.

이와 같건만 그곳 백성들이 서쪽 우리 진나라로 오지 않는 것은 우리 진나라에는 선비라면 불쌍하게 살아야 하고 백성들이라면 고통을 겪으며 살아야 하는 곳이기 때문입니다."

「今秦地, 方千里者五, 而穀土不能處二, 田數不滿百萬, 其藪澤·溪谷·名山·大川之材物貨寶, 又不盡爲用, 此人不稱士也.

秦之所與鄰者, 三晉也; 所欲用兵者, 韓·魏也.

彼土狹而民眾, 其宅參居而並處, 其寡萌賈息, 民上無通名, 下無田宅, 而恃姦務末作以處.

人之復陰陽澤水者過半.

此其土之不足以生其民也, 似有過秦民之不足以實其土也.

意民之情, 其所欲者, 田宅也; 而晉之無有也信, 秦之有餘也必.

如此而民不西者, 秦士戚而民苦也.」

【田數】 '田'은 '井田'을 가리킴. 高亨은 "此田字土地水梁一個單位的名稱, 按一方里田爲一田, 卽一井田"이라 함.

【不盡爲用】 제대로 충분히 활용하지 못하고 있음. 〈解詁〉에 "秦地方五千里, 穀土不能居什分之二, 田數不滿百萬, 其藪澤谿谷名山大川財物貨寶, 又不能盡其用. 是人寡不能盡土地之力也"라 함.

【人不稱土】 사람과 토지가 서로 對稱(均衡)을 이루지 못함.

【三晉】 춘추시대 진나라가 춘추말 智氏, 范氏, 中行氏, 韓氏, 魏氏, 趙氏 등 六卿의 家門이 조정의 세력을 넘어 발호하다가 서로 공격을 거듭, 마침내 韓, 魏, 趙 셋으로 瓜分하여 나라를 세웠으며 전국시대 들어서면서 周 威烈王 23년(B.C.403년)에 韓虔, 魏斯, 趙籍을 제후로 승인하게 됨. 다시 周 安王 26년 (B.C.376년)에 魏武侯, 韓哀侯, 趙敬侯가 끝내 晉侯를 멸하고 戰國七雄의 반열에 오르게 됨. 따라서 이들을 三晉이라 하며 특히 戰國時代 '晉'나라로 칭하는 경우에는 이 三晉, 또는 韓, 魏, 趙 가운데 어느 나라를 칭하는 말임.

【韓·魏】둘 모두 晉나라에서 나왔으며 戰國七雄의 하나. 韓나라는 처음 安邑에 도읍을 정하였다가 뒤에 新鄭(지금의 河南 新鄭)으로 옮겼으며, 魏나라를 惠王 때 大梁(지금의 河南 開封)으로 옮겨 梁이라고도 불림. 둘 모두 秦나라와 이웃하고 있었으며 戰國末 秦始皇에게 망함.《戰國策》韓策, 魏策 및《史記》魏世家, 韓世家 등을 참조할 것.

【參居】'㺾'과 같은 뜻임.《儀禮》大射禮 鄭注에 "參, 雜也"라 함. '幷'의 의미. 줄을 서서 이어져 있거나 또는 뒤섞여 있는 상태를 말함.

【寡萌】'賓萌'의 오기이며 '萌'은 '氓'과 같음. 빈객처럼 떠도는 백성들을 가리킴. 孫詒讓은 "寡萌, 疑當作賓萌. 賓·寡, 形近而誤. 賓萌即客民, 萌與氓通. 古凡外來旅客之民謂之氓"이라 함.

【賈息】고(賈)는 '買'는 뜻, '息'은 '살다'는 뜻. '집을 세들어 살다'의 뜻. 高亨은 "《左傳》昭公二十九年杜注:「賈, 買也」《詩經》小明毛傳:「息, 猶處也」古言賈息, 猶今言賃居. 賈息民即租房住的人"이라 함. 孫詒讓은 "寡萌賈息, 義難通. 疑當作「賓萌貸息」. 賓寡及貸賈, 竝形近而誤. 賓萌, 即客民, 對下民爲土著之民也.《呂氏春秋》高義篇:「墨子曰: 翟度身而衣, 量腹而食, 比於賓萌.」高注曰:「賓, 客也; 萌, 民也.」"라 함.

【末作】末業. 手工業이나 商業. 本業, 즉 농사에 상대하여 쓴 말. 移住民이나 外來民들은 토지와 주택을 공급받지 못하여 주로 수공업, 상업 등에 종사함을 뜻함. 그러나 〈解詁〉에는 도리어 "此言韓魏國貧, 其有餘資而貸息者, 皆外來之客民, 其土著之民, 則皆上無通名, 下無田宅, 而恃姦務末作而處. 明客民富而土著貧也"라 하여 '恃'를 "토착민이 외래인에게 의지하여 살아가고 있다"라는 뜻으로 보았음.

【復】'굴을 파고 살다'의 뜻. 朱師轍은 "復, 借爲覆. 地室也"라 하였고,《廣雅》에도 "覆, 窟也"라 함. 蔣禮鴻은 "《淮南子》氾論訓:「古者民澤處覆穴.」注:「一說, 穴毀堤防厓岸之中以爲窟室也.」"라 함. 〈解詁〉에는 "言韓魏之民貧, 穴居澤處者衆. 今河南氾水縣沿鐵路, 尙多穴居之民, 山西亦衆, 古風猶在"라 함.

【陰陽】陰은 산의 북쪽, 陽은 산의 남쪽. 그러나 朱師轍은 '陰陽'은 '險阻'의 오류라 하였음. 〈解詁〉에 "師轍按: 陰陽, 乃險阻之譌"라 함.

【不足以實其土】〈解詁〉에 "韓魏地狹民衆, 地不足以養其民, 過於秦地廣民稀, 民不足以實其土"라 함.

【不西】〈解詁〉에 "秦, 在三晉之西. 不西, 不來秦也"라 함.

【士戚而民苦】'戚'은 '慽'과 같음. 〈解詁〉에 "戚, 憂也"라 함. 士의 신분은 늘 근심에 싸인 채 살아가고 일반 백성은 고통이 많음. 그 때문에 秦나라로 사람이 오지 않음.

109(15-3)
땅만 빼앗고 백성은 놓쳐서야

"제가 몰래 생각건대 왕의 관리들을 현명하다고 여기는 것은 지나친 견해라 생각합니다. 이들이 능력도 약하고 삼진三晉의 백성들을 빼앗아 오지 못하는 것은 그들에게 줄 작위나 부세賦稅의 면제를 아까워하며 망설이기 때문입니다.

그러면서 그들은 이렇게 말하고 있지요.

'삼진이 약한 것은 그 백성들이 즐기기에만 힘쓰고, 부세의 면제와 작위 얻는 것을 가볍게 여기기 때문이요, 우리 진秦나라가 강한 것은 백성들이 고통스러운 일도 힘써 해내고, 부세의 면제와 작위 얻는 것을 중시하기 때문이다. 지금 그들에게 작위를 많이 주고 부세 면제를 오래도록 해 준다는 것은, 이는 진나라가 강하게 된 이유를 벌리고 삼진이 약해진 방법을 따라 하는 것이 된다.'

이는 왕의 관리들이 작위를 중시하고 부세 면제를 아까워하는 논리이며, 제가 속으로 그렇게 해서는 안 된다고 생각하는 부분입니다.

무릇 우리들이 백성들을 고생키면서 군대를 강하게 한 것은 장차 이들로써 적을 공격하여 우리가 바라는 바를 이루고자 함입니다.

병법兵法에 '적이 약해지면 우리 군대가 강해진다'라 하였으니, 이 말은 우리가 공세의 이유를 잃지 않으면 적은 자신들의 수비 능력을 잃게 된다는 말입니다.

지금 삼진이 우리 진나라를 이기지 못하게 된 것이 사대四代나 되었으니, 위魏나라는 양왕襄王 이래로부터 야전夜戰에서 우리를 이겨본 적이 없었고, 그들이 지키는 성도 우리는 반드시 함락시켰습니다.

크고 작은 전투에서 삼진이 우리 진나라에 패망한 것도 그 수를 헤아릴 수 없을 정도입니다.

이와 같건만 지금도 그들이 복종하지 않는 것은, 진나라가 그들의 땅은 빼앗을 수 있었으나 그들의 백성을 빼앗을 수는 없었기 때문이었습니다.'

「臣竊以王吏之明爲過見, 此其所以弱, 不奪三晉民者, 愛爵而重復也.

其說曰:「三晉之所以弱者, 其民務樂而復爵輕也; 秦之所以彊者, 其民務苦而復爵重也. 今多爵而久復, 是釋秦之所以彊, 而爲三晉之所以弱也.」

此王吏重爵愛復之說也, 而臣竊以爲不然.

夫所以爲苦民而彊兵者, 將以攻敵而成所欲也.

兵法曰:「敵弱而兵彊.」此言不失吾所以攻, 而敵失其所守也.

今三晉不勝秦四世矣, 自魏襄以來, 野戰不勝, 守城必拔.

小大之戰, 三晉之亡於秦者, 不可勝數也.

若此而不服, 秦能取其地, 而不能奪其民也.」

【竊】 자신의 생각을 낮추어 하는 말. '竊以爲'를 문장에 따라 위치를 달리 배치한 것. 다른 판본에는 거의 '切'로 되어 있으며 이에 대해 〈解詁〉에는 "竊, 各本俱作切, 下文同.《漢書》霍光傳注:「切, 深也」不必改作竊"이라 함.

【愛爵而重復】 '愛'와 '重'은 '너무 중시하여 주기를 아까워하다'의 뜻. '復'은 '세금이나 부역, 노역 등을 면제해 주다'의 뜻. 〈解詁〉에 "《漢書》高帝紀:「復勿稅二歲」注:「復者, 除其賦役也.」"라 함.

【釋秦之所以彊】 〈解詁〉에 "釋, 去也"라 함.

【兵法】 구체적으로 어느 兵書인지는 알 수 없음.

【四世】 四代. 군주가 네 번 이어짐. 蔣禮鴻은 "起魏襄王元年, 至秦昭王四十七年白起長平之役, 秦更三君, 惠文王, 武王, 昭王是也. 魏更四君, 襄王, 哀王, 昭王,

安釐王是也. 韓更五君, 昭侯, 宣惠王, 襄王, 釐王, 桓惠王是也. 趙更四君, 肅侯, 武靈王, 惠文王, 孝成王是也. 此文自蒙魏襄而言, 魏四世也"라 함.

【魏襄】魏나라 襄王. 魏惠王(梁惠王)의 아들이며 B.C.318~B.C.296년까지 23년간 재위하였으며 그 무렵 秦나라는 昭王 때였음.

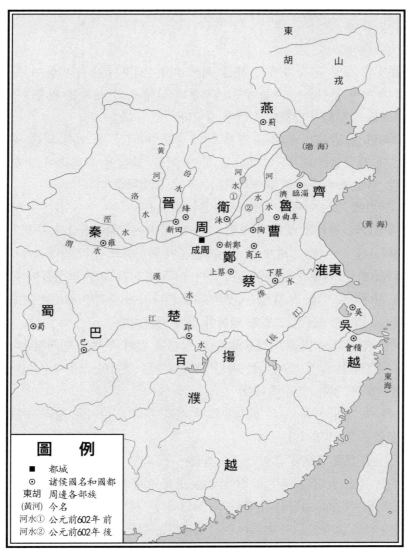

春秋時期形勢圖

110(15-4)
동쪽 백성들이 모두 우리 진나라를 향하도록

왕께서 지금 명확하게 은혜를 펴서 다른 제후나라 선비들이 이를 의롭다 여겨 찾아오는 자들에게 이제부터 삼대 동안 부세를 면제해주고, 전투에도 동원하지 않겠다고 해야 합니다.

그러면서 진나라 땅 사방 경계 안의 구릉, 비탈진 곳, 언덕, 낮은 곳은 10년간 세금을 거두지 않겠다고 하여 이를 법률에 드러내어 밝히면 백 만 명의 농부를 족히 오도록 할 수 있을 것입니다.

지난번에 저는 이렇게 말씀드린 적이 있습니다.

'백성들의 정서를 생각해 보면 그들이 바라는 것은 전답과 주택이다. 그런데 삼진三晉에는 그렇게 해 줄 수 없음이 확실하고, 우리 진나라에서는 그렇게 해 줄 여유가 있음이 분명하다. 이와 같건만 그곳 백성들이 우리 서쪽 진나라로 향해 오지 않는 것은 우리 진나라에 살려면 선비는 근심을 겪어야 하고 백성들은 고통을 겪어야 하기 때문이다.'

지금 전답과 주택을 이익으로 주고 삼대에 걸쳐 부세를 면제해준다면 이는 틀림없이 그들이 바라는 바를 제공해주는 것이며 그들이 싫어하는 바를 시키지 않는 것이 됩니다.

그렇게 되면 산동山東의 백성들로써 서쪽 우리 진나라로 향하지 않을 자가 없게 될 것입니다.

이는 곧바로 말로만 그러한 것이겠습니까? 그렇지 않습니다.

무릇 넓은 들판을 채우고 비어 있는 곳을 이용하여 하늘이 준 보물을 개발하고, 백만의 일꾼들이 본업, 즉 농업에 종사하여 그들이 가져다주는 이익이 더욱 많아질 것이니 어찌 단지 공격하는 힘을 잃는 것만이겠습니까?"

「今王發明惠, 諸侯之士來歸義者, 今使復之三世, 無知
軍事.

　秦四竟之內, 陵·坂·丘·隰, 不起十年徵, 者於律也,
足以造作夫百萬.

　曩者臣言曰:「意民之情, 其所欲者, 田宅也; 晉之無有
也信, 秦之有餘也必. 若此而民不西者, 秦士戚而民苦也.」

　今利其田宅, 而復之三世. 此必與其所欲, 而不使行其
所惡也.

　然則山東之民, 無不西者矣.

　且直言之謂也? 不然.

　夫實壙什虛, 出天寶, 而百萬事本, 其所益多也, 豈徒
不失其所以攻乎?」

【明惠】명확한 지혜로써 베푸는 은혜. 그러나 '명확하게 드러내다'의 뜻에
　가까움.《韓非子》難三의 "法者, 編著之圖籍, 設之於官府而布之於百姓者也.
　故法莫如顯"의 '顯'과 같은 뜻임.
【歸義】秦나라가 베푸는 정책을 의롭다 여겨 다른 나라 사람들이 찾아옴.
　高亨은 "歸義, 是古代成語, 敵人來投本國, 本國人美其名叫做歸義. 言其歸附
　有義的國家"라 함.
【知軍事】軍服務의 義務를 뜻함. '知'는 '爲'와 같음.《呂氏春秋》長見 "三年而
　知鄭國之政"의 注에 "知, 猶爲也"라 함.
【四竟】'竟'은 '境'과 같음. 국경 안. 국내.
【陵阪丘隰】陵은 언덕배기, 阪은 陂와 같으며 비탈진 땅. 丘는 낮은 언덕. 隰은
　낮은 지대. 低濕한 땅. 모두 농사에 알맞지 않은 지형을 가리킴. 〈解詁〉에
　"《爾雅》: 大阜曰陵, 陂者曰阪.」《說文》:「丘, 土之高也. 非人之所爲也. 隰, 阪下
　濕也"라 함.

【徵】徵稅나 徭役, 賦役 등의 의무.《孟子》盡心(下)의 "有布縷之徵, 有粟米之徵, 有力役之徵"의 趙岐 注에 "徵, 賦也"라 함.

【者於律也】'者'는 '著'의 오기. '드러나다'의 뜻. 王時潤은 "者, 當讀爲著"라 함. 〈解詁〉에도 "者於律, 當作著於律"이라 함.

【造】'찾아가다, 찾아오다, 이르러 오다'의 뜻.《周禮》司門 "四方之賓客造焉"의 注에 "造, 猶至也"라 함. 〈解詁〉에 "王能明發恩惠, 令諸侯之民歸義於秦者, 復之三世, 除其軍役, 四境之內, 陵阪丘隰之地, 十年不起徵, 著爲定律, 則足以造作夫百萬, 蓋秦地廣人稀, 用此術以招致諸侯之民也"라 함.

【山東之民】戰國時代에는 殽山이나 華山, 또는 函谷關의 동쪽을 山東이라 하였음. 진나라 이외의 여섯 나라. 특히 여기서는 三晉을 가리킴. 〈解詁〉에 "山東之民, 謂韓魏諸國之民. 秦居華山之西, 故以韓魏諸國爲山東"이라 함.

【實壙什虛】'壙'은 공허한 들판. '什'은 '任'의 오류. 高亨은 "壙, 大也. 什, 當作任, 形近而誤. 古時稱利用土地爲任地.〈算地篇〉:「故爲國任地者」可證, 任虛言利用空虛的土地"라 함.

【天寶】하늘과 땅이 준 천연적인 보배. 많은 자연 物産을 뜻함. 〈解詁〉에 "天寶, 天產之寶也.《禮記》:「地不愛其寶.」"라 함.

【益多】〈解詁〉에 "增百萬之民務農, 其獲益實多也"라 함.

111(15-5)
사대四代를 전쟁에 이겼건만

무릇 진秦나라가 걱정하는 것은 군대를 일으켜 정벌에 나서면 나라가 가난해지고, 편안히 살면서 농사에만 열중하면 적이 휴식할 시간을 얻게 한다는 점이니 이것이 왕께서 두 가지를 함께 이룰 수 없는 점입니다.

그러므로 진나라가 사대四代를 두고 전쟁에는 승리하였지만 능히 천하에 명령이 통하지 않고 있는 것입니다.

옛날부터 살고 있던 진나라 백성으로써 적을 상대하게 하고 새롭게 이주해온 백성들로 하여금 본업인 농사에 종사하도록 시키면 군대가 비록 나라 밖에서 백 일을 머문다 해도 나라 안은 잠시도 농사의 때를 잃지 않게 될 것이니, 이것이야 말로 부국과 강병 두 가지를 이룰 수 있는 효과가 될 것입니다.

제가 말하는 용병이란 국내의 모든 것을 동원하는 것을 일컫는 것이 아니라, 국내에서 할 수 있는 것을 따져 보아 병졸, 전차, 말 따위를 공급하되, 본래의 진나라 사람에게는 군사의 일을 하도록 하고, 새로 이주한 백성들에게는 가축의 먹이와 식량을 공급하는 일을 맡기는 것을 말합니다.

천하에 복종하지 않는 나라가 있으면, 왕께서 이러한 방법으로 봄에는 그들의 농토를 포위하여 감시하고, 여름에는 그들이 공급하는 것을 먹으며, 가을에는 그들이 베어들인 수확을 탈취하고, 겨울에는 그들이 저장해 놓은 것을 꺼내 쓰면서 대무大武로써 그들의 근본인 농업을 뒤흔들고, 광문廣文으로써 그들 후손들을 안심시키면 되는 것입니다.

왕께서 이를 실행에 옮기면 10년 내에 제후국 가운데 진나라 백성이 아닌 백성이 없게 될 것인데 왕께서는 어찌 작위를 아끼고 부세의 면제를 그토록 아까워하십니까?"

「夫秦之所患者, 興兵而伐, 則國家貧; 安居而農, 則敵
得休息, 此王所不能兩成也.

故三世戰勝, 而天下不能令.

以故秦事敵, 而使新民作本, 兵雖百宿於外, 竟內不失
須臾之時, 此富彊兩成之效也.

臣之所謂兵者, 非謂悉興盡起也, 論竟內所能給軍卒·
車騎, 令故秦民事兵, 新民給芻食.

天下有不服之國, 則王以此春圍其農, 夏食其食, 秋取
其刈, 冬陳其寶, 以大武搖其本, 以廣文安其嗣.

王行此, 十年之內, 諸侯將無異民, 而王何爲愛爵而重復乎?」

【三世勝戰】위의 내용으로 보아 '三世'는 '四世'여야 함. 〈解詁〉에 "作「四世勝戰」,
　與上文合, 當從之"라 함.
【不能令】嚴萬里 校正本에 의하면 '令'은 '服'이어야 함. 그러나 朱師轍은 "天下
　不能令, 謂不能令天下. 此文甚順, 何必斷妄改?"라 함.
【故秦】원래부터 秦나라에 살던 진나라 본국 백성. 〈解詁〉에 "故, 舊也"라 함.
【新民】새로 秦나라로 移住해 온 백성. 〈解詁〉에 "新民, 三晉之民來歸者也"라 함.
【作本】本業, 즉 農事를 지음. 〈解詁〉에 "作本, 專務農業也"라 함.
【春圍其農】봄이면 그들(山東諸國)의 농사를 에워싸고 감독함. 이하 내용에 대하여
　兪樾은 "此數語見《周書》大武篇. 其文曰:「四時: 一春違其農, 二夏食其穀, 三秋
　取其刈, 四冬凍其葆.」孔晁注曰:「凍, 謂發露其葆聚」商君所說, 卽本《周書》大武
　之文, 故曰以大武搖其本也"라 함. 한편 '圍'는 '包圍하다'의 뜻.
【陳其寶】'寶'는 농사를 지어 거두어 갈무리한 수확물.《莊子》庚桑楚에 "夫春
　氣發而百草生, 正得秋而萬寶成"이라 함.《周書》의 '葆'는 훨씬 구체적인 뜻에
　접근함. '陳'은《周書》에는 凍으로 되어 있으며 孔晁의 주석대로 '꺼내다, 찾아
　내다'의 뜻. 〈解詁〉에는 "春農作則違其農, 夏麥熟則食其食, 秋則刈取其禾稼,
　冬則發其寶藏"이라 함.
【大武·廣文】"먼저 武力으로 그들을 굴복시킨 다음 나중에 文德으로 이들을
　慰撫함"을 뜻함. 簡書는 "謂先以武力搖動六國之根本, 再以德化安輯其後嗣而

撫有之"라 함. 두 語節은 원래《逸周書》의 편명 〈允文解〉와 〈大武解〉가 있으며,
孫詒讓의《斠補》에 "允, 當作光, 光與廣聲近, 古多通用"이라 하여 〈允文解〉는
〈光文解〉로, 다시 〈廣文解〉로써 같은 명칭이라 하였음. 이에 대해 蔣禮鴻은
"此云大武搖其本, 以廣文安其嗣, 謂用大武·廣文二篇所言之道也. 蓋此二篇者,
周之陰謀書, 戰國時世頗傳習, 故引以爲說也"함. 〈解詁〉에도 "以武力搖其國本,
以文德綏其嗣君. 商君之意, 雖本於《逸周書》, 然不必全鈔其文"이라 함.

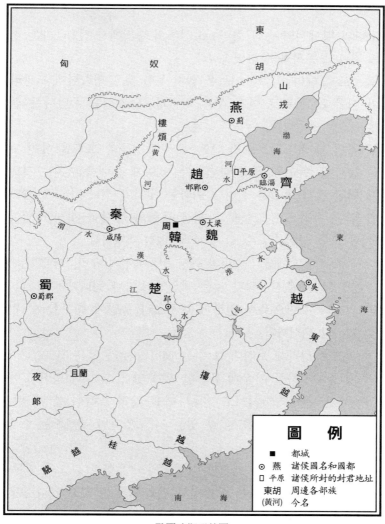

戰國時期形勢圖

112(15-6)
화양華陽과 장평長平의 전투

"주周나라 땅에서의 승리, 화양華陽 전투의 승리에서 진秦나라는 적군의 머리를 자르고 동쪽을 향하였습니다.

동쪽으로 향하여 아무런 이득을 얻지 못한 것은 명확한데도 관리들이 도리어 이를 큰 공로로 여긴 것은 적에게 큰 손실을 주었다는 점에서 그렇게 여겼던 것입니다.

지금 풀만 우거진 땅으로써 삼진三晉의 백성들을 오도록 하여 그들로 하여금 농사에 종사하도록 한다면 이는 적에게 손실을 끼치는 것으로써 전투에 이긴 것과 똑같은 실리를 취하는 것이며, 진나라가 그들을 통해 식량을 얻을 목적으로 그들로 하여금 돌아와 농사를 짓게 하였더라면 두 가지를 모두 성취시킬 수 있는 계책이었던 것입니다.

게다가 주나라 땅에서의 승리와 화양 전투에서의 승리, 그리고 장평長平에서의 승리로 인해 진나라가 잃은 백성이 얼마나 됩니까? 진나라 본국 백성과 외래 이주민으로써 전투에 나서느라 농업에 종사할 수 없었던 자들이 얼마나 됩니까?

제가 속으로 생각해 보건대 그 수는 헤아릴 수가 없을 정도입니다.

만약 왕께서 신하들 가운데 유능한 자가 있어 그 무렵 병력의 반만을 소비하면서 삼진을 약화시키고 진秦나라를 강하게 하여 옛 세 번 전투에서의 승리와 같은 효과를 낼 수 있는 자가 있다면, 왕께서는 틀림없이 그에게 큰 상을 내리실 것입니다.

지금 제가 말하는 바는 백성들이 하루라도 부역할 필요가 있는 것도 아니며, 관리들이 몇 푼의 돈을 소비할 필요가 있는 것도 아니지만 진晉나라를 약화시키고 진秦나라를 강하게 하기에 지난 세 번 전투에서의 승리보다 훨씬 나은 효과가 있음에도 왕께서는 여전히 불가不可하다고 여기신다면 저는 어리석어 그 까닭을 이해할 수 없습니다.”

「周軍之勝, 華軍之勝, 秦斬首而東之.

東之, 無益亦明矣; 而吏猶以爲大功, 爲其損敵也.

今以草茅之地, 徠三晉之民, 而使之事本, 此其損敵也, 與戰勝同實, 而秦得之以爲粟, 此反行兩登之計也.

且周軍之勝, 華軍之勝, 長平之勝, 秦所亡民者幾何? 民·客之兵, 不得事本者幾何?

臣竊以爲不可數矣.

假使王之羣臣, 有能用之, 費此之半, 弱晉彊秦, 若三戰之勝者, 王必加大賞焉.

今臣之所言, 民無一日之繇, 官無數錢之費, 其弱晉彊秦, 有過三戰之勝, 而王猶以爲不可, 則臣愚不能知已.」

【周軍之勝】于邊은 伊闕의 전투가 아닌가 함. 秦 昭王 24년(B.C.293), 秦나라 장수 白起가 韓, 魏, 東周의 연합군을 伊闕에서 격파하고 魏將 犀武와 韓將 公孫喜를 사로잡았으며 그들 군사 24만을 섬멸한 전투. 伊闕은 지금의 河南 洛陽 남쪽의 지명.《戰國策》西周策에 “秦攻魏將犀武軍於伊闕, 進兵而攻周” 라 하였고, 〈魏策〉에는 “秦敗東周, 與魏戰於伊闕, 殺犀武”라 하였으며,《史記》 韓世家에는 “釐王三年, 使公孫喜率周·魏攻秦, 秦敗我二十四萬, 虜喜伊闕” 이라 함.
【華軍之勝】秦 昭王 34년(B.C.273), 趙, 魏 두 나라가 韓나라 華陽을 공격하자, 秦나라 장수 白起 등이 韓나라를 구원하고, 魏將 芒卯를 깨뜨리고 15만 명의 목을 자른 전투. 華陽은 지금의 河南 新鄭縣 북쪽.
【反行兩登之計】‘反’은 ‘返’과 같음. 삼진의 백성들로 하여금 秦나라로 돌아

오도록 하여 농업에 종사시켜 식량을 증산함을 뜻함. '登'은 '成'의 뜻.《爾雅》
釋詁에 "登, 成也"라 함.

【長平之勝】전국시대 가장 크고 치열했던 전투. 秦 昭王 47년(B.C.260), 趙나라
孝成王이 秦나라 계략에 말려 趙括로 하여금 廉頗를 대신하여 長平 전투에
내보내자 秦나라가 이를 격파하여 조괄은 전사하고 조나라 병사 40만이
생매장을 당함.《史記》趙世家 및《戰國策》趙策을 볼 것. 그러나 이 일은
商君이 죽은 78년이나 지난 뒤의 일임. 이를 근거로《商君書》본 편은 뒷사람이
僞作이라 주장하기도 함. 〈解詁〉에 "《史記》: 秦昭襄王四十七年, 武安君白起,
大破趙於長平, 四十餘萬盡殺之, 亦商君後事, 汪中《舊學蓄疑》云: 「長平之戰,
距商君死, 凡七十八年, 此係後人纂入"이라 함.

【民客之兵】'之'는 '行'의 뜻. 〈解詁〉에 "民客之兵: 民謂故秦民, 客謂招徠新民.
言新舊之民爲兵者, 不能耕種"이라 함.

【一日之繇】'繇'는 '徭'와 같음. 徭役. 그러나《爾雅》에는 "繇, 憂也"라 하여 '하루
거리의 근심도 없다'의 뜻으로도 볼 수 있음.

113(15-7)
제齊나라 사람 동곽창東郭敞

　제齊나라에 동곽창東郭敞이라는 자가 있었는데 그는 가지고 있는 것을 더 갖기를 원하여 만금을 채우고 싶어 하였습니다.

　그의 제자가 그에게 자신을 좀 구제해 달라고 청하자 그는 주지 않으면서 이렇게 말하였습니다.

　'나는 앞으로 돈을 모아 작위를 구할 것이다!'

　그의 제자는 화를 내며 송宋나라로 가버렸지요.

　사람들이 동곽창에게 이렇게 말하였습니다.

　'이는 아직 갖지도 못한 것을 두고 아끼는 것이니, 가지고 있는 것으로써 제자에게 먼저 주느니만 못합니다.'

　지금 삼진三晉 출신의 신민新民에 대하여 진秦나라에서는 그들의 부세를 면제해 주는 것을 아까워하고 있으니, 이는 아직 가지고 있지도 않은 것을 소중히 여기느라 이미 가지고 있는 것조차 잃는 것입니다. 이 어찌 동곽창이 자신이 아직 갖지도 못한 것을 아까워하여 자신이 이미 가지고 있던 제자를 잃는 것과 무엇이 다르겠습니까?"

「齊人有東郭敞者, 猶多願, 願有萬金.

　其徒請賙焉, 不與, 曰:「吾將以求封也!」

　其徒怒而去之宋.

　曰:「此愛於無也, 故不如以先與之有也.」

今晉有民, 而秦愛其復, 此愛非其有, 以失其有也.
豈異東郭敞之愛非其有, 以亡其徒乎?」

【齊】 西周 初 姜太公(呂尙, 子牙)이 봉을 받았던 제후국. 春秋 말 陳恒(田恒)이
세력을 키워 마침내 姜氏齊가 무너지고 戰國시대에는 田氏齊가 됨. 지금의 山東
淄博 臨淄鎭에 도읍을 두었으며 春秋五霸, 戰國七雄의 强國이었음.
【東郭敞】 인명, 또는 가설로 내세운 齊나라 어떤 사람.
【猶多願】 가지고 있는 것이 더욱 많아지기를 원함. '猶'는 '尤'와 같음.
【萬金】 先秦시대에는 황금 20냥, 혹은 24냥을 1鎰, 혹은 一金이라 하였음.
【徒】 門徒. 弟子.
【賙】 돈을 나누어주어 가난이나 모자람을 구제해 줌.
【此愛於無也, 故不如以先與之有也】 이 문장은 〈解詁〉에는 〈緜眇閣本〉에 의해
"此無益於愛也, 故不如與之之利也"로 고쳐져 있음.
【晉】 三晉 출신으로 秦나라에 들어와 사는 新民. 그러나 三晉 백성들 가운데
秦나라로 오고 싶어 하는 이들을 두고 한 말로 보기도 함.

114(15-8)
요순堯舜과 탕무湯武

"게다가 상고시대에는 요堯와 순舜이 있어 그 무렵 칭송을 받았으며, 중세中世에는 탕湯과 무왕武王이 있어 그들이 재위하는 동안 백성들이 그에게 복종하였습니다.

이 네 분의 왕들은 만세 대대로 칭송되며 성왕聖王이라 여겨지고 있습니다.

그러나 그들의 치도治道는 도리어 후세에는 능히 취하여 채택되지는 못하고 있습니다.

지금 삼대에 걸쳐 부세를 면제해 주면 삼진三晉의 백성들은 모두 불러올 수 있으니 이는 왕께서 현명하게 지금 이 때에 세워놓지 않으시고 후세 사람으로 하여금 왕을 대신해서 시행하도록 하시겠습니까?

그렇다면 성인을 변별하여 설명드리는 것이 어려운 것이 아니라, 성인의 말을 듣도록 하는 것이 어려운 것이군요!"

「且古有堯舜, 當時而見稱; 中世有湯武, 在位而民服.

此三王者, 萬世之所稱也, 以爲聖王也.

然其道猶不能取用於後.

今復之三世, 而三晉之民可盡也, 是非王賢立今時, 而使後世爲王用乎?

然則非聖別說, 而聽聖人難也!」

【此三王者】 '三王'은 '四王'이어야 함. 堯, 舜, 湯, 武 넷임. 于鬯은 "三子當作四"
라 함.

【聖王】 堯와 舜은 禪讓(公天下)으로써 聖王으로 추앙을 받으며, 湯(成湯, 殷의
시조)과 武王(姬發, 周나라 건국)은 저마다 夏의 末王 桀과 殷의 末王 紂를 쳐서
下剋上을 일으켰으나 暴惡함을 除去해주었다는 의미에서 儒家에서 聖王으로
추앙을 받음.

【非聖別說】〈解詁〉에 "歸有光《諸子彙函》, 王志遠《諸子合雅》, 俱作「然則非聖人
之難, 用聖人難也.」"라 함.

16. 〈刑約〉第十六(亡)

'형약刑約'은 형벌에 대한 요강要綱을 밝힌 것으로 짐작되나 지금 그 문장이 전하지 않아 구체적으로는 알 수 없다.

〈解詁〉에도 "篇亡"이라 하였다.

〈銅爵〉(商) 1976 河南 安陽 婦好墓 출토

17. 〈賞刑〉第十七

    '상형賞刑'은 '포상과 형벌'에 대한 것이다. 상앙은 이를 나누어 일상壹賞, 일형壹刑, 일교壹教의 세 가지 기본 정치주장을 펴고 있다.

    일상은 전투에서 공을 세운 자에게 분명한 이익이 되도록 상을 베어야 함을 말한 것이며, 일형은 친소귀천親疎貴賤을 막론하고 나라의 법이나 정책을 어긴 자에게는 엄한 형벌을 가하는 것이며, 일교는 농전農戰에 방해가 되는 유가儒家의 덕목이나 유세가의 변설 등을 배제하고 무교無教, 즉 우민정책愚民政策으로 나아가 무지無知를 박실樸實로 삼아야 쉽게 통치할 수 있다는 주장이다.

    본 편 또한 상앙 자신이 '臣'이라 칭한 것으로 보아 상주문上奏文에 해당하는 것으로 보이며, 이에 따라 존대어로 풀이하였다.

    〈解詁〉에는 "治國之要, 在賞與刑, 刑賞壹, 則國治矣"라 하였다.

〈吳王夫差鑒〉(부분) 春秋, 河南 輝縣 출토

115(17-1)
상賞, 형刑, 교敎

"성인의 나라를 다스림에는 포상을 통일하고(壹賞), 형벌을 통일하며(壹刑), 교화를 통일(壹敎)합니다.

포상을 통일하면 그들 군대에 대적할 자가 없게 되고, 형벌을 통일하면 명령이 집행되며, 교화를 통일하면 아랫사람이 군주의 말을 듣게 됩니다.

무릇 포상을 명확히 하면 재물의 소비가 있을 수 없으며, 형벌을 명확히 하면 사람을 죽일 필요가 없고, 교화를 명확히 하면 풍속이 바뀌지 않으며, 백성들은 자신이 힘써야 할 일을 알게 되어, 나라에는 기이한 풍속이 사라지게 됩니다.

포상을 명확히 하기를 더욱 더 하면 상을 줄 필요가 없는 상황에 이르게 되고, 형벌을 명확히 하기를 더욱 더 하면 형벌이 필요 없는 상황에 이르게 되며, 교화를 명확히 하기를 더욱 더 하면 교화가 더욱 필요 없는 상황에 이르게 됩니다."

「聖人之爲國也, 壹賞·壹刑·壹敎.
壹賞則兵無敵, 壹刑則令行, 壹敎則下聽上.
夫明賞不費, 明刑不戮, 明敎不變, 而民知於民務, 國無異俗.
明賞之猶, 至於無賞也; 明刑之猶, 至於無刑也; 明敎之猶, 至於無敎也.」

【壹】한결같이 함. 통일함. 일정한 기준을 세워 엄격히 함.

【不費】재물을 소비할 필요가 없게 됨. 〈解詁〉에 "賞得其要, 則不費財"라 함.

【不戮】형벌이 무서워 범법 행위가 없어질 것이며, 그렇게 되면 죽일 사람이 없어짐. 〈解詁〉에 "民知畏刑, 則不必戮"이라 함.

【不變】사람들의 풍속이 나쁜 방향으로 바뀌는 경우가 없음. 〈解詁〉에 "敎有 定章, 則不變更"이라 함.

【民務】〈解詁〉에 《荀子》非十二子篇: 「勞民二不當於民務.」라 함.

【猶】王時潤은 '더욱'의 뜻으로 보았음. "三猶字, 皆當讀爲尤"라 함.

116(17-2)
일상壹賞

"이른바 상을 통일한다는 것은 이록利祿과 관작官爵이 오로지 전투의 공로에서만 나오며 그 밖에 달리 시행되는 경우란 없어야 함을 말합니다.

무릇 진실로 지우知愚, 귀천貴賤, 용겁勇怯, 현불초賢不肖에 관계없이 모두가 자신의 가슴속에 있는 지혜를 다 짜내고 자신의 팔다리의 힘을 모두 다하여 목숨을 내놓고 윗사람을 위해 쓰이도록 해야 합니다.

천하의 호걸豪傑과 현량賢良들도 임금을 따르기를 마치 물 흐르듯 하여야 합니다.

이 까닭에 그의 군대는 천하에 맞설 상대가 없게 되고, 그의 명령은 천하에 시행되는 것입니다.

만승萬乘의 나라라 해도 감히 들판 한가운데에서 그의 군사에게 대들 수 없고, 천승千乘의 나라라 해도 감히 자신들의 성을 지켜내지 못하도록 해야 합니다.

만승의 나라로서 만약 들판 한가운데서 그에게 대드는 자가 있다면 전투를 벌여 앞으로 그 군대를 엎어버리고, 천승의 나라로써 자신들의 성을 지켜내는 자가 있다면 공격하여 앞으로 그 성을 능멸해야 합니다.

전투를 벌였다 하면 반드시 적의 군사를 엎어버리고, 성을 공격했다 하면 적의 성을 능멸하여 그 성을 진멸시키고는 이를 차지하며 모두 굴복시켜 찾아오도록 한다면, 그런 공을 세운 이들에게 비록 후하게 축하의 상을 내린들 어찌 재물이 바닥나겠습니까?

옛날 탕湯이 찬모贊茅에 봉해졌고, 문왕文王이 기주岐周에 봉해졌을 때 그 땅은 사방 백 리에 지나지 않았습니다.

탕은 걸桀과 명조鳴條의 들판에서 싸웠고, 무왕武王은 주紂와 목야牧野

에서 전투를 벌여 그들의 구군九軍을 대파하고 마침내 땅을 나누어 제후들을 봉하였던 것입니다.

그리고 사졸士卒들로써 진지를 굳게 지킨 이들에게는 각 출신 마을마다 사묘社廟에 그 이름을 기록해 주었지요.

그 전투가 끝난 다음 전차는 세워두고 타지 않았으며 싸움에 쓰던 말은 화산華山 남쪽에 풀어놓았고, 소는 농택農澤에 풀어놓은 채 그들이 늙어 죽을 때까지 놓아둔 채 거두지 않았으니 이것이 탕과 무왕의 상賞이었습니다.

그러므로 '찬모와 기주의 곡식으로 천하 사람들에게 상을 준다면 사람마다 한 되도 받지 못할 것이며, 그 돈으로 천하 사람들을 상 준다면 사람마다 한 푼도 받지 못할 것이다'라고 한 것입니다.

따라서 '사방 백 리의 땅을 가졌던 군주가 자기 신하들을 제후로 봉하여 그 땅이 군주의 원래 땅보다 더 크게 되었고, 사졸로서 진지를 굳게 지킨 자들은 출신 마을마다 사당에 그 이름을 기록하였으며, 상이 베풀어진 것이 소와 말에게까지 관대하게 베풀어졌다'라 하였으니 어찌 그럴 수 있었겠습니까?

천하의 재물을 이용하여 천하 사람들에게 상을 주었기 때문입니다.

그러므로 '상을 명확히 함에는 재물이 소모되지 않는다'라고 말한 것입니다.

탕과 무왕이 이윽고 걸과 주를 격파하자 나라 안에 해害가 없게 되었으며, 천하가 크게 안정되어, 오고五庫를 짓고 오병五兵을 갈무리하였으며, 전쟁의 일은 그쳐졌으며, 문교文敎를 시행하고 간과干戈는 거꾸로 하여 싣고 다니며, 대신들은 홀笏을 허리에 꽂으며, 음악을 지어 그 공덕을 펴서 기리게 된 것입니다.

그 무렵에는 포상과 녹봉을 베풀 필요가 없었으며, 백성들은 가지런히 질서가 바로잡혔던 것입니다.

그러므로 '상을 명확히 하기를 더욱 더 하면 상을 줄 필요가 없는 상황에 이르게 된다'라고 말씀드린 것입니다.'

「所謂壹賞者, 利祿・官爵, 摶出於兵, 無有異施也.

夫固知愚・貴賤・勇怯・賢不肖, 皆盡其胸臆之知, 竭其股肱之力, 出死而爲上用也.

天下豪傑賢良, 從之如流水.

是故兵無敵, 而令行於天下.

萬乘之國, 不敢蘇其兵中原; 千乘之國, 不敢捍城.

萬乘之國, 若有蘇其兵中原者, 戰將覆其軍; 千乘之國, 若有捍城者, 攻將凌其城.

戰必覆人之軍, 攻必凌人之城, 盡城而有之, 盡賓而致之, 雖厚慶賞, 何匱之有矣?

昔湯封於贊茅, 文王封於岐周, 方百里.

湯與桀戰於鳴條之野, 武王與紂戰於牧野之中, 大破九軍, 卒裂土封諸侯.

士卒坐陳者, 里有書社.

車休息不乘, 從馬華山之陽, 從牛於農澤, 從之老而不收, 此湯武之賞也.

故曰:『贊茅・岐周之粟, 以賞天下之人, 不人得一升; 以其錢賞天下之人, 不人得一錢.』

故曰『百里之君, 而封侯其臣, 大其舊, 自士卒坐陳者, 里有書社, 賞之所加, 寬於牛馬』者, 何也?

善因天下之貨, 以賞天下之人.

故曰:『明賞不費.』

湯武旣破桀紂, 海內無害, 天下大定, 築五庫, 藏五兵,偃武事, 行文敎, 倒載干戈, 搢笏作爲樂, 以申其德.
　當此時也, 賞祿不行, 而民整齊.
　故曰:『明賞之猶, 至於無賞也.』」

【搏出】'搏'은 '專'의 뜻. 王時潤은 "搏, 當讀爲專"이라 함.
【夫固知愚】'夫'는 發語辭. '固'는 '故'와 같음. 〈解詁〉에 "固, 借爲故.《論語》:「固天縱之將聖.」"이라 함. '知'는 '智'와 같음. 본 구절의 知愚(智愚), 貴賤, 勇怯, 賢不肖는 여러 조건과 상황에 관계없이 모든 사람의 경우를 말함.
【胸臆】가슴. 모든 품은 생각이나 의지를 뜻함.
【股肱】팔과 다리. 육체의 모든 힘과 勞苦를 뜻함.
【不敢蘇其兵】'蘇'는 '傃'와 같으며, '向'의 뜻. 〈解詁〉에 "《荀子》議兵篇:「蘇刃者死」 楊倞注:「蘇, 讀爲傃. 傃, 向也.」"라 함. 그러나 문맥으로 보아 "대들다, 대적하다, 대항하다, 맞서다, 감히 덤벼들다"의 뜻.
【凌】〈解詁〉에 "凌, 越也"라 함.
【賓】《國語》楚語「其不賓也久矣」의 韋昭 注에 "賓, 服也"라 함. 따라서 "굴복시키다"의 의미로 보아야 함.
【匱】'바닥나다, 모두 소진하다, 결핍되다'의 뜻.《禮記》月令「則財不匱」의 鄭注에 "匱, 乏也"라 함.
【湯封於贊茅】湯은 成湯. 殷나라 시조. '封'은 '邦'의 뜻. 처음 나라를 세운 작은 지역을 뜻함. '贊茅'는 '攢茅'로도 표기하며 성탕이 처음 나라를 세웠던 지명. 지금의 河南 修武縣 북쪽 大陸村.《史記》殷本紀 참조.
【文王】周나라 始祖. 姬昌. 古公亶甫의 손자이며 季歷의 아들. 西伯이 되어 덕행을 베풀어 그 무렵 殷의 말왕 紂의 핍박을 받았으며 그 아들 發(武王)에 이르러 紂를 멸함.《史記》周本紀 참조.
【岐周】岐山 남쪽의 周나라가 처음 들어섰던 들판. 지금의 陝西 岐山縣. 古公亶父가 豳(邠)에서 이곳으로 옮겨 도읍을 정하고 나라이름을 周라 하였던 곳.《周易》에 "王用享於岐山"이라 함.
【桀】夏의 末王. 이름은 履癸. 殷湯에게 패하여 南巢(지금의 安徽 巢縣)으로 달아났다가 죽음.《史記》夏本紀 및《左傳》昭公 4년, 11년 등을 볼 것.
【鳴條】湯이 桀을 멸한 전투지. '高侯原'으로도 불렸으며 지금의 山西 運城縣 安邑鎭 북쪽.

【武王】周 文王(姬昌)의 아들이며 周公(旦)의 형. 成王(姬誦)의 아버지. 殷紂를 멸하고 周나라를 건국함.

【紂】殷(商) 末王. 周 武王에게 망함.

【牧野】옛 지명으로 지금의 河南 淇縣 서남쪽. 周 武王이 殷紂와 마지막 결전을 벌였던 곳.

【九軍】'九'는 많은 수를 뜻함. 殷紂의 군사를 가리킴. 軍은《周禮》小司徒에 "五旅爲師, 五師爲軍"이라 하였고,〈夏官〉序官에는 "萬五千人爲軍. 王六軍, 大國三軍, 次國二軍, 小國一軍"이라 함.

【坐陳者】'陳'은 '陣'과 같음. '坐陳'은 진지에 앉아 굳게 지킴을 뜻함. 牧野의 들에서 공을 세운 周 武王의 전사들을 가리킴. 蔣禮鴻은 "《春秋》桓十二年《左傳》:「坐其北門.」惠棟〈補注〉曰:「按兵法有立陳坐陳, 見《尉繚子》. 立陳所以行也, 坐陳所以止也.」"라 함.

【里有書社】25家가 一里였으며 里마다 토지신을 모신 社廟(社堂)를 세웠음. '書社'는 社廟의 帳簿에 토지 분배의 내용을 기록함을 뜻함. 이로써 전투에 나섰던 전사들에게 토지를 상으로 내렸음을 말함.《左傳》哀公 15년 傳 "齊與衛書社五百"의 杜預 注에 "二十五家爲一社, 籍書而致之"라 함.《史記》公子世家 "昭王將以書社之七百里封孔子"의〈集解〉에 服虔의 말을 인용하여 "書, 籍也"라 하였고,〈索隱〉에는 "古者, 二十五家爲里, 里則各立社, 則書社者, 書其社之人名於籍. 蓋以七百里書社之人封孔子也"라 함.

【農澤】'弘農의 못', 다른 기록에는 흔히 '桃林'으로 되어 있음. 弘農은 宏農으로도 표기하며 지금의 陝西 潼關縣 동쪽과 河南 靈寶縣 서쪽 지역 일대. 蔣禮鴻은 "《史記》周本紀作「縱馬於華山之陽, 牧牛於桃林之虛」,《書》武成疏引杜預云:「桃林之塞, 今宏農華陰縣潼關是也.」此云農澤, 蓋以弘農而稱歟?"라 함.

【五庫】車庫, 兵庫, 祭器庫, 樂器庫, 宴器庫 등의 다섯 창고. 나라에 필요한 물건들을 갈무리하는 여러 종류의 창고를 가리킴.《初學記》(24)에 蔡邕의《月令章句》를 인용하여 "五庫者: 一曰車庫, 二曰兵庫, 三曰祭器庫, 四曰樂器庫, 五曰宴器庫"라 함.

【五兵】흔히 戈, 殳, 戟, 矛, 弓矢, 또는 戈, 殳, 戟, 酋矛, 夷矛, 또는 茅, 戟, 鉞, 盾, 弓矢 등 여러 가지로 가름. 전투에 쓰이는 모든 병기를 총칭함.

【偃武事】〈解詁〉에 "偃, 息也"라 함.

【倒載干戈】'倒載'는 거꾸로 싣고 鎬京으로 돌아옴. '干戈'는 무기를 일컫는 말.《禮記》樂記에 "武王克殷, 反商. 未及下車而封黃帝之後於薊, 封帝堯之後於祝,

封帝舜之後於陳. 下車而封夏后氏之後於杞, 投殷之後於宋. 封王子比干之墓: 釋箕子之囚, 使之行商容而復其位. 庶民弛政, 庶士倍祿. 濟河而西, 馬, 散之華山之陽, 而弗復乘; 牛, 散之桃林之野, 而弗復服. 車甲血牛而藏之府庫, 而弗復用. 倒載干戈, 包以虎皮; 將帥之士, 使爲諸侯; 各之曰『建櫜』. 然後, 知武王之不復用兵也. 散軍而郊射, 左射貍首, 右射騶虞, 而貫革之射息也. 裨冕搢笏, 而虎賁之士說劍也. 祀乎明堂而民知孝. 朝覲, 然後諸侯知所以臣; 耕藉, 然後諸侯知所以敬. 五者, 天下之大敎也. 食三老五更於大學, 天子袒而割牲, 執醬而饋, 執爵而酳, 冕而總干, 所以敎諸侯之弟也. 若此, 則周道四達, 禮樂交通. 則夫武之遲久, 不亦宜乎?」라 하였고, 孔穎達의 疏에 "倒載干戈者, 倒載而還鎬京也. 所以倒之者, 熊氏云:「凡載兵之法皆刃向外, 今倒載者, 刃向國, 不與常同, 故曰倒載也.」라 함. 그러나 《史記》 禮書 "側載臭茝"의 〈索隱〉에 "載者, 置也"라 하여 그대로 갈무리하다의 뜻으로도 보았음.

【搢笏作爲樂】笏은 朝會 때에 대신들이 손에 잡고 있는 것으로 玉, 象牙, 竹 등으로 만들며 군주의 명을 간단히 적는 메모용 板. 쓰지 않을 때는 허리에 꽂음. 〈解詁〉에 "《晉書》輿服志:「古者貴賤皆執笏, 有事則搢於帶.」言搢笏之士, 作爲樂歌, 以頌其德"이라 함

117(17-3)
일형壹刑

"이른바 형벌을 통일한다는 것은 형벌을 시행함에 있어서 사람의 등급을 따지지 않음을 말합니다.

경상卿相과 장군으로부터 대부와 서민에 이르기까지 왕의 명령을 따르지 않거나 나라에서 금하는 법령을 범하거나 임금의 통제를 어지럽히는 자가 있으면 그 죄는 사형에 처하며 사면해 주지 않는 것입니다.

전에 공을 세운 것이 있다 할지라도 뒤에 잘못한 것이 있으면 그 형벌을 덜어주지는 아니하며, 앞서 훌륭한 일을 하였더라도 뒤에 과실이 있으면 법을 어그러뜨려가면서 이를 용서하는 경우란 있을 수 없습니다.

충신이나 효자에게 잘못이 있어도 반드시 그 죄를 따져 판결을 내립니다.

법을 지키고 직책을 지키는 관리로써 왕의 법을 실행하지 못한 것이 있으면 그 죄는 사형에 처하여 사면해주지 않으면 그 형벌은 삼족三族에게 미치도록 합니다.

관직의 일을 처리하는 자가 알고 이를 위에 고발하는 자는 그 자신은 죄에서 면하며 귀천에 관계없이 그 관리의 관작官爵과 토지, 봉록을 잇도록 하는 것입니다.

그러므로 '형벌을 엄중히 하고 그 죄를 연좌시키면 백성들이 감히 법을 시험하려 들지 않으며, 백성이 감히 법을 시험하려 들지 않으므로 형벌이 없게 된다'라고 말한 것입니다.

무릇 선왕先王이 금한 것은 범인을 찔러 죽이는 것, 범인의 발을 자르는 것, 얼굴에 경형黥刑을 행하는 것 등은 백성을 상해傷害하기 위한 것이 아니라 간악함을 금하고 과실을 그치게 하기 위함이었습니다.

따라서 간악함을 금하고 과실을 그치게 하기에는 형벌을 엄중하게 하는 것 만한 것이 없습니다.

형벌이 엄중하고 또한 반드시 범인을 잡아 처벌하면 백성들이 감히 법을 시험하려 들지 않을 것이며, 그 때문에 나라에 형벌을 받는 백성이 없게 되는 것입니다.

나라에 형벌을 받는 백성이 없어지므로 '형벌은 명확히 하면 사람을 죽이지 않게 된다'라고 말씀드리는 것입니다.

진晉 문공文公이 형벌을 밝혀 백성들을 따르도록 하고자, 이에 여러 경卿, 대부들을 시천궁侍千宮으로 불러 모았지요.

그 때 전힐顚頡이 늦게 닿아 관리가 그에게 죄를 물을 것을 청하자 문공은 "법대로 하라"고 하였습니다.

관리가 드디어 전힐의 등뼈를 잘라 돌려가며 모두에게 보여주었습니다.

진나라의 선비들은 이를 서로 논하면서 모두가 두려워 '전힐은 총애를 받는 자임에도 등뼈를 잘라 사람들에게 보여주었는데 하물며 우리 같은 사람임에랴?'라고 하였습니다.

이에 금하는 법을 어긴 자가 없게 되었으며 진나라는 크게 다스려졌던 것입니다.

그리하여 온 백성을 들어 조曹나라 오록五鹿을 정벌하고 나서 정鄭나라에 이르러 성곽의 담을 뒤엎어버리고 위衛나라 밭두렁을 뚫어 동쪽으로 길을 내었으며, 초楚나라와 성복城濮에서 싸워 승리를 거두었습니다.

진나라 삼군三軍의 병사들은 멈추면 마치 발을 잘라놓은 것과 같았고, 움직이면 마치 흐르는 물과 같았습니다.

삼군의 병사들은 감히 금지령을 범하는 자가 없게 되었지요.

그러므로 문공이 한 번 전힐의 척추로 방법을 빌려 가벼운 죄를 중형에 처하자 진나라가 잘 다스려졌던 것입니다.

옛날 주공周公 단旦이 관숙管叔을 죽여버리고, 채숙蔡叔을 추방하고, 곽숙霍叔을 유배시키면서 '이들은 금지령을 범한 자들이다'라고 말하였습니다.

그러자 천하 사람들이 모두 '친형제도 잘못이 있으면 용서하지 않거늘 하물며 관계가 소원한 사람들임에랴?'라고 하였습니다.

그러므로 천하 사람들이 주나라 조정에서조차 칼과 톱을 쓰고 있음을 알게 되자 나라 안이 잘 다스려졌던 것입니다.

그 때문에 '형벌을 명확히 하기를 더욱 더 하면 형벌이 없는 상황에 이르게 된다'라고 말씀드린 것입니다."

「所謂壹刑者, 刑無等級.

自卿相·將軍以至大夫·庶人, 有不從王令, 犯國禁, 亂上制者, 罪死不赦.

有功於前, 有敗於後, 不爲損刑; 有善於前, 有過於後, 不爲虧法.

忠臣孝子有過, 必以其數斷.

守法守職之吏, 有不行王法者, 罪死不赦, 刑及三族.

周官之人, 知而訐之上者, 自免於罪, 無貴賤, 尸襲其官長之官爵·田祿.

故曰:『重刑·連其罪, 則民不敢試, 民不敢試, 故無刑也.』

夫先王之禁, 刺殺, 斷人之足, 黥人之面, 非求傷民也, 以禁姦止過也.

故禁姦止過, 莫若重刑.

刑重而必得, 則民不敢試, 故國無刑民.

國無刑民, 故曰:『明刑不戮.』

晉文公欲明刑以親百姓, 於是合諸卿大夫於侍千宮.

顚頡後至, 吏請其罪, 君曰:『用事焉.』

吏遂斷顚頡之脊以殉.

晉國之士, 稽焉皆懼, 曰:『顚領之有寵也, 斷以殉, 況於我乎?』

乃無犯禁者, 晉國大治.

擧民伐曹·五鹿, 及反鄭之埤, 東徵之畝, 勝荊人於城濮.

三軍之士, 止之如斬足, 行之如流水.

三軍之士, 無敢犯禁者.

故一假道重輕於顚頡之脊, 而晉國治.

昔者, 周公旦殺管叔, 放蔡叔, 流霍叔, 曰: 『犯禁者也.』

天下衆皆曰: 『親昆弟有過不違, 而況疏遠乎?』」

故天下知用刀鋸於周庭, 而海內治.

故曰: 『明刑之猶, 至於無刑也.』」

【三族】《史記》秦本紀 "文公三十年, 法初有三族之罪"의 〈集解〉에 "張晏曰: 父母·兄弟·妻子也. 如淳曰: 父族, 母族, 妻族也"라 하였음. 그러나 高亨은 "三族當是父母, 兄弟, 妻子. 〈畫策篇〉:「父遺其子, 兄遺其弟, 妻遺其夫, 曰:「失法離令, 若死我死.」便是證明"이라 함.

【周官之人】 관직에 업무를 갖추어 처리하고 있는 자. 〈解詁〉에 "周, 備也"라 함.

【訐】 남의 죄악을 들추어냄. 이를 윗사람에게 고발함을 뜻함.《論語》陽貨篇 "子貢曰:「君子亦有惡乎?」子曰:「有惡: 惡稱人之惡者, 惡居下流而訕上者, 惡勇而無禮者, 惡果敢而窒者.」曰:「賜也亦有惡乎?」「惡徼以爲知者, 惡不孫以爲勇者, 惡訐以爲直者.」"의 集註에 "訐, 謂攻發人之陰私"라 함.

【尸襲】 원래 '尸'는 尸童. 고대 제사 때에 신을 대신하여 神位에 앉는 어린 아이. 《孟子》告子(上) "弟爲尸, 則誰敬?"의 注에 "尸, 祭祀所主以象神"이라 함. 따라서 '대신하다'의 뜻으로 쓰인 것. '襲'은 '계승하다'의 뜻.《漢書》揚雄傳 顔師古 注에 "襲, 繼也"라 함. 高亨은 "尸, 代替. 古代祭祀祖先, 有人裝扮祖先之神叫做尸. 尸是代替祖先, 所以是字有代替之意.《漢書》揚雄傳顔注:「襲, 繼也.」卽繼承"이라 함.

【先王之禁】 '禁'은 '금지하는 법령'을 뜻함. 禁하는 조목들. 高亨은 "禁, 法禁, 指刑法. 因爲刑法在禁止犯罪, 所以稱禁"이라 함.

【黥】 黥刑, 墨刑. 이마에 검은 먹물을 刺入하여 죄인임을 누구나 알 수 있도록

하는 것.

【晉文公】春秋五霸의 하나. 성은 姬, 이름은 重耳. 진나라 공자로 19년간 해외 망명생활을 거쳐 귀국하여 군주가 됨. 재위기간 동안 楚나라와 패권을 다투어 春秋시대 가장 큰 전투였던 城濮之戰을 승리로 이끌어 패자의 지위에 오름. B.C.636년~628년까지 9년간 재위.《史記》晉世家 및《國語》晉語,《左傳》 등을 참조할 것.

【顚頡】晉나라 대신으로 文公의 19년간을 망명생활을 따라다녔던 인물.《左傳》 僖公 28년에 의하면 城濮之戰에서 명령을 어기고 曹나라 대부 僖負羈의 집에 불을 지르자 文公이 그를 죽여 신하들에게 경계를 삼은 것으로 되어 있어 본문 내용과 다름. 다만《韓非子》外儲說右上에 "晉文公問於狐偃曰:「寡人甘肥周 於堂, 巵酒豆肉集於宮, 壺酒不淸, 生肉不布, 殺一牛徧於國中, 一歲之功盡以衣 士卒, 其足以戰民乎?」狐子曰:「不足.」文公曰:「吾弛關市之征而緩刑罰, 其足 以戰民乎?」狐子曰:「不足.」文公曰:「吾民之有喪資者, 寡人親使郎中視事. 有罪 者赦之, 貧窮不足者與之. 其足以戰民乎?」狐子對曰:「不足, 此皆所以愼産也; 而戰之者, 殺之也. 民之從公也, 爲愼産也, 公因而迎殺之, 失所以爲從公矣.」 曰:「然則何如足以戰民乎?」狐子對曰:「令無得不戰.」公曰:「無得不戰奈何?」 狐子對曰:「信賞必罰, 其足以戰.」公曰:「刑罰之極安至?」對曰:「不辟親貴, 法行 所愛.」文公曰:「善.」明日令田於圃陸, 期以日中爲期, 後期者行軍法焉. 於是公 有所愛者曰顚頡, 後期, 吏請其罪, 文公隕涕而憂. 吏曰:「請用事焉.」遂斬顚頡 之脊, 以徇百姓, 以明法之信也. 而後百姓皆懼曰:「君於顚頡之貴重如彼甚也, 而君猶行法焉, 況於我則何有矣.」文公見民之可戰也, 於是遂興兵伐原, 克之. 伐衛, 東其畝, 取五鹿; 攻陽勝虢; 伐曹, 南圍鄭, 反之陴; 罷宋圍, 還與荊人戰 城濮, 大敗荊人; 返爲踐土之盟, 遂成衡雍之義. 一擧而八有功. 所以然者, 無他 故異物, 從狐偃之謀, 假顚頡之脊也"라 하였음.

【侍千宮】晉나라 궁궐 이름.《太平御覽》(636)에는 '冀宮'으로 되어 있음.

【斷脊】腰斬과 같음. 허리를 베는 형벌.

【殉】'徇'과 같음. 고대 죄인을 죽여 다른 이들에게 경계시키기 위하여 그 시신 이나 목을 무리에게 다니면서 보여주는 것을 '徇'이라 하였음.《說文》에 "徇, 行示也"라 함.

【稽焉】서로 그 문제에 대하여 상의함. 논의함. 의견을 나눔. 朱師轍은 "稽, 議也. 《禮記》緇衣:「行必稽其所敝」鄭注:「稽, 猶考也. 議也.」"라 함.

【曹】춘추시대 제후국 이름 지금의 山東 定陶縣에 있었음. 曹 文公이 공자 시절

망명길에 각국을 돌아다닐 때 曹 共公이 그에게 無禮한 짓을 하였던 것을 문제 삼아 즉위 5년에 曹나라를 침략하고 내친 김에 衛나라를 정벌한 일.

【五鹿】衛나라 땅. 지금의 河北 濮陽縣 남쪽.《左傳》僖公 28년에 "晉侯侵曹伐衛, 正月戊申, 取五鹿"이라 함. 앞의《韓非子》인용문을 볼 것.

【反鄭之埤】《韓非子》에는 "反之陴"로 되어 있으며 '埤'는 '陴'와 같음. 성가퀴. '反'은 '覆'과 같음. '陴'는 성벽 위에 더 쌓은 담. 陴埳. 구멍을 내어 밖을 살필 수 있도록 한 것. 이를 무너뜨려 엎어버림. 鄭나라 또한 춘추시대 제후국 이름. 지금의 河南 중부 일대에 있었음.

【東徵之畝】'徵'은 '衛'의 오기. 秦나라는 衛나라 서쪽에 있었는데, 문공은 위나라의 전답의 밭두렁을 동서로 통하는 길로 만들어 전차가 통과하기 쉽게 한 것이라 함. 그러나《韓非子》에는 "東其畝"로 되어 있음. 孫詒讓은 "徵, 當作衛.《呂氏春秋》簡選篇云: 「晉文公反鄭之埤, 東衛之畝.」"라 함. '畝'는 밭두둑. 高亨은 "《國語》周語韋注: 「畝, 壟也.」晉國在衛國西, 晉文公把衛國田地改爲東西壟, 便於兵車通過"라 함.

【勝荊人于城濮】'荊'은 '楚'나라의 별칭. 楚나라는 원래 荊山 일대에 건국하여 흔히 荊으로 불렸음. 한편 秦始皇의 아버지 莊襄王의 이름이 子楚여서 혹 楚를 荊으로 避諱하여 부르기도 함.

【城濮】衛나라 땅, 지금의 山東 濮縣 남쪽이며 鄄城 서남쪽 臨濮集. 城濮之戰 (B.C.632)은 春秋시대 가장 치열했던 전투로 北上하는 楚나라 세력을 中原에서 차단한 역사적 의미를 가지고 있음. 이 전투에서 진 문공이 승리하고 그 뒤에 踐土에서 제후들을 불러 會盟을 성사시킴으로써 실질적인 패자로 군림하게 됨. 《左傳》僖公 28년에 자세히 실려 있음.

【三軍】천자는 六軍, 제후 가운데 대국은 三軍을 두었음.《周禮》小司徒에 "五旅 爲師, 五師爲軍"이라 하였고,〈夏官〉序官에는 "萬五千人爲軍. 王六軍, 大國三軍, 次國二軍, 小國一軍"이라 함.

【周公旦】姬旦. 주나라 武王(姬發)의 아우이며 처음 周(지금의 陝西 岐山縣 동북쪽) 에 봉해져 周公이라 불렸으며 뒤에 무왕을 도와 殷을 멸하고 다시 魯(山東 曲阜)에 봉해져 노나라 시조가 됨.《史記》魯周公世家 참조.

【管叔】姬鮮. 管叔鮮. 武王과 周公의 아우. 武王이 殷나라를 멸한 뒤에 管(지금의 河南 鄭州)에 봉하여 관숙이라 부름.《史記》管蔡世家를 참조할 것.

【蔡叔】역시 武王과 周公의 아우이며 蔡叔度. 姬度. 역시 武王이 殷을 멸한 뒤 蔡(지금의 河南 上蔡縣)에 봉하여 蔡叔으로 불림.

【霍叔】 姬處. 霍(지금의 山西 霍縣)에 봉하여 霍叔이라 불림. 武王이 殷을 멸한 뒤 紂의 아들 武庚을 殷에 봉하여 제사를 잇도록 하면서 管叔, 蔡叔, 霍叔으로 하여금 이를 감시하도록 임무를 맡겼음. 이를 三監이라 함. 그 뒤 武王이 죽은 成王이 뒤를 이었으나 너무 어려 周公(姬旦)이 섭정하게 되자 이들 셋이 周公을 의심하고 武庚과 연합하여 해서 반란을 일으킴. 이에 周公이 이를 평정하고 武庚과 管叔을 죽이고 蔡叔을 추방하고 霍叔을 서민으로 강등시켰으며 이를 '周公東征'이라 함. 《尙書》 蔡仲之命에 "惟周公位冢宰, 正百工, 羣叔流言, 乃致辟管叔于商, 囚蔡叔于郭鄰, 以車七乘, 降霍叔于庶人, 三年不齒. 蔡仲克庸祗德, 周公以爲卿士. 叔卒, 乃命諸王, 邦之蔡"라 함. 한편 〈解詁〉에는 "霍叔, 當爲蔡叔之誤. 《史記》 管蔡世家:「文王長子曰伯邑考, 次曰武王發, 管叔鮮, 周公旦, 蔡叔度, 霍叔處. 武王崩, 成王少, 周公旦專王室. 管叔挾武庚以作亂, 周公旦承成王命, 伐誅武庚, 殺管叔而放蔡叔.」 僞《書》 蔡仲之命:「惟周公位冢宰, 正百工. 羣叔流言, 乃致辟管叔于商, 囚蔡叔于郭鄰, 以車七乘, 降霍叔于庶人. 三年不齒.」 라 함.

【刀鋸】 칼과 톱. 고대의 刑具를 대칭하여 쓴 말. 《帝鑑圖說》(下) 縱酒妄殺에 "齊史紀: 齊主洋嗜酒淫佚, 肆行狂暴. 嘗作大鑊·長鋸·剉·碓之屬, 陳之於庭. 每醉, 輒手殺人, 以爲戲樂. 楊愔乃簡死囚, 置仗內, 謂之「供御囚」. 齊主欲殺人, 輒執以應命"이라 함.

118(17-4)
일교壹教

"이른바 교화를 통일한다는 것은 박문博聞, 변혜辯慧, 신렴信廉, 예악禮樂, 수행修行, 군당羣黨, 임예任譽, 청탁淸濁으로써는 부귀해 질 수 없고 형벌의 평결에 영향을 미칠 수 없으며, 홀로 우뚝 서서 하는 사사로운 논의는 임금에게 진술할 수 없음을 뜻합니다.

굳세기만 한 자는 깨뜨려지고, 날카로운 자는 꺾어버려야 합니다.

비록 성지聖知, 교녕巧佞, 후박厚樸함이 있다 해도 공이 없이는 임금으로부터 그 어떤 이익도 그물질 할 수 없어야 합니다.

그렇다면 부귀의 문은 모름지기 전투에서의 공에 달려 있을 뿐이지요.

전투에 능한 자만이 부귀의 문을 밟을 수 있으며, 강하고 뻣뻣하게 굴다가는 법에 따른 형벌이 있을 뿐 사면은 받지 못하는 것입니다.

이에 부형父兄, 곤제昆弟, 지식知識, 혼인婚姻, 합동合同의 조건을 가진 자들은 모두가 '더욱 힘쓸 바는 것은 오직 전투에서의 공을 세우는 것일 뿐'이라고 말하게 되겠지요.

무릇 그 까닭으로 장정은 전투에 힘을 기울이며, 노약자는 수비에 힘을 기울이면서 죽어도 후회가 없고 살아서는 온 힘을 기울이게 되는 것이니 이것이 제가 말하는 교화를 통일함이라는 것입니다.

사람들의 부귀에 대한 욕심은 하나같이 관 뚜껑을 덮은 뒤에야 그치게 되는 것이며, 부귀의 문은 반드시 전투에서 나오도록 하는 것입니다.

이 까닭으로 백성들은 전쟁이 터졌다는 말을 들으면 서로 축하하고, 일상생활과 먹고 마시면서도 부르는 노래는 전투에 관한 것이 됩니다.

이것이 제가 말씀드린 바 '교화는 명확히 하기를 더욱 더 하면 교화할 필요가 없는 상황에 이른다'라는 것입니다."

「所謂壹敎者, 博聞·辯慧·信廉·禮樂·修行, 羣黨任譽清濁, 不可以富貴, 不可以評刑, 不可獨立私議以陳其上.

堅者被, 銳者挫.

雖曰聖知·巧佞·厚樸, 則不能以非功罔上利.

然富貴之門, 要存戰而已矣.

彼能戰者, 踐富貴之門; 彊梗焉, 有常刑而不赦.

是父兄·昆弟·知識·婚姻·合同者, 皆曰:『務之所加, 存戰而已矣.』

夫故當壯者務於戰, 老弱者務於守; 死者不悔, 生者務勸, 此臣之所謂壹敎也.

民之欲富貴也, 共闔棺而後止, 而富貴之門, 必出於兵.

是故民聞戰而相賀也; 起居飮食所歌謠者, 戰也.

此臣之所謂『明敎之猶, 至於無敎』也.

【辯慧】 말 잘하는 것과 뛰어난 지혜나 재치.

【羣黨】 무리를 이루어 당파를 지음.

【任譽】 〈解詁〉에 "任, 用也; 譽, 名美也.《韓非子》六反:「活賊匿姦, 當死之民也. 而世尊之曰任譽之士.」"라 함. 그러나 高亨은 "《說文》:「任, 保也.」仗義出力, 來保護別人叫做任, 卽任俠. 贊揚別人叫做譽"라 함.

【淸濁】 請託과 謁見, 즉 '請謁'이 아닌가 함. 蔣禮鴻은 "淸濁, 當作請謁, 字之誤也"라 함. 그러나 혹 맑음과 탁함을 뒤집어 曲解시키는 행위로 보기도 함. 〈釋注〉에 "一說, 淸濁, 以淸爲濁, 以濁爲淸, 意指顚倒是非, 混淆黑白"이라 함.

【評刑】 刑罰에 대한 評決判斷.

【堅者被】 '被'는 '破'의 오기. 錢熙祚는 "被, 疑當作破"라 함.

【聖知】 '聖智'와 같음.

【巧佞】 阿諂과 佞倖을 뜻함.《論語》學而篇에 "子曰:「巧言令色, 鮮矣仁!」"이라 하였고, 〈衛靈公篇〉에는 "放鄭聲, 遠佞人. 鄭聲淫, 佞人殆"라 함.

【厚樸】후덕하고 박실함. 이상 덕목들은 儒家와 관련 있는 것들로 법을 지키지 않는 한 아무런 소용이 없음을 강조하기 위하여 제시한 것.

【罔上利】'罔'은 '网', '網'과 같으며 '그물질 하다, 훑어서 자신의 이익으로 챙기다'의 동사로 쓰였음. '取'와 같음. 高亨은 "罔, 古网字, 取也. 人取利比如用網打魚, 所以网有取意"라 함. 〈解詁〉에는 "所謂壹敎者, 雖有異能, 不加富貴, 不爲減刑, 不獨立私議而陳其功. 被其堅, 挫其銳, 雖聖知之流, 不能以無功以罔羅上利. 求富貴之道, 惟在於戰鬪而已矣"라 함.

【彊梗】彊勁, 彊硬과 같음. 강하고 뻣뻣함. 법을 제대로 지키지 않는 자를 가리킴. 〈解詁〉에 "梗, 猛也.《淮南子》:「鋤其强梗.」"이라 함.

【有常刑】'常'은 '法'과 같음. 법에 의해 형벌을 내림.

【父兄】아버지와 아버지의 형제인 숙부, 백부들. 高亨은 '父子'여야 한다고 보았음.

【昆弟】'兄弟'의 다른 말.

【婚媾】婚姻과 같음. 자신과의 인척, 자녀의 인척을 함께 일컫는 말. 즉 '婚'은 '자신 부인의 집안'(婦家), '媾(姻)'은 '사위의 집안'(壻家)을 뜻함. 蔣禮鴻은 《說文》: 「婚, 婦家也. 禮: 娶婦以昏時, 婦人陰也, 故曰昏. 姻, 壻家也, 女之所因, 故曰姻.」 《爾雅》釋親:「壻之父爲姻, 婦之父爲婚. 婦之父母・壻之父母相謂婚姻. 婦之黨爲婚兄弟, 壻之黨爲姻兄弟.」라 함.

【合同】같은 취향이나 지향하는 道가 같아 뜻을 같이하는 관계. 〈解詁〉에 "合同, 謂道合志同之士"라 함.

【闔棺】관 뚜껑을 닫음. 죽은 뒤에나 성취가 가능함. 〈解詁〉에 "闔, 閉也.《管子》揆度篇:「當壯者遺之戍邊, 此言民欲富貴, 非至死不休也.」《韓詩外傳》:「學而不已, 闔棺乃止.」"라 함.

【起居】일상생활.

【歌謠】《爾雅》에 "和樂曰歌, 徒歌曰謠"라 함.

119(17-5)

삼교參教

"이상이 제가 말씀드린 바 세 가지 가르침입니다.

성인은 모든 일에 능통한 것이 아니라, 만물의 요체를 아는 것입니다.

그러므로 나라를 다스림에 요체를 거론하여 만물을 끝까지 궁구하므로 가르침이 적어도 효과는 많은 것입니다.

성인의 이러한 나라 다스림의 방법은 알기는 쉬우나 실행에 옮기기는 어려운 것이지요.

이 까닭으로 성인이라고 반드시 찬미할 것만은 아니며, 평범한 군주라고 반드시 폐기할 것만은 아닙니다.

사람을 죽였다고 해서 포악하다고 하지 않고, 사람에게 상을 주었다고 해서 어질다고 하지 않는 것은 나라의 법이 분명하기 때문입니다.

성인은 공적에 따라 관직을 주고 작위를 내리므로, 어진 사람이 걱정하지 않는 것이며, 성인은 허물을 용서하지도 않고 형벌을 사면하지도 않으므로 간사한 사람이 더 이상 생겨나지 않는 것입니다.

성인의 나라 다스림에는 한 가지만을 깊이 살필 따름입니다."

「此臣之所謂參敎也.

聖人非能通, 知萬物之要也.

故其治國, 擧要以致萬物, 故寡敎而多功.

聖人治國也, 易知而難行也.

故聖人不必加, 凡主不必廢.

殺人不爲暴, 賞人不爲仁者, 國法明也.

聖人以功授官予爵, 故賢者不憂; 聖人不宥過, 不赦刑, 故姦無起.

聖人治國也, 審壹而已矣.」

【參敎】앞서 첫머리에 제시한 賞, 刑, 敎 세 가지를 가리킴. 그러나 "敎化에 대한 參驗"으로 보기도 함. 〈解詁〉에 "參, 驗也. 壹敎之效驗. 尹桐陽云:「參, 三也. 謂賞刑敎三事.」亦通"이라 함.

【以致萬物】'致'는 '끝까지 궁구하여 해결함'의 뜻. 《後漢書》苟爽傳 注에 "致, 猶盡也, 極也"라 함. 〈解詁〉에는 "言擧要, 足以知萬物之情"이라 함.

【易知而難行】蔣禮鴻은 "易知者, 用刑賞; 難行者, 在用而得其道. 〈錯法篇〉: 「削國亡主非無爵祿, 其所道過也; 三王五霸其所道不過爵祿, 而功相萬者, 其所道明也.」 彼但言爵祿, 此兼言刑賞, 意則通也"라 함.

【不必加】'加'는 《爾雅》釋詁에 "加, 美也"라 하여 '찬미하다, 칭송하다'의 뜻.

【不必廢】《韓非子》難勢에 "中者, 上不及堯·舜, 而下亦不爲桀·紂. 抱法處勢, 則治; 背法去勢, 則亂"이라 하여 뜻이 비슷함.

【賢者不憂】〈解詁〉에 "賢者有法可守, 故不憂. 或曰:「憂, 讀爲優. 謂賞必以功, 無功雖賢者不加優.」"라 하여 '憂'를 '優'로 보아 "공이 없으면 현자라도 우대를 받을 수 없다"로 풀이하기도 함.

【宥過】허물에 대하여 관대함. 〈解詁〉에 "宥, 寬也"라 함.

【審壹】한 가지만 깊이 따짐. 한 가지는 '法治'를 가리킴.

18. 〈畫策〉第十八

'획책畫策'은 '책략을 기획함'의 뜻으로 '畫'은 '劃'과 같다. 군주는 국가 통치의 방략方略을 기획하여 법치와 강권으로 통치의 기틀을 세워야 한다는 주장이다. 국내적으로는 중형정책重刑政策을, 대외적으로는 겸병정책兼幷政策을 실시하여 부국강병의 목표를 이루어야 한다는 것이다. 폭력暴力과 무력武力을 통해 천하 통일의 대업을 이루어 법치의 위대함을 실현해야 한다는 법가의 극단사상이 나타나 있다.

〈三輪銅盤〉(春秋) 1957 江蘇 武進 출토

120(18-1)
상고시대와 법

옛날 호영昊英이 다스리던 시대에 나무를 베고 짐승을 죽여 없앴던 것은 사람이 적고 나무와 짐승이 많았기 때문이었다.

황제黃帝가 다스리던 시대에는 짐승의 새끼를 잡지 못하도록 하고 새알을 취하지 못하도록 하였으며, 관리에게는 노예를 제공하지 않았으며, 죽어서는 곽槨을 쓰지 못하도록 하였다.

이들이 한 일은 서로 같지 않았지만 모두가 왕 노릇하였던 것은 시대가 달랐기 때문이다.

신농씨神農氏 시대에는 남자는 밭을 갈아 식량을 얻고 부녀자는 길쌈을 하여 옷을 해 입었으며, 형법과 정치를 쓰지 않았어도 잘 다스려졌으며, 군대를 일으키지 않았어도 왕 노릇을 할 수 있었다.

신농씨가 이윽고 죽고나자 사람들은 강한 힘으로 약한 자를 눌렀으며, 많은 무리로써 적은 무리에게 포악한 짓을 하였다.

그리하여 황제가 군신상하의 의義, 부자와 형제 사이의 예, 부부 비필妃匹의 결합의 제도를 만들고 안으로는 칼과 톱의 형구를 쓰고 밖으로는 무력을 쓰게 되었으니 이유는 시대가 바뀌었기 때문이었다.

이로 말미암아 보건대 신농씨가 황제보다도 고상한 것은 아니었음에도 그 명성이 존귀함을 받는 것은 시대에 잘 적응하였기 때문이다.

그러므로 전쟁으로써 전쟁을 없앤다면 비록 전쟁을 하더라도 옳은 것이며, 살인으로써 살인을 없앤다면 비록 살인을 하더라도 옳은 것이며, 형벌로써 형벌을 없앤다면 비록 형벌을 엄하게 하더라도 옳은 것이다.

昔者, 昊英之世, 以伐木殺獸, 人民少而木獸多.

黃帝之世, 不麛不卵, 官無供備之民, 死不得用椁.

事不同, 皆王者, 時異也.

神農之世, 男耕而食, 婦織而衣, 刑政不用而治, 甲兵不起而王.

神農既沒, 以彊勝弱, 以衆暴寡.

故黃帝作爲君臣上下之義, 父子兄弟之禮, 夫婦妃匹之合; 內行刀鋸, 外用甲兵, 故時變也.

由此觀之, 神農非高於黃帝也, 然其名尊者, 以適於時也.

故以戰去戰, 雖戰可也; 以殺去殺, 雖殺可也; 以刑去刑, 雖重刑可也.

【昊英】상고시대의 제왕. '皞英'으로도 표기함. 원시시대 수렵채취시대의 부락 수령. 司馬貞이《史記》를 보충하여 지은《三皇本紀》에는 太皞庖犧氏, 女媧氏, 神農氏만 서술하면서 昊英氏는 언급하지 않았음.《漢書》古今人表에는 太昊를 '上上聖人'으로 昊英氏를 '上中仁人'으로 표현하고 있음. 한편 〈解詁〉에는 "《帝王世紀》: 女媧氏沒, 大庭氏王有天下, 次有柏皇氏, 中央氏, 栗陸氏, 驪連氏, 赫胥氏, 祝融氏, 混沌氏, 昊英氏, 有巢氏, 葛天氏, 陰康氏, 朱襄氏, 無懷氏, 皆襲 庖犧之號"라 함,

【伐木】《韓非子》五蠹篇에 "有巢氏, 構木爲巢,以避羣害"라 함.

【黃帝】중국 상고시대의 帝王. 中原 각 부족의 共同 先祖. 公孫氏이며 姬水 가에 살아 姬姓으로도 부름. 軒轅의 언덕을 근거로 발전하여 軒轅氏로도 불리여 나라를 有熊이라 하여 有熊氏로도 부름. 姜姓의 炎帝(神農氏)와 九黎族의 受領 蚩尤를 물리치고 각 부락의 聯盟 首領이 되었으며 土德으로 왕이 되었다 하여 黃帝로 칭함. 道家의 시조로 여겨 黃老術의 원조가 되기도 함.

【不麛不卵】'麛'는 '다 자라지 않은 새끼 사슴'을 가리킴. 卵은 알. 이를 잡거나 채취하지 못하도록 함. 蔣禮鴻은 "《說文》:「麛, 鹿子也.」此以爲凡幼獸之稱"이라 하였고, 高亨은 "此處麛卵都用做動詞, 言不獵小獸, 不取鳥卵, 以使鳥獸繁殖.

作者認爲黃帝時代, 鳥獸已經稀少, 其實不然"이라 함. 〈解詁〉에는 "凡物無乳者
卵生. 〈曲禮〉:「士不取麛卵.」"이라 함.

【官無供備之民】'備'는 '用'의 뜻.《淮南子》脩務訓 "遂爲天下備"의 注에 "備, 猶
用也"라 함. 관리가 부릴 수 있는 사람을 공급하지 않음. 즉 노동력을 얻기 위해
노예를 쓰는 일이 없었음을 말함.

【槨】棺에 더하여 밖에 쓰는 관, 즉 겹으로 더하여 쓰는 관. 원래는 '內棺外槨'
으로 구분하였음. 高亨은 "古代貴族死了, 棺不僅一層, 最裏一層稱棺, 棺外各
層稱槨.《莊子》天下:「天子棺槨七重, 諸侯五重, 大夫三重, 士再重.」"이라 함.

【皆王者, 時異也】이 부분은 缺誤가 있는 것으로 봄. 蔣禮鴻은 "《商君書》此文
有缺誤. 羅泌《路史》前紀卷九引此作「昔者, 昊英之世, 以伐木與殺獸, 人民少而
木獸衆. 人帝之世, 不麛不卵, 官無供備之勞, 而死不得用享. 事不同而階王, 以時
異也. 伐木者, 衣新之世也」云云.《路史》享當作椁, 階當作偕. 而「人帝」及「供備
之勞」與「伐木者, 衣新之世也」云云, 皆《商君書》原本, 當取以校補今本者也. 此蓋
以養生送死之事明時異事殊, 新卽古薪字.《易》繫辭傳所謂「古之葬者, 厚衣之
以薪」是也"라 함,

【神農】炎帝 神農氏. 쟁기를 만들어 농사짓는 법을 발명한 집단. 산과 들에 불을
놓아 火田으로 시작하여 烈山氏라고도 부름.《十八史略》(1)에 "炎帝神農氏:
姜姓人身牛首, 繼風姓而立, 火德王. 斲木爲耜, 揉木爲耒, 始敎耕, 作蜡祭. 以赭
鞭鞭草木, 嘗百草, 始有醫藥. 敎人日中爲市, 交易以退. 都於陳, 徙曲阜"라 함.
〈解詁〉에는 "《帝王世紀》:「炎帝神農氏, 姜姓, 母曰任姒, 有蟜氏女, 登爲少典妃.
游華陽, 有神龍首, 感生炎帝, 人身牛首, 長於姜水, 有聖德.」"이라 하였고 다시
"《白虎通》: 古之人民, 皆食禽獸肉, 至於神農, 人民衆多, 禽獸肉不足. 於是神農
因天之時, 分地之利, 制耒耜, 敎民農作. 神而化之, 使民宜之, 故謂之神農也"라 함.
《文子》上義篇에는 "神農之法:《神農之法》曰:「丈夫丁壯不耕, 天下有受其飢者;
婦人當年不織, 天下有受其寒者.」故身親耕, 妻親織, 以爲天下先"라 함.

【義】'儀'로 보기도 함. 도덕 준칙.《韓非子》解老篇에 "義者, 君臣上下之事, 父子
貴賤之差也, 知交朋友之接也, 親疏內外之分也. 臣事君宜, 下懷上宜, 子事父宜,
賤敬貴宜, 知交友朋之相助也宜, 親者內而疏者外宜. 義者, 謂其宜也, 宜而爲之"
라 함.

【妃匹】'妃'는 '配'와 같음. 配匹.

【刀鋸】刑具. 117의 注를 볼 것.

【以殺去殺】〈解詁〉에는 "以戰去戰, 如武王伐紂; 以殺去殺, 如晉文殺顚頡; 以刑
去刑, 如子産治鄭"이라 함.

121(18-2)
백성이란 통제 대상

옛날 능히 천하를 제어할 수 있었던 자는 반드시 먼저 자신의 백성을 제어하였던 자이며, 능히 강한 적을 이겨낸 자는 반드시 먼저 자기 백성을 이겨내었던 자이다.

백성을 이겨내는 근본은 백성을 제어하는 데에 있으니 이는 마치 야장治匠에게 있어서의 쇠붙이와 같고, 도장陶匠에게 있어서의 흙과 같다.

근본이 견고하지 않으면 백성들은 마치 나는 새나 내닫는 짐승과도 같이 되고 말 것이니 누가 능히 그들을 제어할 수 있겠는가?

백성에 있어서의 근본은 법이다.

그러므로 잘 다스리는 자는 법으로써 백성을 막는 것이니 그렇게 하면 명성과 땅이 불어나는 것이다.

昔之能制天下者, 必先制其民者也; 能勝彊敵者, 必先勝其民者也.

故勝民之本在制民, 若冶於金, 陶於土也.

本不堅, 則民如飛鳥走獸, 其孰能制之?

民本, 法也.

故善治者, 塞民以法, 而名·地作矣.

【勝其民】 '勝'은 '제압하다, 통치하다, 제어하다, 통제하다, 이겨내다'의 뜻.

【冶於金, 陶於土】 '冶'는 治匠. 쇠붙이를 다루는 匠人. 陶는 陶工, 陶匠, 흙을
다루어 그릇을 만드는 匠人. 《漢書》 董仲舒傳에 "金之在鎔, 惟冶者之所鑄"라
하였고, 《淮南子》 精神訓에는 "譬猶陶人之埏埴也"라 함.

【塞民】 백성의 범죄나 악행을 미리 막음. '塞'은 '遏', '杜'와 같음. 〈解詁〉에 "法爲
治民之本, 善治者, 以法遏民之惡, 故能得名與地"라 함.

【名地作矣】 '名'은 명성, '地'는 영토. '作'은 '불어나다, 더해지다, 생겨나다'의 뜻.
《公羊傳》 莊公 29년 "修舊也"의 注에 "有所增益曰作"이라 하였고, 《詩經》 周頌
天作篇 "天作高山"의 毛傳에 "作, 生也"라 함.

122(18-3)
병역兵役 의무

　명성이 존귀해지고 영토가 넓어져서 왕 노릇하기에 이르게 되는 것은 무엇 때문이겠는가? 전쟁에서 승리하였기 때문이다.

　명성이 낮아지고 땅이 깎여나가 멸망에 이르게 되는 것은 무엇 때문이겠는가? 전쟁에서 패하였기 때문이다.

　승리하지 못하고 왕 노릇하거나 패하지 않았는데도 멸망하는 경우란 예부터 지금에 이르도록 있어 본 적이 없다.

　백성들이 용감하면 전쟁에서 승리하는 것이요, 백성들이 용감하지 않으면 전쟁에서 패하는 것이다.

　능히 백성들로 하여금 전쟁에 한결같은 일념을 갖도록 하면 백성들은 용감해지는 것이요, 백성들로 하여금 전쟁에 하나로 결집시키지 못하면 백성들은 용감해 질 수가 없는 것이다.

　성왕聖王은 왕 노릇하는 것이 병력을 통해 이루어진다는 것을 알기 때문에 온 나라를 다 들어 병역兵役의 책무를 맡기는 것이다.

　어떤 나라에 들어가서 그 나라의 다스림을 관찰하여 그 백성들이 임금에게 쓰여지는 나라는 강하다.

　백성들이 군주에게 쓰임을 받고 있음을 어떻게 알 수 있는가?

　백성들이 전쟁을 보고 마치 주린 이리가 살코기를 본 것처럼 하면 백성들이 쓰여지고 있는 것이다.

　무릇 전쟁이란 백성들이 싫어하는 것이지만 그럼에도 능히 백성들로 하여금 전쟁을 즐겁게 여기는 자는 왕이 될 수 있다.

　강한 나라의 백성이라면 아버지가 그 아들을 군대에 보내면서, 형이 아우를 군대에 보내면서, 아내가 남편을 군대에 보내면서 모두가 "적의 목을 얻지 못하면 돌아오지 말라"라고 말한다.

또 "법을 지키지 않고 명령을 어기면 너도 죽고 나도 죽는다. 고을에서도 우리들을 처벌할 것이다. 너는 군대 내에서 달아날 곳이 없으며, 거기를 떠나 집으로 와도 들어올 곳이 없다"라고 말한다.

군대 내에서의 다스림은 다섯 사람씩을 연좌시켜 군장軍章으로 변별하며, 명령으로 그들을 묶어 달아나도 처할 곳이 없고, 전투에 실패해도 살아남을 수가 없다. 이 까닭으로 삼군三軍의 무리들은 명령에 복종하기를 마치 물 흐르듯이 하여 죽어도 발길을 되돌리지 않게 되는 것이다.

名尊地廣以至於王者, 何故? 戰勝者也.

名卑地削以至於亡者, 何故? 戰罷者也.

不勝而王, 不敗而亡者, 自古及今, 未嘗有也.

民勇者, 戰勝; 民不勇者, 戰敗.

能壹民於戰者, 民勇; 不能壹民於戰者, 民不勇.

聖王見王之致於兵也, 故擧國而責之於兵.

入其國, 觀其治, 民用者彊.

奚以知民之見用者也?

民之見戰也, 如餓狼之見肉, 則民用矣.

凡戰者, 民之所惡也, 能使民樂戰者, 王.

彊國之民, 父遺其子, 兄遺其弟, 妻遺其夫, 皆曰:「不得, 無返.」

又曰:「失法離令, 若死我死. 鄕治之, 行間無所逃, 遷徙無所入.」

行間之治, 連以五, 辨之以章, 束之以令, 拙無所處, 罷無所生.

是以三軍之衆, 從令如流, 死而不旋踵.

【戰勝者也】 "何故?" 다음에 이 구절이 없으나 다음 구절의 "戰罷者也"에 맞추어
  보입함. 俞樾은 "「何故」下奪「戰勝者也」四字"라 함.
【戰罷】 '罷'는 '敗'와 같음. 蔣禮鴻은 "罷, 通作敗"라 하였고, 朱師轍은 "罷, 敝也"
  라 함.
【責之於兵】 兵役의 책무를 맡김. 〈解詁〉에 "成王知兵彊而王可致, 故擧國之民,
  皆責之爲兵. 此卽今泰西諸彊國, 軍國民主義, 全國皆兵之制"라 함.
【餓狼】 굶주린 이리.《北堂書鈔》(118)에 "玄民之戰, 如餓狼之見肉, 則民可用也"
  라 하였고,《意林》에는 "使見戰者, 如餓狼之見肉, 則可用矣"라 하였으며,《太平
  御覽》(297)에는 "使見戰者, 如饑狼之見兎, 則可用也"라 함.
【父遺其子】 아버지가 그 아들을 군에 입대시킴. '遺'는 '送'과 같음.《廣雅》에
  "遺, 送也"라 함.
【若死我死】 若은 인칭대명사 '너'의 뜻. '汝', '爾', '你'와 같음.《小爾雅》에 "若,
  汝也"라 함.
【行間】 '行'은 '항'으로 읽으며 行伍. 즉 군대.《周禮》夏官 司馬 序 "行司馬中士
  十有六人"의 注에 "行, 謂軍行列, 晉作六軍而有三行, 取名於此"라 함.
【遷徙】 군대를 빠져나와 집으로 옴. 달아남. 그러나 "달아나서 다른 고을로
  이사를 가다"의 뜻으로도 봄. 〈解詁〉에 "言失法違令, 爾我俱死. 鄕里治之.
  間隙無所逃, 遷徙他鄕不得入"이라 함.
【連以五】 아래에 글자가 빠진 듯함. '五'는 '伍'와 같음. 다섯씩 한 組로 連坐함.
  《史記》商君傳에 "令民爲什伍, 而相牧司連坐. 不告姦者腰斬, 告姦者與斬敵首
  同賞, 匿姦者與降敵同罰"의 〈索隱〉에 "五家爲保, 十家相連. 一家有罪, 而九家
  連擧發. 若不糾擧, 則十家連坐"라 함.
【章】 肩章, 胸章 등. 소속, 계급, 이름 등을 표시하는 軍章.
【拙無所處】 '拙'은 '달아나다'의 뜻. '趉'의 가차. 高亨은 "拙, 當借爲趉.《說文》:
  「趉, 走也.」卽逃走之意"라 함.
【旋踵】 발뒤꿈치를 돌림. 즉 뒤돌아섬. 달아남.

123(18-4)
실행되지 않는 법

나라의 혼란은 그 법이 혼란해서도 아니요, 그 법이 쓰이지 않기 때문도 아니다.

나라마다 모두 법은 있으나 기필코 실행되도록 하는 방법이 없기 때문이며, 나라마다 모두 간사함을 금지하고, 도적질을 처벌하는 법은 있으나 간악함과 도적질을 기필코 법대로 행사하겠다는 방법이 없기 때문이다.

간사함과 도적질을 행한 자가 사형에 처해지는데도 간사함과 도적질이 그치지 않는 것은 기필코 처벌하겠다고 하지 않기 때문이요, 기필코 처벌하였는데도 오히려 간사함과 도적질이 있는 것은 형벌이 가볍기 때문이다.

형벌이 가벼우면 주벌誅罰할 수가 없고 기필코 처벌하겠다고 나서면 형벌을 받을 자가 많아지게 된다.

그러므로 잘 다스리는 사람은 착하지 않은 사람에게 형벌을 내릴 뿐 착한 일을 하였다고 해서 상을 주는 일은 없으므로 형벌을 내리지 않고도 백성들이 착해지는 것이다.

형벌을 내리지 않아도 백성들이 착해지는 것은 형벌이 무겁기 때문이다.

형벌이 무거우면 백성들은 감히 법을 범하지 않으므로 형벌을 내릴 수 없게 되는 것이며, 백성들이 감히 나쁜 짓을 하지 않게 되는 것은 온 나라 사람이 모두 착한 이들이 되었기 때문이다.

그러므로 착한 사람에게 상을 내리지 않아도 백성들은 착해지는 것이다.

착한 사람이라 해서 상을 주는 것이 옳지 않음은 마치 도적질 하지 않았다고 해서 상을 주는 것과 같다.

따라서 다스림에 뛰어난 자는 도척盜跖이라 해도 믿게 만들 수 있는데 하물며 백이伯夷 같은 사람임에랴?

능히 제대로 다스리지 못하는 자는 백이라 해도 의혹을 갖도록 하니
하물며 도척 같은 경우임에랴?

형세가 간사한 짓을 하지 못하게 하면, 비록 도척 같은 사람도 가히 믿게
될 것이며, 형세가 간사한 짓을 해도 되는 경우라면 비록 백이일지라도
의혹을 갖게 될 것이다.

國之亂也, 非其法亂也, 非法不用也.

國皆有法, 而無使法必行之法; 國皆有禁姦邪·刑盜
賊之法, 而無使姦邪盜賊必得之法.

爲姦邪盜賊者, 死刑, 而姦邪盜賊不止者, 不必得; 必得,
而尙有姦邪盜賊者, 刑輕也.

刑輕者, 不得誅也; 必得者, 刑者衆也.

故善治者, 刑不善, 而不賞善, 故不刑而民善.

不刑而民善, 刑重也.

刑重者, 民不敢犯, 故無刑也, 而民莫敢爲非, 是一國
皆善也.

故不賞善, 而民善.

賞善之不可也, 猶賞不盜.

故善治者, 使跖可信, 而況伯夷乎?

不能治者, 使伯夷可疑, 而況跖乎?

勢不能爲姦, 雖跖可信也; 勢得爲姦, 雖伯夷可疑也.

【姦邪】 간악하고 사악함. 여기서는 나라의 통치에 따르지 않거나 법을 지키니
않는 부류를 뜻함.

【跖】盜跖. '蹠'으로도 표기하며 柳下屯(지금의 山東 서부) 사람으로 春秋시대 온갖 악행을 저지른 인물. 大盜. 跖은 그의 이름. 고대 惡行과 造反의 대표적 인물로 늘 거론됨.《莊子》盜跖篇 참조. 柳下季(惠)의 아우라 하였으나 이는 寓言에 등장시키기 위한 것으로 보임.《史記》伯夷傳에 "盜蹠日殺不辜, 肝人之肉, 暴戾恣睢, 聚黨數千人橫行天下, 竟以壽終. 是遵何德哉?"라 함.

【伯夷】殷나라 말 孤竹國 군주의 장자. 아우 叔齊와 함께 왕위를 서로 양보하다가 西伯(姬昌, 文王)의 어짊을 듣고 周나라로 왔으나 마침 武王(姬發)이 殷의 紂를 치러 떠나는 행렬을 만나 반대하다가 뜻을 이루지 못하자 首陽山에 숨어 들어 採薇로 연명하다가 죽음. 청렴한 선비의 전형으로 늘 거론됨.《史記》伯夷列傳에 "伯夷·叔齊, 孤竹君之二子也. 父欲立叔齊, 及父卒, 叔齊讓伯夷. 伯夷曰:「父命也.」遂逃去. 叔齊亦不肯立而逃之. 國人立其中子. 於是伯夷·叔齊聞西伯昌善養老, 盍往歸焉. 及至, 西伯卒, 武王載木主, 號爲文王, 東伐紂. 伯夷·叔齊叩馬而諫曰:「父死不葬, 爰及干戈, 可謂孝乎? 以臣弑君, 可謂仁乎?」左右欲兵之. 太公曰:「此義人也.」扶而去之. 武王已平殷亂, 天下宗周, 而伯夷·叔齊恥之, 義不食周粟, 隱於首陽山, 采薇而食之. 及餓且死, 作歌. 其辭曰:「登彼西山兮, 采其薇矣. 以暴易暴兮, 不知其非矣. 神農·虞·夏忽焉沒兮, 我安適歸矣? 于嗟徂兮, 命之衰矣!」遂餓死於首陽山"라 하였으며,《孟子》公孫丑(上)에 "孟子曰:「伯夷, 非其君不事, 非其友不友. 不立於惡人之朝, 不與惡人言. 立於惡人之朝, 與惡人言, 如以朝衣朝冠, 坐於塗炭. 推惡惡之心, 思與鄕人立, 其冠不正, 望望然去之, 若將浼焉. 是故諸侯雖有善其辭命而至者, 不受也. 不受也者, 是亦不屑就已.」라 하였고,〈集註〉에 "伯夷, 孤竹君之長子. 兄弟遜國, 避紂隱居, 聞文王之德而歸之. 及武王伐紂, 去而餓死"라 함.

124(18-5)
치란의 가중

　나라가 혹 겹쳐 잘 다스려지는 경우도 있고, 혹 겹쳐 혼란을 겪는 경우도 있다.

　명석한 임금이 윗자리에 있으면 거용하는 인물들이 틀림없이 현명한 자들일 것이요, 그렇게 되면 법은 그 현명한 사람의 수중에 있게 되며, 법이 현명한 사람의 수중에 있게 되면 그 법은 아래로 실행되어 불초한 자가 감히 비리를 저지르지 못하게 될 것이니 이를 일러 겹쳐 잘 다스려지는 것이라 한다.

　명석하지 못한 임금이 윗자리에 있으면 그 거용하는 인물이 틀림없이 불초한 자일 것이요, 나라에 명확한 법이 없으면 불초한 자가 감히 비리를 저지르게 될 것이니 이를 일러 겹쳐 혼란을 겪는 것이라 한다.

　병력도 혹 겹쳐 강한 경우도 있고, 혹 겹쳐 약한 경우도 있다.

　백성들이 진실로 전쟁에 나서겠다고 하고, 게다가 전쟁에 나서지 않을 수 없는 경우, 이를 일러 겹쳐진 강함이라 한다.

　그러나 백성들이 진실로 전쟁에 나서려 하지도 않고 게다가 전쟁도 없을 경우, 이를 일러 겹쳐진 약함이라 한다.

　國或重治, 或重亂.

　明主在上, 所擧必賢, 則法可在賢; 法可在賢, 則法在下, 不肖不敢爲非, 是謂重治.

　不明主在上, 所擧必不肖; 國無明法, 不肖者敢爲非,是謂重亂.
　兵或重彊, 或重弱.
　民固欲戰, 又不得不戰, 是謂重彊.
　民固不欲戰, 又得無戰, 是謂重弱.

【重治】治世가 重疊, 加重됨. 重은 '겹치다, 두 곱'의 뜻. 아래 '重'자도 모두 같은
　뜻임.
【法在下】법이 아래로 모든 백성에게 두루 잘 시행됨. 〈解詁〉에 "法操於賢人,
　則法行於下"라 하였고, 蔣禮鴻은 "法在於下者, 〈說民篇〉所謂「治國者貴下斷,
　王者刑賞斷於民心」, 是也"라 함.

125(18-6)
신하를 부귀하게 해서는 안 된다

명석한 임금은 자신의 신하를 마구 부귀하게 하지 않는다.

소위 부유함이란 곡식과 주옥이 아니겠으며, 소위 귀함이란 작위와 관직이 아니겠는가?

임금이 법도를 버리고 사사로이 작위와 봉록을 주면 신하들은 부귀해지는 것이다.

무릇 군주라고 해서 덕행이 모든 사람보다 뛰어난 것은 아니며, 지혜가 남보다 출중한 것은 아니며, 용력勇力이 남을 넘어서는 것도 아니다.

그러나 백성이 비록 성스러운 지혜가 있다 해도 감히 군주에 대해 모사를 꾸미지 못하고, 용력이 있다 해도 감히 군주를 살해하지 못하고, 비록 수가 많다 해도 감히 군주를 이기지 못하며, 비록 백성들이 억만의 수에 이른다 해도 큰 상을 걸어 놓기에 백성들은 감히 군주와 다투지 못하며, 형벌을 실행하기에 백성들이 감히 원망하지 못하는 것이니 이는 법 때문에 그런 것이다.

나라가 혼란한 것은 백성들이 사사롭게 자신들이 옳다고 여기는 것 때문이며, 병력이 약한 것은 백성들이 사사로운 데에 용감하기 때문이다.

그렇다면 나라가 쇠약해지는 원인은 작록을 구하는 데에 여러 길이 있기 때문이요, 나라가 망하는 원인은 작록을 천히, 그리고 가볍게 알기 때문이다.

일을 하지 않아도 밥을 먹을 수 있으며, 싸우지 않아도 영예를 얻을 수 있으며, 작위가 없어도 존귀해 질 수 있으며, 녹이 없어도 부유해 질 수 있으며, 관직이 없어도 우두머리가 될 수 있다고 여기는 자들, 이들을 일러 간민姦民이라 한다.

이른바 "잘 다스리는 군주에게는 충신이 없고, 인자한 아버지에게는 효자가 없다"라 하였으니, 좋은 말을 하지 않겠다고 하여야 되며 모두 법으로써 서로를 처리하고 명령으로써 서로를 바로잡아야 하는 것이다.

그렇게 되면 사람들은 혼자서 비리를 저지를 수 없으며, 다른 사람과 더불어 그릇된 짓을 하지도 못하게 될 것이다.

明主不濫富貴其臣.

所謂富者, 非粟米珠玉也? 所謂貴者, 非爵位官職也?

廢法作私爵祿之富貴.

凡人主德行非出人也, 知非出人也, 勇力非過人也.

然民雖有聖知, 弗敢我謀, 勇力, 弗敢我殺; 雖衆, 不敢勝其主; 雖民至億萬之數, 縣重賞而民不敢爭, 行罰而民不敢怨者, 法也.

國亂者, 民多私義; 兵弱者, 民多私勇.

則削國之所以取爵祿者多塗; 亡國之所以賤爵輕祿.

不作而食, 不戰而榮, 無爵而尊, 無祿而富, 無官而長, 此之謂姦民.

所謂「治主無忠臣, 慈父無孝子」, 欲無善言, 皆以法相司也, 命相正也.

不能獨爲非, 而莫與人爲非.

【廢法作私】임금이 이와 같은 행동을 할 경우임을 말함. 임금이 그와 같이 하면 신하가 부귀해짐.

【知非出人】'知'는 '智'와 같음. 지혜가 남보다 출중한 것은 아님. 아래의 '聖知' 또한 '聖智'와 같음.

【勇力】용맹함과 힘이 셈.

【私義】개인으로써 사사롭게 가지고 있는 道義의 기준이나 신념.《韓非子》飾邪篇에 “夫令必行, 禁必止, 人主之公義也; 必行其私, 信於朋友, 不可爲賞勸, 不可爲罰沮, 人臣之私義也. 私義行則亂, 公義行則治, 故公私有分”이라 함.

【縣重賞】‘縣’은 ‘懸’과 같음.

【亡國之所以賤爵輕祿】다른 판본에는 “亡國之欲, 賤爵輕祿”으로 되어 있음. 〈解詁〉에는 「之所以」, 作「欲」. 乃從范本之譌”라 하여 다른 여러 판본에 의해 바로잡았다 하였음.

【治主無忠臣】《老子》18장에 “六親不和有孝慈, 國家昏亂有忠臣”이라 함. 〈解詁〉에는 “治主任法而國治, 故無忠臣”이라 함.

【姦民】儒家들을 가리킴.

【善言】仁義 道德 등 儒家의 덕목을 뜻함.

【以法相司】‘司’는 ‘처리하다’의 뜻. 〈解詁〉에 “司者, 理其事也”라 함. 그러나 高亨은 “司, 當讀爲伺.《方言》十:「伺, 視也.」 卽監試”라 하여 ‘엿보다, 감시하다, 伺察하다’의 뜻으로 보았음.

【命相正】〈解詁〉에 “命, 令也”라 하였으며,《韓非子》外儲說右下에는 “治强生於法, 弱亂生於阿, 君明於此, 則正賞罰而非仁下也. 爵祿生於功, 誅罰生於罪, 臣明於此, 則盡死力而非忠君也. 君通於不仁, 臣通於不忠, 則可以王矣”라 함.

126(18-7)
부유함이란

이른바 부유하다는 것은 수입이 많고 지출이 적은 것이다.

의복에 절제가 있고, 음식에 절약이 있으면 지출이 적어질 것이다.

부녀자는 집안에서 힘을 다해 일하고, 남자는 밖에서 힘을 다해 일하면 수입이 많아질 것이다.

所謂富者, 入多而出寡.

衣服有制, 飲食有節, 則出寡矣.

女事盡於內, 男事盡於外, 則入多矣.

【制】절제함. 절약함.

127(18-8)
강함이란 자산부터 이겨내는 것

이른바 명철함이란 보지 않는 곳이 없음을 말하는 것이니 그렇게 되면 신하들이 감히 간악한 짓을 하지 못할 것이며, 백성들도 감히 그릇된 짓을 저지르지 않게 될 것이다.

이로써 군주는 넓은 침상에 사죽絲竹의 음악을 듣고 있어도 천하는 다스려졌던 것이다.

이른바 명철함이란 무리로 하여금 일을 하지 않을 수 없도록 만드는 것을 말한다.

이른바 강함이란 천하가 복종하는 것이며 천하가 복종하므로 힘을 합할 수 있는 것이다.

이로써 용감하고 강한 사람이 감히 포악한 짓을 하지 못하며, 성인과 같은 지혜가 있다 해도 감히 속이지 못하는 것이다.

두루 염려하여 천하의 무리들이 아우르므로 감히 임금이 좋아하는 것을 하지 않을 수 없으며 임금이 싫어하는 것을 피하지 않을 수 없게 되는 것이다.

이른 바 강함이란 용감하고 힘 있는 자들을 임금 자신에게 쓰이지 않을 수 없도록 함을 말한다.

그 의지가 충족되면 천하가 그를 이롭게 도와주며 부족해도 천하가 그를 즐겁게 여긴다.

천하를 의지하는 자는 천하가 그를 버리지만 자신을 믿는 자는 천하를 얻게 된다.

천하를 얻는 자는 먼저 자신부터 얻는 자이며 능히 강한 적을 이겨내는 자는 먼저 자신부터 이기는 자이다.

所謂明者, 無所不見, 則羣臣不敢爲姦, 百姓不敢爲非.
是以人主處匡牀之上, 聽絲竹之聲, 而天下治.
所謂明者, 使衆不得不爲.
所謂彊者, 天下勝; 天下勝, 是故合力.
是以勇彊不敢爲暴, 聖知不敢爲詐.
而虛用, 兼天下之衆, 莫敢不爲其所好, 而避其所惡.
所謂彊者, 使勇力不得不爲己用.
其志足, 天下益之; 不足, 天下說之.
恃天下者, 天下去之; 自恃者, 得天下.
得天下者, 先自得者也; 能勝彊敵者, 先自勝者也.

【匡牀】넓은 침상이나 편안히 앉는 자리. '匡'은 혹 '筐'으로 보기도 함. '牀'은 '床'과 같음. 〈解詁〉에 "匡, 或體作筐. 《莊子》齊物:「與王同筐牀」, 崔注:「正牀也.」 《淮南》主術:「匡牀蒻席」, 高注:「匡, 安也.」"라 함. 한편《莊子》齊物論 釋文에는 "匡, 方也"라 하여 네모난 침상을 말함.

【合力】〈解詁〉에 "所謂明者, 使衆不得不盡其力; 所謂彊者, 能用天下之力勝也. 以天下之力勝, 故謂合力"이라 함.

【虛用】'慮周'의 오류. 〈解詁〉는 "虛用, 當爲'慮周'之譌. 慮, 謀也. 言謀慮周到, 是以 兼天下之衆, 莫敢不從所好, 而辟所惡"라 하여 이에 따라 풀이함.

【辟】'避'의 가차.

【益之】補益해줌. 도와줌.《鬼谷子》揵闔 "益損去就倍反"의 注에 "以道相成曰益" 이라 하였고,《戰國策》秦策 注에는 "益, 助也"라 함.

【恃天下】〈解詁〉에 "恃於外而不修於內, 卽天下去之; 修於內而不恃於外, 則天下 歸之"라 함.

【自勝】〈解詁〉에 "能自得, 則能得天下; 能自勝, 則能勝彊敵. 蓋事必先其本也" 라 하였고,《呂氏春秋》先己篇에도 "欲勝人者, 必先自勝"이라 함.

128(18-9)
황곡黃鵠이 천 리를 날 수 있는 이유

성인은 반드시 그렇게 되어 가는 이치와 반드시 해야만 하는 때의 추세를 알기 때문에 틀림없이 잘 다스려질 정치를 펴는 것이며, 반드시 용감한 백성을 싸움에 내보내며, 백성들이 반드시 들어야만 하는 명령을 내린다.

이로써 병력이 출동하면 대적할 자가 없게 되고 명령이 내려지면 천하가 복종하는 것이다.

황곡黃鵠이 날아 단번에 천 리를 가는 것은 모름지기 천 리를 날 준비가 되어 있기 때문이며, 기린騏驎과 녹이騄駬가 하루에 천리를 달릴 수 있는 것은 모름지기 달리는 능력을 가졌기 때문이며, 호랑이, 표범, 곰, 큰 곰(羆)이 사나워 대적할 상대가 없는 것은 모름지기 이길 수 있는 특성을 가졌기 때문이다.

聖人知必然之理, 必爲之時勢; 故爲必治之政, 戰必勇之民, 行必聽之令.

是以兵出而無敵, 令行而天下服從.

黃鵠之飛, 一擧千里, 有必飛之備也; 騏驎·騄駬, 日走千里, 有必走之勢也; 虎·豹·熊·羆, 鷙而無敵, 有必勝之理也.

【黃鵠】天鵝. 북극 지방에 사는 아주 큰 백조(고니)의 일종. 鴻鵠과 같음.《說文》에 "鵠, 鴻鵠也"라 함.《史記》陳涉世家에 "燕雀安知鴻鵠之志哉!"라 하였고,《漢書》 明帝紀 注에 "黃鵠, 大鳥也, 一擧千里者, 非白鵠也"라 함.

【騏驎·駃騠】모두 千里馬의 이름.《博物志》에 "周穆王有八駿: 赤驥·飛黃·白蟻· 華騮·駃耳·騧騟·渠黃·盜驪"라 함. 다른 많은 판본에는 '麗麗, 巨巨'로 되어 있으나 秦本을 따름.〈解詁〉에는 "麗麗巨巨, 邛邛巨虛"라 하였으나 邛邛巨虛 (蛩蛩巨虛)는 共生으로 널리 알려진 동물로 본장의 주제에 맞지 않음.《說苑》 復恩篇에 "北方有獸, 其名曰蹶, 前足鼠, 後足兎, 是獸也, 甚矣其愛蛩蛩巨虛也, 食得甘草, 必齧以遺蛩蛩巨虛, 蛩蛩巨虛見人將來, 必負蹶以走, 蹶非性之愛蛩蛩 巨虛也, 爲其假足之故也, 二獸者亦非性之愛蹶也, 爲其得甘草而遺之故也. 夫禽 獸昆蟲猶知比假而相有報也, 況於士君子之欲興名利於天下者乎!"라 하였으며 《呂氏春秋》(不廣篇),《淮南子》(道應訓),《韓詩外傳》(5) 등에도 널리 실려 있음.

【羆】큰 곰. 棕熊, 馬熊, 人熊, 猳熊 등으로도 불림.《爾雅》釋獸에 "羆, 如熊, 黃白文"이라 하였고, 注에 "似熊而長頭高脚, 猛憨多力, 能拔樹木, 關西號曰猳熊" 이라 함.

129(18-10)
본연本然과 필연必然

성인은 본연本然의 정치를 보며, 필연必然의 이치를 알기 때문에 백성을 통제하는 것이 마치 높낮이로써 물을 제어하는 것과 같고, 마치 조습燥濕으로써 불을 제어하는 것과 같다.

그러므로 "어진 자는 능히 남에게 어짊을 베풀 수는 있으나 남을 어질게 할 수는 없으며, 의로운 자는 능히 남에게 사랑을 베풀 수는 있으나 능히 사람을 사랑할 수 있도록 하지는 못한다"라고 하는 것이다.

이로써 어짊과 의로움으로는 천하를 다스리기에 부족하다는 것을 알 수 있다.

성인에게는 사람들이 반드시 믿도록 하는 본성이 있으며, 또한 천하로 하여금 믿지 않을 수 없도록 하는 방법을 가지고 있다.

이른바 의로움이라고 하는 것은 신하된 자는 충성을 다하고 자식된 자는 효도를 다하며 어린이와 어른 사이에는 예禮가 있으며, 남녀 사이에는 구별이 있는 것이다.

의롭지 않으면 굶주려도 구차하게 먹지 않으며 죽어도 구차스럽게 살지는 않는 것이다.

이런 것들은 곧 나라에 법이 있은 다음의 일상적인 것들이다.

그러므로 성왕은 의로움을 귀히 여기지 않으며 대신 법을 귀히 여기는 것이니, 법은 반드시 밝혀지고 명령은 반드시 집행되기만 하면 그것으로 끝이기 때문이다.

聖人見本然之政, 知必然之理, 故其制民也, 如以高下制水, 如以燥溼制火.

故曰:「仁者能仁於人, 而不能使人仁; 義者能愛於人, 而不能使人愛.」

是以知仁義之不足以治天下也.

聖人有必信之性, 又有使天下不得不信之法.

所謂義者, 爲人臣忠, 爲人子孝, 少長有禮, 男女有別.

非其義也, 餓不苟食, 死不苟生.

此乃有法之常也.

聖王者, 不貴義而貴法, 法必明, 令必行, 則已矣.

【本然】 원래 근본적인 公理나 원인, 이유.

【必然】 그렇게 될 수밖에 없는 흐름.

【燥溼】 溼은 濕과 같음. 건조한 것과 젖은 것. 불길을 조절할 수 있음을 뜻함.

【有法之常】 의와 예 따위는 법이 있은 뒤에도 늘 있어야 하는 것. 법이 훨씬 효과적이며 우선이라는 뜻을 담고 있음.

【已矣】 그것이면 끝이남. 가장 중요한 것임. 〈解詁〉에 "商君之論仁義, 謂非但臣忠子孝, 少長有禮, 男女類別而已. 必使人民餓不苟食, 死不苟生. 大法伸於天下, 乃爲眞仁義. 是以聖人不貴義而貴法. 在法明令行而已矣"라 함.

19. 〈境內〉 第十九

　'경내境內'는 국내 정치의 문제를 다룬 것으로서, 그 무렵 진秦나라의 정치강령政治綱領, 군사제도軍事制度와 조직組織, 호구戶口의 등기登記와 가신家臣의 복역服役, 작위爵位 및 승진, 군공軍功에 대한 평가와 포상, 심지어 형옥刑獄, 상장喪葬, 공성攻城 방법 등 다양한 문제를 거론 것으로 사료적史料的가치를 지니고 있는 내용들 있다.

　〈解詁〉에는 "國內之民, 稽其男女眾寡生死之數, 以備軍役, 制官爵, 行賞罰, 而施軍政焉"이라 하였다.

〈朱繪獸耳陶壺〉(부분) 戰國(燕)

130(19-1)
호적 등재

사방 국경 안에 있는 남자와 여자들은 모두 호적 장부에 이름을 올려야 한다.

출생한 사람은 기록하고, 죽은 사람은 삭제해야 한다.

四境之內, 丈夫女子皆有名於上.

生者著, 死者削.

【生者著】아이가 출생하면 곧바로 등재하여 기록함. 원본에는 "者著"로 되어 있으며 이에 대해 兪樾은 "此奪「生」字. 當作「生者著, 死者削.」"이라 함. 〈崇文本〉에는 '生'자가 있음.

【削】고대 竹簡, 木簡에 기록하였으므로 죽은 뒤에는 이를 칼로 깎아 지워버림. 〈解詁〉에 "言境內之民, 男女皆著名於版籍之上. 生則著其名, 死則削去之"라 함.

131(19-2)
대부와 서자

작위를 가진 사람은 나라에 신청하여 작위가 없는 사람을 자신의 서자庶子로 삼을 수 있다.

이 경우 등급에 따라 한 사람을 배정받는다.

전쟁이 없으면 그 서자는 그 대부大夫에게 매월 6일을 복역하고, 전쟁이 나면 주인을 따라 군대에 가서 주인을 봉양해야 한다.

其有爵者乞, 無爵者以爲庶子.

級乞一人.

其無役事也, 其庶子役其大夫月六日; 其役事也, 隨而養之.

【乞】신청함. 청구함. 于鬯은 "乞者, 當是乞之於公家也"라 함.

【庶子】家臣을 뜻함. 于鬯은 "庶子者, 特名稱耳. 若曰「僕夫」云爾. 與他書言庶子指官名者不同"이라 함. 戰國시대 秦, 魏 등에서는 家臣을 '庶子'라고 일컬었음. 예로 《戰國策》魏策(1)의 "痤有御庶子公孫鞅"이라 하였고, 《韓非子》內儲說上에도 "卜皮事庶子"라 하였으며 이 경우 모두 家臣의 뜻임.

【役事】戰鬪, 戰役, 軍役을 뜻함. 蔣禮鴻은 "役事, 謂軍事也"라 함.

【大夫】'主人'과 같음. 于鬯은 "大夫, 亦名稱耳, 若曰「主人」云爾"라 함.

【養】뒷바라지를 함. 《史記》張耳陳餘列傳 "有廝養卒"의 〈集解〉에 韋昭의 말을 인용하여 "炊烹爲養"이라 함. 주인을 위해 밥을 짓고 요리하는 일을 가리킴. 〈解詁〉에는 "無大役之時, 庶子役於大夫, 月不過六日. 其役也, 則贍養之"라 함.

132(19-3)
군대에서의 작위

　군에서의 작위가 1급 이하로부터 수부小夫에 이르기까지는 교校, 도徒, 조操로 임명하며, 공公의 작위에서 선출한다.

　작위가 2급 이상부터 불경不更에 이르기까지는 졸卒로 임명한다.

　전투에서는 다섯 사람마다 하나의 장부에 편성하여 오伍로 만들며 그중 한 사람만이 깃털을 꽂고 나머지 네 사람은 지위를 낮추되, 그들이 능히 적의 머리 하나씩을 떼어오면 지위를 회복시켜준다.

　다섯 사람마다 하나의 둔장屯長을 두고 백 명마다 하나의 장교를 둔다.

　전쟁할 때 백장百將과 둔장의 부대가 적의 목을 베어오지 못하면 그 둔장과 장교의 목을 베며, 그들의 부대가 적의 목을 33개 이상 베어 조정에서 논의한 기준을 채우게 되면 백장과 둔장에게 한 등급씩의 작위를 하사한다.

　軍爵, 自一級已下至小夫, 命曰校·徒·操, 出公爵.

　自二級已上至不更, 命曰卒.

　其戰也, 五人來簿爲伍, 一人羽而輕其四人; 能人得一首, 則復.

　夫勞爵, 其縣過三日, 有不致士大夫勞爵.

　五人一屯長, 百人一將.

　其戰, 百將·屯長, 不得斬首; 得三十三首以上, 盈論, 百將·屯長賜爵一級.

【軍爵】朱師轍은 "秦以爵賞戰功, 故云軍爵"이라 함. 그 무렵 秦나라의 작위는 20등급이었음.《漢書》百官公卿表에 "爵: 一級曰公士, 二上造, 三簪裊, 四不更, 五大夫, 六官大夫, 七公大夫, 八公乘, 九五大夫, 十左庶長, 十一右庶長, 十二左更, 十三中更, 十四右更, 十五少上造, 十六大上造, 十七駟車庶長, 十八大庶長, 十九關內侯, 二十徹侯. 皆秦制, 以賞功勞"라 함. 〈解詁〉에는《史記》秦本紀〈集解〉: 「商君爲法於秦, 戰斬一首, 賜爵一級, 欲爲官者五十石.」이라 함.

【小夫】지휘관 가운데 가장 낮은 직급. 高亨은 "小夫, 當是軍隊中地位最低者"라 함.

【校】工兵部隊의 將校에 해당함. 木柵과 각종 기계를 설치, 이용하여 城郭을 포위하거나 공격을 위한 시설물을 관리하는 말단 장교.《漢書》成帝紀 "從胡客大校獵"의 注에 "校, 謂以木自相貫穿爲闌校耳"라 함.

【徒】步兵.《莊子》徐無鬼 "無徒驥於錙壇之官"의 注에 "步兵曰徒"라 함. 여기서는 보병 가운데 하급장교를 가리킴.

【操】《說文》에 "操, 把持也"라 하였으며 여기서는 陣地를 수비하는 부대의 하급 장교를 가리키는 듯함.

【出公】'시작하다'의 뜻. '公은 1급 작위 '公士'를 가리킴.

【卒】卒長.《周書》武順 "卒必力"의 注에 "卒, 二十五人之帥"라 하였고,《周禮》夏官 司馬에는 "凡制軍, 百人爲卒, 卒長皆上士"라 함.

【來簿】'來'는 '束'의 오기가 아닌가 함. 孫詒讓은 "來, 疑當作束.《尉繚子》有束伍令. 薄古簿字. 五人束薄爲伍, 言爲束伍之籍也"라 함.

【伍】다섯 명으로 이루어진 군대의 최소 조직. 伍隊.

【一人羽而輕其四人】孫詒讓은 "羽, 疑當作死, 輕, 當爲剄. 言同伍之中, 一人死事, 四人不能救, 則受刑也"라 하였으며, 高亨은 "羽, 疑當作兆, 形似而誤. 兆借爲逃. 此言一人逃走, 則加刑於其同伍四人, 卽同伍連坐之法律"이라 하여 의견이 분분함.

【能人得一首則復】이 구절 뒤의 "夫勞爵, 其縣過三日有不致士大夫勞爵, 能"의 17자는 135절의 "將軍以不疑致士大夫勞爵"의 뒤에 연결되어야 함. 孫詒讓은 "此十七字與上下文不相屬, 疑當在後文「將軍以不疑致士大夫勞爵」下, 而誤錯著於此.「夫勞爵」三字卽蒙被而衍"이라 함. 한편 '能'자에 대해서도 孫詒讓은 "能, 當作罷, 言罷免其縣令也"라 함.

【屯長】다섯 사람 부대(伍)의 우두머리. 〈解詁〉에 "五人設一屯長"이라 함.

【百將】백 명을 조직하여 그 우두머리를 설정하며 이는 25명의 屯長을 거느림. 〈解詁〉에 "百人設一將, 百將屯長, 責在指揮, 故不得斬首. 百將所屬二十五屯長, 百人之中, 能得三十三首以上, 則以盈滿論功, 百將屯長, 皆賜爵一級"이라 함.

【盈論】朝廷에서 論議하여 정한 기준을 채움. 즉 나라의 戰功에 대한 襃賞 規定에 합당함.

133(19-4)
단병短兵

5백 명을 거느리는 우두머리는 단병短兵 5십 명을 둔다.

1천 명을 거느리는 우두머리는 하급 장교들을 거느리는 장교로서 단병 1백 명을 둔다.

1천 석石인 현령은 단명 1백 명을 둔다.

8백 석인 현령은 단병 8십 명을 둔다.

7백 석인 현령은 단병 7십 명을 둔다.

6백 석인 현령은 단병 6십 명을 둔다.

나라에서 봉하는 위관尉官은 단병 1천 명을 둔다.

대장은 단병 4천 명을 둔다.

전쟁에서 만약 관리가 죽으면 단병으로 지위를 낮추고, 능히 적의 목 하나를 베어오면 원래의 직급으로 복귀시켜준다.

五百主, 短兵五十人.

二五百主, 將之主, 短兵百.

千石之令, 短兵百人.

八百之令, 短兵八十人.

七百之令, 短兵七十人.

六百之令, 短兵六十人.

國封尉, 短兵千人.

將, 短兵四千人.

戰及死吏, 而輕短兵, 能一首, 則優.

【五百主】5백 명을 거느리는 우두머리. 〈解詁〉에 "五百主, 五百人之長"이라 함.

【短兵】刀劍과 같은 짧은 무기로 무장한 병사. 〈解詁〉에 "短兵, 兵之持刀劍者也"라 함.

【千石之令】石은 섬. 곡식을 재는 단위. 令은 縣令. 《漢書》百官公卿表에 "縣令·長皆秦官, 掌治其縣, 萬戶以上爲令, 秩千石至六百石"이라 함.

【國封尉】〈解詁〉에 "鄭樵《通志》: 秦官有郡尉, 掌佐守. 典武職甲卒"이라 함. 그러나 俞樾은 "封字衍文. 蓋卽尉字之誤而衍者. 下文兩言'國尉分地', 可證"이라 하여 國尉여야 한다고 보았음. 그러나 朱師轍은 "國封尉, 乃守郡國封疆之尉, 不誤. 言國尉乃省文耳. 又稱郡尉"라 하여 郡尉로 보아야 한다고 여겼음.

【將, 短兵四千人】高亨은 "將上, 當脫大字, 大將又見後文. 前文言「百人一將」, 則有短兵四千人者當是大將"이라 하여 '大'자가 있어야 한다고 보았음.

【戰及死吏】'及'은 '若'과 같음. '吏'는 短兵을 거느리던 主, 令, 尉, 將 들을 가리킴.

【而輕短兵】嚴萬里 본에는 '而□短兵'으로 되어 있으나 范欽 본에 의해 補入함. 孫詒讓은 "輕, 亦當爲剄"이라 하여 '죽이다'로 보았으나 내용상 타당성이 미흡함.

【能一首, 則優】孫詒讓은 "「能」下當脫「人得」二字. 優, 當爲復, 形之誤也. 上文云「能人得一首則復」, 可證"이라 하여 "원래 직급으로 복위시킴"의 뜻으로 보았음.

134(19-5)
군사 조직組織

대장大將이 능히 성을 공격하고 읍을 포위하여 적의 목을 8천 이상 베어 왔다면 논의대로 정한 기준을 채운 것이며, 야전野戰에서 적의 목 2천을 베어 왔다면 논의대로 정한 기준을 채운 것이다.

그러면 관리로서 조操와 교校 이상부터, 대장에 이르기까지 모두 상을 받는다.

군대에서의 관리로서 원래의 작위가 공사公士였으면 상조上造로 승진하고, 작위가 상조였으면 잠뇨簪裊로 승진하며 잠뇨였던 자는 불경不更으로, 불경이었던 자는 대부大夫에 오를 수 있다.

작위를 받은 관리가 현위縣尉가 되면 여섯 명의 노예를 하사하고 다시 5천 6백 냥을 더 준다.

원래의 작위가 대부였다가 나라를 위해 다스리는 직책이 되면 관대부官大夫로 승진한다. 원래의 작위가 대부였던 자는 공대부公大夫로, 원래의 작위가 공대부였던 자는 공승公乘으로, 원래 공승이었던 자는 오대부五大夫로 승진하며, (원래 오대부였던 자는 서장庶長에 오르며 원래 서장이었던 자는 좌경左更으로 승진하며, 원래 삼경三更이었던 자는 대량조大良造에 오르며,) 그렇게 되면 3백 호의 세금을 거두어들일 수 있는 읍을 하사한다.

원래의 작위가 오대부였던 자는 모두 3백 호의 읍과 3백호 분의 세금을 하사한다.

원래의 작위가 오대부였던 자가 6백호 분의 세금을 거두어들일 읍을 갖게 되면 문객門客을 받아들인다.

대장과 그의 수레를 몰던 자, 곁말을 탔던 자는 모두 세 등급의 지위를 하사받는다.

　원래 객경客卿의 보좌였던 자가 논의의 기준을 채우면 정경正卿으로 승진한다.

　能攻城圍邑, 斬首八千已上, 則盈論; 野戰, 斬首二千, 則盈論.

　吏自操及校以上大將, 盡賞.

　行間之吏也, 故爵公士也, 就爲上造也; 故爵上造, 就爲簪裊; 就爲不更, 故爵爲大夫.

　爵吏而爲縣尉, 則賜虜六, 加五千六百.

　爵大夫而爲國治, 就爲大夫; 故爵大夫, 就爲公大夫; 就爲公乘; 就爲五大夫, (就爲大庶長; 故大庶長, 就爲左更; 故四更也, 就爲大良造,) 則稅邑三百家.

　故爵五大夫, 皆有賜邑三百家, 有賜稅三百家.

　爵五大夫有稅邑六百家者, 受客.

　大將·御·參皆賜爵三級.

　故客卿相, 論盈, 就正卿.

　就爲大庶長; 故大庶長, 就爲左更; 故四更也, 就爲大良造.

【盈論】嚴萬里 본에는 '盈諭'로 되어 있으나 앞장의 내용으로 보아 '盈論'이 맞음. 范欽本에 의해 교정함.

【操】《說文》에 "操, 把持也"라 하였으며 여기서는 陣地를 수비하는 부대의 하급 장교를 가리키는 듯함.

【校】工兵部隊의 將校에 해당함. 木柵과 각종 기계를 설치, 이용하여 城郭을 포위하거나 공격을 위한 시설물을 관리하는 말단 장교.《漢書》成帝紀 "從胡客大校獵"의 注에 "校, 謂以木自相貫穿爲闌校耳"라 함.

【簪裊】이 구절 다음에 '故爵簪裊' 4글자가 있어야 하며 아래 각 구절도 이에 따라 조절하여 풀이하였음. 兪樾은 "「就爲簪裊」下當補「故爵簪裊」四字, 「故爵爲大夫」, 當爵「故爵不更, 就爲大夫」"라 함.

【縣尉】縣의 일급 관리. 관할 縣의 軍事업무와 治安 등을 담당함.

【故爵大夫】朱師轍은 "「故爵大夫」, 當爲「故爵官大夫」"라 함.

【就爲大庶長; 故大庶長, 就爲左更; 故四更也, 就爲大良造】이 구절은 본 절 맨 뒤에 있으나 맨 끝에 兪樾은 "此當在上文「故爵五大夫」之下. 大庶長之大, 幷衍文也. 此庶長兼左右庶長而言. 此四字乃三字之誤. 三更者, 幷左更中更右更而數之也. 大良造, 卽大上造也"라 하여 이곳으로 옮겨 풀이하였음.

【大庶長】大는 연문. '庶長'이어야 함. 兪樾은 앞서 "大庶長之大, 幷衍文也"라 함. 庶長은 秦나라 관제.《左傳》襄公 11년 傳 "秦庶長鮑·庶長武帥師伐晉"의 杜預 注에 "庶長, 秦爵. 秦爵十級, 左庶長十一級, 右庶長大庶長, 乃十八級, 在大上造之上"이라 함.

【四更】'四'는 '三'이어야 함. 三更은 左更, 中更, 右更을 가리킴.

【大良造】'大上造'. 〈解詁〉에 "大良造, 卽大上造.《廣雅》釋詁:「良, 長也. 長, 亦上也.」"라 함.

【稅邑】食邑, 采邑, 采地 등과 같은 명칭. 古代 卿大夫가 받았던 封邑. 그곳의 稅金 徵收額과 대등하여 흔히 稅邑이라고도 함.

【受客】客은 門客, 食客을 가리킴.

【御·參】'御'는 수레를 조정하는 마부. '參'은 '驂'으로도 쓰며 곁말을 타는 사람. 朱師轍은 "御, 謂車御; 參, 謂參乘. 御參, 戰勝論功, 皆賜爵三級"이라 함.

【客卿】秦나라 관명. 다른 나라 출신이 진나라에 와서 벼슬할 때에 본국에서의 지위가 卿이었으면 진나라에서도 그를 객경으로 대우하였음.《史記》范雎蔡澤列傳에 "(秦昭王)乃拜范雎爲客卿, 謀兵事"라 하였으며 范雎는 원래 魏나라 卿이었음.

【相】보좌관. 客卿相은 객경을 도와 계획을 세우고 실천하는 보좌의 일을 하는 자.

【正卿】원래 周나라 관제. 제후국들은 모두 上卿을 두었으며 제후국에서는 가장 높은 작위였음.

135(19-6)
군공軍功에 따른 작위 수여

　전투로 죽은 적은 그 머리를 세 번 볕에 드러내놓고 사흘 동안 조사하여 장군은 의심할 바 없는 조사결과로써 사대부士大夫들에게 공로에 따른 작위를 준다.
　(무릇 그 현縣에서 사흘이 지나도록 사대부들에게 공로에 따른 작위를 주지 않는 경우가 생기면) 그 고을의 네 위관尉官를 파직시키고 처벌은 현승縣丞과 현위縣尉가 집행한다.

以戰故, 暴首三, 乃校三日, 將軍以不疑致士·大夫勞爵.
(夫勞爵, 其縣過三日有不致士大夫勞爵, 能)其縣四尉,
訾由丞尉.

【故】'殺'의 뜻.《穀梁傳》文公 18년 "子卒不曰故也"의 注에 "故, 殺也"라 함. 여기서는 아군에게 죽은 적의 머리를 가리킴.
【暴】曝과 같음. 겉으로 드러내어 노출시킴. 신분과 죽은 이유 등을 자세히 검사하게 위한 것임.
【士大夫】관직을 가진 자에 대한 凡稱.《周禮》考工記 "作而行之謂之士大夫"의 注에 "親受其職, 居其官也"라 함. 校, 操, 公士와 각종 대부들을 가리킴.
【夫勞爵, 其縣過三日有不致士大夫勞爵, 能】이 구절은 원래 132절에 있던 것이며 孫詒讓은 이 구절이 여기에 이어져야 한다고 하여 이에 따름. 한편 '能'은 '罷'자의 오기.
【訾】처벌함. 심판함.《韓非子》外儲說右下의 "訾之人二甲" 注에 "訾, 罰之也"라 함. '訾'는 '貲'와 같음. 또는 罪를 논의함. 朱師轍은 "訾, 議也"라 함.
【丞尉】縣丞과 縣尉.〈解詁〉에《漢書》百官公卿表:「衛尉·中尉·郡尉, 皆秦官.」又云:「縣令長, 皆秦官, 皆有丞尉.」라 함.

136(19-7)
적의 머리를 베어 왔을 경우

 능히 작위를 가진 자의 머리 하나를 베어 왔을 경우, 작위 한 등급을 상으로 주며 전답 1경을 더해주고 택지 9무畝를 더해준다.
 아울러 작위를 가진 적의 머리 하나마다 가신 한 사람을 상으로 주며, 이에 군대나 관청의 관리로 들어갈 수 있다.

> 能得爵首一者, 賞爵一級, 益田一頃, 益宅九畝.
> 一除庶子一人, 乃得人兵官之吏.

【爵首】적군으로써 그 나라에서 爵位를 가지고 있던 자의 머리. 高亨 등은 '爵首'는 '甲首'여야 한다고 주장함. 〈解詁〉에 "甲首, 謂甲士之首, 蓋統兵之官長"이라 함.

【頃】전답 1백 무(畝)에 해당하는 면적.

【畝】토지 면적의 단위. 사방 6尺을 1步라 하고 1백 步를 1무라 함.

【一除】'一'은 衍文. '벼슬을 주다'의 뜻. 여기서는 '가신을 주다, 가신을 배정해 주다'의 뜻으로 쓰인 것임. 〈解詁〉에 "일제, 일자의연"이라 함.

【庶子】家臣을 뜻함. 于鬯은 "庶子者, 特名稱耳. 若曰「僕夫」云爾. 與他書言庶子指官名者不同"이라 함. 戰國시대 秦, 魏 등에서는 家臣을 '庶子'라고 일컬었음. 예로《戰國策》魏策(1)의 "痤有御庶子公孫鞅"이라 하였고,《韓非子》內儲說上에도 "卜皮事庶子"라 하였으며 이 경우 모두 家臣의 뜻임.

【得人】'人'은 '入'의 오기. 朱師轍은 "得人, 當作得入. 除庶子一人, 乃得入兵官之吏, 卽後世蔭子除官之類, 所以賞斬將之功也"라 하였고,《史記》范雎蔡澤列傳〈索隱〉에 "入, 猶充也"라 함.

137(19-8)

군법軍法

죄를 처리하는 법률 규정은 다음과 같다.

작위가 높은 자가 작위가 낮은 자나 하급자를 처벌한다.

작위가 높은 자가 파면되면 작위를 가지고 있던 자가 원래 가져야 하는 노복을 주지는 않는다.

작위가 2급 이상인 자가 형법에 정한 죄를 범하면 등급을 떨어뜨린다.

작위가 1급 이하인 자가 형법에 정한 죄를 범하면 작위를 취소시킨다.

其獄法:

高爵訾下爵級.

高爵能, 無給有爵人隷僕.

爵自二級以上, 有刑罪則貶.

爵自一級以下, 有刑罪則已.

【獄法】사건을 처리하여 판결하는 法則. 獄은 刑事, 軍法, 訟事 등의 事件에 대한 判決, 評審, 處理, 拘束, 監置 등의 폭넓은 뜻이 있음.

【能】'罷'의 오기. 孫詒讓은 "能, 亦當爲罷. 無得給有爵人爲隷僕也"라 함. 그러나 〈解詁〉에는 "此能字, 疑亦當讀爲耐, 或耐罪當爲隷僕, 若漢罰作也"라 함.

【貶·已】취소함. 중지함. 그침. 簡書는 "二級以上可以遞降, 故曰貶; 一級以下 則貶無可貶, 故曰則已, 謂停其爵也"라 함. 朱師轍은 "已, 止也. 謂停止其職"이라 함.

138(19-9)
전사자의 무덤

소부小夫로부터 위로 대부에 이르기까지 죽었을 때에는, 관직이 한 등급씩 올라가면 무덤가의 나무도 등급대로 한 그루씩 더 심는다.

小夫死以上至大夫, 其官級一等, 其墓樹級一樹.

【小夫】지휘관 가운데 가장 낮은 직급. 高亨은 "小夫, 當是軍隊中地位最低者" 라 함. 嚴萬里 본에는 '小失'로 되어 있으나 〈四庫全書本〉에 의해 수정함.
【一樹】〈解詁〉에 "此樹墓禮也. 自小夫以至於大夫死, 得立墓樹, 以官爵大小爲 等差"라 함.

139(19-10)
공성법攻城法

성을 공격하고 읍을 포위할 때에는, 나라의 사공司空이 그 성벽의 너비와 두께의 치수를 헤아리며, 국위國尉는 땅의 구획을 나누어, 도徒와 교校로 하여금 몇 자씩 나누어 땅을 파면서 진공해 들어가도록 한다.

그리고 기일을 정해놓은 다음 이렇게 말한다.

"먼저 끝낸 자는 가장 앞선 자로 여기며, 나중에 끝낸 자는 가장 뒤쳐진 자로 책임을 묻겠다. 두 번 책망을 받은 사람은 파면할 것이다."

이리하여 성벽 아래까지 파들어 가면 섶을 쌓으며 섶을 쌓고 나서는 성벽을 떠받치는 기둥에 불을 지른다.

성을 함락시키는 부대의 사방을 정해 18명을 배치한다.

성을 함락시키는 부대의 대장들은 분발해서 싸워야 할 것을 알며, 적의 목을 얻지 못하면 우두머리의 목을 자르며, 부대가 적 다섯 명의 목을 베어 오면 성을 함락시킨 부대의 대장들은 각 사람마다 한 등급씩 작위를 하사 받는다.

대장이 전투 중에 죽으면 그 집안의 다음 한 사람이 그의 작위를 이어 받으며, 능히 적을 죽이지 못하면 수천 명이 보는 앞에서 거열형을 당하거나 여론에 따라 그 성 아래에서 경형黥刑이나 의형劓刑을 받는다.

국위가 공격할 지점을 나누고 나면 중군中軍의 졸장卒長은 뒤를 따라 성으로 진격해 들어간다.

장군은 나무로 조망대를 만들어 나라의 정감正監, 그리고 왕이 파견한 어사御史와 함께 이를 참망參望한다.

성안에 먼저 들어간 자는 제일 앞서 열고 들어갔다고 기록하고 나중에 들어간 사람들은 제일 뒤쳐졌음을 기록한다.

성을 함락시킬 부대는 모두 자원하는 자들로써 구성하며, 자원자가 부족할 경우 진급하고 싶어 하는 자들로써 더 보태어 구성한다.

其攻城圍邑也, 國司空砦其城之廣厚之數; 國尉分地, 以徒·校分積尺而攻之.

爲期曰:「先已者, 當爲最啓; 後已者, 砦爲最殿; 再砦則廢.」

內通則積薪, 積薪則燔柱.

陷隊之士, 面十八人.

陷隊之士知疾鬪, 不得, 斬首; 隊五人, 則陷隊之士, 人賜爵一級; 死, 則一人後; 不能死之, 千人環規諫鯨剄於城下.

國尉分地, 以中卒隨之.

將軍爲木壹, 與國正監, 與王御史, 參望之.

其先入者, 擧爲最啓; 其後入者, 擧爲最殿.

其陷隊也, 盡其幾者; 幾者不足, 乃以欲級益之.

【司空】 관직명으로 建設 工程과 수레, 예복, 기계 등을 만드는 일을 관장함.

【砦】 여기서는 '헤아리다'의 뜻. 〈解詁〉에 "砦, 量也. 言國司空量度城之面積廣厚之數, 而後攻之"라 함.

【廣厚】《周禮》地官 大司徒 "以天下土地之圖, 周知九州之地域, 廣輪之數"의 注에 賈公彦은 馬融의 설을 인용하여 "東西爲廣, 南北爲輪"이라 함.

【國尉】 '太尉'와 같음.《史記》白起傳 "起遷爲國尉"의 〈正義〉에 "言太尉"라 함.

【徒·校】 모두 군대 내의 계급을 지칭하는 말.

【分積尺而攻之】 陳啓天은 "積尺, 謂立方尺也"라 함. 攻은 '땅굴을 파서 공격함'을

뜻함.

【啓】앞을 열어 나감. 선봉에서 진격함.

【殿】맨 뒤에 처져 따라옴.《論語》雍也篇 "子曰:「孟之反不伐, 奔而殿, 將入門, 策其馬, 曰:『非敢後也, 馬不進也.』」"의 注에 "軍後曰殿"이라 하였으며《左傳》哀公 11년에도 같은 내용이 있으며 원래는 후퇴할 때 가장 뒤에서 추격하는 적을 상대하는 것. 가장 위험한 위치를 뜻함. 그러나 여기서는 후미에 뒤처져 제대로 공격을 하지 못하는 자를 가리킴.

【內通】땅굴을 파 들어가 성벽 아래까지 이르렀음을 말함. 그러나 孫詒讓은 "內, 當作穴. 篆文相似而誤.《墨子》備穴篇云:「古人有善攻者, 穴土而入, 縛柱施火, 以壞吾城.」卽穴攻之法也"라 함.

【燔柱】柱는 木柱. 고대 성을 쌓을 때에는 나무말뚝을 박아 기초를 만들고 그 위에 성벽을 쌓았으므로 그 기둥을 불태우는 것임.《癸辛雜識》(續集上)〈黃蘆城幹〉에 "長城之旁, 居人以積雨後或有得堅木於城土中, 識者謂名黃蘆木, 乃當時用以爲城幹用者, ……蓋築城無以爲幹不可"라 함.

【陷隊之士】'陷隊'는 突擊隊, 攻擊隊. 적을 함락시키기 위한 최전선의 先鋒隊를 뜻함.〈解詁〉에 "陷隊, 勇敢陷陳之士, 卽今之敢死隊"라 함. '士'는 병졸들의 지휘자. 屯長, 百長을 가리킴.《老子》"善爲士者"의 注에 "士, 卒之帥也"라 함.

【疾鬪】疾戰과 같음.

【環】車裂刑을 가리킴. '環'은 '轘'과 같음. 孫詒讓은 "環, 當爲轘, 聲同字通.《說文》車部云:「轘, 車裂人也.」"라 함.

【規諫】'바르게 간하다'는 뜻. 그에게 꾸짖어 잘못한 일을 고치도록 勸助하는 것. 이러한 상황을 여론으로 풀이하였음.〈解詁〉에 "言規諫阻軍者, 黥劓於城下"라 함.

【黥】黥刑. 이마에 검은 먹물을 刺入하여 죄인임을 표시하는 형벌의 하나.

【劓】코를 베는 형벌.

【中卒】中軍의 卒長. 전투할 때에는 左軍, 中軍, 右軍, 또는 上軍, 中軍, 下軍의 三軍으로 나누어 중군은 전투력이 가장 강한 부대로써 돌격과 선봉을 담당함.

【木壹】'壹'은 '臺'자의 오류. 陶鴻慶은 "壹, 乃臺字之誤, 謂構木爲臺, 以便瞭望也"라 함. 전투의 상황을 살피는 전망대, 조망대.

【正監】관직명. 監察業務를 관장함. 高亨은 "正監, 官名, 主監察事項. 正卽正副之正"이라 함.

【御史】朱師轍은 "王御史, 蓋秦王特派之御史"라 함. 전국시대에는 각 나라마다

어사(御史)가 있었으며 문서와 記事를 관장하였음. 秦나라의 御史大夫는
副丞相에 해당하며 높은 직급이었음.

【擧】'기록하다'의 뜻.《左傳》襄公 27년 "仲尼使擧是禮也"의〈釋文〉에 "擧, 謂記
錄之也"라 함.

【幾】'望'과 같음. 自願함.〈解詁〉에 "陷隊之士, 死幾人, 則以所死幾人應得之級.
益其同隊之奮鬪者"라 함.

20. 〈弱民〉第二十

　'약민弱民'은 '백성의 힘이나 지혜, 주장 등을 약화시켜야 통치를 이룰 수 있다'는 주장을 편 것이다. 백성을 나약하게 만들어 법령이나 통치에 항거하지 못하도록 해야 한다는 것이다. 즉 우민정책愚民政策을 통한 통치편의주의統治便宜主義의 내용이 주를 이루고 있다.

　한편 본 편은 일부 〈거강편〉과 중복되며, 상앙 사후의 인물인 오획鳥獲이 거론되는 것, 그리고 끝부분이 《순자荀子》 의병편議兵篇의 내용과 같은 점을 들어 이는 상앙의 저작이 아니며 뒷사람이 위작해 삽입하였거나 상앙이 죽은 뒤 그 문도門徒들이 편집하면서 시대 구분 없이 상앙의 사상 맥락만을 살펴 찬술하여 부기한 것이라 보기도 한다.

　〈解詁〉에는 "民弱則國彊, 故以名篇, 此篇多與〈去彊篇〉相發明"이라 하였다.

〈嵌貝鹿形銅鎭〉(서한) 1957 河南 陝縣 출토

140(20-1)
백성을 법 앞에 약한 존재로

백성들이 약하면 나라가 강해지고, 백성이 강하면 나라가 약해진다.

그러므로 도道가 있는 나라는 백성들을 약화시키기에 힘을 쏟는다.

백성들이 순박하면 나라가 강해지는 것이요, 백성들이 음일淫佚하면 나라가 약해지는 것이며, 백성들이 약해지면 법대로 따르지만, 음일하면 뜻을 넘어서게 되는 것이니, 백성들이 약하면 나라에 쓰이지만, 뜻을 넘어서면 억세어진다.

그러므로 "백성들을 강하게 해 놓고 그 억세어진 백성을 제거하려 들면 나라가 약해지며, 백성을 약화시키는 조치로써 그들의 억셈을 제거하면 나라가 강성해진다"라고 말하는 것이다.

民弱國彊, 民彊國弱,

故有道之國, 務在弱民.

樸則彊, 淫則弱; 弱則軌, 淫則越志; 弱則有用, 越志
則彊.

故曰:「以彊去彊者弱, 以弱去彊者彊.」

【民弱】백성들을 弱化시켜 법에 꼼짝을 하지 못하도록 묶어둠.

【淫】淫佚, 放蕩, 제멋대로 날뜀. 법을 지키지 않음. 〈解詁〉에 "蓋民樸守法則弱,
民淫奢縱則彊"이라 함

【軌】법칙. 〈解詁〉에 "軌, 法則也. 民弱則守軌法, 民淫則志放縱"이라 함.

【有用】〈解詁〉에 "民樸弱則可用農戰"이라 함.

【越志】 '志'는 나라의 統治 意志. '越'은 그 법망을 제멋대로 넘어섬.《尙書》泰誓 "予曷敢有越厥志"의 疏에 "越者, 逾越超遠之義"라 함. 〈解詁〉에 "民越志則彊 頑難制"라 함.

【以彊去彊者弱】 簡書는 "依全篇大旨, 當作:「民弱國彊, 民彊國弱. 故有道之國, 務在弱民. 民弱則樸, 民彊則淫; 樸則軌, 淫則越志; 軌則有用, 越志則亂」"이라 함.

141(20-2)
백성은 잘 대해주면

백성이란 임금이 그들을 선한 도리로 다스리면 자신들이 친히 여길 바만을 친히 여기지만, 이로움을 얻는 방법으로 쓰면 그들을 임금과 화합하게 된다.

임금이 그들을 부리면 그들은 책임을 질 줄 알고, 화합하면 자신의 힘을 모두 쓰게 되며, 책임을 다하게 되면 이에 정치에 부유한 성과를 얻게 된다.

임금이 법을 버리고 백성들이 좋다고 여기는 것에 맡기므로 간악한 짓이 많이 생기게 되는 것이다.

民, 善之則親, 利之用則和.

用則有任, 和則匱; 有任乃富於政.

上舍法, 任民之所善, 故姦多.

【善】儒家의 仁義道德, 慈善과 사랑으로 다스림을 뜻함.

【親】자신이 친히 여겨야 할 대상을 친히 여김. 임금을 친히 여겨야 할 의무를 저버리게 됨을 뜻함.

【利之用】'利之於用'의 구조. 임금이 백성을 사용함에 그들에게 이익이 돌아가도록 하는 방법으로 통치함.

【匱】다 닳아 없어짐. 백성들이 자신의 있는 힘을 다 소진하도록 임금을 위해 노동함.《漢書》杜欽傳 集註에 "匱, 盡也"라 함.

【舍法】'舍'는 '捨'와 같음. '釋'과 같은 뜻. 법치를 버리고 儒家의 덕목으로 다스림.

【姦多】〈解詁〉에 "上舍法而不用, 任民之所好, 則姦軌多"라 함.

142(20-3)
가난해야 힘을 쏟는다

백성이란 가난하면 부유해지기 위해 힘을 쓰고, 부유해지고 나면 방탕해지고, 방탕해지면 이蝨 같은 일이 생기게 마련이다.

그러므로 백성들이 부유한데도 그들을 사용할 기회가 없다면 백성들로 하여금 작위를 사도록 하여 그들이 가지고 있는 식량을 내놓도록 유도해야 한다.

그리하여 각자가 모름지기 그 힘을 작위를 살 식량을 만들기에 힘을 쏟도록 하면 농사에 게을러지지 않게 될 것이며, 농사에 게을러지지 않게 되면 '육슬六蝨'은 싹이 트지 않게 될 것이다.

따라서 나라가 부유한데도 백성들을 가난하게 만드는 방법으로 다스리면 나라는 거듭 강하게 되는 것이다.

民貧則力富, 力富則淫, 淫則有蝨.

故民富而不用, 則使民以食出.

各必以其力, 則農不偸, 農不偸, 六蝨無萌.

故國富而貧治, 重彊.

【力富】富裕해지고자 온 힘을 바침. 〈解詁〉에 "力富, 求富也"라 함.

【力富則淫】朱師轍은 "「力富則淫」, 當作「民富則淫」"이라 함.

【蝨】六蝨. 〈去彊篇〉(040)에 "三官者生蝨官者六: 曰歲, 曰食, 曰美, 曰好, 曰志, 曰行"라 한 여섯 가지 이와 같은 害弊. 〈解詁〉에 "六蝨, 歲食美好志行也"라 함.

【以食出】王時潤은 "以食出, 下疑當增爵字"라 하여 백성들이 작위를 사느라 자신들이 농사지어 비축한 식량을 모두 내놓아 소진함. 그리하여 다시 가난해 지도록 하여 또다시 농사에 전념하도록 하는 誘導政策.

【農不偸】農事에 偸安을 구하지 않음. '偸'는 '怠', '惰'와 같음. 편안함만을 추구 하는 행동이나 태도. 〈解詁〉에 "民富而不用則淫, 故使民以食, 令其所食者各必 以力得之, 則民不偸於農矣"라 함.

143(20-4)
농전을 수치로 여기면

나라의 군사력이란 약해지기는 쉬워도 강해지기는 어렵다.

백성들이란 삶을 즐거워하고 편안함을 좋아하기에, 나라를 위해 목숨을 바치도록 하는 것도 어렵고 다스림에도 어려움이 생길 것이니, 백성들로 하여금 이러한 것을 쉽다고 여기도록 만들기만 하면 군사력은 강해진다.

적국의 백성이 농전農戰에 수치를 느끼면 그 나라에는 간사한 사람이 많아지고, 우리가 상을 적게 베풀면 우리로서는 유리함을 놓치지 않게 된다.

적국에게 간사한 사람이 많고 싸움에 의심하면 적의 실패는 틀림없게 되며, 우리 쪽은 유리하게 된다.

군사력이 강함에 이르면 위엄이 생길 것이요, 전쟁에 수치심이 없게 되면 유리하다.

용병에서 유리한 형세에 오랫동안 처하게 되면 틀림없이 천하에서 왕 노릇을 할 수 있게 되는 것이다.

그러므로 우리의 무력행사에 적이 감히 맞서지 못하는 것은 우리가 강하기 때문이요, 전쟁을 일으켜도 적이 맞서기를 수치스러워하는 것은 우리 쪽이 유리하기 때문이다.

兵易弱難彊,

民樂生安佚, 死難難正, 易之則彊.

事有羞, 多姦; 寡賞無失.

多姦疑, 敵失必, 利.

兵至彊, 威; 事無羞, 利.

用兵久處利勢, 必王.

故兵行敵之所不敢行, 彊; 事興敵之所羞爲, 利.

【樂生安佚】 살아 있음을 즐거워하며 편안한 것을 즐겁게 여김.《淮南子》氾論訓
　　"而百姓安之"의 注에 "安, 樂也"라 함.
【正】〈解詁〉에는 "正, 治也. 民情樂生安佚, 使之戰鬪而死甚難, 故難治之"라 하였
　　으나 蔣禮鴻은 '正'을 '期'로 보았으며 張覺은 '征'으로 보았음.
【易之則彊】〈解詁〉에 "然能易改其性, 使樂戰鬪, 則兵彊"이라 함. '易'는 "전투에서
　　목숨을 바치는 것을 쉽게 여기다"의 뜻.
【事有羞】 '事'는 農戰, '羞'는 적국에서 전쟁을 의롭게 여기지 않아 수치로 생각함.
　　蔣禮鴻은 "〈靳令篇〉曰:「民惡之憂之羞之……」又數六蝨之目, 有「非兵」與「羞戰」.
　　夫「惡之憂之羞之」, 「恥食以上交」, 「不爲利祿之戰故」, 此所謂「有羞多姦」也. 事者,
　　農戰而已"라 함.
【兵至彊】〈解詁〉에 "事有羞爲, 則群姦自退; 賞無失當, 則群姦驚懼, 敵失其據,
　　戰必利, 故兵彊威"라 함.
【事無羞】〈解詁〉에 "上文事有羞, 對治內而言; 此云事無羞, 對禦外而言. 蓋權
　　謀應變, 所以制敵, 亦孫子「兵不厭詐」之意"라 함.

144(20-5)
백성은 법이 있어야 편안하다

　나라에 법이 있으면 백성들은 자기들의 차례와 등급에 편안함을 느끼며, 임금이 변화에 잘 적응하면 정치가 능히 제자리를 찾게 될 것이다.
　나라가 백성들에게 편안히 여김을 지켜주고 임금이 권력을 조정하는 능력을 주관하면 나라에 이로움이 있게 될 것이다.
　그러므로 임금은 많은 변화에 적응함을 귀한 것으로 여기고, 나라는 변화가 적은 것을 귀한 것으로 여기는 법이다.

　法有, 民安其次; 主變, 事能得齊.
　國守安, 主操權, 利.
　故主貴多變, 國貴少變.

【次】 차례와 등급. 백성들은 서민의 신분으로 의무가 가혹하더라도 이에 만족하여 법을 지킴. 그러나 〈解詁〉에는 "次, 舍也"라 하여 '삶'의 뜻으로 보았음.
【齊】 타당함을 얻음. 제자리를 찾음. 《淮南子》詮言訓 "投得其齊"의 注에 "齊, 得其適也"라 함. 〈解詁〉에 "齊, 整也. 國有法度, 則民安其居, 主有權變, 則事能得齊"라 함.
【操權】 군주로서의 권세를 잘 조종함. 〈解詁〉에 "國守安寧, 則主操權利, 故主貴多權謀, 國貴少變故"라 함.

145(20-6)
이익은 한 구멍에서만 나와야

이익이 하나의 구멍에서 나오면 나라는 물자가 많게 되고, 여러 개의 구멍에서 나오게 되면 나라는 물자가 적게 된다.

임금이 농전 한 가지 만을 잘 지켜가면 나라가 잘 다스려지지만 열 가지를 지키려 하면 나라는 혼란에 빠지게 된다.

잘 다스려지면 강해지고 혼란에 빠지면 약해지는 것이며, 강해지면 물자가 들어오고, 약해지면 물자는 나가게 마련이다.

그러므로 나라에 물자가 들어오도록 하는 자는 강하기 때문이요, 물자가 나가도록 하는 것은 약하기 때문이다.

利出一孔, 則國多物; 出十孔, 則國少物.

守一者治, 守十者亂.

治則彊, 亂則弱; 彊則物來, 弱則物去.

故國致物者彊, 去物者弱.

【利】백성으로서 얻게 되는 작위나 봉록. 또는 農戰으로 인하여 얻게 되는 襃賞.
【一孔·十孔】일공은 농전에서만 나오는 것, 십공은 백성이 이익을 얻게 되는 여러 가지 길. 099를 참조할 것.
【守一】一은 農戰을 뜻함.
【守十】儒家의 德目을 뜻함. 097을 참조할 것.
【致物者彊】〈解詁〉에 "此與今日世界戰爭, 言國家物産豐富者勝, 一例. 此古今 不易之論也"라 함.

146(20-7)
치욕을 당해야 작위가 귀한 줄 안다

백성이란 치욕을 당하면 작위를 귀히 여기게 되고, 약하면 관리를 존귀하게 여기게 되며, 가난하면 상을 중시하게 된다.

형벌로 백성들을 다스리면 그들은 임금에게 부려지는 것을 즐겁게 여기며, 백성을 상으로 전쟁을 시키면 죽음을 가벼이 여기게 된다.

그러므로 전쟁에서 작전이 잘 이루어지고 병사들이 잘 이용하는 것을 일러 강彊이라 한다.

백성들이 사사롭게 영예를 얻을 수 있으며 반열班列을 천시하고 관리를 비하하며, 부유하면 상을 별 것 아닌 것으로 여기게 된다.

백성을 다스림에 형벌로써 수치와 욕됨을 알도록 하면서 전투를 시키면 전투에 응한다.

백성들이 죽음을 두려워하고 정치가 혼란할 때 전투를 시키면 그 때문에 병사들과 농민들은 모두가 나태해지고 나라는 약해지고 만다.

民, 辱則貴爵, 弱則尊官, 貧則重賞.

以刑治民, 則樂用; 以賞戰民, 則輕死.

故戰事兵用曰彊.

民有私榮, 則賤列卑官; 富則輕賞.

治民羞辱以刑, 戰則戰.

民畏死, 事亂而戰, 故兵農怠而國弱.

【私榮】農戰에 힘쓰지 않아도 영화를 얻을 수 있음. 즉 儒家의 학설에 講學
하거나 遊說 등을 통해 얻어지는 영예를 가리킴.

【列】班列. 즉 爵位를 얻어 귀한 職位에 오르는 것. 朱師轍은 "列, 位也"라 함.

【戰則戰】전쟁에 내몰면 전쟁에 임함. 〈解詁〉에 "治民威之以刑, 使之戰則戰矣"
라 함.

【事亂而戰】〈解詁〉에 "若民畏死政亂, 而使與敵國戰, 則必敗. 故兵農怠惰, 則國弱"
이라 함.

147(20-8)
일상의 생계 수단

농사와 장사, 그리고 관직 생활, 이 세 가지는 나라에서의 법에 맞는 일상의 생계 수단이다.

농민은 땅을 개간하고 상인은 물건을 유통시키며 관리는 백성을 다스린다.

이 세 가지 직업은 육슬六蝨을 파생시키니 바로 첫째는 세歲, 둘째는 식食, 셋째는 미美, 넷째는 호好, 다섯째 지志, 여섯째는 행行이다.

이 여섯 가지가 달라붙을 곳이 있으면 나라는 반드시 약해지고 만다.

농민에게 남아도는 양식이 있으면 세밑에 잔치를 벌일 것이요, 상인이 아름답고 기이한 물건으로 지나친 이득을 얻게 되면 일상의 그릇을 만드는 데 손상을 줄 것이요, 관직의 자리만 있고 제대로 활용되지 않으면 뜻과 행실이 초췌하게 될 것이다.

이 육슬이 풍속을 이루면 군대는 틀림없이 대패하고 말 것이다.

農·商·官三者, 國之常食官也.

農闢地, 商致物, 官法民.

三官生蝨六: 曰歲, 曰食, 曰美, 曰好, 曰志, 曰行.

六者有樸, 必削.

農有餘食, 則薄燕於歲; 商有淫利, 有美好, 傷器; 官設而不用, 志行爲卒.

六蝨成俗, 兵必大敗.

【常】일상의 상식적인 직업이나 업무. 생계수단. 없어서는 안 될 부류들.

【食官】그러한 일을 통해 밥을 먹고 살게 됨.

【致物】'致'는 '取得', '送達'의 뜻. "물건을 유통시키다, 매매하다"의 뜻으로 발전함.

【歲】세밑에 손님을 초대하여 먹고 마셔 탕진하는 것.

【食】먹고 싶은 대로 먹고 마시며 아낄 줄 모르는 것. 이상 둘은 농민의 폐단임.

【美】아름다운 물건을 생산 판매하여 정상적인 상거래나 생산을 저해하는 것.

【好】기이한 玩好物을 만들어 사치를 조장하는 상행위. 이상 둘은 상인이 저지르는 폐해.

【志】나라를 위한 의지가 없이 개인의 편안함만 추구하는 것.

【行】일을 소극적으로 처리하는 행위. 이상 둘은 관리의 폐해를 지적한 것임.

【官法民】'法'은 '治'의 오기. 簡書는 "法, 當爲治之訛"라 함.

【薄燕于歲】'薄'자는 發語詞 '夫'와 같음.(蔣禮鴻) 그러나 張覺은 《方言》(1): 「薄, 勉也. 秦晉或曰薄, 故其鄙語曰薄努, 猶勉努也. 南楚之外曰薄努"라 하여 '勉'의 뜻으로 보았음. '燕'은 '宴'과 같음.

【傷器】일용 기물을 용도나 기능만 갖추면 될 것을 아름답게 꾸며 값을 올려 받음으로써 생산에 차질이나 저해를 불러옴.

【卒】'瘁'의 뜻. 高亨은 "卒, 疑當讀爲瘁.《詩經》雨無正〈毛傳〉:「瘁, 病也.」"라 함.

148(20-9)
선행은 통치에 방해가 된다

법이 바르지 못하면 정치가 혼란스러워지고, 선한 행동을 한다고 해서 임용하게 되면 말만 많아진다.

정치의 조목이 많아지면 나라는 혼란을 겪게 되고 말이 많아지면 군사력이 약해진다.

법이 분명하면 다스릴 일이 적어지고, 힘 있는 자를 임용하면 쓸데없는 말들이 그치게 되며, 행정이 줄어들고 나라가 다스려지면 말이 사라지고 군사력은 강해진다.

그러므로 행정 조치가 크면 나라는 약소해지고, 행정 조치들이 작으면 나라가 강대해진다.

法枉, 治亂; 任善, 言多.

治衆, 國亂; 言多, 兵弱.

法明治省, 任力言息; 治省國治, 言息兵彊.

故治大, 國小; 治小, 國大.

【法枉】'枉'은 굽음. 法家 理論 이외의 방법으로 법을 理解하는 것. 〈解詁〉에 《說文》:「枉, 衺曲也.」法枉, 謂詘法"이라 함.
【治衆】儒家에서 말하는 많은 德目들. 그러한 것을 실행하려면 많은 조목들이 필요함. 앞서 말한 '守十者'의 예를 뜻함.

149(20-10)
약한 것으로써 강한 것을 바로잡아야

정치가 백성들이 싫어하는 바를 가지고 하면 백성들은 약해지고, 정치가 백성들이 좋아하는 것을 가지고 하면 백성들은 억세어진다.

백성들이 약해지면 나라는 강해지고, 백성들이 억세면 나라는 약해지고 만다.

그러므로 백성들이 좋아하는 것으로써 하여 백성들이 억세어졌으며, 백성들이 억세어졌음에도 이들을 강하게 다그치면 병력은 겹으로 약해진다.

백성들이 좋아하는 것으로써 하여 백성들이 억세어졌으며 백성들이 억세어지자 이를 약화시키면 병력은 겹으로 강해진다.

그러므로 강하게만 하면 거듭 약해지지만 약화시키면 거듭 강하게 되어 왕 노릇을 할 수 있게 되는 것이다.

강한 것으로써 강함을 바로잡으면 약해지는 것이니 이는 강함을 그대로 존속시키기 때문이요, 약한 것으로써 강함을 바로 잡으면 강해지는 것이니 이는 강함이 제거되기 때문이다.

제거되기 때문이다. 억센 백성들이 존재하면 나라는 쇠약해지고, 억센 백성들이 제거되면 온 천하에서 왕노릇하게 된다.

강함이 그대로 존재하면 나라가 약해지고, 강함이 제거되면 왕 노릇을 할 수 있게 된다.

그러므로 강한 것으로써 약함을 바로잡으려 하면 약해지지만 약한 것으로써 강한 것을 바로잡으면 왕이 될 수 있는 것이다.

政作民之所惡, 民弱; 政作民之所樂, 民彊.

民弱國彊, 民彊國弱.

故民之所樂, 民彊; 民彊而彊之, 兵重弱;

民之所樂, 民彊, 民彊而弱之, 兵重彊.

故以彊重弱, 弱重彊, 王.

以彊政彊, 弱, 弱存; 以弱政弱, 彊, 彊去.

彊存則弱, 彊去則王.

故以彊政弱, 削; 以弱政彊, 王也.

【民之所惡】백성들이 싫어하는 것. 형벌을 뜻함. 〈解詁〉에 "行政嚴刑罰, 重戰鬪, 雖民之所惡, 然民畏威而不淫"이라 함.

【民之所樂】仁義道德 등 儒家의 덕목들. 이러한 것으로 통치를 하면 백성들이 억세어져서 법을 무시하고 임금의 권위를 인정하지 않음. 〈解詁〉에 "行政尚寬厚, 貴言談. 雖民之所樂, 然民安逸而驕縱"이라 함.

【政】正과 같음. 바로잡음. 《說文》에 "政, 正也"라 하였고, 《論語》 顔淵篇에도 "季康子問政於孔子. 孔子對曰:「政者, 正也. 子帥以正, 孰敢不正?」"라 함. 한편 《呂氏春秋》 順民篇 "湯克夏而正天下"의 注에는 "正, 治也"라 함. 그러나 蔣禮鴻과 高亨 등은 모두 '政'은 '攻'자의 오류라 하였음. 〈解詁〉에도 "政, 當作攻 〈去彊篇〉 云:「以彊攻彊者亡, 以弱攻彊者王.」可證"이라 하여 의견을 달리하고 있음.

【弱重彊王】〈解詁〉에 "治民能彊者弱之, 弱者彊之, 則可以王"이라 함.

【以彊政彊, 弱, 弱存】'弱存'은 '彊存'이어야 함. 陶鴻慶은 "弱存, 當作彊存"이라 함.

150(20-11)
이루離婁와 오획烏獲

　명철한 군주는 그 신하를 부림에 있어서, 등용에는 반드시 공적에 따라 직급을 더해주며, 상은 반드시 그 노고로움을 다한 자에게 내린다.

　군주가 백성들로 하여금 그 백성을 믿도록 함이 마치 해나 달과 같이 한다면 그들을 대적할 자가 없게 될 것이다.

　이루離婁는 추호지말秋豪之末까지 볼 수 있는 눈을 가지고 있지만 자신의 그 밝은 눈을 다른 사람에게 바꾸어 줄 수는 없으며, 오획烏獲은 천 균鈞의 무게를 들 수 있지만 자신의 그 큰 힘을 남에게 옮겨줄 수는 없다.

　지금 이 시대의 용사자用事者들이 모두가 사장 높은 경지의 성인이 되고자 하는 것은 법을 두고 하는 말이다.

　법을 어기고 다스리는 것은 마치 짐은 무겁고 길은 먼데 말이나 소조차 없는 경우와 같고, 큰물을 건너면서 배도 노도 없는 것과 같다.

　明主之使其臣也, 用之必加於功, 賞必盡其勞.

　人主使其民信此如日月, 則無敵矣.

　今離婁見秋豪之末, 不能以明目易人; 烏獲擧千鈞之重,
不能以多力易人; 聖人在體性也, 不能以相易也.

　今當世之用事者, 皆欲爲上聖, 擧法之謂也.

　背法而治, 此任重道遠而無馬牛, 濟大川而無舡楫也.

【離婁】옛날 눈이 밝기로 널리 알려진 인물.《孟子》離婁(上)에 "孟子曰:「離婁
之明, 公輸子之巧, 不以規矩, 不能成方員; 師曠之聰, 不以六律, 不能正五音;
堯舜之道, 不以仁政, 不能平治天下"라 하였고,《莊子》天地篇·騈拇篇에는
'離朱'로 되어 있음. 司馬彪는 "離朱. 黃帝時人, 百步見秋毫之末.《孟子》作離
婁"라 함.

【秋豪之末】'秋毫之末'로도 표기함. 짐승의 가을 털갈이는 그 털이 아주 가늘어
진다 하며 이에 지극히 미세함을 뜻하는 말로 쓰임.《孟子》梁惠王(上)에 "吾力
足以擧百鈞, 而不足以擧一羽; 明足以察秋毫之末, 而不見輿薪"라 함.

【烏獲】《史記》에 의하면 戰國시대 秦 武王의 力士로써 周나라에 이르러 九鼎을
들다가 구정의 발을 부러뜨렸다 함. 그러나 본《商君書》에 이미 '烏獲'이라는
사람이 등장하는 것으로 보아 고대부터 있었으며 力士의 대명사로 쓰였음을
알 수 있음. 陳啓天은 이러한 사실을 들어 "烏獲, 爲秦武王時力士, 距商鞅死約
三十年, 詳《史記》秦本紀, 可見此篇非鞅所作"이라 하여《商君書》본편은 商鞅
자신이 지은 것이 아니라는 설을 제기하기도 하였음. 한편 尹桐陽은《韓子新釋》
觀行篇의 注에서 "烏獲, 古力士之稱. 秦武王時有力士曰烏獲, 蓋因有力而冒名
者耳.《商君書》錯法有烏獲, 則秦武王前有烏獲矣"라 함.

【用事者】그 일을 하는 담당자. 통치자.

【擧法】〈解詁〉에 "擧, 用也"라 함.

151(20-12)
위망을 이웃으로 삼아서야

지금 무릇 사람이 많고 군대가 강한 것, 이것이 제왕帝王에 있어서의 큰 자본이건만 만약 법을 밝혀 이를 지켜내지 못한다면 이는 위망危亡과 더불어 이웃하고 있는 것이 된다.

따라서 명석한 군주라면 법을 잘 살피기에 나라 안 백성들이 사벽하고 음일한 마음을 품지 않게 되는 것이요, 유세하거나 은둔하는 선비라도 싸움터로 내몰 수 있는 것이며, 수많은 백성들이 경전耕戰에 매달리게 할 수 있는 것이니 무엇으로 그러함을 알 수 있는 것인가?

초楚나라 백성들은 행동이 민첩하기가 한결같으며, 그 빠르기가 마치 회오리바람 같고, 완宛에서 나는 강철로 만든 창은 날카롭기가 마치 벌이나 전갈과 같으며, 교룡이나 무소와 외뿔소 가죽으로 만들어 입은 갑옷은 단단하기가 마치 쇠와 돌과 같으며, 게다가 그들은 강수江水와 한수漢水를 방어 못으로 삼고 있으며, 여수汝水와 영수潁水로 경계를 삼으며, 등림鄧林으로 은폐로 삼고, 방성方城으로 둘러싸여 있다.

그렇건만 진秦나라 군사가 언鄢과 영郢에 이르러 마치 마른 나무 흔들 듯이 하였고, 당멸唐蔑이 수섭垂涉에서 전사하고 장교莊蹻는 그 틈에 나라 안에서 반란을 일으켜 초나라는 다섯으로 쪼개지고 말았다.

초나라는 땅이 크지 않은 것도 아니었고, 백성들이 많지 않은 것도 아니었으며, 갑옷, 무기, 재물이 풍부하지 않은 것도 아니었건만 전투에 이기지 못하였고, 수비에 견고히 하지도 못하였으니 이는 법치를 제대로 시행하지 않아서 생긴 일로써 저울을 버리고 경중을 손으로 대충 알아보려 한 것과 같은 것이었다.

今夫人衆兵彊, 此帝王之大資也, 苟非明法以守之也,
與危亡爲鄰.

故明主察法, 境內之民, 無辟淫之心; 游處之士, 迫於
戰陳; 萬民疾於耕戰.

有以知其然也?

楚國之民, 齊疾而均, 速若飄風; 宛鉅鐵鉈, 利若蜂蠆;
脅蛟犀兕, 堅若金石; 江漢以爲池, 汝潁以爲限, 隱以鄧林,
緣以方城.

秦師至鄢郢, 擧若振槁, 唐蔑死於垂涉, 莊蹻發於內,
楚分爲五,

地非不大也, 民非不衆也, 甲兵財用非不多也, 戰不勝,
守不固, 此無法之所生也.

釋權衡而操輕重者.

【辟淫】 '辟'은 사악함을 뜻함. 〈解詁〉에 "辟, 邪也"라 함.

【游處】 游는 유세하는 자. 處는 은거하고 있는 자.

【有以知其然也】 '有'는 '何'와 같음. 裴學海는 "有, 何也"라 함. '然'은 앞 구절의
내용을 가리킴.

【齊疾】 매우 빠르고 민첩함을 뜻함. 《爾雅》 釋詁에 "齊, 疾也"라 함.

【飄風】 回風, 旋風과 같음.

【宛鉅鐵鉈】 宛은 지명. 지금의 河南 南陽. '鉅鐵'은 아주 강한 쇠. 지금의 鋼과
같음. '鉈'는 '鉇', '鉈', '鍦'로도 표기하며 짧은 창. 무기를 뜻함. 高亨은 "宛, 楚國
地名, 卽今河南南陽.《說文》:「鉅, 大剛也.」卽今所謂鋼"이라 함.

【蜂蠆】 독벌이나 전갈. 蠆는 '채'로 읽음.

【脅】 '옆구리'를 뜻하나 여기서는 '걸치다', '입다'의 동사로 쓰였음.

【蛟】 '鮫'와 같음. 상어. 질긴 가죽으로 만들었음을 뜻함.

【犀兕】 무소와 코뿔소. 가죽은 질기고 성질은 사나움을 상징함.

【汝水】 河南 魯山縣 大盂山에서 발원하여 寶豐, 襄城, 上蔡, 汝南을 흘러 淮水로 흘러들어가는 물 이름.

【潁水】 河南 登封縣에서 발원하여 禹縣을 거쳐 周口鎭, 賈魯河에서 合水하여 다시 淮水로 흘러들어 가는 물 이름.

【鄧林】 鄧縣의 산림. 원래 鄧나라는 楚나라에 가까운 나라였으나 B.C.678년 楚 文王에게 멸망함. 옛 땅은 지금의 河南 鄧縣 일대.

【緣以方城】 緣은 〈解詁〉에 “緣, 繞也”라 함. 方城은 楚나라 북방의 長城, 혹은 方城山 아래의 요새.《荀子》議兵篇 “緣之以方城”의 注에 “方城, 楚北界山名也”라 하였고,《史記》禮書 “緣之以方城”의 〈正義〉에는《括地志》云:「方城, 房州 竹山縣東南四十一里, 其山頂上平, 四面險峻, 山南有長城十餘里, 名爲方城, 卽此山也.」라 함.

【鄢】 楚나라 도읍. 또는 도읍의 하나. 지금의 湖北 宜城縣 남쪽. 그 아래 흐르는 물을 鄢水라 하여 얻은 지명임.

【郢】 楚나라 도읍. 지금의 湖北 江陵 북쪽. 秦 昭王 28년(B.C.279) 秦 白起가 楚나라를 공격하여 鄢, 鄧, 西陵을 함락한 적이 있으며 이듬해 白起가 다시 郢을 공격하여 夷陵을 불태우고 竟陵을 점령한 다음 秦나라 南軍으로 삼았음.《史記》秦本紀 및 六國年表를 참조할 것.

【振槀】 마른 나무(잎)를 흔들 듯 함.《荀子》議兵篇 “若振槀然”의 注에 “振, 擊也; 槀, 枯葉也”라 함.

【唐蔑】 唐昧. 楚나라 將軍 이름.《荀子》議兵篇 注에 “《史記》: 楚懷王二十八年(B.C.301), 秦與齊漢魏共攻楚, 殺楚將唐昧, 取我重丘而去”라 함.

【垂涉】 垂沙의 오기.《荀子》議兵篇,《韓詩外傳》(4),《淮南子》兵略訓,《戰國策》楚策(3) 등에 모두 ‘垂沙’라는 지명이 보이며 ‘垂涉’이란 지명은 없음. 지금의 河南 唐河縣 경내.

【莊蹻】 戰國시대 楚나라에서 반란을 일으켰던 인물. 莊王의 후손으로 威王 때 大將에 올랐으며 懷王 28년에 반란을 일으켰음.《荀子》議兵篇 및《史記》西南夷列傳 등을 참조할 것.

【操輕重者】 嚴萬里는 이 아래 탈자가 있는 것으로 보았으며 朱師轍은 “此句箸於末, 語意未了. 嚴校本, 以爲下有佚脫. 今按上文背法而治, 此「任重道遠而無車馬, 濟大川而無舡楫也.」疑此八字, 當在楫舡之下, 與上二句義一律. 蓋寫者以脫句附說篇末, 而校者失於移補耳”라 함.

21. 〈□□〉第二十一(亡)

嚴萬里(可均)의 교주본에는 '□□'로 되어 있으나 施全昌 본에 의해 흔히 '禦盜'篇일 것이라 여기고 있다. '여도'는 도둑을 막다의 뜻으로 원문이 없어 구체적인 내용은 알 수 없다.

〈解詁〉에는 "篇亡, 師轍按: 縣眇閣本, 作「禦盜第二十一」. 程本·評校本· 吳本·馮本·范本·四庫本·指海本, 俱作「闕文」"이라 하여 〈縣眇閣本〉 에만 편명이 〈禦盜〉일 것으로 보았고 다른 판본에는 모두 '闕文'으로 되어 있다 하였다.

〈輜車〉畵像磚 1953 四川 成都 출토

22. 〈外內〉第二十二

　'내외內外'는 내무內務와 외사外事를 뜻한다. 내무는 농사를, 외사는 전쟁을 가리킨다. 즉 농전農戰을 분리하여 논리를 밝혀보고자 한 것이다. 백성을 부림에 있어서 가장 고통스러워하는 것은 농사일과 전투이며 이러한 문제를 어떻게 풀 것인가의 문제이다. 결론은 하나다. 오직 법을 엄혹하게 적용하고 백성들로 하여금 법을 지켜 자신에게 닥칠 죽음과 처벌을 피하는 것이 훨씬 이익이 된다는 것을 알도록 하는 것이다. 가혹한 법치의 극단을 강하게 주장하고 있다.

　〈解詁〉에는 "言民之外事莫難於戰, 內事莫苦於農, 故以名篇"이라 하였다.

〈七牛虎耳銅貯貝器〉(서한) 1956 雲南 晉寧縣 滇王墓 출토

152(22-1)
전투보다 힘든 것이 없으니

백성들은 바깥일로서 전투보다 더 어려운 것이 없으므로 가벼운 법으로서는 백성을 부릴 수가 없다.

무엇을 일컬어 가벼운 법이라 하는가?

그것은 상을 적게 내리고 위엄을 엷게 하여 음벽한 도를 막지 않음을 두고 이르는 말이다.

무엇을 일러 음벽한 도라 하는가?

궤변과 지모智謀를 쓰는 자가 존귀해지고, 벼슬을 구하려 유세하며 다니는 자가 임용되며, 학문에 힘써 개인의 명성이 드러나는 것을 두고 하는 말이다.

이 세 가지를 막지 않으면 백성들은 싸우려 들지 않으며 일은 실패로 끝나고 만다.

그러므로 상이 적으면 법을 잘 듣는다 해도 아무런 이익이 없게 되며, 위엄이 엷으면 법을 범해도 아무런 해가 없게 된다.

따라서 음벽한 도를 열어놓고 백성들을 유도하여 가벼운 법으로서 백성들로 하여금 전쟁에 나서게 하는 것, 이러한 경우를 일러 쥐를 잡겠다고 하면서 삵쾡이를 미끼로 삼는다는 것이니 역시 바랄 수 없는 일일 것이다!

그러므로 그 백성들을 전쟁에 사용하려 한다면 반드시 엄중한 법으로서 해야 한다.

상에 있어서는 반드시 후하게 주어야 하고 위엄에 있어서는 반드시 엄하게 해야 하며 음벽한 도는 반드시 막아야 하며, 궤변과 지모를 쓰는 자가 존귀하게 되지 않아야 하고 벼슬을 구하려 유세하며 다니는 자가 임용되지 않아야 하며 학문으로 자신의 사사로운 명성이 드러나는 일이 없어야 한다.

상이 후하고 위엄이 엄하면서, 백성들은 전쟁에서 받는 상이 후함을 알게 되면 죽음도 잊을 것이요, 전쟁에 나서지 않았다가 당하는 모욕을 보고는 살아 있음을 괴롭게 여기게 된다.

상은 백성들로 하여금 죽음을 염두에 두지 않게 하는 것이요, 위엄은 백성들로 하여금 구차한 삶이 도리어 괴로운 것이라 여기게 하는 것이며, 게다가 음벽한 도가 막혀 있으니 이러한 상황에 처한 자로 하여금 적을 맞닥뜨리게 한다면 이는 백 섬石의 무게를 가진 노弩로써 떨어지는 나뭇잎을 쏘는 것과도 같을 것이니 어찌 함락하지 못할 것이 있겠는가?

民之外事, 莫難於戰, 故輕法不可以使之.

奚謂輕法?

其賞少而威薄, 淫道不塞之謂也.

奚謂淫道?

爲辯知者貴, 游宦者任, 文學私名顯之謂也.

三者不塞, 則民不戰而事失矣.

故其賞少, 則聽者無利也; 威薄, 則犯者無害也.

故開淫道以誘之. 而以輕法戰之, 是謂設鼠而餌以狸也, 亦不幾乎!

故欲戰其民者, 必以重法.

賞則必多, 威則必嚴; 淫道必塞, 爲辯知者不貴, 游宦者不任, 文學私名不顯.

賞多威嚴, 民見戰賞之多則忘死, 見不戰之辱則苦生.

賞使之忘死, 而威使之苦生, 而淫道又塞, 以此遇敵, 是以百石之弩射飄葉也, 何不陷之有哉!

【威薄】威는 법의 威嚴. 薄은 얇게 함. 威嚴을 내세우지 않아 權威를 잃게 됨.

【游宦】각 제후국을 떠돌며 유세하여 벼슬자리를 구함.〈解詁〉에 "宦, 仕也"라 함.

【三者】〈解詁〉에 "三者, 謂辯知·游宦·文學私名之士. 三者不塞, 則農戰不立, 而事失矣"라 함.

【設鼠】'設'은 '틀을 설치하여 잡다'의 뜻.《淮南子》兵略訓에 "爲麋鹿者, 則可以置罘設也; 爲魚鼈者, 則可以网罟取也; 爲鴻鵠者, 則可以矰繳加也"라 하였고, 〈說林訓〉에는 "設鼠者機動, 釣魚者泛杭, 任動者車鳴也"라 함.

【狸】삵, 삵쾡이, 너구리. 모두 고양이과로서 쥐와는 상극인 동물을 지칭한 것.

【幾】'기대하다, 바라다'의 뜻. '冀', '期', '覬'와 같음.

【百石】섬(石)은 무게의 단위.《國語》周語 韋昭 注에 "石, 百二十斤也"라 함.

【弩】기계 장치를 하여 여러 개의 화살이나 돌을 잇달아 쏠 수 있는 큰 활. 〈解詁〉에 "百石之弩, 有力之弓也. 以射飄葉, 何不陷入之有? 言其易也"라 함.

153(22-2)
농사만큼 힘든 것은 없다

백성들의 국내 일로는 농사보다 더 고생스러운 것이 없으니, 그 때문에 가벼운 다스림으로는 백성들을 부릴 수가 없다.

무엇을 일러 가벼운 다스림이라 하는가?

그것은 농민이 가난해지고 상인이 부유해져서, 그 때문에 식량 값이 싸다고 여기는 자는 돈이 중하다고 여기게 되며, 식량 값이 싸면 농민은 가난해지고, 돈이 중해지면 상인이 부유해지는 것이니, 말사末事를 막지 않으면 기교技巧가 뛰어난 자가 이득을 보며 떠돌면서 먹는 자는 많아짐을 두고 하는 말이다.

그러므로 농민이 가장 고생스러운 일을 힘써 하면서도 얻는 이익이 적어 상인이나 기교에 뛰어난 자만 못하게 된다.

만약 능히 상인이나 기교 있는 자로 하여금 더 불어나지 못하도록 할 수 있다면 나라가 부유해지지 않고자 해도 그렇게 될 수가 없을 것이다.

따라서 "농업으로 나라를 부유하게 하고자 하는 자라면 나라 안의 식량 값을 반드시 비싸지도록 해야 하며, 농사짓지 아니 하는 자에 대한 요역은 반드시 많아야 하며, 장사를 통해 얻어지는 이윤에 대한 조세는 반드시 무겁게 매겨야 한다"라고 말하는 것이다.

그렇게 되면 백성들은 농사짓지 않을 수 없으며, 농사짓지 않는 사람은 식량을 사서 먹지 않을 수 없게 되는 것이다.

식량 값이 비싸지면 농사짓는 사람은 이익을 보게 되며, 농사짓는 사람이 이익을 보게 되면 농업에 종사하는 사람이 많아지게 된다.

식량 값이 비싸면 식량을 사는 것이 이익에 맞지 않으며, 거기에 다시 무거운 요역까지 가중시키면 백성들은 장사나 손재주를 버리고 땅을 섬겨 이익을 얻는 쪽으로 가지 않을 수 없게 된다.

그러므로 백성들의 힘은 모두가 땅을 이익으로 삼는 쪽으로 가게 되는 것이다.

民之內事, 莫苦於農, 故輕治不可以使之.

奚謂輕治?

其農貧而商富, 故其食賤者錢重, 食賤則農貧. 賤重則商富; 末事不禁, 則技巧之人利, 而游食者衆之謂也.

故農之用力最苦, 而贏利少, 不如商賈技巧之人.

苟能令商賈技巧之人無繁, 則欲國之無富, 不可得也.

故曰: 欲農富其國者, 境內之食必貴, 而不農之徵必多, 市利之租必重.

則民不得無田, 無田, 不得不易其食.

食貴則田者利, 田者利則事者衆.

食貴, 糴食不利, 而又加重徵, 則民不得無去其商賈技巧, 而事地利矣.

故民之力盡在於地利矣.

【輕治】백성들을 農戰으로 내몰지 않아 상인과 수공업자, 유세하며 학문으로 사는 자들이 많아짐을 뜻함.
【故其食賤者錢重, 食賤則農貧. 賤重則商富; 末事不禁, 則】이 22자는 元本과 秦本에는 없으며 范本에는 注로 되어 있음. 이에 대해 朱師轍은 "各本皆作「其農貧而商富, 技巧之人利.」篇末雙行注云. 商富下, 一本有「故其食賤者, 錢重食賤, 則農貧, 錢重則商富, 則技巧」云, 二十五字, 馮本, 云作去. 嚴校云, 二十二字誤" 라 함.

【末事】本業, 즉 農事에 상대하여 功業(技巧)과 商業을 가리킴. 法家에서 매우 부정적으로 본 것임.

【技巧】손재주로 물건을 만들어 사치를 조장하는 일.

【游食】벼슬을 구하러 떠도는 자. 흔히 遊說하며 다른 제후들에게 言辯으로써 목적을 취하고자 하는 이들을 가리킴.

【贏利】이익.

【徵必多】'徵'은 '徵役'(徭役, 賦役)을 뜻함. 〈解詁〉에 "徵, 召也. 不力農者, 多其徵役. 爲市利者, 重其租稅, 所以賤商而重農也"라 함.

【不易其食】'易'은 식량을 돈으로 사서 먹어야 함을 뜻함. 〈解詁〉에 "食貴則民不得不力田, 不得田者, 則不易得食"이라 함.

【糴食】먹을 것을 사들임. '糴'은 '糶'에 상대되는 말.

【地利】농사를 통해 얻어지는 이익.

154(22-3)
변방에서 얻어지는 이익

　무릇 나라를 다스리는 자는 변방에서 얻어지는 이익은 모두 병사들에게 돌아가도록 하고, 시장에서 얻어지는 이익은 모두 농민들에게 돌아가게 해야 한다.

　변방에서 얻어지는 이익이 병사들에게 돌아가는 나라는 강하게 될 것이요, 시장에서 얻어지는 이익이 농민들에게 돌아가는 나라는 부유하게 될 것이다.

　따라서 나가 싸우면 강해지고 들어와 쉬면 부유하게 되는 나라는 왕 노릇을 할 수 있게 되는 것이다.

　故爲國者, 邊利盡歸於兵, 市利盡歸於農.
　邊利盡歸於兵者, 彊; 市利盡歸於農者, 富.
　故出戰而彊, 入休而富者, 王也.

【故】'夫'와 같음.
【邊利】변방에 나가 적과 싸워 공을 세워 그로 인해 얻어지는 褒賞의 이익.
【入休】전투의 임무를 마치고 귀가해서도 농사에 온힘을 쏟음. '休'는 전투에 상대적으로 '귀가하여 휴식을 취함'을 뜻함. 〈解詁〉에 "邊境關市之利, 皆歸於兵, 故兵彊; 國內商賈之利, 盡歸於農, 故農富"라 함.

23. 〈君臣〉第二十三

　'군신君臣'은 임금과 신하의 관계는 서로 이익으로 맺어진만큼 그 이익을 미끼로 통치술을 발휘해야 한다는 것이다. 그 방법으로는 당연히 포상과 형벌이다. 이익을 위한 포상, 그리고 사욕을 채우려다 죄를 범했을 때의 처벌이 명확하고 엄격하다면 군주로서의 통치는 성공을 거둘 수 있다는 주장이다. 이에 따라 '귀천을 줄을 세우고'(列貴賤), '작위를 제정하며'(制爵位), '명분을 세울 것'(立名號)의 세 가지 대안을 제시하고 있다. 일종의 군주론君主論이며 뒤에 한비韓非에게도 많은 영향을 준 내용들이다.

〈貢納場面〉 銅貯貝器(서한) 1956 雲南 晉寧縣 滇王墓 출토

155(23-1)
오관五官

"옛날 군신君臣과 상하上下의 구분이 없었을 때에는 백성들이 혼란스러워 다스려지지 않았습니다.

이 까닭으로 성인聖人이 귀천을 구별하고 작위를 제정하며 명분과 호칭을 세워 군신과 상하의 의義를 구별하였던 것입니다.

땅이 넓고 사람이 많으며 모든 사물이 많았으므로 오관五官으로 나누어 그것들을 지켜내도록 하였지요.

사람이 많아지면서 간사한 일들이 일어나자 그 때문에 법제를 세우고, 도량度量을 만들어 그것들을 금지시켰습니다.

이 까닭으로 군신의 의義와 오관의 구분, 법제의 금지가 있게 된 것이니 신중히 하지 않을 수가 없는 것입니다."

「古者, 未有君臣上下之時, 民亂而不治.

是以聖人別貴賤, 制爵位, 立名號, 以別君臣上下之義.

地廣·民衆·萬物多, 故分五官而守之.

民衆而姦邪生, 故立法制, 爲度量以禁之.

是故有君臣之義, 五官之分, 法制之禁, 不可不愼也.」

【爵位】 公, 侯, 伯, 子, 男의 五爵. 신분 제도를 확립하였음을 뜻함.
【名號】 名分과 呼稱.
【五官】 司徒, 司馬, 司空, 司寇, 司事의 다섯 관직.《左傳》昭公 17년을 볼 것. 司徒는

교육, 司馬는 군사, 司空은 건설, 司寇는 형벌, 司事는 농사를 관장하였음.

【法制】法律과 制度.

【度量】물건의 길이, 넓이, 부피 등에 기준을 정하여 이를 따르도록 함.《漢書》
律曆志에 "度者, 分寸尺丈引也, 所以度長短也. 良者, 龠合升斗斛也, 所以量多
少也"라 함.

【不可不愼】〈解詁〉에 "法貴簡要適時, 然後能行. 故立法當愼重, 後世立法不愼,
不能行者多矣"라 함.

요순도 다스릴 수 없는 상황

"군주 자리에 있으면서도 그의 명령이 시행되지 않으면 위태로워질 것이요, 오관五官으로 나누었는데도 상법常法이 없으면 혼란해질 것이며, 법제法制가 만들어졌는데도 사사롭게 선행善行을 베풀면 백성들이 형벌을 두려워하지 않게 될 것입니다.

임금이 존엄하면 그 명령이 시행될 것이며, 관리가 일을 잘 처리하면 법대로 사건이 처리될 것이며, 법제가 명확하면 백성들이 형벌을 두려워하게 됩니다.

법제가 명확하지 않으면서 백성들로 하여금 명령을 행하기를 바란다면 그렇게 될 수가 없는 것입니다.

백성들이 명령을 따르지 않는데도 군주가 존엄해지기를 바란다면 비록 요순堯舜과 같은 지혜가 있다 해도 다스려질 수가 없는 것입니다."

「處君位而令不行, 則危; 五官分而無常, 則亂; 法制設而私善行, 則民不畏刑.

君尊則令行, 官修則有常事, 法制明則民畏刑.

法制不明, 而求民之行令也, 不可得也.

民不從令, 而求君之尊也, 雖堯舜之知, 不能以治.」

【無常】'常'은 상법. 떳떳하고 변함이 없으며 기준이 엄격한 法度.
【善行】'私善'과 같음. 군주의 법에 관계없이 사사롭게 베푸는 은혜. 특히 관리가

범법자를 용인하는 등 법치에 어긋난 행위를 뜻함.《韓非子》姦劫弑臣篇에 "爲私善, 立名譽, 以取尊官厚俸"이라 함.

【官修】 '修'는 '법에 따라 잘 처리하다'의 뜻.《荀子》修身篇 注에 "修然, 整飭貌" 라 함.

【堯】 전설상 上古시대 五帝의 하나. 陶唐氏. 唐堯로도 부름. 祁姓이며 이름은 放勳. 帝嚳의 아들.《十八史略》(1)에 "帝堯陶唐氏: 伊祁姓, 或曰名放勛, 帝嚳子也. 其仁如天, 其知如神, 就之如日, 望之如雲, 都平陽. 茆茨不剪, 土階三等. 有草生庭, 十五日以前, 日生一葉, 以後日落一葉, 月小盡, 則一葉厭而不落, 名曰蓂莢, 觀之 以知旬朔"이라 함.《史記》五帝本紀를 볼 것.

【舜】 고대 五帝의 하나. 有虞氏. 姓은 姒氏, 이름은 重華. 虞舜으로도 부름. 堯임금으로부터 천하를 물려받아 帝位에 오름. 瞽瞍의 아들로 孝誠이 뛰어났던 분으로 널리 알려져 있으며 儒家에서 聖人으로 추앙함.《十八史略》(1)에 "帝舜 有虞氏: 姚姓, 或曰名重華, 瞽瞍之子, 顓頊六世孫也. 父惑於後妻, 愛少子象, 常欲殺舜. 舜盡孝悌之道, 烝烝乂不格姦"이라 함.

【知】 '智'와 같음. 高亨은 "知, 讀爲智"라 함.

157(23-3)
죽음도 피하지 않는 이유

"명왕明王의 천하 다스림은 법에 따라서 다스리며 공로에 따라 상을 줍니다.

무릇 백성들이 급히 싸움에 나서서 죽음을 피하지 않는 이유는 작록爵祿을 바라기 때문입니다.

명군明君이 나라를 다스림에는 병사가 적의 목을 베어 오거나 포로로 잡아오는 공로가 있으면 반드시 그의 작위는 충분히 영예롭도록 해주고 그 녹봉을 충분히 먹을 만하게 해 줍니다.

그리고 농민으로서 그 고을을 떠나지 않으면 양친을 넉넉히 봉양할 수 있도록 하여 군사의 일을 익힐 수 있도록 해 줍니다.

그러므로 군대의 병사들은 절의를 위해 죽음을 무릅쓰며 농민은 게으름을 피우지 않는 것입니다."

「明王之治天下也, 緣法而治, 按功而賞.

凡民之所疾戰不避死者, 以求爵祿也.

明君之治國也, 士有斬首·捕虜之功, 必其爵足榮也, 祿足食也.

農不離廛者, 足以養二親, 治軍事.

故軍士死節, 而農民不偸也.」

【明王】다른 판본에는 모두 '明主'로 되어 있음.

【廛】사람들이 사는 구역. 고대에는 市廛과 民廛이 있었음.《周禮》廛人 注에 "廛, 民居區域之稱"이라 하였고, 朱師轍은 "按: 廛有市廛, 有民廛.《孟子》: 市廛 而不征.《管子》五輔: 市廛而不稅. 此市廛也.《周禮》載師, 園廛二十而一.〈遂人〉: 夫一廛, 此民廛也. 民廛卽鄕里. 農不離鄕里, 耕作於家, 足以養親, 於國足以彊兵" 이라 함.

【治軍事】'治'는《周禮》大宗伯 "治其大亂"의 注에 "治, 猶簡習也"라 하여 군사 훈련이나 학습을 가리킴. 전국시대에는 집집마다 兵書를 두고 군사학을 배웠음. 《韓非子》五蠹篇에 "境內皆言兵, 藏孫吳之書者, 家有之"라 함.

158(23-4)
시서詩書로서 상을 주면

"그런데 지금의 군주들은 그렇게 하지 않은 채 법을 버리고 지혜로써 하며, 공로를 등지고 명예만 듣고 임용합니다.

그 까닭으로 군대의 병사들은 싸우려하지 않고, 농민들은 떠돌아다니 거나 옮겨 다니는 것입니다.

제가 듣기로 '백성을 인도하는 문은 군주를 우선으로 여기는 바에 있다' 라 하였습니다.

그러므로 백성들로 하여금 농전農戰에 나서도록 할 수도 있고, 떠돌아 다니며 벼슬을 구하게 할 수도 있으며, 학문을 하게 할 수도 있는 것이니, 이는 군주가 어떤 이에게 상을 주느냐에 달려 있는 것입니다.

군주가 공로로써 상을 주면 백성들은 전투를 하고, 임금이 《시詩》,《서書》 로써 상을 주면 백성들은 학문을 하지요.

백성들의 이익에 대한 것은 마치 물이 아래로 흐르는 것과 같아 사방 어디라도 가리는 것이 없는 것입니다.

백성이란 다만 이익을 얻을 수 있다면 그런 일을 하는 자들이니, 임금이 상을 주기에 달려 있는 것입니다.

눈을 부릅뜨고 팔을 걷어붙이고 용맹을 이야기하는 자가 이익을 얻거나, 옷을 늘어뜨리고 말솜씨를 뽐내는 자가 이익을 얻거나, 오랜 시간을 들여 권세 있는 가문에 두고두고 고생을 한 자가 이익을 얻는다면, 앞서 말한 이 세 가지 경우의 사람들이 존중을 받는 것은 아무런 공로도 없이 모두가 이익을 얻는 것이어서 백성들은 농전을 버리고 그러한 일을 하게 되겠지요.

그리하여 혹 말솜씨로써 이익을 찾고, 혹 편벽便辟된 짓으로써 청탁을 일삼으며, 혹 자신의 용맹으로써 이익을 다투게 되겠지요.

그러므로 농전하는 백성은 날로 줄고, 떠돌며 먹을 것을 찾는 자만
더욱 많아진다면 나라는 혼란에 빠지고 국토는 깎이며 병력은 약해지고
임금은 비천해지고 말 것입니다.

이처럼 그러한 상황이 벌어지는 이유는 군주가 법제를 버리고 명성과
칭찬만 무성한 자를 임용하기 때문입니다."

「今世君不然, 釋法而以知, 背功而以譽.

　故軍士不戰, 而農民流徙.

　臣聞:『道民之門, 在上所先.』

　故民可令農戰, 可令游宦, 可令學問, 在上所與.

　上以功勞與, 則民戰; 上以詩書與, 則民學問.

　民之於利也, 若水於下也, 四旁無擇也.

　民徒可以得利而爲之者, 上與之也.

　瞋目扼腕而語勇者得, 垂衣裳而談說者得, 遲日曠久·
積勞私門者得: 尊向三者, 無功而皆可以得, 民去農戰
而爲之.

　或談議而索之, 或事便辟而請之, 或以勇爭之.

　故農戰之民日寡, 而游食者愈衆, 則國亂而地削, 兵弱
而主卑.

　此其所以然者, 釋法制而任名譽也.」

【釋法而以知】 ‘釋’은 舍(捨)와 같음. ‘知’는 智와 같음.
【流徙】 嚴萬里 본에는 ‘流徒’로 되어 있으나 〈范欽本〉에 의해 수정함. 〈解詁〉에
　“世君舍法度而尙知慧, 棄實功而采虛譽. 此軍士之所以不戰, 而農民之所以流
　徙也”라 함.

【道民之門】'道'는 '導'와 같음. '인도하다'의 뜻. 朱師轍은 "道, 借爲導. 引也"라 함.

【詩書】고대 文獻 일체를 가리키는 말.

【瞋】'눈을 부릅뜨다'의 뜻.《說文》에 "瞋, 張目也"라 함.

【扼腕】'팔을 비틀다'의 뜻.《史記》刺客列傳 索隱에 "勇者奮厲, 必先以左手扼右腕也"라 함.

【垂衣裳】옷을 늘어뜨리고 편한 자세로 있음. 통치를 쉽게 함을 뜻함.《周易》繫辭傳 "黃帝, 堯, 舜, 垂衣裳而天下治"의 疏에 "以前衣皮, 其制短小, 今衣絲麻布帛, 所作衣裳, 其制長大, 故云垂衣裳也"라 함.

【遲日曠久】'오랜 시간'을 뜻함.

【便辟】便嬖와 같은 뜻. '便'은 便佞, '辟'은 嬖寵의 뜻.《荀子》王制篇 "事其便辟"의 楊倞 注에 "便僻, 謂左右小臣親信者也"라 함.

159(23-5)
군주가 존엄해질 수 있는 길

"그러므로 명철한 군주는 법제를 신중히 하여, 말이 법에 맞지 않는 것은 들어주지 않고, 행동에 법에 맞지 않는 것은 높여주지 않으며, 사안이 법에 맞지 않은 것은 하지 않는다.

말이 법에 맞으면 논리에 타당한 것이라 인정하고, 행동이 법에 맞으면 높여주며, 사안이 법에 맞으면 그것을 실행한다.

그러므로 나라가 잘 다스려지고 땅이 넓어지며, 병력이 강해지고 군주가 존엄하게 되는 것이다.

이것이 다스림의 지극한 경지이니, 임금 된 자는 이를 잘 살피지 않을 수 없다."

「故明主愼法制, 言不中法者, 不聽也; 行不中法者, 不高也; 事不中法者, 不爲也.

言中法, 則辯之; 行中法, 則高之; 事中法, 則爲之.

故國治而地廣, 兵彊而主尊.

此治之至也, 人君者不可不察也.」

【不中法】〈解詁〉에 "不中法, 猶言不合於法也"라 함.

【辯】'辨'과 같음. 辨別力이 있음. 條理가 있음을 인정해 줌. 〈解詁〉에 "辯, 借爲辨, 判也"라 함.

24. 〈禁使〉第二十四

　'금사禁使'는 '금지해야만 될 사안과 부릴 수 있는 수단'에 대한 내용
이다. 통치를 위한 법과 명령에 위배되는 조건들은 당연히 금지하되,
신하와 백성은 고도의 모략과 엄혹한 법으로 구사驅使해야 나라가
존속되고 부국강병을 이룰 수 있다는 주장이다. 주로 세勢와 수數를
논하고 있으며 '세'는 통치권을, '수'는 통치술수를 의미한다. 공포
정치와 전제통치를 통한 법치의 환경과 분위기 조성은 상벌로 미끼를
삼아야 한다는 문제를 집중적으로 다루고 있으며 치술治術의 대표
적인 주장이 들어 있다.

　〈解詁〉에는 "言人主禁非使人, 在於賞罰, 故以名篇"이라 하였다.

〈吊人銅矛〉(서한) 1956 雲南 晉寧縣 滇王墓 출토

160(24-1)
원칙이 없으면

군주가 사람들에게 나쁜 짓을 금지시키고 공을 세우도록 부리는 방법은 상과 벌입니다.

상은 공로에 따르고 벌은 죄에 따르기에 공로를 논하고 죄를 살피는 일은 깊이 따져보지 않으면 안 됩니다.

무릇 높은 공에는 상을 주고 하찮은 죄라도 징벌함에 있어서, 군주로서 그 원칙에 대하여 명확히 알고 있는 것이 없으면 이는 아무런 원칙이 없는 것과 같습니다."

「人主之所以禁使者, 賞罰也.

賞隨功, 罰隨罪, 故論功察罪, 不可不審也.

夫賞高罰下, 而上無必知其道也, 與無道同也.」

【禁使】禁非使人의 줄인 말. 그릇된 것은 금지하고 사람은 부리는 원칙.
【必知】필수적으로 알고 있어야 함. 〈解詁〉에 "上不能深知賞高罰下之道, 是與無道同也.《韓非子》八經篇:「賞罰必知之, 知之道盡矣.」라 함.

161(24-2)
세勢와 수數

"무릇 군주가 알아야 할 도道는 세勢와 수數입니다.

그러므로 선왕先王들은 자신이 강함에 의지한 것이 아니라 세에 의지하였으며, 믿음에 의지한 것이 아니라 수에 의지하였던 것입니다.

지금 무릇 바람에 휘날리는 쑥이 회오리바람을 만나면 천 리를 가는 것은 바람의 세를 타기 때문이요, 연못의 깊이를 재는 자가 천 길 깊이를 알 수 있는 것은 줄을 매달아서 재는 수를 쓰기 때문입니다.

그러므로 세에 의탁하면 비록 멀더라도 반드시 이르게 될 것이며, 수를 지키는 자는 비록 아무리 깊더라도 반드시 깊이를 알아낼 수 있을 것입니다.

지금 어두운 밤에는 산언덕이 크다 해도 이루離婁도 볼 수 없지만 맑은 아침에 해가 밝아오면 위로는 하늘에 나는 새도 구별할 수 있고 아래로는 추호秋豪도 볼 수 있습니다.

그러므로 눈이 볼 수 있는 것은 햇빛의 세를 의탁해야 하는 것입니다."

「凡知道者, 勢·數也.

故先王不恃其彊, 而恃其勢; 不恃其信, 而恃其數.

今夫飛蓬遇飄風而行千里, 乘風之勢也; 探淵者知千仞之深, 縣繩之數也.

故托其勢者, 雖遠必至; 守其數者, 雖深必得.

今夫幽夜, 山陵之大, 而離婁不見; 清朝日颴, 則上別飛鳥, 下察秋豪.
　故目之見也, 托日之勢也.」

【勢】 '形勢', 즉 권력.《淮南子》修務訓 "名其自然之勢"의 注에 "勢, 力也"라 함.
【數】 '術數' 즉 방법. 군주가 지니고 있어야 할 策略, 術數, 統治 操術.〈解詁〉에는 "數, 術也. 凡知道者, 知乘勢操術也"라 함.
【蓬】 가을 바람에 휩쓸리는 것으로 흔히 쑥을 거론함. 高亨은 "蓬是草名, 葉成線形而多, 根細, 秋風吹, 往往根拔而飛起, 所以呼爲飛蓬"이라 함.
【仞】 한 길. 양팔을 벌린 만큼의 길이.《說文》에 "仞, 伸臂一尋, 八尺也"라 함.
【縣繩之數】 '縣'은 '懸'과 같음. 줄에 무거운 것을 매달아 물의 깊이를 잼. 高亨은 "探水的深度, 在繩的一端拴上石塊或鐵塊等, 提起繩子, 投石塊或鐵塊等入水底, 其繩入水部分的長度就是水的深度"라 함.
【離婁】〈解詁〉에 "離婁, 離朱也"라 함. '婁'와 '朱'는 雙聲 관계. 黃帝 때 눈이 아주 밝기로 이름났던 인물.《孟子》離婁篇(上)에 "孟子曰:「離婁之明, 公輸子之巧, 不以規矩, 不能成方員; 師曠之聰, 不以六律, 不能正五音; 堯舜之道, 不以仁政, 不能平治天下"라 하였고,《愼子》內篇에도 "離朱之明, 察毫末於百步之外"라 함. 역시《莊子》天地篇·騈拇篇에도 '離朱'로 되어 있으며 司馬彪는「離朱. 黃帝時人, 百步見秋毫之末.《孟子》作離婁」라 함.《韓非子》姦劫弑臣에도 "人主者, 非目若離婁乃爲明也, 非耳若師曠乃爲聰也. 不任其數, 而待目以爲明, 所見者少矣, 非不弊之術也; 不因其勢, 而待耳以爲聰, 所聞者寡矣, 非不欺之道也"라 함.〈解詁〉에는 皇甫謐의《帝王世紀》를 인용하여 "秦武王好多力之士, 烏獲之徒, 並皆歸焉. 秦王於洛陽擧周鼎, 烏獲兩目血出"이라 함.
【䁠】 '旦'과 같음. 同音轉注. 高亨은 "䁠, 明也.《說文》:「旦, 明也.」䁠與旦一音的轉變"이라 함.〈解詁〉에는 "《說文》:「黃黑色也.」《廣雅》:「黃也.」淸朝日䁠, 言淸晨日初出之時也"라 함.
【秋豪之末】 '秋毫之末'로도 표기함. 짐승의 가을 털갈이는 그 털이 아주 가늘어진다 하며 이에 지극히 미세함을 뜻하는 말로 쓰임.《孟子》梁惠王(上)에 "吾力足以擧百鈞, 而不足以擧一羽; 明足以察秋毫之末, 而不見輿薪"이라 함.

162(24-3)

참관參官과 승감丞監

"군주가 세勢를 얻음이 지극하게 되면 참관參官을 두지 않아도 청렴해지며, 군주가 술수를 펴면 사물이 정당해지는 것입니다.

지금은 관리를 많이 두는 것에 의지하며 관직마다 승丞이나 감監을 세워두고 있습니다.

무릇 승을 두고 감을 세우는 것은 앞으로 사람의 잘못을 금하여 이익을 얻고자 함이건만 그 승과 감들조차 사사로운 이익을 구하고자 한다면 어찌 서로를 금지시킬 수 있겠습나까?

그러므로 승과 감을 믿고 다스리는 것은 겨우 나라를 존속시키는 통치 방법일 뿐입니다.

수數에 통달한 자는 그렇게 하지 않으니 그 세勢를 구별하여 사사로운 짓을 하기 어렵도록 만들어 놓습니다.

그러므로 "일의 형세가 숨기기 어렵도록 해놓으면 비록 도척盜跖이라 할지라도 그릇된 짓을 하지 못한다"라고 말씀드리는 것입니다.

따라서 선왕先王들은 세를 귀하게 여겼던 것입니다."

「得勢之至, 不參官而潔, 陳數而物當.

今恃多官衆吏, 官立丞·監.

夫置丞立監者, 且以禁人爲利也; 而丞·監亦欲爲利, 則以何相禁?

故恃丞·監而治者, 僅存之治也.

通數者不然也, 別其勢, 難其道.
故曰:「其勢難匿者, 雖跖不爲非焉.」
故先王貴勢.」

【參官】 서로를 감시하여 견제하고 적대시하도록 하는 관계의 관직.《韓非子》
內儲說上에 "衛嗣君重如耳, 愛世姬, 而恐其皆因其愛重以壅己也, 乃貴薄疑以敵
如耳, 尊魏姬以耦世姬, 曰:「以是相參也.」"라 하였으며 이 경우의 '參'에 해당함.
【丞‧監】 모두 秦나라의 관직 이름. 丞은 보좌관, 監은 감찰관. 서로 견제하여
非理를 저지르지 못하도록 제도화한 것. 高亨은 "丞‧監, 都是秦國官名. 丞是輔
佐的官. 監是監察的官"이라 함. 秦漢시대에 郡丞과 監郡 등의 벼슬이 있었음.
【跖】 盜跖. '蹠'으로도 표기하며 柳下屯(지금의 山東 서부) 사람으로 春秋시대
온갖 악행을 저지른 인물. 大盜. 跖은 그의 이름. 고대 惡行과 造反의 대표적
인물로 늘 거론됨.《莊子》盜跖篇 참조. 柳下季(惠)의 아우라 하였으나 이는
寓言에 등장시키기 위한 것으로 보임.《史記》伯夷傳에 "盜蹠日殺不辜, 肝人
之肉, 暴戾恣睢, 聚黨數千人橫行天下, 竟以壽終. 是遵何德哉?"라 함.

163(24-4)
겸손은 권위를 잃게 하는 것

"혹자는 '군주가 마음을 비우고 뒤로 물러서는 기준을 가지고 대응하면 사물이 응하여 그 증험을 알 수 있고, 그 증험을 알게 되면 간악함이 밝혀낼 수 있게 된다'라고 말합니다.

그러나 저는 그렇지 않다고 생각합니다.

무릇 관리가 천 리 밖에서 자신의 행정구역에서 마음대로 하여 일을 결정하고, 매년 12월이 보고서를 작성, 그 한 해의 모든 일은 나누어 기록하여 보고할 때 임금으로써 한 번 듣고 의심스러운 것을 발견한다 해도 결단을 내릴 수 없으니 이는 물증이 부족하기 때문입니다.

무릇 사물이 눈앞에 이르면 눈으로서는 보지 않을 수 없으며, 말이란 귓가에 다가오면 귀로서는 듣지 않을 수 없는 것입니다.

그러므로 사물이란 눈앞에 이르고 나서야 변별하게 되며, 말이란 귓가에 다가오고 나서야 알아낼 수 있습니다.

따라서 나라를 다스리는 법제란 백성들이 죄를 피할 수 없음이 마치 눈으로서 본 것을 마음에서 피할 수 없는 것과 같아야 하는 것입니다."

「或曰:『人主執虛後以應, 則物應稽驗, 稽驗則姦得.』

臣以爲不然.

夫吏專制決事於千里之外, 十二月而計書以定; 事以一歲別計, 而主以一聽, 見所疑焉, 不可蔽, 員不足.

夫物至, 則目不得不見; 言薄, 則耳不得不聞.

故物至則變, 言至則論.

故治國之制, 民不得避罪, 如目不能以所見遁心.」

【執虛後以應】 '執'은 기준으로 굳게 잡고 있음. '虛'는 마음을 비우는 것. '後'는
자신을 뒤로 하여 물러서는 것. 道家式의 통치방법을 가리킴.

【稽驗】 '稽'는 살핌. '驗'은 증험. 그 證驗이 나타나 알아차리게 됨.

【臣】 商鞅이 그 무렵 임금 孝公에게 올린 글임을 알 수 있음.

【姦得】 奸邪함이 드러남. 간사함이 밝혀짐.

【千里之外】 먼 外地의 地方官을 가리킴.

【十二月而計書以定】 戰國 및 秦漢시대에는 매년 연말에 지방관들이 직접 또는
上計官을 파견해서 그해의 실적 모든 것을 문서로 만들어 구두로 보고함.
이를 '上計'라 함. 《周禮》大宰에 "歲終則令百官府各正其治, 受其會, 聽其致事,
而詔王廢置"의 鄭注에 "會, 大計也"라 함.

【不可蔽】 《國語》晉語 "及蔽獄之日"의 韋昭 注에 "蔽, 決也"라 함. 결단을 내림.

【員】 《說文》에 "員, 物數也"라 함. 증거물, 물증을 뜻함.

【言薄】 '薄'은 '迫'과 같음. 가까이 붙음. 다가옴. 말이 귀에 다가와 들림.

【變】 辨, 辯과 같음. 밝혀냄. 변별됨. 판별됨. 〈解詁〉에 "變, 借爲辯, 明也. 此言人
主聽斷政治, 物至前則事明, 言至前則論定"이라 함.

【論】 辯論됨, 區分됨, 알게 됨. 判決함. 〈解詁〉에 "論, 決也"라 함.

【遁心】 '遁'은 '避', '隱', '逃'와 같음. 피하거나 감춤. 눈으로 본 것을 사실로 인정
하지 않으려 함. 〈解詁〉에 "目所見則心知, 故目不能逃心"이라 함.

164(24-5)
추인騶人과 우인虞人

"그런데 지금 어지러운 나라는 그렇지가 못하여 관리를 많이 두는 것에만 의지하고 있습니다.

관리가 비록 많다 해도 그들이 임금을 섬기는 일은 같고 자신이 처한 지위도 또한 신하로써 하나같습니다.

무릇 섬기는 일이 같고 지위가 같은 사람끼리 서로를 감시한다는 것은 불가능한 것입니다.

게다가 무릇 바라는 이익은 같으나 해로움이 다른 경우이기에 선왕께서는 그 때문에 서로를 보증하도록 하였던 것입니다.

그러므로 지극한 다스림이란 부부나 친구 사이에도 서로를 위해 죄악을 숨겨주거나 잘못을 덮어줄 수 없으며, 친밀한 관계라 해서 법을 해치는 일도 없으며, 일반 백성들도 서로를 위해 잘못을 숨겨 줄 수가 없는 경지입니다.

임금과 관리는 다스리는 일은 서로 같지만 이익은 서로 달리하는 관계입니다.

지금 말을 기르는 추인騶人과 새나 짐승을 관리하는 우인虞人에게 서로를 감독하도록 한다면 이는 맞지 않으니, 그것은 그들이 하는 일도 같고 이익도 같기 때문입니다.

만약 말과 새가 말을 할 수 있다면 추인과 우인은 자신들의 죄악을 피할 수 없을 것이니 이는 그들 사이에 이익이 서로 다르기 때문일 것입니다.

바라는 이익이 같고 죄악이 같으면 아버지라도 자식에게 책임을 물을 수 없고 군주라도 신하에게 따져 물을 수 없을 것입니다.

관리란 다른 관리에게 있어서 이익이 일치하고 그들이 저지르는 죄악도 같습니다.

무릇 하는 일은 같으나 이익이 다른 사람으로서, 선왕께서 서로를 바로 잡도록 하였으니 바로 이 때문입니다.

백성들이 임금을 알지 못하도록 가릴지라도 자신들의 죄를 덮어줌으로써 법을 해치는 짓은 할 수 없으며, 똑똑한 자라도 능히 사실에 더 보탤 수도 없고 불초한 자라도 능히 덜어줄 수 없어야 하는 것입니다.

그러므로 현명함을 버리고 지혜를 없애는 것이 나라를 다스리는 수數입니다."

「今亂國則不然, 恃多官衆吏.

吏雖衆, 事同體一也.

夫事同體一者, 相監不可.

且夫利異而害不同者, 先王所以爲保也.

故至治, 夫妻·交友不能相爲棄惡蓋非, 而不害於親, 民人不能相爲隱.

上與吏也, 事合而利異者也.

今夫驥·虞, 以相監, 不可, 事合而利同者也.

若使馬焉能言, 則驥·虞無所逃其惡矣, 利異也.

利合而惡同者, 父不能以問子, 君不能以問臣.

吏之與吏, 利合而惡同也.

夫事合而利異者, 先王之所以爲端也.

民之蔽主, 而不害於蓋, 賢者不能益, 不肖者不能損.

故遺賢去知, 治之數也.」

【事同體一也】 '事'는 임금을 섬기는 일. '體'는 자신이 처한 지위를 뜻함. 한편 원문은 '同體一也'로 되어 있으나 孫詒讓은 "同體一上, 疑脫事字. 下文云「事合 而利異」, 可證"이라 하여 '事'자를 補入함.

【相監不可】 원문은 '相不可'로 되어 있으나 孫詒讓은 "相下當有監字, 下文云 「驕虞以相監不可」, 亦其證也"라 하여 '監'자를 補入함.

【保】 보증함. 什伍制, 連坐制를 뜻함. 그러나 朱師轍은 "當作祿. 言上之與吏, 利異而害不同. 故先王爲之祿位, 互相監察, 使不得爲姦. 或曰爲保, 使官吏互相 保證, 一人犯姦, 相連坐罪"라 하여 다른 의견도 제시하고 있음. 《周禮》 地官 大司徒에 "令五家爲比, 使之相保"라 하였고, 《韓非子》 和氏篇에는 "商君敎秦 孝公以連什伍, 設告坐之過"라 함.

【棄惡蓋非】 '棄'는 '弃'와 같으며 '藏', '捐'의 뜻. '蓋'는 '掩'의 뜻. 〈解詁〉에 "棄, 捐也; 蓋, 掩也. 至治之世, 夫妻交友, 不能相捐除其惡, 掩飾其非. 故雖親何害? 以法律明, 而民人不能相隱蔽故也"라 함.

【事合而利異】 〈解詁〉에 "事合: 謂上思用人, 下思得官; 利異: 謂上欲其吏廉, 而吏則欲富. 是事合而利異也"라 함.

【驕虞】 '驕'는 驕人. 고대 말을 기르고 관리하던 말단 직책. '虞'는 虞人. 임금 사냥터의 새와 짐승을 기르던 말단 관원. 《左傳》 襄公 23년 "孟氏之御驕"의 孔穎達 疏에 "掌馬之官, 兼掌御事, 謂之御驕"라 하였으며, 賈誼 《新書》에 "禮虞者, 囿之司獸者也"라 함.

【事合而利同】 원문은 '事合而利異'로 되어 있으나 이곳의 '利異'는 '利同'이어야 함. 兪樾은 "「事合而利異」, 當作「事合而利同」"이라 하였고, 〈解詁〉에도 "蓋掌 馬之官, 與司獸之官, 職務仍同體. 故不可以相監. 「利異」, 當作「利同」, 言其事合而 利同之故"라 함. 아울러 〈解詁〉에는 이 다음에 "□□□□□□□□□□□□□ □□□"의 16자의 缺文 표시가 있으며 朱師轍은 "吳本·崇文本, 無缺文十六字" 라 함.

【馬焉】 말과 새. '焉'은 原義대로 새 이름임. 《說文》에 "焉, 焉鳥. 黃色, 出於江淮" 라 하였으며, 簡書는 《商書》本義, 謂若使鳥獸能言, 則司鳥獸者不能逃其惡也. 其言馬焉者, 各擧其類之一, 以槪其餘耳"라 함.

【爲端】 '端'은 '바로잡다'의 뜻. 蔣禮鴻은 "《廣雅》釋詁:「端, 正也.」"라 함. 〈解詁〉 에는 "上之與吏, 事合而利異. 故先王爲之端正其本, 使之不相欺, 蓋法度立則本 端矣"라 함.

【遺賢去知】《老子》의 '絶聖棄智'와 같은 뜻임. '遺'는 '棄'와 같으며 '知'는 '智'와
같음. 高亨은 "知, 讀爲智"라 함. 〈解詁〉에 "言先王祿位法度旣定, 民雖欲蔽主,
而不能掩蓋其非. 言賢者不能益, 不肖者不能損, 故也. 是以遺賢去知, 治國之術也"
라 함.

25. 〈愼法〉第二十五

　'신법愼法'은 '법을 지킴에 신중해야 한다'는 주장으로 '신중함'이란
세속의 주장이나 인의仁義 도덕道德을 위한 것이 아니라 도리어 '통치를
위한 법의 절대적 우위'를 뜻한다. 인의를 앞세우면 법이 이완弛緩되고,
법이 이완되면 통치가 이루어지지 않으며, 통치가 이루어지지 않고는
부국강병을 이룰 수 없으며, 부국강병을 통하지 않고는 천하겸병의
꿈을 이룰 수 없다는 주장이다.
　한편 본편은 상앙의 초기 주장을 더욱 진전시켜 진시황秦始皇 때의
천하통일 야망이 거의 실현될 때의 사상을 담고 있어 그 자신의
저술이 아닐 것으로도 보기도 한다.

　〈解詁〉에는 "治國愼於用法"이라 하였다.

〈銅啄〉(부분, 戰國) 兵器 雲南 江川縣 출토

165(25-1)
혼란해질 방법으로써 나라를 다스리면

"대체로 군주들은 혼란을 조장하는 방법을 가지고 나라를 다스리지 않는 자가 없으니, 그 때문에 작게 다스리면 나라가 작게 혼란스럽고 크게 다스리면 그럴수록 나라가 크게 혼란스러워지는 것입니다.

군주들로써 그 백성을 능히 잘 다스릴 수 있는 자가 없으니 세상에 혼란스럽지 않은 나라가 없게 된 것입니다."

「凡世莫不以其所以亂者治, 故小治而小亂, 大治而大亂.
人主莫能世治其民, 世無不亂之國.」

【所以亂者治】혼란스럽도록 하는 방법으로써 나라를 다스림.

166(25-2)
혼란을 일으키는 방법

"무엇을 일러 혼란스럽게 하는 방법으로서 나라를 다스린다고 하는 것입니까?

무릇 현명하고 능력 있는 자를 임용하는 것이 세속의 다스리는 방법으로 여기시지만 이러한 통치방법이 바로 혼란스럽게 하는 원인입니다.

세속에 소위 현명한 자란 그를 바른 사람이라 말하는 것이며, 그를 두고 바른 자라 하는 것은 당파를 짓기 때문입니다.

임금은 그러한 자의 말을 듣고는 능력이 있다고 여기며, 그의 당파들에게 물어보고는 그렇다고 여기게 됩니다.

그러므로 그러한 자를 귀히 여기면서 공로가 있는 자는 더 이상 기다리지도 않으며, 죽일 때는 죄가 있는 자를 더 이상 기다리지도 않는 경우가 벌어지는 것입니다.

이러한 형세가 바로 탐관오리로 하여금 믿는 바가 있어서 간사하고 음험한 짓을 성취시키도록 해 주게 되는 것이요, 소인에게는 믿는 바가 있어서 교묘한 거짓을 펼치도록 해 주는 것입니다.

처음부터 관리와 백성들에게 간사姦詐한 짓을 할 바탕을 빌려주어 놓고서, 그들의 끝을 단각端慤하도록 요구한다면 우禹임금일지라도 능히 열 명의 무리도 부릴 수 없거늘, 평범한 군주로써 어찌 능히 한 나라의 백성을 제어할 수 있겠습니까?"

「奚謂以其所以亂者治?

夫擧賢能, 世之所以治也; 而治之所以亂.

世之所謂賢者, 言正也; 所以爲言正者, 黨也.

聽其言也, 則以爲能; 問其黨, 以爲然.

故貴之, 不待其有功; 誅之, 不待其有罪也.

此其勢, 正使汚吏有資而成其姦險, 小人有資而施其巧詐.

初假吏民姦詐之本, 而求端愨其末, 禹不能以使十人之衆, 庸主安能以御一國之民?」

【擧賢能】〈解詁〉에 "擧賢能, 世之所以治也, 而不知所以治者, 正所以亂之"라 함.

【黨也】黨을 지어 그를 正直한 자라 칭찬함. 〈解詁〉에 "世之所謂賢者, 言其正直也. 被善正之稱, 徒黨譽之也"라 함.

【資】바탕을 만들어 줌. 기댈 곳이나 의지할 바를 마련해 줌.

【端愨】단정하고 성실함. 〈解詁〉에 "愨, 誠也"라 함.

【禹】夏禹. 大禹. 中國 최초의 왕조 夏나라의 시조. 禹는 夏后氏 부락의 領袖였으며 姒姓. 大禹, 夏禹 등으로도 불리며 이름은 文命. 鯀의 아들. 鯀이 물을 막는 방법으로 治水에 실패하여 죽임을 당한 뒤 禹는 물을 소통시키는 방법으로 성공을 거둔 다음 舜임금으로부터 천하를 물려받아 夏王朝를 세움. 뒤에 천하를 순시하다가 會稽에서 생을 마침. 그는 益에게 천하를 물려주려 하였으나 아들 啓의 무리가 난을 일으켜 益을 죽이고 世襲王朝를 시작함. 이로부터 禪讓(公天下)의 제도가 마감되고 世襲(家天下)의 역사가 시작됨. 이를 "傳子而不傳賢"이라 함. 《史記》에서는 五帝本紀 다음 첫 왕조로 夏本紀가 시작됨. 《十八史略》(1)에 "夏后氏禹: 姒姓, 或曰名文命, 鯀之子, 顓頊孫也. 鯀湮洪水, 舜擧禹代鯀, 勞身焦思, 居外十三年, 過家門不入"이라 함. 이 夏나라의 末王은 桀로 탕에게 망함. 《史記》夏本紀를 참조할 것.

【庸主】凡主. 平凡한 군주. 〈解詁〉에 "庸, 常也"라 함.

167(25-3)
당파와 동조자

저들과 당파를 짓고 말을 거드는 자들은 임금을 기대지 않고도 일을 이루는 자들입니다.

그런데 임금이 당을 짓는 한 사람을 거용하면 백성들은 군주가 있는 곳과 등을 돌리고 사사롭게 권력 있는 이들을 사귀는 쪽으로 방향을 잡게 됩니다.

백성들이 군주가 있는 곳과 등지고 권력 있는 자들과 사사롭게 교유하는 쪽으로 향하게 되면 군주의 힘은 약해지고 신하의 힘은 강해지고 맙니다.

임금 된 자가 이를 살피지 않으면, 제후들에게 침략을 당하지 않으면 틀림없이 백성들에게 위협을 당하게 되고 말 것입니다.

저들의 교묘한 말로 꾸며대는 저들의 모략을 어리석은 자와 총명한 자가 똑같이 배우게 됩니다.

선비들이 교묘한 말로 꾸며대는 사람들에게서 배우면 백성들은 실질을 버리고 헛된 말을 외우게 될 것이요, 백성들이 실질을 버리고 헛된 말을 외우게 되면 나라의 힘은 적어지고 그릇된 일들이 많아지고 말 것입니다.

임금 된 자가 이를 살피지 않으면 전쟁에는 반드시 그 장수를 잃게 될 것이요, 수비에는 반드시 그 지키던 성을 팔아먹게 될 것입니다."

「彼而黨與人者, 不待我而有成事者也.
　上擧一與民, 民倍主位而嚮私交.

民倍主位而嚮私交, 則君弱而臣彊.

君人者不察也, 非侵於諸侯, 必劫於百姓.

彼言說之勢, 愚智同學之.

士學於言說之人, 則民釋實事而誦虛詞; 民釋實事而誦虛詞, 則力少而非多.

君人者不察也, 以戰必損其將, 以守必賣其城.」

【黨與】 '黨'은 당파를 짓는 것. '與'는 의견에 동조하는 것.

【我】 여기서는 군주를 가리킴. 〈解詁〉에 "唐人互相延譽. 欺其君以求祿位, 其權不操於上, 故曰不待我而成事"라 함.

【倍】 '背'와 같음. 등을 돌림. 高亨은 "倍, 借爲背"라 함.

【言說之勢】 '勢'는 謀略과 같은 뜻임. 분위기를 만들어 모략을 꾸밈.

【實事】 실질적으로 도움이 되는 일들. 法治를 통한 農戰을 뜻함.

【虛詞】 말로만 번듯한 이론들. 儒家의 主張을 가리킴.

【賣城】 〈解詁〉에 "以城賣與敵也"라 함.

168(25-4)
법에 모든 것을 맡겨야

"그러므로 명석한 군주와 충성스런 신하가 오늘날에 태어나서 그 나라를 잘 다스리고자 한다면 잠시라도 법을 잊어서는 안 됩니다.

당파를 지어 서로를 비호하는 자들을 깨뜨려 이겨내고 말로만 떠드는 자를 제지하여 없애고 대신 법에 맡겨 모든 것을 다스려야 합니다.

관리들로 하여금 법이 아니고서는 자신을 지켜낼 수 없도록 하면 그들이 비록 교묘함에 능하다 해도 간악한 짓을 할 수 없을 것이며, 백성들로 하여금 전투에서 공을 세우는 방법이 아니면 그 능력을 발휘할 곳이 없도록 하면 그들이 아무리 음험하다 해도 속임수를 쓰지 못하게 될 것입니다.

무릇 법으로 서로를 다스리고 수數로써 서로 거용하면 서로 칭찬한다 해도 서로에게 이익이 될 수가 없으며, 잘하는 자를 헐뜯는 말을 한다 해도 서로에게 손상을 줄 수 없게 될 것입니다.

백성들은 서로 칭찬해도 이익이 없음을 보게 되면 서로 친하다 해도 아부하지 않을 것이며, 비방을 해도 손상을 주지 못함을 알게 되면 서로 미워해도 손해를 주지는 못하게 될 것입니다.

무릇 좋아하는 사람에게 아부하지 않고 미워하는 사람에게 해를 끼치지 않으며, 좋아하고 미워하는 것을 각기 법으로 바르게 하는 것이 바로 다스림의 지극함입니다.

그 때문에 저는 '법에 맡기면 나라가 다스려진다'라고 말하는 것입니다."

「故有明主忠臣, 産於今世, 而欲領其國者, 不可以須臾忘於法.

破勝黨任, 節去言談, 任法而治矣.

使吏非法無以守, 則雖巧不得爲姦; 使民非戰無以效其能, 則雖險不得爲詐.

夫以法相治, 以數相擧; 相譽者, 不能相益, 訾言者不能相損.

民見相譽無益, 相管附惡; 見訾言無損, 習相憎不相害也.

夫愛人者不阿, 憎人者不害, 愛惡各以其正, 治之至也.

臣故曰: 『法任而國治矣.』」

【欲領其國者】원문에는 '欲'자가 '散'자로 되어 있음. '領'은 '治'의 뜻. 蔣禮鴻은
"散, 當爲欲, 字之誤耳.《禮記》仲尼燕居篇:「禮也者, 領惡而全好者與?」注:
「領, 猶治也.」"라 함.
【須臾】아주 짧은 시간. 疊韻連綿語.
【破勝黨任】'破勝'은 깨뜨려 이겨내거나 소멸시킴. '任'은 '佞'의 뜻.〈解詁〉에
《易》繫辭, 虞翻注:「勝, 滅也.」《爾雅》:「任, 佞也.」"라 함. 그러나《評注》에
"任, 保, 抱庇"라 하여 이에 따라 '庇護하다'의 뜻으로 풀이함.
【相譽者不能相益】원문에는 "者不能相益"으로 되어 있으나 張覺의〈全譯本〉에
"者上, 當有「相譽」二字, 因與「相擧」形似而傳寫誤脫, 下文說「民見相譽無益」
可證"에 의해 '相譽' 두 글자를 補入해 넣음.
【相管附惡】이 구절은 전혀 의미가 통하지 않음. 이에 王時潤과 蔣禮鴻은 "相管
附惡, 義不可通, 當作「習相愛不相阿」"라 하여 이에 따라 풀이함. 이와 달리
高亨은 '附'를 '拊'로 보았음. 朱師轍은 "管, 借爲逭, 逃也. 習, 狎也. 憎, 惡也.
民見相譽無益, 故相避附惡, 見訾言無損, 故狎相惡而不相害"라 함.

169(25-5)
걸桀과 요堯라도 힘 앞에서는

"천승의 나라가 능히 지켜지는 것은 자신 스스로가 보존해서이고, 만승의 나라가 능히 전투를 치를 수 있는 것은 스스로 견고하기 때문입니다.

이러한 정도라면 비록 걸桀이 군주가 된다 해도 반 마디의 말로써 그 적을 깔보면서 항복하려 하지 않을 것입니다.

밖으로는 전쟁을 할 수 없고 안으로는 능히 지켜내지 못한다면 비록 요堯가 군주로써 상대가 착하지 못한 나라라 할지라도 그의 신하가 되거나 화해를 하지 않을 수 없을 것입니다.

이로 말미암아 보건대 나라가 중시를 받고 군주가 존중을 받는 것은 힘입니다.

이 두 가지에 있어서 힘은 근본인 것입니다.

그렇건만 세속의 군주들은 능히 힘을 쓰지 않으니 어째서 그렇겠습니까?

백성들을 부리면 그들로써 고통스럽게 여기는 것으로써 농사보다 더한 것이 없으며, 위험한 것으로써 전쟁보다 더한 것이 없습니다.

이 두 가지는 효자라도 부모를 위해 하기 어려운 것이며 충신도 군주를 위해 하기 어려운 것입니다.

지금 군주들은 자기 백성들을 내몰아 효자와 충신도 하기 어려운 것을 그들에게 시키고자 하시니 제가 생각건대 형벌로써 겁을 주고 상으로써 내몰지 않고서는 불가능한 것이라 여깁니다.

그런데 지금 세속의 통치자들은 법도를 버리고 언변과 지혜에 맡기거나 공로와 실력을 뒤로 하고 인의를 내세우지 않음이 없으니 백성들은 그 때문에 경전耕戰에 힘쓰지 않는 것입니다.

저들 백성들이 자신들의 힘을 농사짓는 데에 귀속시키지 아니하면 국내에서는 식량이 부족해질 것이요, 전투에 절의를 귀속시키지 않으면 밖으로 병력이 약해지고 말 것입니다.

들어와서는 국내에 식량이 부족하고, 나가서는 밖으로 병력이 약해지고 나면 비록 만 리의 국토와 백 만의 군사가 있다 해도 들판에 혼자 서 있는 것과 같습니다."

「千乘能以守者, 自存也; 萬乘能以戰者, 自完也.

雖桀爲主, 不肯詘半辭以下其敵.

外不能戰, 內不能守, 雖堯爲主, 不能以不臣諧所謂不若之國.

自此觀之, 國之所以重, 主之所以尊者, 力也.

於此二者, 力本.

而世主莫能致力, 何也?

使民之所苦者無耕, 危者無戰.

二者, 孝子難以爲其親, 忠臣難以爲其君.

今欲毆其衆民, 與之孝子忠臣之所難, 臣以爲非劫以刑, 而毆以賞莫可.

而今夫世俗治者, 莫不釋法度而任辯慧, 後功力而進仁義, 民故不務耕戰.

彼民不歸其力於耕, 卽食屈於內; 不歸其節於戰, 則兵弱於外.

入而食屈於內, 出而兵弱於外, 雖有地萬里, 帶甲百萬, 與獨立平原一貫也.」

【自存·自完】〈解詁〉에 "能守能戰, 乃能自存自完"이라 함. '完'은 堅固함을 뜻함.
《荀子》王制篇 "尙完利"의 注에 "完, 堅也"라 함.

【桀】夏의 末王. 이름은 履癸. 殷湯에게 패하여 南巢(지금의 安徽 巢縣)으로
달아났다가 죽음.《史記》夏本紀 및《左傳》昭公 4년, 11년 등을 볼 것.

【詘】屈服함. '詘'은 '屈'과 같음.

【半辭以下其敵】반 마디 말만 하면서 그 적을 낮게 취급함. '下'는 '낮추다,
卑下하다'의 뜻.《荀子》成相篇 "紂卒易鄕啓乃下"의 注에 "下, 降也"라 함.

【堯】전설상 上古시대 五帝의 하나. 陶唐氏. 唐堯로도 부름. 祁姓이며 이름은
放勳. 帝嚳의 아들.《十八史略》(1)에 "帝堯陶唐氏: 伊祁姓, 或曰名放勳, 帝嚳子也.
其仁如天, 其知如神, 就之如日, 望之如雲, 都平陽. 茆茨不剪, 土階三等. 有草生庭,
十五日以前, 日生一葉, 以後日落一葉, 月小盡, 則一葉厭而不落, 名曰蓂莢, 觀之
以知旬朔"이라 함.《史記》五帝本紀를 볼 것.

【不若之國】不善之國과 같음. 朱師轍은 "《爾雅》:「若, 善也.」"라 함.《左傳》에
"不逢不若"이라 함.〈解詁〉에 "言以堯爲主, 不能不臣服於求和所不善之國"
이라 함.

【力也】〈解詁〉에 "力, 謂農戰"이라 함.

【力本】〈解詁〉에 "二者, 謂國重主尊, 皆以農戰爲本"이라 함.

【使民之所苦者無耕, 危者無戰】'無耕', '無戰'은 '無如耕', '無如戰'과 같음.

【敺其衆民】'敺'는 '驅'와 같음.〈解詁〉에 "敺,《說文》:「古文驅字.」《孟子》:「爲湯
武敺民者, 桀與紂也.」"라 함.

【食屈於內】'屈'은 '枯渴되다'의 뜻.《荀子》王制篇 "財物不屈"의 注에 "屈, 竭也"
라 함.

【一貫】《爾雅》에 "貫, 事也"라 함.

170(25-6)
백인白刃과 시석矢石을 무릅쓰고

"게다가 선왕先王들은 능시 자신의 백성들로 하여금 백인白刃을 밟을 수 있고, 시석矢石을 뒤집어 쓸 수 있도록 하였으니 이는 그 백성들이 그렇게 하고자 한 것이겠습니까? 그것이 아닙니다.

그들이 능히 쓰러지는 앞사람을 그대로 따라 배운 것은 형벌의 손해를 피하기 위해서였던 것입니다.

그 때문에 우리들의 교령敎令은 '백성들로써 이익을 얻고자 하면 농사를 짓지 않고는 얻을 수 없으며, 형벌의 해를 피하고자 하면 전투를 치르지 않으면 면할 수 없다'라는 것이어야 합니다.

그렇게 되면 나라 안 백성들은 농사와 전투를 무엇보다 먼저 힘쓰지 않을 수 없게 되며 그런 다음에야 즐거움을 얻을 수 있게 되는 것입니다.

그러므로 땅이 좁아도 식량을 많이 확보할 수 있으며 백성이 적어도 병력을 강하게 할 수 있는 것입니다.

능히 나라 안에서 해낼 수 있으면 패왕霸王의 도는 끝을 낼 수 있는 것입니다."

「且先王能令其民蹈白刃, 被矢石, 其民之欲爲之? 非.
如學之, 所以避害.
故吾敎令:「民之欲利者, 非耕不得; 避害者, 非戰不免.」
境內之民, 莫不先務耕戰, 而後得其所樂.

故地少粟多, 民少兵彊.
能行二者於境內, 則霸王之道畢矣.」

【白刃】 전투 중에 번쩍이는 칼날.
【矢石】 화살과 돌. 전투의 치열함과 위험함을 뜻함.
【如學之】 '如'는 '能'과 같으며 '學'은 '그대로 배워 따라하다'의 뜻.
【敎令】 敎示와 命令.
【能行二者】 두 가지는 耕戰을 가리킴.

26. 〈定分〉第二十六

　'정분定分'은 '명분名分을 뚜렷이 정하다'의 뜻으로 법령을 이용하여 각자의 직분과 지위, 재물의 소유 등을 뚜렷이 함으로써 법치를 구체적으로 실현해야 한다는 주장이다. 이를 위해 법령을 만들어 그 법전을 보관하는 방법, 법의 공포와 백성들에게 가르치는 방법, 법의 적용과 해석, 법에 대한 문답과 개별 사안의 처리 등이 구체적이며 자세하게 기술되어 있다. 법에 대한 행정상行政上의 문제인 셈이다.

　따라서 이 또한 상앙의 저술이 아닐 것으로 보기도 한다. 즉 '丞相'은 무왕武王 때에 마련된 제도이며 천자天子, 천하天下, 군현郡縣, 제후諸侯, 어사御史 등의 용어로 볼 때 진나라 통일 이후 문도門徒들이 임의로 지어 부가한 것이 아닌가 의혹을 자아내고 있다.

〈解詁〉에는 "爲之法令, 以定名分, 則民不爭"이라 하였다.

〈陶鶴〉(東漢) 明器 四川 成都 출토

171(26-1)
시급한 법의 실현

효공孝公이 공손앙公孫鞅에게 이렇게 물었다.

"법령이 지금 당장 세워지고, 내일 아침 천하의 관리와 백성들로 하여금 모두가 이를 명확히 알고 쓰도록 하되, 마치 하나를 움직이는 것처럼 하면서 사사로움이 없도록 하고자 하면 어떻게 해야 되겠소?"

　公問於公孫鞅曰:「法令以當時立之者, 明旦, 欲使天下之吏民, 皆明知而用之, 如一而無私, 奈何?」

【孝公】 전국시대 秦나라 제25대 군주. 穆公의 15세손. 이름은 渠梁. 獻公의 아들로 B.C.361~B.C.338년까지 24년간 재위함. 富國彊兵의 정책을 펴고자 힘을 쏟았으며 마침내 商鞅을 등용해 변법을 실시함.

【公孫鞅】 商君. 衛鞅. 商鞅.

【當時】 곧바로, 당장 오늘. 于鬯은 "當時, 猶言今日也. 故下文言明旦"이라 함.

【用之】 법을 직접 적용함. 집행함. 법대로 행동함.

172(26-2)
법전의 보관과 활용

공손앙이 말하였다.

"법령을 제정하면 관리官吏를 두어야 합니다. 관리는 자질이 법령이 말하는 바의 내용을 족히 알 수 있는 자로써 천하의 정正이 될 만 한 자가 있으면 천자天子에게 올려 보고하며, 천자는 각기 그들에게 법령을 주관하도록 합니다. 그렇게 하여 법령을 주관하도록 하면 그들은 모두 궁궐 계단 아래에 서서 명령을 받아 관리로 파견합니다.

저마다 법령을 위주로 살아야 할 백성들이 자신들이 알고 있어야 할 법령에서 말한 바를 감히 잊어버리면, 자신들이 알고 있어야 할 것을 잊어버렸다는 죄목으로 그들을 처벌합니다.

한편 법령을 주관하는 관리가 자리를 옮겨가거나 죽는 경우에는 곧바로 다른 사람에게 법령에서 말하는 바의 내용을 배우고 읽게 하며, 그 규정을 만들어서 며칠 사이에 법령에서 말하는 내용을 숙지하도록 합니다. 규정에 맞지 않으면 법령에 따라 그를 처벌합니다.

감히 법령을 삭제하거나 한 글자 이상을 빼거나 더하는 일이 있으면 사형에 처하며 사면해 주지 않는 것입니다."

公孫鞅曰:「爲法令置官置吏. 樸足以知法令之謂者, 以爲天下正者, 則奏天子; 天子各則主法令之, 則主法令之, 皆降受命, 發官.

各主法令之民, 敢忘行主法令之所謂之名, 各以其所忘之法令名罪之.

　主法令之吏, 有遷徙·物故者, 則輒使學讀法令所謂,
爲之程式, 使日數而知法令之所謂; 不中程, 爲法令以
罪之.

　有敢剟定法令, 損益一字以上, 罪死不赦.」

【官吏】 '官'은 행정을 주관하는 자. '吏'는 법을 직접 집행하는 對民官.
【樸】 〈解詁〉에 "樸, 質也"라 함. 資質을 뜻함.
【天下正】 '正'은 '長'을 뜻함. 《左傳》 成公 29년 "木正曰句芒"의 注에 "正, 官長也"
　라 함.
【天子】 그 무렵 명분상 宗主國인 周 天子에게 上奏하여 形式上 決裁를 받음.
　〈解詁〉에 "商君言爲法令, 置官置吏, 須選性質聰慧, 能知法令之詞意者, 以治天下,
　則奏上天子. 天子各明使主法令, 主法令之人, 皆降拜受命赴官"이라 함.
【發官】 官職의 任地로 派遣함. 〈解詁〉에 "發, 遣也, 往也. 發官, 遣之官, 即今所
　謂赴任"이라 함.
【遷徙】 嚴萬里 본에는 '遷徒'로 되어 있으나 范欽본에 의해 고침.
【物故】 사고로 인해 죽거나 그 일을 맡을 수 없음. 〈解詁〉에 "主法令之吏, 有遷
　官病故者, 則使繼任之人, 學習法令, 爲之程式, 定以期限, 學成任事, 干犯程式者,
　則爲法令以罪之"라 함.
【程式】 規定. 章程, 典程.
【剟】 삭제함. 《廣雅》 釋詁에 "剟, 削也"라 함.

173(26-3)
법관은 선생님

"여러 관리들과 백성들이 법령을 주관하는 관리에게 법령에서 말하는 내용을 묻는 경우, 모두가 각각 그들이 본래 물어보고자 하였던 법령으로 뚜렷하게 일러줍니다.

그리고 각각 1척尺 6촌寸 되는 부절符節을 만들어 년, 월, 일, 시와 물은 법령의 조문을 밝혀 기록하고 질문하였던 관리나 백성들에게 일러줍니다.

법령을 주관하는 관리가 일러주지 않은 상태에서 그들이 죄를 범했을 경우, 그것이 법령에서 말한 바의 조문에 있었다면 모두 관리와 백성들이 물었던 법령에서 규정한 죄명으로 각각 법령을 주관하는 관리를 처벌합니다.

질문에 회답할 때에는 부절의 왼쪽 자른 부분을 법령을 물어온 관리나 백성에게 건네주고, 법령을 주관하는 관리는 부절의 오른쪽 자른 부분을 나무상자 속에 신중히 넣어 이를 방 안에 보관하고 법령을 주관하는 장관의 도장을 찍어서 봉해둡니다.

그렇게 하면 그 관리가 죽는 일이 있더라도 문서에 기록된 내용대로 일을 처리합니다."

「諸官吏及民, 有問法令之所謂於主法令之吏, 皆各以其故所欲問之法令明告之.

各爲尺六寸之符, 書明年月日時, 所問法令之名, 以告吏民.

主法令之吏, 不告, 及之罪, 而法令之所謂也, 皆以吏民之所問法令之罪, 各罪主法令之吏.

卽以左券予吏之問法令者, 主法令之吏, 謹藏其右券木押, 以室藏之, 封以法令之長印.

卽後有物故, 以券書從事.」

【告之】〈解詁〉에 "吏民有不明法令之意者, 以問主法令之吏; 主法令之吏, 當就其所問, 詳明告之"라 함.

【符】符節. 木片이나 竹片, 또는 玉 등에 기록하여 대조와 증거로 삼는 기록 방법. 〈解詁〉에 "符, 信也. 以竹爲之, 剖爲二. 相合以爲契驗"이라 함.

【左券】'右券'과 대응하여 저마다 한 부분씩을 소지함을 뜻함. '券'은 칼로 자른 같은 내용의 약정 내용, 혹은 계약 문서를 뜻함. 〈解詁〉에 "告吏民所問之法領, 書於尺六寸之符, 並注明年月日時, 二左券與之. 若主法令之吏不告, 問法令者犯罪, 則以所問之罪名, 反坐主法令之吏"라 함.

【木押】나무 상자. 押은 匱(櫃)의 뜻. 〈解詁〉에 "押, 匱也"라 함.

174(26-4)
부본副本의 관리와 활용

"법령은 모두 부본副本을 만들어, 하나는 천자의 궁궐 안에 두되, 법령을 위한 금실禁室을 만들고 설치하고 자물쇠를 채웁니다.

그리고 출입을 금지하여 이를 봉하여 법령을 그 안으로 들여 놓아 보관합니다.

그 부본은 금실에 금인禁印을 찍어 봉합니다.

금실의 봉인을 마음대로 열고, 금실에 들어가서 금지된 법령을 보거나 법령의 한 글자 이상이라도 삭제한 자는 그 죄는 모두 사형에 해당하며 사면은 없습니다.

조정에서는 한 해 한 번씩 그 법령을 내려주어 법에 금한 내용을 실행하도록 합니다."

「法令皆副, 置一副天子之殿中, 爲法令爲禁室, 有鋌鑰.

爲禁而以封之, 內藏法令.

一副禁室中, 封以禁印.

有擅發禁室印, 及入禁室視禁法令, 及禁剟一字以上, 罪皆死不赦.

一歲受法令以禁令.」

【副】부본. 복본.《史記》太史公自序 "藏之名山, 副在京師"의 〈索隱〉에 "言正本藏之書府, 副本留京師也"라 함.

【鋌鑰】鍵鑰의 오류. '鋌'은 '鍵'은 좌물쇠. 孫詒讓은 "鋌當爲鍵.《方言》云: 「戶鑰, 自關而東, 陳·楚之間謂之鍵, 自關而西謂之鑰.」"이라 함.

【一歲】〈解詁〉에 "每歲吏民受法令, 以금實法令爲準"이라 함. 한편 고대 매년 正月 初에 법령을 반포한 예가 있음.《管子》立政篇에 "正月之朔, 百吏在朝, 君乃出令, 布憲于國. 五鄕之師·五屬大夫, 皆受憲于太史. 大朝之日, 五鄕之師·五屬大夫皆身習憲于君前. 太史旣布憲, 入籍于太府, 憲籍分于君前. 五鄕之師出朝, 遂于鄕官, 致于鄕屬, 及于游宗, 皆受憲. 憲旣布, 乃反致令焉, 然後敢就舍; 憲未布, 令未致, 不敢就舍, 就舍謂之留令, 罪死不赦. 五屬大夫皆以行車朝, 出朝不敢就舍, 遂行. 至都之日, 遂于廟, 致屬吏, 皆受憲. 憲旣布, 乃發使者致令, 以布憲之日, 蚤晏之時. 憲旣布, 使者以發, 然後敢就舍; 憲未布, 使者未發, 不敢就舍, 就舍謂之留令, 罪死不赦. 憲旣布, 有不行憲者, 謂之不從令, 罪死不赦. 考憲而有不合于太府之籍者, 侈曰專制, 不足曰虧令, 罪死不赦. 首憲旣布, 然後可以布憲"이라 함.

【受】'授'와 같음. 蔣禮鴻은 "受, 讀爲授. 古受·授, 只一字也. 此爲頒布法令, 皆以禁法令爲據也"라 함.

175(26-5)
삼법관三法官

"천자는 세 명의 법관을 둡니다. 궁전 안에 법관 한 명을 두고, 어사御史가 있는 곳에 법관과 법리를 하나씩 두며 승상丞相이 있는 곳에 법관 하나를 둡니다.

제후와 군郡, 현縣에도 모두 각각 하나씩의 법관과 관리를 두되, 이들은 모두가 진나라에 한 명씩 배치된 법관의 기준에 맞춥니다.

군, 현, 제후국은 일단 조정에서 보내온 법령을 받으면 그 법령에 말한 바를 배우고 질문하도록 합니다."

「天子置三法官: 殿中置一法官, 御史置一法官及吏, 丞相置一法官.

諸侯·郡·縣, 皆各爲置一法官及吏, 皆比秦一法官.

郡·縣·諸侯, 一受賚來之法令, 學問幷所謂.」

【御史】 전국시대 제후들은 모두 御史를 두었으며 제후왕의 곁에서 文書, 記事 등을 관장하는 직책이었음. 秦나라의 御史大夫는 副丞相에 해당하며 監郡, 彈劾등을 맡아 지위가 매우 높았음.

【法吏】 法官보다 낮은 관리. 춘추시대 이전에는 '官吏'가 하나의 뜻이었으나 전국시대 이후에는 '吏'는 '官'보다 낮은 지위였음.

【君縣】 周初에는 縣이 郡보다 컸으나 戰國時代에는 郡이 縣보다 컸음.

【皆此秦一法官】 孫詒讓은 "皆此秦一法官, 此當作比. 形近而誤. 言諸侯郡縣之法官, 其職秩吏屬, 與秦國都法官同也"라 함. 그러나 高亨은 "此句當作「此皆奉

一法官」. 奉, 承也, 聽其命令也"라 하여 의견을 달리하고 있음.

【賚來之法令】 '賚'는 '齎', '賫'의 오기. 高亨은 "賚, 疑當作齎, 形似而誤. 齎則賫字.
《廣雅》釋詁:「賫, 送也.」"라 함.

【學問幷所謂】 '幷'은 '其'의 오기. 高亨은 "幷字, 義不可通, 疑當作其, 形似而誤.
學問其所謂者, 學問法令之所言也"라 함.

176(26-6)
법조문의 안내와 설명

"관리와 백성들이 법령을 알고자 하면 모두 관리에게 묻습니다. 그러므로 천하의 관리나 백성들은 법령을 모르는 자가 없게 됩니다.

관리들은 백성들이 법령을 알고 있다는 사실을 분명히 알기 때문에 관리라 해도 감히 법이 아닌 것으로 백성을 대하지 못하며, 백성들도 감히 법을 어겨가면서 법관을 간섭할 수 없게 됩니다.

백성들을 대하면서 법대로 따르지 않으면 백성들은 법관에게 물어볼 수 있으며, 법관은 곧 법에서 규정한 죄명을 일러주면 되고, 백성은 곧 법관의 말을 바르게 관리에게 알려줍니다.

공평하게 이와 같음을 알기 때문에 관리도 감히 법이 아닌 것으로 백성들을 대하지 못하며 백성들도 또한 감히 법을 범하지 못하게 됩니다.

이와 같으면 천하의 관리와 백성들이 비록 현명하고 선량하며 말 잘하고 총명하다 할지라도 말 한마디를 하여 법을 왜곡시키는 일은 있을 수 없으며, 비록 천금을 가지고 있다 해도 능히 한 푼도 쓸 수가 없습니다.

그러므로 지혜롭고 속이며, 현명하고 능력 있는 자들이 모두 일어나서 선한 행동을 하게 될 것이며 모두가 힘써 스스로를 다스려 공공의 일을 받들게 되는 것입니다.

백성들이 어리석으면 쉽게 다스려지는 것이니, 이는 법령이 명백하여 알기 쉬우며 반드시 실행이 되는 데에서 생겨나는 것입니다."

「吏民欲知法令者, 皆問法官.

故天下之吏民, 無不知法者.

吏明知民知法令也, 故吏不敢以非法遇民, 民不敢犯法以干法官也.

遇民不修法, 問法官, 法官卽以法之罪告之, 民卽以法官之言正告之吏.

公知其如此, 故吏不敢以非法遇民, 民又不敢犯法.

如此, 則天下之吏民, 雖有賢良辯慧, 不能開一言以枉法; 雖有千金, 不能以用一銖.

故知詐賢能者, 皆作而爲善, 皆務自治奉公.

民愚則易治也, 此所生於法明白易知而必行也.」

【吏民知法令者】'知'자 앞에 '欲'자가 있어야 함. 王時潤은 "知上疑當增欲字"라 함.

【不修法】'修'는 '循'이어야 함. 孫詒讓은 "修, 當爲循. 經典脩修通用, 隷書脩循二字形略同, 傳寫多互訛"라 함.

【不能以用一銖】銖는 돈의 단위로 아주 적은 액수임. "二十四銖曰兩"이라 함. 한편 이 구절은 '不能用一銖以犯法'으로 보아야 타당함.

177(26-7)
법은 백성의 과실을 막아주는 것

"법령이란 백성에 대한 명령이며, 다스림을 실행하는 근본으로써 백성을 방비해 주는 수단입니다.

다스림을 실행하면서 법령을 버리는 것은 마치 주리지 않고자 하면서 밥을 버리는 것과 같고, 추위를 막고자 하면서 옷을 버리는 것과 같으며, 동쪽으로 가고자 하면서 서쪽으로 가는 것과 같으니 이룰 수 없음이 또한 분명하겠지요!"

「法令者, 民之命也, 爲治之本也, 所以備民也.

爲治而去法令, 猶欲無饑而去食也, 欲無寒而去衣也, 欲東而西行也, 其不幾亦明矣!」

【備民】백성들이 범죄에 빠지지 않도록 방비해줌. 〈解詁〉에 "備, 猶防也. 法所 以衛民"이라 함.

【欲東而西行】嚴萬里 본에는 '而'자가 없음. 《太平御覽》(638)에 의해 보입함.

【幾】'冀', '期'와 같음. 기대함. 바람. 〈解詁〉에 "幾, 冀也, 望也. 《左傳》:「庸可幾乎?」" 라 함.

178(26-8)
토끼 한 마리

"한 마리의 토끼가 달려가는데 백 사람이 그 뒤를 쫓는 것은 토끼를 나누어서 백 사람 몫으로 만들 수 있어서가 아니라 누구의 것이라는 명분이 아직 정해지지 않았기 때문입니다.

무릇 토끼를 파는 사람들이 시장에 가득 차 있는데도 도적이 감히 그것을 훔치지 못하는 것은 토끼가 누구의 것이라는 명분이 이미 정해져 있기 때문입니다.

그러므로 명분이 아직 정해지지 않았으면 요堯, 순舜, 우禹, 탕湯이라 할지라도 또한 모두 마치 내닫는 말처럼 그것을 뒤쫓을 것이지만 명분이 이미 정해져 있으면 탐욕스런 도둑일지라도 그것을 취하지 않습니다.

지금 법령이 뚜렷하지 않으면 그 명분이 정해지지 않아 천하 사람들이 그것을 두고 논의를 벌일 수 있습니다.

그 논의는 사람들마다 달라서 달리 정해진 것이 없습니다.

군주가 위에서 법령을 만들었는데도 낮은 백성들이 그것을 아래에서 의논하는 것, 이것은 법령이 정해지지 않은 것이며, 아랫사람을 군주로 삼는 것이 되는 것이니 이를 일러 명분이 정해지지 않은 것이라 하는 것입니다.

무릇 명분이 정해지지 않으면 요나 순 같은 이도 오히려 모두들 이를 비천해져서 간악한 짓을 할 것인데 하물며 보통 사람들이야 어떠하겠습니까?

이것이 간악함을 크게 일어나게 하고, 군주에게 위세를 빼앗고, 나라가 망하고 사직을 소멸시키는 길입니다."

「一兎走, 百人逐之, 非以兎可分以爲百, 由名分已定也.

夫賣兎者滿市, 而盜不敢取, 有名分已定也.

故名分未定, 堯舜禹湯, 且皆如鶩焉而逐之; 名分已定, 貪盜不取.

今法令不明, 其名不定, 天下之人得議之.

其議, 人異而無定.

人主爲法於上, 下民議之於下, 是法令不定, 以下爲上也, 此所謂名分之不定也.

夫名分不定, 堯舜猶將皆折而姦之, 而況衆人乎?

此令姦惡大起, 人主奪威勢, 亡國滅社稷之道也.」

【折而奸之】 '折'은《爾雅》釋詁에 "折, 下也"라 함. '자신을 비천하게 낮춤'의 뜻.
【堯舜禹湯】 모두 고대의 聖王과 聖君들. 堯와 舜은 五帝의 하나이며 禹는 夏나라 시조, 湯은 殷나라 시조. 〈解詁〉에 "言名分不定, 雖以堯舜之賢, 猶將降節以爲姦, 而況庸衆乎?"라 함.
【議】 자신의 의견을 내세워 시비를 논의함. 〈解詁〉에 "法令不明, 則罪名不定. 天下之人, 乃能隨意而議之. 故言人人殊, 以其無標準也"라 함.
【貪盜】 일부 판본에는 '貧盜'로 되어 있음.
【以下爲上】 아래 낮은 자가 윗사람이 됨. 아랫사람의 의견이 표준이 됨.

179(26-9)
다스려지는 상황을 만들어야

"무릇 앞선 성인들은 책을 지어 그것을 후세에 전하면서 반드시 스승이 그것을 가르쳐주게 하였으니, 그래야 책에서 말하는 바의 명분을 알 수 있게 되는 것이요, 스승이 그것을 가르쳐주지 않고 사람들마다 자신의 뜻대로 이를 의논하다가는 죽음에 이르도록 그 명분과 뜻을 알 수 없게 됩니다.

그러므로 성인은 반드시 법령을 위해서 법관을 두었고, 관리를 두어 천하의 스승이 되도록 하였으니, 이것이 명분을 확정짓기 위한 것이었습니다.

명분이 확정되면 큰 사기꾼들도 곧아지고 믿음을 지키며 백성들은 누구나 성실해져서 저마다 자기 자신을 다스리게 됩니다.

따라서 무릇 명분이 확정되면 그 형세는 잘 다스려지는 길로 가는 것이요, 명분이 확정되지 않으면 그 형세는 혼란의 길로 가게 되는 것입니다.

그러므로 형세가 잘 다스려지는 길로 가면 혼란이 있을 수가 없고, 형세가 혼란한 길로 가면 잘 다스려질 수 없게 됩니다.

무릇 형세가 혼란한 길로 가는데도 다스리려 하면 혼란만 더해지며, 형세가 다스려져 가는데 이를 다스리면 더욱 잘 다스려지게 됩니다.

따라서 성왕은 잘 다스려지는 상황에서 다스리지, 혼란한 상황에서는 다스리지 않습니다."

「今先聖人爲書, 而傳之後世, 必師受之, 乃知所謂之名; 不師受之, 而人以其心意議之, 至死不能知其名與其意.

故聖人必爲法令置官也, 置吏也, 爲天下師, 所以定名分也.

名分定, 則大詐貞信, 民皆愿愨, 而各自治也.

故夫名分定, 勢治之道也; 名分不定, 勢亂之道也.

故勢治者不可亂, 勢亂者不可治.

夫勢亂而治之, 愈亂; 勢治而治之, 則治.

故聖王治治不治亂.」

【今先】'今'은 發語辭 '夫'와 같음.
【必師受之】'受'는 '授'와 같음. 敎授해줌. 〈解詁〉에 "先聖人之書, 尙須師受, 乃能
　知其書所謂之名詞. 若無師受, 以心意解釋, 至死猶不能知其名詞, 與其意義, 而況
　於法律乎?"라 함.
【勢】趨勢, 形勢, 雰圍氣.
【治治】다스려지도록 다스림. 다스려질 때 다스림. 다스릴 수 있는 형세를
　만들어놓고 다스림. 〈解詁〉에 "夫勢亂而治之愈亂矣. 勢治而治之則治矣. 故聖
　人治治不治亂也"라 함.

180(26-10)
천하대치天下大治는 법으로부터

"미묘한 것의 뜻을 마음으로 아는 말은 가장 지혜로운 자도 어렵게 여기는 바입니다.

무릇 법령의 표준을 기다리지 않고서도 바르지 않음이 없는 사람은 천만 명 가운데 하나일 것입니다.

그러므로 성인聖人은 천만 사람의 상황을 가정해 놓고 천하를 다스립니다.

따라서 무릇 지혜로운 자가 된 뒤에야 알 수 있는 것을 법령으로 삼을 수는 없는 것이니, 백성들이 누구나 지혜로운 것은 아니기 때문이요, 현명한 사람이 된 뒤에나 아는 것을 법령으로 삼을 수는 없는 것이니, 백성들이 누구나 현명한 것은 아니기 때문입니다.

그러므로 성인이 백성을 위해 법을 제정함에 반드시 그 법령을 분명하고 쉽게 알 수 있도록 하고, 어리석은 사람이나 지혜로운 사람이나 두루 능이 이를 할 수 있도록 한 것입니다.

그리고 법관을 두고 법을 주관하는 관리를 두어 천하의 스승으로 삼아 만민으로 하여금 위험에 빠지지 않도록 해 줍니다.

따라서 천하를 세워 통치하면서 형벌로 사람을 죽인 일이 없는 것은 형벌로 사람을 죽이지 않은 것이 아니라 법령이 뚜렷하여 쉽게 알 수 있고, 법관과 관리를 스승으로 삼아 백성들로 하여금 이를 알도록 인도하였기 때문이며, 만민이 모두가 피해야 할 것과 나아가야 할 바를 알아서, 재앙은 피하고 복은 추구하도록 하여 누구나 스스로를 다스리도록 해 주었기 때문입니다.

그러므로 명철한 군주는 다스릴 수 있는 것을 근거로 하여 끝내 다스림을 완성시키는 것이니 그 때문에 천하가 잘 다스려지는 것입니다."

「夫微妙意志之言; 上知之所難也.

　夫不待法令繩墨, 而無不正者, 千萬之一.

　故聖人以千萬治天下.

　故夫知者而後能知之, 不可以爲法, 民不盡智; 賢者而後知之, 不可以爲法, 民不盡賢.

　故聖人爲民作法, 必使之明白易知, 愚知偏能知之.

　爲置法官, 置主法之吏, 以爲天下師, 令萬民無陷於險危.

　故聖人立天下而無刑死者, 非不刑殺也, 法令明, 白易知, 爲置法官吏爲之師, 以道之知, 萬民皆知所避就, 避禍就福, 而皆以自治也.

　故明主因治而終治之, 故天下大治也.」

【所難】〈解詁〉에 "微言奧旨, 上知所難知"라 함. '知'는 '智'와 같음. 陳啓天은 "知, 與智通"이라 함.

【繩墨】금을 바르게 치는 먹줄. 기준. 표준. 잣대의 뜻.

【以千萬治天下】〈解詁〉에 "不待法令繩墨以正者, 千萬人中不過一人耳. 故聖人立法令以爲標準, 使千萬人皆知之. 是以千萬治天下也"라 함.

【易知】쉽게 알 수 있도록 함. 〈解詁〉에 "聖人立法, 必使明白易知, 正其名, 故愚知皆知之"라 함.

【偏】'遍'과 같음. '골고루, 두루 모두'의 뜻.

【避就】'避'는 법을 어김으로써 당할 재앙을 피하는 것. '就'는 農戰의 법을 지켜 포상 받을 쪽으로 나아가는 것.

【以道之知】'道'는 '導'와 같음. 朱師轍은 "道, 借爲導"라 함.

【終治之】終은 '완수함, 종결함, 성공함'의 뜻. 蔣禮鴻은 "終, 猶遂也, 成也"라 함.

【天下大治】〈解詁〉에 "明主因人民之自治, 順其道耳治之, 所謂聖人治治, 故天下能大治也"라 함.

부록

V.《商君書》譯註 및 硏究 關聯 書目

〈焚書坑儒〉유적지. 陝西 西安 臨潼縣

I. 《商君書》佚文

<六法篇>

○ 唐 魏徵 등이 편집한 《群書治要》(36)에 《商君子》의 <六法>, <修權>, <定分> 편 등의 일부가 실려 있다. 그러나 嚴萬里(可均)는 "六法, 當作立法"이라 하여 싣지 않고 있다. 《群書治要》의 <六法篇>은 비록 完整한 것은 아니지만 다른 곳에는 없어 이에 佚文으로 여겨 참고로 싣는다.

先王當時而立法, 度務而制事. 法宜其時則治, 事適其務故有功. 然則法有時而治, 事有當而功. 今時移而法不變, 務易而事以古, 是法與時詭, 而事與務易也. 故法立而亂益, 務爲而事廢. 故聖人之治國也, 不法古, 不循今, 當時而立功, 在難而能免. 今民能變俗矣, 而法不易; 國形更勢矣, 而務以古. 夫法者, 民之治也; 務者, 事之用也. 國失法則危, 事失用則不成. 故法不當時, 務不適用, 而不危者, 未之有也.

II. 《史記》(8) 商君列傳

○ 商君(衛鞅, 公孫鞅, 商鞅)에 대한 기록은 《史記》 商君列傳이 비교적 상세하다. 이에 이해에 도움을 삼고자 全文을 10단락으로 나누어 原文과 譯文을 함께 싣는다.

(1) 쓰지 않으려거든 죽여 없애시오

商君者, 衛之諸庶蘖公子也, 名鞅, 姓公孫氏, 其祖本姬姓也. 鞅少好刑名之學, 事魏相公叔座爲中庶子. 公叔座知其賢, 未及進. 會座病, 魏惠王親往問病, 曰:「公叔病有如不可諱, 將奈社稷何?」公叔曰:「座之中庶子公孫鞅, 年雖少, 有奇才, 願王擧國而聽之.」王嘿然. 王且去, 座屛人言曰:「王卽不聽用鞅, 必殺之, 無令出境.」王許諾而去. 公叔座召鞅謝曰:「今者, 王問可以爲相者, 我言若, 王色不許我. 我方先君後臣, 因謂王卽弗用鞅, 當殺之. 王許我. 汝可疾去矣, 且見禽.」鞅曰:「彼王不能用君之言任臣, 又安能用君之言殺臣乎?」卒不去. 惠王旣去, 而謂左右曰:「公叔病甚, 悲乎, 欲令寡人以國聽公孫鞅也, 豈不悖哉!」

상군商君은 위衛나라 왕의 서공자庶公子들 가운데 한 사람으로 이름은 앙鞅, 성은 공손公孫이며 그 조상은 희씨姬氏 성이었다.

상앙은 젊어서 법가의 학문을 좋아하였고, 위魏나라 재상 공숙좌公叔座를 섬겨 중서자中庶子의 벼슬을 하였다.

공숙좌는 상앙이 똑똑함을 알고 있었으나 아직 왕에게 천거할 기회를 얻지 못하고 있었다. 그런데 마침 공숙좌가 병이 났을 때 위魏나라 혜왕惠王은 친히 병상에 찾아와 문병하면서 이렇게 물었다.

"만약 그대 공숙의 병이 낫지 않게 되면 나라를 누구에게 맡기는 것이 좋겠습니까?"

공숙은 말하였다.

"저의 중서자로 있는 공손앙은 나이는 비록 어리나 뛰어난 재주를 가진 사람입니다. 대왕께서는 나라의 일을 그에게 맡기는 것이 좋을 것입니다."

왕이 잠자코 있다가 그냥 가려고 하자 공숙좌는 사람들을 멀리하고 나서 왕에게 이렇게 말하였다.

"대왕께서 공손앙을 쓰지 않고자 하신다면 반드시 그를 죽여 나라 밖으로 나가지 못하도록 하십시오."

왕이 수긍하고 돌아가자 공숙좌는 공손앙을 불러 이렇게 말하였다.

"조금 전에 임금이 누구를 가히 재상으로 삼을 만한 인물로 보느냐고 묻기에 내 자네를 천거하였는데 임금의 얼굴빛은 내 말을 받아들일 것 같지 않았네. 나는 임금께 먼저 충성을 다한 뒤에 신하를 돌봐야 한다고 생각하여 임금께 '만약에 공손앙을 쓰지 않으려거든 죽여 없애야 한다' 라고 하였더니 임금께서도 수긍을 하셨네. 그대는 빨리 달아나게. 오래지 않아 잡히게 될는지도 모르네."

공손앙은 말하였다.

"왕께서 나를 쓰라고 한 상공의 말씀을 받아들이지 않는다면 또 어찌 나를 죽이라 하는 상공의 말씀을 받아들이겠습니까?"

앙은 끝내 달아나지 않았다.

혜왕은 공숙의 집을 나와 좌우 신하들에게 말하였다.

"공숙의 병이 위중하니 슬픈 일이오. 국가의 정사를 공손앙에게 맡기라고 나에게 권하다니, 이야말로 어찌 이처럼 망령된 말이 아닐 수 있겠소?"

(2) 계책을 가진 자 함양咸陽으로 모여라

公叔既死, 公孫鞅聞秦孝公下令國中求賢者, 將修繆公之業, 東復侵地, 迺遂西入秦, 因孝公寵臣景監以求見孝公. 孝公既見衛鞅, 語事良久, 孝公時時睡, 弗聽. 罷而孝公怒景監曰:「子之客妄人耳, 安足用邪!」景監以讓衛鞅. 衛鞅曰:「吾說公以帝道, 其志不開悟矣.」後五日, 復求見鞅. 鞅復見孝公, 益愈, 然而未中旨. 罷而孝公復讓景監, 景監亦讓鞅. 鞅曰:「吾說公以王道而未入也. 請復見鞅」鞅復見孝公, 孝公善之而未用也. 罷而去. 孝公謂景監曰:「汝客善, 可與語矣.」鞅曰:「吾說公以霸道, 其意欲用之矣. 誠復見我, 我知之矣.」衛鞅復見孝公. 公與語, 不自知膝之前於席也. 語數日不厭. 景監曰:「子何以中吾君? 吾君之驩甚也.」鞅曰:「吾說君以帝王之道比三代, 而君曰:『久遠, 吾不能待. 且賢君者, 各及其身顯名天下, 安能邑邑待數十百年以成帝王乎?』故吾以彊國之術說君, 君大說之耳. 然亦難以比德於殷周矣.」

공숙이 죽은 뒤에 공손앙은 진秦나라 효공孝公이 나라 안에 영을 내려 현자를 구하고 선조 목공穆公의 패업을 이어 동쪽의 잃은 땅을 회복하려 한다는 말을 듣고 마침내 서쪽 진나라로 가서 효공의 총신 경감景監의 인도로 효공을 만나게 되었다.

위앙衛鞅은 효공을 뵙고 오랫동안에 말을 나누어 보았다.

그러나 효공은 이따금 졸면서 위앙의 말을 잘 듣지를 않는 것이었다. 참다 못한 위앙은 벌떡 일어나 나와 버렸다. 효공은 노하여 경감에게 말하였다.

"그대의 빈객은 망령된 사람이니 어찌 임용할 수 있겠소?"

경감이 위앙을 꾸짖자 앙은 이렇게 말하였다.

"저는 공에게 오제五帝의 도리를 설명하였는데 그 뜻을 깨닫지 못하셨군요. 한 5일 뒤에 다시 공을 알현케 해 주시오."

이렇게 하여 위앙은 다시 효공을 뵙고 거듭 설명을 하였다. 그러나 역시 공의 마음에는 들지 않았다. 물러나온 뒤 효공은 다시 경감을 꾸짖고, 경감은 또한 원앙을 책망하였다. 위앙은 다시 말하였다.

"저는 공에게 삼왕三王의 도리를 설명하였는데 아직도 공의 마음에 들지 않으셨군요. 한 번 더 공을 뵙게 해 주시오."

위앙이 또다시 효공을 만났더니 효공은 그제야 위앙을 좋게 보기는 하였지만 그래도 아직 쓰지는 않았다. 위앙이 물러나오자 효공은 경감에게 이렇게 말하였다.

"그대의 빈객은 쓸 만한 사람이오. 더불어 얘기할 만하오."

위앙이 경감에게 말하였다.

"제가 임금께 오패五覇를 설명하였더니 임금의 뜻이 움직여 내가 말한 바를 쓸 만한 것으로 생각하는 모양이오. 아무쪼록 한 번만 더 임금을 만나게 해 주시오. 나는 임금의 뜻이 어디에 있는지 이제 알았소."

위앙이 다시 또 효공을 만났다. 이번에는 효공이 얘기에 열중하여 무릎이 위앙 앞으로 나오는 것도 모르고 있을 지경이었다. 여러 날 말을 주고받았으나 싫어하는 빛이 아니었다. 경감이 물었다.

"그대는 어떻게 하여 우리 왕의 마음을 그렇게 사로잡았소? 왕께서 매우 기뻐하시오."

위앙이 대답하였다.

"저는 왕에게 삼황 오제의 도리를 실행하면, 하·은·주 3대의 치세와 어깨를 겨룰 만한 태평성대를 누릴 것이라고 말하였더니 임금은 '그것은 아득한 것이다. 나는 기다릴 시간이 없다. 현군은 제각기 당대에 이름을 천하에 드러내는 것이다. 어찌하여 유유히 수십, 수백 년 제왕의 도리를 성취하기를 기다리고 있겠는가?'라고 하더이다. 이에 내가 부국의 정책을 왕에게 설명하였더니 왕은 크게 기뻐하였소. 그러나 은·주 시대 임금의 덕행에는 미치지 못하오."

(3) 확신이 있어야 합니다.

孝公既用衛鞅, 鞅欲變法, 恐天下議己. 衛鞅曰:「疑行無名, 疑事無功. 且夫有高人之行者, 固見非於世; 有獨知之慮者, 必見敖於民. 愚者闇於 成事, 知者見於未萌. 民不可與慮始而可與樂成. 論至德者不和於俗, 成大 功者不謀於衆. 是以聖人苟可以彊國, 不法其故; 苟可以利民, 不循其禮.」 孝公曰:「善」 甘龍曰:「不然. 聖人不易民而敎, 知者不變法而治. 因民

而敎, 不勞而成功; 緣法而治者, 吏習而民安之.」衛鞅曰:「龍之所言,
世俗之言也. 常人安於故俗, 學者溺於所聞. 以此兩者居官守法可也, 非所
與論於法之外也. 三代不同禮而王, 五伯不同法而霸. 智者作法, 愚者制焉;
賢者更禮, 不肖者拘焉.」杜摯曰:「利不百, 不變法; 功不十, 不易器. 法古
無過, 循禮無邪.」衛鞅曰:「治世不一道, 便國不法古. 故湯武不循古而王,
夏殷不易禮而亡. 反古者不可非, 而循禮者不足多.」孝公曰:「善.」以衛
鞅爲左庶長, 卒定變法之令.

令民爲什伍, 而相牧司連坐. 不告姦者腰斬, 告姦者與斬敵首同賞, 匿姦者
與降敵同罰. 民有二男以上不分異者, 倍其賦. 有軍功者, 各以率受上爵;
爲私鬪者, 各以輕重被刑大小. 僇力本業, 耕織致粟帛多者復其身. 事末利
及怠而貧者, 擧以爲收孥. 宗室非有軍功論, 不得爲屬籍. 明尊卑爵秩等級,
各以差次名田宅, 臣妾衣服以家次. 有功者顯榮, 無功者雖富無所芬華.

효공은 위앙을 등용하였지만 위앙이 법을 고치려 하자 천하 사람들이
자신을 비방할 것을 두려워하였다. 그러자 위앙이 말하였다.

"확신이 없는 행동에는 공명이 따를 수 없으며, 신이 없는 사업은 성공할
수 없습니다. 다른 사람보다 뛰어난 행동을 하는 자는 본디 세상 사람들의
비난을 받기가 일쑤이며, 탁견이 있는 자는 반드시 백성들에게 비방을
듣기가 일쑤인 것입니다. 어리석은 자는 이미 이루어진 일도 모르고 있지만
지혜로운 자는 그 일에 앞서 다가올 일을 알아내는 것입니다. 그러므로
백성은 일이 시작할 때는 의견을 물어보아서는 안 되며 성공한 뒤에
즐거움을 함께 하기만 하면 되는 것입니다. 지극한 덕을 말하는 자는
세속과 타협하지 않으며, 큰 공을 이루는 자는 뭇 사람들과 상의하지
않습니다. 그런 까닭에 성인은 굳이 나라를 튼튼히 할 수 있으면 구태여
옛것을 본뜨지 않으며 백성을 이롭게 할 수 있으면 구태여 옛날의 예법을
따르려 하지도 않습니다."

효공은 옳다고 여겼다.

그러나 신하 감룡甘龍은 반대하고 나섰다.

"그렇지 않습니다. 성인은 백성들의 풍속을 바꾸지 않은 채 교화시키며,

지혜로운 자는 법을 고치지 않고 다스립니다. 백성들의 풍속에 따라 교화시키면 수고를 들이지 않고도 공을 이루며, 시행되고 있는 법으로 다스리면 관리도 익히 알아 백성도 편안하게 됩니다."

위앙이 말하였다.

"감룡이 말하는 바는 속된 생각입니다. 평범한 사람은 습관에 안주하고, 학자는 자기가 배운 것에만 몰두합니다. 이 두 부류의 사람들은 법을 지키는 것은 할 수 있지만, 법 테두리를 벗어나는 문제는 함께 논의하지 못합니다. 하·은·주 삼대는 예악 제도가 달랐으나 천하에 임금 노릇을 하였고, 오백五伯은 똑 같은 법을 쓰지 않았으면서도 패자가 되었습니다. 지혜로운 자는 법을 만들고 어리석은 자는 예법의 통제를 받으며, 현명한 자는 법을 고치고 평범한 자는 예법에 얽매이는 것입니다."

그러자 이번에는 두지杜摯가 말하였다.

"백 곱절의 이익이 나는 것이 아니라면 법은 고칠 수 없는 것이며 열 배의 효과가 없으면 그릇을 바꿔서는 안 됩니다. 옛것을 본받으면 허물이 없고 예법을 따르면 사악함이 없습니다."

위앙은 말하였다.

"나라를 다스리는 데는 하나의 길만 있는 것이 아닙니다. 그 나라에 편하다면 옛 법을 좇아야만 할 필요는 없습니다. 그러므로 은나라 탕왕과 주나라 무왕은 옛것을 따르지 않고도 임금 노릇을 하였으며, 하나라 걸왕과 은나라 주왕은 옛것을 바꾸지 않았어도 망하였습니다. 옛 법을 반대하는 자라고 비난할 것이 아니며, 옛 법을 따르는 자라고 반드시 칭찬할 것도 못 되는 것입니다."

효공은 위앙의 말이 옳다고 여겼다. 위앙은 좌서장左庶長에 임용되어 마침내 옛 법을 바꿔 새로운 법령을 정하였다.

새로 만든 법에 의하면 민가는 다섯 집이나 열 집씩 통반을 만들고, 서로 감시하여 연좌의 책임을 지도록 하여, 죄지은 자를 신고하지 않는 자는 허리를 베는 형벌로 다스리고, 신고한 자에게는 적의 머리를 벤 것과 똑같은 상을 주고, 숨기는 자는 적에게 항복한 것과 같은 벌로 다스리도록 하였다. 백성들 가운데 한 집에 남자가 두 사람 이상이 있는 경우에는 부역과 납세를 두 배로 하고, 전투에서 공을 세운 자는 저마다 정도에 따라 상등의 작위를 주고, 사사로운 일로 싸움을 일삼은 자는 저마다 경중에 따라 처벌토록 하였다. 어른이나 아이나 힘을 합하여 밭 갈고 베 짜는 일을 본업으로 하고, 곡식과 베를 많이 바치는 자는 부역과 부세를 면제하며, 상공업에 종사하여 이익만 추구하는 자와 게을러서 가난한 자는 밝혀 내어 관청의 노비로 삼도록 하였다. 종실의 일족이라도 전투에서 공이 없으면 이를 조사하여 공족의 장부에서 제적하고, 신분상의 존비와 봉록의 등급을 분명히 하여 저마다 차등을 두었다. 일가가 점유한 전택田宅의 넓이와 신첩·노비의 수 및 의복의 제도도 작위의 등급에 따라 차별이 있도록 하였다. 군대에서 공로가 있는 자는 영예를 누리지만 군대에서 공을 세우지 못한 자는 부유하더라도 존경받을 수 없게 하였다.

(4) 사목徙木

令旣具, 未布, 恐民之不信, 已乃立三丈之木於國都市南門, 募民有能徙置北門者予十金. 民怪之, 莫敢徙. 復曰「能徙者予五十金」. 有一人徙之, 輒予五十金, 以明不欺. 卒下令.

이와 같이 새 법령이 제정되었으나 아직 공포는 하지 않았다. 백성들이 새 법령을 믿지 않을 것을 염려해서였다.

그리하여 높이가 세 길 되는 나무를 도성 저잣거리의 남문에 세워 놓고 백성에게 이렇게 글을 걸어 알렸다.

"이 나무를 북문에다 옮겨 놓는 자에게는 10금金을 주리라."

그러나 모두들 이상히만 여기고 옮기려는 자가 없으므로 다시 이렇게 널리 알렸다.

"이 나무를 북문에다 옮기는 자에게는 50금을 주겠다."

어떤 자가 이것을 옮기자 그 자리에서 50금을 주어 나라가 백성을 속이지 않음을 분명히 알렸다. 그리고는 마침내 새 법령을 공포하였다.

(5) 태자가 법을 어기다.

令行於民朞年, 秦民之國都言初令之不便者以千數. 於是太子犯法. 衛鞅
曰:「法之不行, 自上犯之.」將法太子. 太子, 君嗣也, 不可施刑, 刑其傅
公子虔, 黥其師公孫賈. 明日, 秦人皆趨令. 行之十年, 秦民大說, 道不拾遺,
山無盜賊, 家給人足. 民勇於公戰, 怯於私鬪, 鄕邑大治. 秦民初言令不
便者有來言令便者, 衛鞅曰「此皆亂化之民也」, 盡遷之於邊城. 其後民莫
敢議令. 於是以鞅爲大良造. 將兵圍魏安邑, 降之. 居三年, 作爲築冀闕
宮庭於咸陽, 秦自雍徙都之. 而令民父子兄弟同室內息者爲禁. 而集小(都)
鄕邑聚爲縣, 置令·丞, 凡三十一縣. 爲田開阡陌封疆, 而賦稅平. 平斗桶
權衡丈尺. 行之四年, 公子虔復犯約, 劓之. 居五年, 秦人富彊, 天子致胙
於孝公, 諸侯畢賀. 其明年, 齊敗魏兵於馬陵, 虜其太子申, 殺將軍龐涓.

새로운 법령이 시행되자 1년 동안에 진나라 백성으로 도성에 몰려와
새 법령의 불편함을 알리는 자가 수천 명이나 되었다.

그런데 마침 태자가 법을 어기는 일이 벌어지자 위앙은 이렇게 말하였다.
"법이 잘 시행되지 못하는 것은 위에 있는 자부터 법을 지키지 않기 때문
이오."

그는 법에 따라 태자를 처벌하려 하였다. 그러나 임금의 뒤를 이을
태자를 형벌에 처하기는 어려운 일이었다. 이에 태자의 태부 공자 건虔을
대신 처형하고 태사太師 공손고公孫賈를 경형黥刑에 처하였다.

이튿날부터 진나라 백성들은 모두 법을 지켰다. 법을 시행한 지 10년에
진나라의 백성들은 매우 만족하였고 길바닥에 떨어진 물건도 주워 가는
사람이 없었다. 산중에는 도적이 없어졌고 집집마다 모두 넉넉하고 사람
마다 모두 풍족하였으며 백성은 전쟁에 나서면 용감하였고 사사로운
싸움은 사라졌으며 도시나 시골의 행정은 잘 다스려졌다. 과거에 법령이
불편하다고 말하였던 자가 이제 와서는 법령이 편리하다고 말하러 오기도
하였다. 위앙은 이렇게 말하였다.

"이런 자들은 모두 교화를 어지럽히는 자이다."

그리고는 모두 변방의 성으로 쫓아 버렸다. 그렇게 되자 그 뒤로는 감히 법령에 대해 이러니저러니 말하는 자가 없었다. 이러한 공에 의해 위앙은 대량조大良造의 직위에 올랐다.

그런 뒤에 위앙은 군대를 이끌고 위魏나라 안읍安邑을 포위하여 항복을 받았다. 그로부터 3년 뒤 진나라는 함양咸陽에 누문·궁전·정원을 이룩하고 옹雍에서 이곳 함양으로 도읍을 옮겼다. 백성들에게 영을 내려 부자 형제가 세대를 공동으로 하는 것을 금하고, 또 작은 향鄕과 읍邑과 촌락을 모아 현縣을 만들고, 현을 다스리는 관리로 현령縣令·현승縣丞을 두었는데 모두 31개 현이 있었다. 논밭의 경계를 개방하여 경작을 자유롭게 할 수 있도록 하고 부역과 세납을 공평히 하였으며 도량형을 통일하였다.

그 4년 뒤 공자 건이 또 법령을 위반하자 의형劓刑을 내렸다. 그 뒤 5년에는 진나라가 크게 부강하여졌고 주나라 천자는 효공에게 조육胙肉을 하사하고 제후들은 모두 이를 경축하였다.

다음 해에 제나라가 위魏나라 군사를 마릉馬陵에서 깨뜨리고 위魏나라 태자 신申을 사로잡고 장군 방연龐涓을 죽이는 일이 있었다.

(6) 위魏나라를 치다

其明年, 衛鞅說孝公曰:「秦之與魏, 譬若人之有腹心疾, 非魏幷秦, 秦卽幷魏. 何者? 魏居領阨之西, 都安邑, 與秦界河而獨擅山東之利. 利則西侵秦, 病則東收地. 今以君之賢聖, 國賴以盛. 而魏往年大破於齊, 諸侯畔之, 可因此時伐魏. 魏不支秦, 必東徙. 東徙, 秦據河山之固, 東鄕以制諸侯, 此帝王之業也.」孝公以爲然, 使衛鞅將而伐魏. 魏使公子卬將而擊之. 軍旣相距, 衛鞅遺魏將公子卬書曰:「吾始與公子驩, 今俱爲兩國將, 不忍相攻, 可與公子面相見, 盟, 樂飮而罷兵, 以安秦魏.」

이듬해에 위앙은 효공에게 이렇게 아뢰었다.
"진과 위의 관계는 마치 사람의 뱃속에 질병이 있는 것과 같아서

위나라가 진나라를 삼키지 않으면 진나라가 위나라를 삼켜야 합니다. 왜냐하면 위나라는 험준한 산맥의 서편에 있어서 안읍安邑에 도읍을 정하고 있으며, 진나라와는 황하를 사이에 두고 산동의 이익을 독점하고 있습니다. 유리하다고 생각되는 때는 서쪽에서 진나라를 침략하고, 힘이 모자라면 동쪽의 땅을 침략하기 때문입니다. 지금 진나라는 임금의 훌륭한 덕으로 번영하고 있으나 위나라는 지난해에 제나라에게 크게 패하였고 제후들은 위나라를 배반하고 있습니다. 지금이야말로 위나라를 치기에 좋은 기회입니다. 위나라는 진나라의 공격을 지탱하지 못하게 되면 틀림없이 동쪽으로 옮겨갈 것입니다. 동쪽으로 옮기면 진나라는 황하와 험준한 준령의 요새에 웅거하여 동쪽 제후를 제압할 수 있을 것입니다. 이는 제왕의 대업을 이룰 수 있는 길입니다."

효공은 옳다고 생각하고 위앙을 장수로 하여 위魏나라를 치도록 하였다. 위나라에서는 공자 앙卬을 장수로 하여 진나라를 맞아 싸우게 되었다. 위앙은 위공자 앙에게 이렇게 편지를 보냈다.

"나는 본디 그대 공자와 절친한 사이로 이제 함께 양군의 장수로 갈라져 있으나 서로 공격을 일삼는 것은 참으로 마음 아픈 일이오. 공자와 직접 회견하여 휴전을 맹세하고 즐거이 술을 마시며 진·위의 평화를 의논하고 싶소."

(7) 공숙좌의 말을 듣지 않았다가

魏公子卬以爲然. 會盟已, 飮, 而衛鞅伏甲士而襲虜魏公子卬, 因攻其軍, 盡破之以歸秦. 魏惠王兵數破於齊秦, 國內空, 日以削, 恐, 乃使使割河西之地獻於秦以和. 而魏遂去安邑, 徙都大梁. 梁惠王曰 : 「寡人恨不用公叔座之言也.」 衛鞅旣破魏還, 秦封之於·商十五邑, 號爲商君.

위나라 공자 앙은 옳다고 생각하고 맹약을 맺고 만나 술을 마셨다. 그런데 위앙은 무장한 복병으로 하여금 불의에 습격하여 위나라 공자 앙을 사로잡고 위군을 공격하여 모조리 깨뜨리고 진나라로 돌아왔다.

위나라 혜왕은 자기 나라 군사가 자주 제·진 두 나라에 패하여 국내의 재력·병력이 쇠약해지고 국토가 하루하루 깎여 감을 두려워하여 사자를 보내어 하수河水 서쪽 땅을 진나라에 바치고 화친을 꾀하였다. 그리하여 위나라는 마침내 국도 안읍을 버리고 대량大梁으로 도읍을 옮겼다.

위나라 혜왕이 말하였다.

"나는 이제야 공숙좌의 진언을 듣지 않은 것을 후회한다."

위앙이 위나라를 치고 돌아오자 진나라는 위앙을 상오商於의 땅 15개 읍邑에 봉하고 호를 상군商君이라 내려주었다.

(8) 천 마리의 양가죽이 여우 한 마리만 못하오

商君相秦十年, 宗室貴戚多怨望者. 趙良見商君. 商君曰:「鞅之得見也, 從孟蘭皐, 今鞅請得交, 可乎?」趙良曰:「僕弗敢願也. 孔丘有言曰:『推賢而戴者進, 聚不肖而王者退.』 僕不肖, 故不敢受命. 僕聞之曰:『非其位而居之曰貪位, 非其名而有之曰貪名.』 僕聽君之義, 則恐僕貪位貪名也. 故不敢聞命.」商君曰:「子不說吾治秦與?」趙良曰:「反聽之謂聰, 內視之謂明, 自勝之謂彊. 虞舜有言曰:『自卑也尙矣.』 君不若道虞舜之道, 無爲問僕矣.」商君曰:「始秦戎翟之教, 父子無別, 同室而居. 今我更制其教, 而爲其男女之別, 大築冀闕, 營如魯衛矣. 子觀我治秦也, 孰與五羖大夫賢?」趙良曰: 「千羊之皮, 不如一狐之掖; 千人之諾諾, 不如一士之諤諤. 武王諤諤以昌, 殷紂墨墨以亡. 君若不非武王乎, 則僕請終日正言而無誅, 可乎?」商君曰: 「語有之矣, 貌言華也, 至言實也, 苦言藥也, 甘言疾也. 夫子果肯終日正言, 鞅之藥也. 鞅將事子, 子又何辭焉!」趙良曰:「夫五羖大夫, 荊之鄙人也. 聞秦繆公之賢而願望見, 行而無資, 自粥於秦客, 被褐食牛. 期年, 繆公知之, 擧之牛口之下, 而加之百姓之上, 秦國莫敢望焉. 相秦六七年, 而東伐鄭, 三置晉國之君, 一救荊國之禍. 發教封內, 而巴人致貢; 施德諸侯, 而八戎來服. 由余聞之, 款關請見. 五羖大夫之相秦也, 勞不坐乘, 暑不

張蓋, 行於國中, 不從車乘, 不操干戈, 功名藏於府庫, 德行施於後世. 五羖
大夫死, 秦國男女流涕, 童子不歌謠, 舂者不相杵. 此五羖大夫之德也.
今君之見秦王也, 因嬖人景監以爲主, 非所以爲名也. 相秦不以百姓爲事,
而大築冀闕, 非所以爲功也. 刑黥太子之師傅, 殘傷民以駿刑, 是積怨畜
禍也. 敎之化民也深於命, 民之效上也捷於令. 今君又左建外易, 非所以
爲敎也. 君又南面而稱寡人, 日繩秦之貴公子. 詩曰:『相鼠有體, 人而無禮;
人而無禮, 何不遄死.』以詩觀之, 非所以爲壽也. 公子虔杜門不出已八年矣,
君又殺祝懽而黥公孫賈. 詩曰:『得人者興, 失人者崩.』此數事者, 非所
以得人也. 君之出也, 後車十數, 從車載甲, 多力而騈脅者爲驂乘, 持矛而
操闟戟者旁車而趨. 此一物不具, 君固不出. 書曰:『恃德者昌, 恃力者亡.』
君之危若朝露, 尙將欲延年益壽乎? 則何不歸十五都, 灌園於鄙, 勸秦
王顯巖穴之士, 養老存孤, 敬父兄, 序有功, 尊有德, 可以少安. 君尙將
貪商於之富, 寵秦國之敎, 畜百姓之怨, 秦王一旦捐賓客而不立朝, 秦國
之所以收君者, 豈其微哉? 亡可翹足而待.」商君弗從.

　　상군이 진나라 재상의 자리에 있기를 10년, 그 동안에 진나라의 종족
외척으로 그를 원망하는 자가 많았다. 진나라에 숨어사는 선비 조량趙良이
상군 위앙을 찾아오자 상군은 이렇게 말하였다.

　　"내가 당신을 만나게 된 것은 맹란고孟蘭皐의 소개가 있었기 때문입니다.
나는 앞으로도 그대와 교제하기를 원하는데 어떻소?"

　　조량이 대답하였다.

　　"나는 굳이 사귀고 싶지 않습니다. 공자는 '어진 이를 추천하여 주인으로
받드는 자는 번영하고, 어질지 못한 자를 모아 그 주인이 되는 자는 몰락
한다'고 말하였는데 나는 어질지 못하므로 감히 당신의 뜻을 따를 수 없습
니다. 내가 듣기로 '있을 만한 지위가 아닌데 그 지위에 있는 것을 탐위貪位
라 하고, 자기가 누릴 명성이 아닌데 그 명성을 누리는 것을 탐명貪名이라
한다'고 하였는데 만약에 당신의 뜻에 따른다면 아마도 탐위·탐명하는
사람이 될 것입니다. 그러므로 굳이 당신의 뜻을 따를 수 없는 것입니다."

　　위앙이 말하였다.

"그대는 진나라를 다스리는 나의 방식을 옳지 않다고 생각하고 있소?"

조량이 말하였다.

"남의 말에 반성하고 경청하는 것을 총聰이라 하고, 사물을 보되 마음의 눈으로 보는 것을 명明이라 하며, 자기를 이기는 것을 강彊이라고 합니다. 순임금의 말씀에 '스스로 겸손하면 존경을 받게 된다'고 하였는데 상군 그대는 순임금의 도를 따라야 합니다. 나에게 물을 것도 없는 일입니다."

상군이 말하였다.

"처음에 진나라에는 융적戎翟의 풍습이 있어 부자간에 구별이 없고 처를 공유하였소. 지금 나는 그 풍습을 고쳐 남녀의 구별을 두고 또 크게 누문을 세워 그 훌륭하기가 노나라와 위衛나라와 같게 하였소. 그대는 나의 진나라 통치를 보고 오고대부五羖大夫 백리해百里奚와 비교할 때 어느 편이 현명하다고 생각하오?"

조량이 대답하였다.

"천 마리 양의 가죽이 여우 한 마리의 겨드랑이 가죽만 못합니다. 천 사람의 아부는 한 사람의 올곧은 직언에는 미치지 못합니다. 주나라 무왕은 신하의 올곧은 직언으로 번영하고, 은나라 주왕은 신하의 맹종으로 망하였습니다. 상군께서 만약 무왕을 잘못하였다고 나무라지 않는다면, 내가 종일 솔직하게 말씀드려도 나를 죽이지는 않으시겠지요? 불손함을 죄로 돌리지 않기를 바랍니다."

상군 위앙이 말하였다.

"옛말에도 '겉치레의 말은 허황되고 마음속에서 나오는 말은 진실 되며, 듣기 괴로운 말은 약이요, 달콤한 말은 독'이라 하였소. 만일 그대가 종일 직언을 해 준다면 그것은 나에게 약이 되는 것이오. 나는 선생을 스승으로 섬기려고 하는데 선생께서는 또 어찌하여 사양하려 하시오?"

조량이 말하였다.

"저 오고대부는 초楚나라의 미천한 신분 출신이었습니다. 진秦나라 목공穆公이 그가 현명하다는 말을 듣고 만나고자 하였으나, 가려고 해도 노자가 없었습니다. 하는 수 없이 자기 몸을 진나라 여행자에게 팔아 볼품 없는 옷을 걸치고 소를 치며 따라갔습니다. 1년 뒤에 목공은 백리해가 현명하다는 것을 알고 하찮은 소치기에서 일약 재상으로 세웠는데 진나라에서는 아무도 그것을 허물로 여기는 사람이 없었습니다. 그가 진나라 재상을 지낸 지 6, 7년이 지나 동쪽 정나라를 치고, 세 번 진晉나라의 임금을 세우고 형荊나라로부터 한 번 진晉나라를 구해 주었습니다. 교령敎令을 국내에 반포하여 나라 백성들을 감화시켰습니다. 그리하여 파巴 땅의 사람도 공물을 바치고 은덕을 제후에 베풀어 팔융八戎까지도 귀순토록 하였습니다. 서융西戎 사람 유여由余도 명성을 듣고 관문을 두드려 회견을 청하였습니다. 오고대부는 진나라의 재상이 된 이래 피곤해도 수레에서 걸터앉지 않았고, 더워도 수레에 포장을 덮지 않았으며, 국내를 순시할 때에도 행차의 수레를 따르게 하지 않았고 무장한 호위를 거느리지 않았으며 그 공적은 낱낱이 기록되어 조정의 서고에 보존되고, 덕행은 길이 후세에 전해졌습니다. 죽음을 당해서는 진나라 남녀들이 눈물을 흘렸고 어린이들도 노랫소리를 내지 않았으며 방아를 찧는 사람들까지도 방아타령을 읊조리지 않았습니다. 이는 오고대부의 덕에 의한 것입니다.

　그런데 당신이 진왕을 뵈온 것은 임금의 총신 경감의 인도에 의한 것이니 경감을 주인으로 하여 의뢰한 것은 명예라 할 수가 없습니다. 진나라의 재상이 되어서는 백성의 이익을 일로 삼지 않고, 누문을 건축한 것은 공업이라 할 수 없습니다. 태자의 스승을 경형黥刑에 처하고, 가혹한 형벌로써 백성을 징벌한 것은 원한을 쌓고 화를 모은 일입니다. 당신은 왕의 명령보다도 깊게 백성들을 교화시키고, 백성들은 왕이 명령하는 것보다 당신이 하는 일을 더 빨리 따라야 했습니다. 지금 당신이 세운 제도는 도에 등진 것이며 고친 국법은 도리에 어긋난 것이니 이를 두고 교화라 할 수는 없습니다. 또 당신은 임금처럼 남쪽을 향하고 앉아 임금과 똑같이 '과인寡人'이라 일컬으며, 날로 진나라 귀공자를 핍박하고 있습니다. 《시》에 '쥐한테도 예의가 있는데 사람으로서 예의가 없구나. 사람으로서 예의가 없으면 어찌 빨리 죽지도 않을까'라 하였는데, 이 시로 보더라도 당신의 행동으로는 천수를 온전히 누릴 수가 없을 것입니다. 공자 건은 코를 잃은 것을 부끄러워하여 문을 닫고 밖으로 나오지 않은 지 이미 8년이나 됩니다. 당신은 또 축환祝歡을 죽였고 공손고公孫賈를 경형에 처하였습니다. 《시》

에도 '인심을 얻는 자는 흥하고 인심을 잃는 자는 망한다'라 하였는데 당신이 범한 온갖 일들은 도저히 인심을 얻을 수 없는 것들입니다. 당신은 외출할 때에 후거後車 수십 수레에, 종거從車에는 무장병을 싣고 힘센 자를 옆에 태우고 창과 극戟을 가진 자가 수레 가까이에서 달리게 하였습니다. 이 가운데에서 하나라도 부족하면 당신은 절대로 외출하지 않았습니다. 《서》에 '덕을 믿는 자는 번영하고 힘을 믿는 자는 망한다'라 하였습니다. 당신의 목숨은 참으로 아침 이슬처럼 위태로운 데도 아직도 목숨을 연장하여 더 오래 살기를 바랍니까?

나이를 늘이고 천수를 다하고자 한다면 무엇보다도 상과 오의 15개 읍을 반환하고, 시골로 물러나 전원에 물을 주며 살지 않습니까? 진왕에게 권하여 동굴에 숨어사는 현자를 나타나게 하고, 늙은이를 부양하고, 고아를 돌보고, 부형을 공경하고, 공 있는 자를 관에 앉히고, 덕 있는 자를 존경하도록 하면 조금은 편안할 것입니다. 그런데 당신은 아직까지 오히려 상과 오에서 얻는 부유함을 탐하고 진나라의 정치를 마음대로 주무르고 백성의 원망을 쌓고 있으니, 만약 진왕이 하루아침에 세상을 떠나 조정에 서지 못하게 되면, 진나라가 당신을 없애려고 할 것은 너무도 당연한 일입니다. 당신의 파멸은 한 발을 들고 넘어지기를 기다리는 것만큼이나 잠깐 사이일 것입니다."

그러나 상군은 이 말을 따르지 않았다.

(9) 내가 만든 법에 내가 걸려드는구나

後五月而秦孝公卒, 太子立. 公子虔之徒告商君欲反, 發吏捕商君. 商君亡至關下, 欲舍客舍. 客人不知其是商君也, 曰:「商君之法, 舍人無驗者坐之.」商君喟然歎曰:「嗟乎, 爲法之敝一至此哉!」去之魏. 魏人怨其欺公子卬而破魏師, 弗受. 商君欲之他國. 魏人曰:「商君, 秦之賊. 秦彊而賊入魏, 弗歸, 不可.」遂內秦. 商君既復入秦, 走商邑, 與其徒屬發邑兵北出擊鄭. 秦發兵攻商君, 殺之於鄭黽池. 秦惠王車裂商君以徇, 曰:「莫如商鞅反者!」遂滅商君之家.

　다섯 달 뒤 진나라 효공이 죽고 태자가 그 자리를 이어 혜문왕惠文王이 되었다. 그러자 공자 건 일당이 상군 위앙이 모반을 꾀한다고 밀고하자 관리를 보내어 상군을 잡으려 하였다. 상군은 달아나 관소關所 근방까지 와서 객사에 들려 하였다. 객사 주인은 이 손님이 상군임을 알지 못한 채 이렇게 말하는 것이었다.

　"상군의 법에는 여행증이 없는 손님을 재우면 그 손님과 연좌로 죄를 받게 됩니다."

　상군은 탄식하여 말하였다.

　"아! 법을 만든 폐해가 마침내 이 지경에까지 이르렀구나!"

　상군은 그곳을 떠나 위魏나라로 갔다. 위나라 사람들은 상군이 공자 앙卬을 속이고 위군을 친 것을 원망하여 그를 받아들이지 않았다. 상군이 다른 나라로 가려고 하자 위나라 사람들이 말하였다.

　"상군은 진나라의 역적이다. 진나라는 강국이니 위나라에 들어온 도적은 반드시 진나라로 돌려보내야 한다."

　이에 상군은 마침내 진나라로 돌려보내졌다.

　상군이 다시 진나라로 들어가자 상읍商邑으로 가서 따르는 무리들과 함께 봉읍의 군사를 동원하여 북쪽 정나라를 쳤다. 진나라는 출병하여 상군을 치고 정나라의 면지黽池에서 그를 죽이고 말았다.

　진나라 혜왕은 상군을 거열형車裂刑에 처하고 이렇게 말하였다.

　"더 이상 상앙과 같은 모반자가 나오지 않도록 하라."

　그리고 상군의 일족을 멸하였다.

⑽ 태사공 사마천司馬遷의 평어

　太史公曰:「商君, 其天資刻薄人也. 跡其欲干孝公以帝王術, 挾持浮說, 非其質矣. 且所因由嬖臣, 及得用, 刑公子虔, 欺魏將卬, 不師趙良之言,亦足發明商君之少恩矣. 余嘗讀商君開塞耕戰書, 與其人行事相類. 卒受惡名於秦, 有以也夫!」

나 태사공은 이렇게 생각한다.

"상군은 천성이 각박한 사람이다. 그가 효공에게 벼슬을 얻기 위하여 제왕의 도리를 설명한 자취를 찾아보건대 마음에도 없는 헛된 논리를 폈던 것이지 그 본성에서 나온 것이 아니었다. 더욱이 인도를 한 것은 총신(경감)이었는데 등용이 되자 공자 건을 처형하고 위魏나라 장수 공자 앙卬을 속였으며 조량의 간언을 받아들이지 않았다. 이 또한 상군의 각박함을 증명하는 것이라 하겠다. 내가 일찍이 상군의 저서 《상군서》의 〈개색開塞〉·〈경전耕戰〉 등을 읽어 보았더니 그 사상은 그 사람의 행위와 완전히 똑같았다. 진나라에서 악명이 높았던 것도 그럴 만한 까닭이 있다고 하겠다!"

Ⅲ.《商君書》序跋, 提要 등 관련 자료

1. 〈四庫全書提要〉 ·····························清, 紀昀(等)
　　欽定四庫全書 子部(三)《商子》法家類

　　臣等謹案:《商子》五卷, 舊本題, 秦公孫鞅撰. 鞅事蹟具《史記》. 鞅封
於商, 號商君, 故漢志稱《商君》二十九篇. 其稱商子, 則自《隋志》始也.
陳振孫《書錄解題》云:「《漢志》二十九篇, 今二十八篇. 已亡其一. 晁公武
《讀書志》則云, 本二十九篇, 今亡者三篇.《讀書志》成於紹興二十一年,
既云已缺三篇.《書錄解題》成於宋末, 乃反較晁本多二篇. 蓋兩家所錄,
各據所見之本. 故多寡不同歟! 此本自〈更法〉至〈定分〉, 目凡二十有六. 似
即晁氏之本, 然其中第十六篇·第二十一篇, 又皆有錄無書, 則併非宋本之
舊矣.《史記》稱讀鞅開塞書, 在今本爲第七篇, 文義甚明, 而司馬貞作索隱,
乃妄爲之解, 爲晁公武所譏. 知其書唐代不甚行, 故貞不及睹. 又《文獻
通考》引《周氏涉筆》以爲鞅書多附會後事, 疑取他詞, 非本所論著. 然周氏
特據文臆斷, 未能確證其非. 今考《史記》稱秦孝公卒, 太子立, 公子虔之
徒告鞅欲反, 惠王乃車裂鞅以徇. 則孝公卒後, 鞅即逃死不暇, 安得著書?
如爲平日所著, 則必在孝公之世, 又安得開卷第一篇即稱孝公之謚? 殆法家
者流, 掇鞅餘論, 以成是編. 猶管子卒於齊桓公前, 而書中屢稱桓公耳.
諸子之書, 如是者多. 既不得撰者之主名, 則亦姑從其舊, 仍題所託之人矣.
　　乾隆四十三年(1778)九月　恭校上總纂官紀昀·陸錫熊·孫士毅, 總校官
陸費墀.

2. 〈四庫全書簡明目錄〉子部 法家類 ·········· 淸, 永瑢(等)

《商子》五卷

舊本題秦商鞅撰.

周氏《涉筆》謂其書多附會後事, 擬取他詞, 非本所論著. 今案開卷稱孝
公之諡, 則謂不出鞅手, 良信.

然其詞峻厲而刻深, 雖非鞅作, 亦必其徒述說之, 非秦以後人所爲也.

《漢志》載二十九篇, 至宋佚其三篇, 今有錄無書者又二篇.

3. 〈商君書新校正序〉·····················清, 嚴萬里(可均)

　《商君書》二十九篇, 今二十六篇, 又亡其二, 實二十四篇. 舊刻多舛誤, 不可讀. 余參稽衆本, 又旁搜群籍, 勘正其紕繆, 而疑其不可攷者, 然後爲馬魯魚, 十去三四. 乃繕寫一編, 歸諸挿架.

　序之曰: 太史公衛鞅傳, 載鞅始見孝公, 語未合. 鞅曰:「吾說公以帝道, 其志不開悟; 又說以王道, 而未入.」似鞅亦明於帝王之道, 不得已而重自貶損, 出於任法之說者. 及觀所爲《商君書》, 而知鞅實帝王之罪人, 吾不知其始見而再不用者, 作何等語也.

　夫天地生, 一治一亂. 治之極, 則生亂; 亂之極, 則思治. 帝王者, 所以撥亂世反之治, 豈別有迂闊久遠, 不近情之道哉? 亦爲救民於水火, 與天下更始而已. 是故輕刑罰, 薄稅斂, 使四民各安其業. 於是爲之興禮樂, 崇詩書, 涵育於善化, 脩其孝弟誠信, 養其貞廉, 相與宅乎仁而由乎義. 蓋拯其所苦, 予其所樂, 而人心歸之, 天命歸之. 堯舜之揖讓, 湯武之征誅, 其實不同, 其道一也.

　由是者治, 反是者亂. 故曰:「學帝不成者王, 學王不成者霸, 學霸不成者亡」蓋以力服人, 力竭而變生; 以德服人, 德成而化盛. 帝王之道, 順人之性, 而相與安之, 故能享國久長, 而天下食其福也.

　今鞅之書曰:「王者刑九賞一」又曰:「六蝨者, 禮樂詩書, 脩善, 孝弟, 誠信, 貞廉, 仁義, 非兵, 羞戰. 國有十二者, 必貧至削」於序! 是直與帝王之道爲寇讐而已矣. 彼不計勢之必窮, 而紐於說之易售; 其處心積慮, 偏怙其法之必行, 束縛之, 馳驟之, 招之以告訐, 羅之以連坐, 壹之以農戰; 以坐收其富彊之實, 而不顧元氣盡削. 胥秦人已化爲虎狼, 而孝公不悟也. 數傳至始皇, 益不悟也. 席其成業, 遂能鞭撻九有, 橫噬六合. 于是山東戍卒揭竿一呼, 而秦瓦解矣.

　向使鞅能堅持其帝王之道, 將不見用, 用而其效或不如任法之速, 而秦久安長治矣. 然而鞅安知所謂帝王之道也? 僞也. 彼不過假迂遠悠謬之說, 姑嘗試之, 而因以申其任法之說, 而詎知亡其身以亡人國乎? 夫帝王之道, 無近功, 亦無流弊, 故君子斷不舍此而取彼也.

　故曰:「審若是, 宜遏絶其說, 而顧校正之, 可乎?」曰: 是書自漢志以來, 著錄久矣, 但使後之君若臣, 讀是書者, 談虎色變, 則鞅之毒輸於秦, 而功及於後世爲不少矣.

　夫荀卿明王道, 一傳至李斯, 而焚書坑儒; 商鞅語帝王, 再不用於孝公, 而滅法亂紀. 則夫士之抗言高論, 或不幸而見用於世.

　吾焉保其末路之不至斯極也, 又誰得盡廢其書哉?

　西吳嚴萬里叔卿譔　乾隆五十八年(1793)歲在癸丑仲冬月吉書.

4. 〈商君書總目案語〉 ························· 淸, 嚴萬里(可均)

第一卷: 〈更法〉第一, 〈墾令〉第二, 〈農戰〉第三, 〈去彊〉第四.

第二卷: 〈說民〉第五, 〈算地〉第六, 〈開塞〉第七.

第三卷: 〈壹言〉第八, 〈錯法〉第九, 〈戰法〉第十, 〈立本〉第十一,
　　　　 〈兵守〉第十二, 〈靳令〉第十三, 〈修權〉第十四.

第四卷: 〈徠民〉第十五, 〈刑約〉第十六(亡), 〈賞刑〉第十七,
　　　　 〈畫策〉第十八.

第五卷: 〈境內〉第十九, 〈弱民〉第二十, 〈□□〉第二十一(亡),
　　　　 〈外內〉第二十二, 〈君臣〉第二十三, 〈禁使〉第二十四,
　　　　 〈愼法〉第二十五, 〈定分〉第二十六.

案《隋唐志》及唐代註釋家徵引, 幷作《商君書》, 不曰《商子》, 今復其舊稱.
又其篇帙,《漢志》:「二十九篇.」《讀書志》:「今亡者三篇.」《書錄解題》:
「今二十八篇, 又亡其一.」是宋本實二十六、二十七篇.

余得元鐫本, 始〈更法〉至〈定分〉, 爲篇二十六, 中間亡篇二, 第十六,
第二十一, 實二十四篇, 與今所行〈范欽本〉正同. 後又得〈秦四麟本〉, 頗能
是正謬誤, 最爲善本, 其篇次亦同. 因以知宋無鐫本, 或有之而流傳不廣,
故元時已有所亡失也.

舊本缺總目, 范本有, 今遂錄爲一篇, 冠諸卷首云.

叔卿書.

5. 〈商君書附考〉·······························清, 嚴萬里(可均)

(1) 《史記》商君列傳: 太史公曰:「余嘗讀商君開塞耕戰書, 與其人行事相類, 卒受惡名於秦, 有以也夫!」

(2) 《漢書》藝文志: 法家:《商君》二十九篇. 注: 名鞅, 姬姓, 衛後也. 相秦孝公, 有列傳.

(3) 《諸葛亮集》: 先主遺詔敕後主曰:「讀《漢書》《禮記》, 閑暇歷觀諸子及《六韜》《商君書》, 益人意知.」

(4) 《隋書》經籍志: 法部: 商君書五卷, 秦相衛鞅譔.

(5) 《舊唐書》藝文志: 法家:《商君書》五卷.

(6) 司馬貞《史記》索隱: 按《商君書》, 開謂刑嚴峻則政化開, 塞謂布恩賞則政化塞, 其意本於嚴刑少恩. 又爲田開阡陌, 及言斬敵首賜爵, 是耕戰書也.

(7) 《通志》藝文略: 法家:《商君書》五卷, 秦相衛鞅譔, 漢有二十九篇, 今亡三篇.

(8) 《郡齋讀書志》: 法家類:《商子》五卷, 右秦公孫鞅譔. 鞅衛之庶孽, 好刑名之學. 秦孝公委以政, 遂致富彊, 後以反誅. 鞅封於商, 故以名其書. 本二十九篇, 今亡者三篇. 太史公既論鞅「刻薄少恩」, 又讀鞅開塞書, 謂「與其行事相類, 卒受惡名, 有以也」.〈索隱〉曰:「開謂刑嚴峻則政化開, 塞謂布恩惠則政化塞.」今考其書, 司馬貞蓋未嘗見之, 妄爲之說耳. 開塞乃其第七篇, 謂「道塞久矣. 今欲開之, 必刑九而賞一, 刑用於將過, 則大邪不生; 賞施於告姦, 則細過不失. 大邪不生, 細過不失, 則國治矣.」由此觀之. 鞅之術無他, 特恃告訐而止耳. 故其法不告姦者, 與降敵同罰; 告姦者, 與殺敵同賞. 此秦俗所以日壞, 至於父子相夷, 而鞅不能自脫也. 太史公之言, 信不誣也.

(9) 周氏 《涉筆》: 商鞅書亦多附會後事, 擬取他辭, 非本所論箸也. 其精確切要處, 《史記》列傳, 包括已盡. 今所存大抵汎濫淫辭, 無足觀者. 蓋有地不憂貧, 有民不憂弱. 凡此等語, 殆無幾也. 此書專以誘耕督戰爲本根. 今云使商無得糴, 農無得糶; 農無糴, 則窳惰之農勉; 商無糶, 則多歲不加樂. 夫積而不糶, 不耕者誠困矣. 力田者何利哉? 暴□如丘山, 不時焚燒, 無所用之. 《管子》謂積多而食寡, 則民不力, 不知當時何以爲餘粟地也? 貴酒肉之價, 重其租令十倍其樸, 其商估少而農不酣, 然則酒肉之用廢矣. 凡《史記》所不載, 往往爲書者所附合, 而未嘗通行者也. 秦方興時, 朝廷官爵, 豈有以貨財取者, 而賣權者以求貨? 下官者以冀遷, 豈孝公前事邪?

(10) 《直齋書錄解題》: 雜家類: 《商子》五卷. 秦相衛鞅撰. 《漢志》二十九篇, 今二十八篇, 又亡其一.

(11) 《文獻通考》: 經籍, 雜家: 《商子》五卷.

(12) 《宋史》藝文志: 雜家類: 《商子》五卷

6.〈縣眇閣本《商子》評語二條〉·······················施全昌

《黃氏日抄》:《商子》者, 公孫鞅之書也. 始於墾草, 督民耕戰, 其文煩碎, 不可以句. 至今開卷於千載之下, 猶爲心目紊亂, 況當時身被其禍者乎? 然殿中與御史之號, 實用此書, 事必問法官, 亦出此書. 後世一切據法爲斷者, 亦合省所自出矣. 或疑鞅亦法吏之有才者, 其書不應煩亂若此. 眞僞殆未可知.

楊愼《丹鉛錄》曰:「《管子》曰: 野與市爭民, 金粟爭貴. 又曰: 狄諸侯, 畝鍾之國也. 故國十鍾而錙金, 程諸侯, 山東之國也. 故粟五釜而錙金.」《商子》曰:「金生而粟死, 粟死而金生. 金一兩生於境內, 粟十石死於境外; 粟十石生於境內, 金一兩死於境外. 國好生金於境內, 則金粟兩死, 倉府兩虛. 國弱, 好生粟於境內, 則金粟兩生, 倉府兩盈, 國彊.」觀商皆功利之流, 故其術先後若合符, 然其文亦不易及矣.

7.〈廉石居藏書記《商子》跋〉··························孫星衍

　　右《商子》五卷, 縣舿閣所刻〈先秦諸子〉本. 又有程榮校本, 在〈漢魏叢書〉.
又有吳勉學刊本. 又有二卷本: 以〈更法〉至〈修權〉爲卷上,〈來民〉至〈定分〉
爲卷下. 朱蔚然校刊. 余從朱舍人文翰, 借鄭宗刊本, 合四本校之, 各有
所長. 惜無宋本可校矣. 其文證之《太平御覽》之文, 似此書爲後人有節刪
之處, 諸子書由後人追輯, 惟《墨子》·《商子》, 由其手定, 其反復詳明,
眞三代以前古書, 並非僞作, 急宜校付剞劂云.

8.《商子》跋 ······················錢熙祚

　　《商子》二十四篇, 詞多重複, 疑後人割裂以充篇數. 然文義精深, 非先秦人不能作. 如〈來民〉篇云:「地方百里者, 山陵處什一. 藪澤處什一, 谿谷流水處什一, 都邑蹊道處什一, 惡田處什一, 良田處什四.」可證〈王制〉山陵林麓川澤溝瀆城郭宮室塗巷三分去一之語. 〈弱民〉篇云:「唐蔑死于垂沙, 莊蹻發於內, 楚分爲五.」可證《戰國策》垂沙之事, 死者以千數, 唐蔑卽唐眛, 秦齊韓魏敗楚于重邱, 殺唐眛, 事在楚懷王二十八年, 而鮑吳二氏, 並不能注. 且列其文於威王時, 疏謬甚矣.

　　惜其書自宋以前, 徵引寥寥, 錯簡誤字, 無從是正. 今姑就其可知者正之, 以俟知者. 《晉書》庾峻傳云:「有處士之名, 而無爵列于朝者, 商君謂之六蝎, 韓非謂之五蠹.」今檢〈靳令〉〈弱民〉二篇, 並有'六蝨', 而無'六蝎', 豈蝎誤爲蝨耶? 抑逸篇中別有'六蝎'之文耶?

　　金山錢熙祚錫之甫識.

9. 〈商君書解詁定本自序〉 ················· 民國, 朱師轍

余弱冠喜讀先秦諸子, 每讀一種終篇, 必作書後, 攷證流別. 李梅庵師索觀, 爲遺失, 淸季甲午(1894)庚子(1900)事變後, 朝野競言變法, 廣設學校, 姚仲實先生敎授安徽高等學堂, 選《商子》〈更法篇〉爲講義. 篇中有郭偃之法一語, 不知郭偃何等人, 徧詢名宿, 未得出處, 値余應安徽提學使沈子培先生之招赴皖, 訪之, 姚先生擧以相質, 荅見《國語》《韓非子》, 乞代檢查, 余檢〈晉語〉韋昭注, 謂「卜偃爲晉掌卜大夫郭偃」. 《韓非子》南面篇, 亦有「郭偃毋更晉」之文, 示之. 渠驚喜歎服. 竊以商君變封建爲郡縣, 而主法治, 兼修農戰, 實爲當今之要務. 然其書舊無治之者, 始有志校注.

後先君敎授上江公學, 亦選〈墾令篇〉講授, 間爲之注. 余乃取嚴萬里本, 復以各本校之, 發見妄改甚衆. 遂仿孫氏《墨子閒詁》例, 而爲'解詁'. 至民國初元(1912), 遊北京, 叚圖書館及友人書, 復加考證. 校注略備, 民國十年(1921), 故友胡子樸安見之, 携上海付廣益書局印行, 是爲初印本.

時余典國務院秘書廳圖書, 有楊氏守敬觀海堂藏書, 及淸方略館資政院各圖籍, 都數十萬卷. 又余秉筆淸史館, 館中藏書亦數十萬卷, 而故宮博物院, 北平圖書館, 亦可叚觀. 後復漫游南北, 所獲愈衆, 簡端書滿, 益以另紙簽注.

乙亥(1935), 敎授成都華西大學, 程芝軒主任, 請講《商君書》, 舊本難購, 乃重爲付印, 倉卒未能將稿重編, 僅稍加增補訂譌而已. 是爲華西再版排印本.

比初印較勝, 蘆溝事變後二年, 因病重回燕都, 養疴謝客, 尋繹增補, 日必編寫, 積二年寫完四卷, 旋以敎書輔仁·中國二大學. 稍輟業, 兩校再開《商子》課程, 隨時仍有增訂.

甲申(1944)暑假，發憤將卷五寫畢，繼再補輯附錄，遂爲定本．計余治《商君書》始於丁未(1907)，終於丁亥(1947)，都四十年，與倭事相終始．今雖幸獲戰勝，而內政不修，法治未立，官吏貪殘，民人愁痛，無所措其手足，能無唏乎！

夫商君變法彊秦，廢封建，改郡縣，中國統一之基，成於商君，而其要則在法治．法貴上下共守，至公無私，故能著其效，是其治國精神，實有不可廢者．今秋來粵中山大學講學，王撫五校長，睹余書而善之，爲刊入中山大學叢書．又得孔肖雲主任，力贊其成，始克集事，是非諸君子提唱學術，以爲世範，曷能臻此？

《詩》曰：「風雨如晦，鷄鳴不已．」固當爲諸君子誦之，而余尤當感謝．永矢弗諼者耶．

民國三十六年(1947)十二月三十日．東華舊史黔縣朱師轍．

舊籍隸吳縣，書於廣州石牌中山大學宿舍．

遼河路二十八號，時年六十有九

10. 〈商君書解詁定本初印本自序〉 ················ 朱師轍

《漢書藝》文志法家:《商君》二十九篇;《諸葛亮集》, 始稱爲《商君書》.
《隋唐書》經籍志, 俱云《商君書》五卷.《新唐書》藝文志,《商君書》五卷,
商鞅譔, 或作《商子》.《商子》之稱始此. 鄭樵《通志》, 仍稱《商君書》, 晁公武
《讀書記》, 則稱《商子》, 卷數同, 俱云:「《漢志》二十九篇, 今亡三篇.」
陳振孫《書錄解題》雜家類:「《商子》五卷,《漢志》二十九篇, 今二十八篇,
又亡其一.」鄭晁二家, 在陳氏前, 俱言已亡三篇, 而陳本反多一篇, 豈所
見之本不同歟? 抑別有錯誤歟? 今所傳本, 目凡二十有六, 而有目無書者
二篇, 實二十四篇, 則又非宋本之舊矣.

商君以法家而兼兵農, 其治國嚴刑法, 重墾耕, 尙戰伐. 秦國富彊, 六世
而幷諸侯, 皆商君之敎也.

劉向《新序》論曰:「商君極身無二慮, 盡公不顧私. 使內急耕織之業以
富國, 外重戰伐之賞, 以勸戎士. 法令必行, 內不阿貴寵, 外不偏疏遠, 是以
令行而禁止, 法出而姦息.」故雖書云:「無偏無黨.」《詩》云:「周道如砥,
其直如矢.」司馬法之勵戎士, 周后稷之勸農業, 無以易此, 信乎其言也.

然則商鞅治國之經, 法治成效, 故有國者所不能廢也. 蒙所不懅於鞅者,
毀孝弟棄誠信而已. 若能懲其失而去其疵, 則其術實足以致治. 諸葛治蜀,
實行鞅術, 至德要道弗踣, 後世稱焉.

學者不察, 徒以子長譏其刻薄寡恩, 更生詆其無信, 遂屛其學, 輟而弗治,
其學不顯, 此一因也. 兩漢以降, 人主叚崇儒之名, 行專制之實, 治理罔
遵法度, 誅賞率由好惡, 蕩決藩籬, 弁髦憲典矣, 而鞅之言曰:「有道之國,
治不聽君, 民不從官.」蓋其立法之旨, 實君民同納於軌物. 上下胥以法律
爲衡, 非獨官吏弗能行其私, 人主亦弗得肆其志, 是以專恣桀君, 驕奢裔冑,

豐祿貴卿, 貪殘蠧吏, 莫不疾法律如寇讐, 而痛詆鞅學, 才知之士, 思爲世用, 遂亦莫敢昌言治其學. 其學不顯, 此又一因也.

然有國家則不能無法治, 故言治者莫能廢其學, 竊其實, 遺其名.《商君書》流傳至今而不廢者以此, 終莫肯爲之注者亦以此.

悲夫! 方今華夏共和, 蕩滌積穢, 崇尙法治, 遠則西歐, 而不知商君已倡於二千年前, 數典忘祖, 得無儳乎!

師轍不揣譾陋, 爰取斯書, 重爲董理, 以貢當世, 想亦謀國君子所樂睹也. 惟其書流傳代淹, 舛誤滋甚. 淸嚴萬里雖爲校正, 稍稍可讀, 然注尙闕如. 明代各校本, 皆不逮嚴氏之精. 蒙因以其本爲主, 而以兪樾《諸子平議》, 孫詒讓《札迻》所校, 參綜攷讀, 疑滯尙衆, 復取明吳勉學, 程榮諸家刊本, 及《意林》·《群書治要》·《太平御覽》等書所引, 稽其同異, 正其謬誤, 孳孳有年, 增訂孔多, 謹依經誼字例, 博采古籍, 爲之註釋, 訓詁多折衷於先大夫《說文通訓定聲》,〈墾令〉一篇, 家君舊有詮釋, 謹載於篇. 又復綴輯異文, 釐爲附錄二卷, 刊諸編末. 校讎旣竣, 題曰《商君書解詁》.

昔何卲公注《公羊》, 以'解詁'命名, 蓋謂判其滯結, 通其指義, 間嘗竊取, 用題斯編, 摻拔篲以淸塵, 導來學夫先路, 當世君子, 有匡紏其謬者, 尤私幸焉.

民國五年(1916), 吳縣朱師轍敍.

11. 〈商君書解詁定本初印本胡序〉·················· 胡韞玉

商君衛之諸庶孽公子也, 少好刑名之學, 因政治之閱歷, 加以學術之研究, 雖在少年, 已能自成條理, 故公叔痤賢之. 衛不能用, 相秦以強其國, 秦之所以能兼倂六國者, 皆商君變法之公.

當戰國時, 策士縱橫, 諸侯爭戰, 人民不得休息, 國家時虞危亡, 士之抱一藝者, 皆思出其術以易天下. 商君綜核名實, 喜決斷, 尚嚴峻, 重秩序, 尊約束. 見策士以游說之口顚倒是非, 徒爲爭戰之媒, 不能收富强之效. 於是主尙樸之說而棄文, 又以干戈旣起, 兵連禍結, 靡有已時, 思有以弭之. 斷非空言可以濟事, 惟有以大力壓之, 使好戰者屈服於大力之下, 所謂殺以止殺是也.

於是主尙力之說而重武, 此農戰之說所由起也. 農戰雖爲致富强之術, 而所以使民能農戰者, 必有一强有力之政府以督責之. 此强有力政府之組織, 又必以法律爲根據, 法立而分定, 君尊臣卑, 上逸下勞, 遂成爲法律上之條件, 所以人民各服其職, 惟君主之命令是從. 或有不從者, 卽當以嚴刑隨其後, 嚴刑並非以虐民, 君主統治人民, 應有率人民守法之責任, 率人民以守法, 與其賞之厚, 不如罰之必. 蓋知識低淺之人民, 無道德之觀念, 無法律之思想, 惟有以刑威之, 始能整齊嚴肅, 一而可用, 就商君之學說, 而求其條理, 而法爲體, 以刑爲用, 以農戰爲目的.

君主守法以用刑, 嚴刑以督民, 則農戰之事, 可以如身之使臂, 臂之使指, 其務農也. 算地以定墾, 地有餘而民不足, 則徠民以墾之, 然後重粟菽, 輕末技, 以盡力農之利, 其務戰也.

壹言以敎練之, 明賞罰以驅責之, 然後尊公鬪, 淺游說, 以作能戰之氣, 使民非農無事, 非戰無功, 農戰爲富强之本, 明法嚴刑, 又爲農戰之本,商君學說之一貫者此也.

綜觀商君學說, 有刱作之精神, 言今不言古, 言人不言天, 言刑法不言
仁義, 言武力不言文教, 盡舉舊有之道德而排斥之, 以個人之善惡無足輕重,
惟人民對於國家, 有服從之義務, 國家對於人民, 有無上之權威, 以此之故,
所以務在嚴刑以臨民, 此固由於商君天資之刻薄, 抑學說之結果必至於
如是也.

特是國家與君主不分, 刑罰太峻, 君權必尊, 極其流弊, 法律將失效力,
以君主之意思, 強制人民之必從, 造成君主專制之政治, 此商君學說之弊一.

商君提倡人民尙樸尙力之習慣, 而以農戰爲要務, 不思啓發人民之知識,
惟愚民以求易使, 剝人權太甚, 亦不合進化之公理, 養成人民椎魯之風俗,
此商君學說之弊二.

要之商君學說, 在戰國時, 能樹一幟, 取效于當時, 蓋已確然見國家之治,
在於法·權·信三者, 法爲國家之威, 權爲君主之柄, 信爲社會之裁制. 使商君
本此三者, 不以犬馬策之, 不以嚴酷求之, 當早已成一法治國之模範.

惜乎! 戰國之時, 權君方肆, 蚩蚩之民, 又不知有學問之事, 時會所趨,
無可爲何, 非商君一人之罪也.

《商君》一書, 治者頗鮮, 其中於誹謗幾二千年, 無人求其學說之條貫,
爲之疏通而說明者. 良由其書讀之不易也.

友人吳縣朱少濱, 治《商君書》旣卒業, 爲之'解詁', 精確詳核.《商君書》
始可讀, 余更就其本書, 演繹其誼, 貫通其旨, 制爲此篇, 非以序少濱之
解詁, 聊爲治《商君書》者之一助云爾.

涇縣胡韞玉樸安序.

12. 〈商君書解詁定本初印本尹序〉................尹炎武

治先秦諸子書者, 當宗諦十事, 通訓詁一也. 定句度二也, 徵故實三也.
斠異同四也, 訂羨奪五也. 辨聲叚六也, 正錯啎七也, 援旁證八也. 輯逸
文九也, 稽篇目十也. 十者闕一, 不足成學.

蓋周秦文籍, 年代曠遠, 中更篆籀之變遷, 簡冊之舛貿, 晉唐之俗書,
宋元之屬竄, 自非參互博稽, 深摹精勘, 諭詞例字例之條流, 達文身句身之
品式, 不逞肊武斷, 詭更正文, 不撟掇野言, 皮傅孤證, 未易穿通絓閡妙
達神恉也.

漢世都水《別錄》, 即肇舉僞文之例, 高誘注《呂覽》《淮南王書》, 類以
聲音訓詁解, 沿及至晉唐, 束晳·王劭·顏籀之倫, 益蔚然四起. 宋明儒者,
鑽研心性, 其于故書雅記, 未遑理董. 清代文學復古, 校讎之業, 遠邁前襈,
其間高郵王氏父子, 郅爲精博, 晚有瑞安孫詒讓, 實能方物, 而餘杭章先,
承其師兪樾之學, 兼廣其術于孫氏. 渥衍滂沛, 巍然爲東南大師焉.

宇內通人孔多, 未得奉手, 里閈所接, 有劉師蒼張侯, 師培申叔兄弟,
紹承家學, 多所撰著, 不幸物故, 其業未竟, 平生師友, 吳越間, 則淳安
邵瑞彭次公, 杭縣馬敍倫夷初, 涇縣胡韞玉樸安, 歙縣洪汝怡棣臣, 皆湛
深經術, 能廣高郵之樸學者也,

而同門吳縣朱師轍少濱者, 尤媂純逴絶, 時欲摩撠諸子.

少濱爲允倩先生之孫, 吾師仲我先生之子. 三世經學, 與吾鄉劉氏相擬,
近成《商君書解詁》, 探賾索隱, 冰解的破, 信可謂修學好古, 實事求是者矣.

曩在秣陵, 侍仲我先生之末席, 獲聞漢唐以來校讎家之通例, 常與少
濱相逴復, 嗣從遊樅陽, 益以探討流略, 諟正文字爲務, 猥以溝瞀, 謬辱
師門眷顧, 嘗以《管子解故》相諉誦, 憚其奧博, 未敢著筆, 比浪游南北,

學植寢荒. 今少濱成書裒然, 對之令人慚悸.

《商君書》文質字古, 在昔號爲難治, 二千年來, 罕聞擁篲. 今幸補苴罅漏, 開塞啓明, 俾尙古之籍, 怡然理順, 豈非天下學人之大幸邪!

繙帛尋繹, 嘆莫能加, 因擧淸儒以小學治諸子之家法, 及並世友生之成業, 覬與少濱共揚榷焉.

儀徵尹炎武碩公.

13.〈商君書解詁定本凡例〉 ·························· 朱師轍

一: 商君書, 舊無注釋, 文奧字譌, 讀者病焉, 自嚴萬里校本出, 略可讀,
然舛誤妄改, 謬處尚夥. 余因以嚴本爲主, 以自明以來二十餘本校之,
訂其異同謬誤, 擇善而從, 附於嚴校之下, 故學者讀此一本, 無異
遍讀各本.

一: 嚴萬里卽嚴可均, 人多不知, 烏程范聲山鍇, 《花笑廎襍筆》卷四云:
「烏程嚴鐵橋, 名可均, 字景文, 鐵橋其號也. 初名萬里, 爲歸安學生.
乾隆末, 游學京師, 以宛平籍, 應嘉慶庚申鄉試, 擧進士不第, 改還
本籍. 道光壬午, 除嚴州建德教諭. 乙未, 因疾歸.」近文瀾學報第
三卷一期, 影印嚴鐵橋《爾雅》·《一切》注音義手稿, 首葉題「歸安嚴
萬里鐵橋」. 又蓋「嚴可均」之印, 方形陽文, 鐵橋陰文, 亦方形. 攷歸
安地, 春秋時屬吳, 後歸越, 故題「西吳」, 清湖州府, 治歸安·烏程二縣.
民國開明吳興, 故知萬里可均, 實爲一人. 孫詒讓《札迻》, 以嚴可均
傳抄本, 訂嚴萬里校本, 亦不知其爲一人, 故附記以告讀嚴校本者.

一: 嚴校本注舊本作某, 或云奉本, 范本作某, 余所見各本, 與秦本, 范本
及舊本同者, 皆不再注, 以省贅文. 然間有雖同, 而以爲可供研究者,
仍注各本同某本.

一: 嚴校本, 多據范本. 然尚多異同, 而嚴校並不注范本作某, 實范本
優勝, 而從秦四麟改本之謬者, 因不注明范本作某, 故人不知其謬.
今以范本及各本證之. 如〈賞刑篇〉, '卒裂土封諸侯', '卒'各本作'夲',
明評校本作'奕', 師轍按'夲'誤字, 作'奕'是, '奕', 大也. 謂'大封諸侯'.
嚴校因'夲'字不通, 妄改'卒', 而不注明范本作'夲', 無從知改'卒'之誤.
〈禁示篇〉, '或曰', 各本俱作'員曰', '員'乃'君'之誤. 嚴校改'或曰', 而不

注范本作'員曰', 亦使人無由知其爲'君曰'之誤. 又〈賞刑篇〉, '倒載干戈', 師轍按各本皆作'戟戈', '戟'乃'戰'之誤字.《說文》:「戰, 盾也.」此實足證《商子》爲古籍, 戟乃古字僅存者. 嚴校改'干戈', 而不知證明其誤. 有失古義, 幸而向注明秦本、范本作'戟戈'. 人尚易知其誤. 如此類者尚多, 今皆補引各本, 以證明其誤, 而俟後賢攷覈.

一: 余書嚴校雖多附注後, 隨文辨證本之異同得失, 然亦間有先於注中辨其譌謬, 此則因行文之便. 讀者驟觀, 不能憭然. 須觀下文所坿嚴校, 自能明白, 幸讀者注意.

一: 嚴本〈更法篇〉, '願孰察之', 各本'孰'皆作'熟', '孰'俗字.《說文》有'孰'無'熟', 他如'賈'各本多作'估', '估'俗字, 如此類者, 各本俗字異同皆不注. 又嚴本'壹'字, 各本多作'一', 兩字互通用, 亦復注. 又虛字異同, 有關意義則注, 否則略之.

一: 余補校稱各本, 卽附錄後所列各本, 其稱〈程本〉, 卽〈程榮本〉, 〈吳本〉卽〈吳勉學本〉, 餘可類推, 其人皆可於附錄各本目錄中檢得之.

一: 本書除以二十餘本校外, 類書中, 如《藝文類聚》,《北堂書鈔》,《群書治要》,《太平御覽》,《意林》等書, 皆據以相校. 唐趙蕤《長短經》, 引《商子》甚多, 亦采之. 其專校《商子》者, 俞樾《諸子平議》, 孫詒讓《札迻》, 鈔本陶鴻慶《諸子札記》, 各家孫氏爲最精, 陶氏次之, 俞氏又次之, 故孫氏幾全錄, 陶氏采其半, 俞氏采十之二三, 汪中《群書蕶疑》, 亦有采錄. 余復比校《管》《韓》學說, 博采古籍, 而爲之注, 積四十年, 始成定本.

一: 亡友邵瑞彭次公, 博學擅考訂, 工詞章, 讀余初印本'解詁', 有'札記'十餘條, 今錄其精者數條, 附於篇. 清史館同事柯先生劭忞鳳孫, 讀余書, 亦有所商, 今亦錄其一條, 以存故友之說.

一: 余書初稿印後, 見王時潤《商君書斠詮》, 殊略, 王氏見余書, 復有《集解》, 尹桐陽有《新釋》, 陳啓天有《校釋》, 各家多采余說, 間有采諸他書, 仍爲余說者, 今余采用他家, 或有駁正者, 皆著其名, 以示不敢掠美, 尚祈海內君子, 匡而敎之.

黟縣朱師轍少濱訂.

Ⅳ. 商鞅關聯 記錄

1.《荀子》議兵

　　故齊之田單, 楚之莊蹻, 秦之衛鞅, 燕之繆虮, 是皆世俗之所謂善用兵者也, 是其巧拙强弱, 則未有以相君也. 若其道一也, 未及和齊也. 揜契司詐, 權謀傾覆, 未免盜兵也.

2.《韓非子》和氏

　　商君敎秦孝公以連什伍, 設告坐之過, 燔《詩》·《書》而明法令, 塞私門之請而遂公家之勞, 禁游宦之民而顯耕戰之士. 孝公行之, 主以尊安, 國以富强, 八年而薨, 商君車裂於秦. 楚不用吳起而削亂, 秦行商君法而富强. 二子之言也已當矣, 然而枝解吳起而車裂商君者, 何也? 大臣苦法而細民惡治也.

3.《韓非子》姦劫弑臣

　　商君說秦孝公以變法易俗, 而明公道·賞告姦, 困末作而利本事. 當此之時, 秦民習故俗之有罪可以得免, 無功可以得尊顯也, 故輕犯新法. 於是犯之者其誅重而必, 告之者其賞厚而信. 故姦莫不得而被刑者衆, 民疾怨而衆過日聞. 孝公不聽, 遂行商君之法, 民後知有罪之必誅, 而私姦者衆也, 故民莫犯, 其刑無所加. 是以國治而兵强, 地廣而主尊. 此其所以然者, 匿罪之罰重, 而告姦之賞厚也. 此亦使天下必爲己視聽之道也. 至治之法術已明矣, 而世學者弗知也.

4.《韓非子》南面

　　不知治者, 必曰:「無變古, 毋易常.」變與不變, 聖人不聽, 正治而已.
然則古之無變, 常之毋易, 在常古之可與不可. 伊尹毋變殷, 太公毋變周,
則湯·武不王矣; 管仲毋易齊, 郭偃毋更晉, 則桓·文不霸矣. 凡人難變古者,
憚易民之安也. 夫不變古者, 襲亂之迹; 適民心者, 恣姦之行也. 民愚而
不知亂, 上懦而不能更, 是治之失也. 人主者, 明能知治, 嚴必行之, 故雖
拂於民心, 立其治. 說在商君之內外而鐵殳, 重盾而豫戒也. 故郭偃之始
治也, 文公有官卒; 管仲始治也, 桓公有武車, 戒民之備也.

5. 《韓非子》內儲說上, 七術

公孫鞅之法也重輕罪. 重罪者, 人之所難犯也; 而小過者, 人之所易去也. 使人去其所易, 無離其所難, 此治之道. 夫小過不生, 大罪不至, 是人無罪而亂不生也. 一曰: 公孫鞅曰:「行刑重其輕者, 輕者不至, 重者不來, 是謂以刑去刑也.」

6.《韓非子》定法

問者曰:「申不害·公孫鞅, 此二家之言孰急於國?」應之曰:「是不可程也. 人不食十日則死; 大寒之隆, 不衣亦死. 謂之衣食孰急於人, 則是不可一無也, 皆養生之具也. 今申不害言術而公孫鞅爲法. 術者, 因任而授官, 循名而責實, 操殺生之柄, 課群臣之能者也, 此人主之所執也. 法者, 憲令著於官府, 刑罰必於民心, 賞存乎愼法, 而罰加乎姦令者也, 此臣之所師也. 君無術, 則弊於上; 臣無法, 則亂於下, 此不可一無, 皆帝王之具也.」問者曰:「徒術而無法, 徒法而無術, 其不可何哉?」對曰:「申不害, 韓昭侯之佐也. 韓者, 晉之別國也. 晉之故法未息, 而韓之新法又生; 先君之令未收, 而後君之令又下. 申不害不擅其法, 不一其憲令, 則姦多. 故利在故法前令, 則道之; 利在新法後令, 則道之. 利在故新相反, 前後相悖, 則申不害雖十使昭侯用術, 而姦臣猶有所謫其辭矣. 故託萬乘之勁韓, 七十年而不至於霸王者, 雖用術於上, 法不勤飾於官之患也.」「公孫鞅之治秦也, 設告相坐而責其實, 連什伍而同其罪. 賞厚而信, 刑重而必. 是以其民用力勞而不休, 逐敵危而不却, 故其國富而兵强; 然而無術以知姦, 則以其富强也資人臣而已矣. 及孝公·商君死, 惠王卽位, 秦法未敗也, 而張儀以秦殉韓·魏. 惠王死, 武王卽位, 甘茂以秦殉周. 武王死, 昭襄王卽位穰侯越韓·魏而東攻齊, 五年而秦不益一尺之地, 乃成其陶邑之封. 應侯攻韓八年, 成其汝南之封. 自是以來, 諸用秦者皆應, 穰之類也. 故戰勝, 則大臣尊; 益地, 則私封立, 主無術以知姦也. 商君雖十飾其法, 人臣反用其資. 故乘强秦之資數十年而不至於帝王者, 法不勤飾於官, 主無術於上之患也.」問者曰:「主用申子之術, 而官行商君之法, 可乎?」對曰:「申子未盡於術, 商君未盡於法也. 申子言:『治不踰官, 雖知弗言』, 『治不踰官』,

謂之守職也可;『知而弗言』, 是不謁過也. 人主以一國目視, 故視莫明焉; 以一國耳聽, 故聽莫聰焉. 今知而弗言, 則人主尙安假借矣? 商君之法曰: 『斬一首者爵一級, 欲爲官者爲五十石之官; 斬二首者爵二級, 欲爲官者爲百石之官.』官爵之遷與斬首之功相稱也. 今有法曰: 『斬首者令爲醫·匠.』則屋不成而病不已. 夫匠者手巧也, 而醫者齊藥也, 而以斬首之功爲之, 則不當其能. 今治官者, 智能也; 今斬首者, 勇力之所加也. 以勇力之所加而治智能之官. 是以斬首之功爲醫·匠也. 故曰: 『二子之於法術, 皆未盡善也.』」

7.《韓非子》五蠹

今人主之於言也, 說其辯而不求其當焉; 其用於行也, 美其聲而不責其功焉. 是以天下之衆, 其談言者務爲辯而不周於用, 故擧先王言仁義者盈廷, 而政不免於亂; 行身者競於爲高而不合於功, 故智士退處巖穴, 歸祿不受, 而兵不免於弱. 兵不免於弱, 政不免於亂, 此其故何也? 民之所譽, 上之所禮, 亂國之術也. 今境內之民皆言治, 藏商·管之法者家有之, 而國愈貧, 言耕者衆, 執耒者寡也; 境內皆言兵, 藏孫·吳之書者家有之, 而兵愈弱, 言戰者多, 被甲者少也. 故明主用其力, 不聽其言; 賞其功, 必禁無用, 故民盡死力以從其上. 夫耕之用力也勞, 而民爲之者, 曰: 可得以富也. 戰之爲事也危, 而民爲之者, 曰: 可得以貴也. 今修文學, 習言談, 則無耕之勞而有富之實, 無戰之危而有貴之尊, 則人孰不爲也? 是以百人事智而一人用力. 事智者衆, 則法敗; 用力者寡, 則國貧: 此世之所以亂也.

8. 《諫逐客書》李斯

　　昔者, 繆公求士, 西取由余於戎, 東得百里奚於宛, 迎蹇叔於宋, 來邳豹公孫支於晉, 此五子者, 不産於秦, 而繆公用之, 并國二十, 遂霸西戎. 孝公用商鞅之法, 移風易俗, 民以殷盛, 國以富强, 百姓樂用, 諸侯親服, 獲楚魏之師, 擧地千里, 至今治强.

9.《呂氏春秋》長見

　　魏公叔痤疾. 惠王往問之, 曰:「公叔之疾, 嗟! 疾甚矣! 將奈社稷何?」
公叔對曰:「臣之御庶子鞅, 願王以國聽之也. 爲不能聽, 勿使出境.」王不應,
出而謂左右曰:「豈不悲哉? 以公叔之賢, 而今謂寡人必以國聽鞅, 悖也夫!」
公叔死, 公孫鞅西游秦, 秦孝公聽之, 秦果用彊, 魏果用弱, 非公叔座之
悖也, 魏王則悖也. 夫悖者之患, 固以不悖爲悖.

10.《呂氏春秋》無義

二曰: 先王之於論也極之矣, 故義者百事之始也, 萬利之本也, 中智之所不及也. 不及則不知, 不知趨利. 趨利固不可必也, 公孫鞅·鄭平·續經·公孫竭是已. 以義動則無曠事矣. 人臣與人臣謀為姦, 猶或與之. 又況乎人主與其臣謀為義, 其孰不與者? 非獨其臣也, 天下皆且與之. 公孫鞅之於秦, 非父兄也, 非有故也, 以能用也, 欲塗之貴, 非攻無以, 於是為秦將而攻魏. 魏使公子卬將而當之. 公孫鞅之居魏也, 固善公子卬, 使人謂公子卬曰:「凡所為游而欲貴者, 以公子之故也. 今秦令鞅將, 魏令公子當之, 豈且忍相與戰哉? 公子言之公子之主, 鞅請亦言之主, 而皆罷軍.」於是將歸矣, 使人謂公子曰:「歸未有時相見, 願與公子坐而相去別也.」公子曰:「諾.」魏吏爭之曰:「不可.」公子不聽, 遂相與坐. 公孫鞅因伏卒與車騎以取公子卬. 秦孝公薨, 惠王立, 以此疑公孫鞅之行, 欲加罪焉. 公孫鞅以其私屬與母歸魏. 襄疵不受, 曰:「以君之反公子卬也, 吾無道知君.」故士自行不可不審也.

11.《戰國策》秦策⑴

　　衛鞅亡魏入秦, 孝公以爲相, 封之於商, 號曰商君. 商君治秦, 法令至行,
公平無私, 罰不諱强大, 賞不私親近, 法及太子; 黥劓其傅. 期年之後,
道不拾遺, 民不妄取, 兵革大强, 諸侯畏懼. 然刻深寡恩, 特以强服之耳.
　　孝公行之八年, 疾且不起, 欲傳商君, 辭不受. 孝公已死, 惠王代後, 蒞政
有頃, 商君告歸. 人說惠王曰:「大臣太重者國危, 左右太親者身危. 今秦
婦人嬰兒皆言商君之法, 莫言大王之法. 是商君反爲主, 大王更爲臣也.
且夫商君, 固大王仇讎也, 願大王圖之.」商君歸還, 惠王車裂之, 而秦人
不憐.

12.《戰國策》秦策(3)

　　蔡澤見逐於趙, 而入韓·魏, 遇奪釜鬲於塗. 聞應侯任鄭安平·王稽, 皆負
重罪, 應侯內慙, 乃西入秦. 將見昭王, 使人宣言以感怒應侯曰:「燕客蔡澤,
天下駿雄弘辯之士也. 彼一見秦王, 秦王必相之而奪君位.」應侯聞之,
使人召蔡澤. 蔡澤入, 則揖應侯, 應侯固不快, 及見之, 又倨. 應侯因讓之
曰:「子常宣言代我相秦, 豈有此乎?」對曰:「然.」應侯曰:「請聞其說.」
蔡澤曰:「吁! 何君見之晚也? 夫四時之序, 成功者去. 夫人生手足堅強,
耳目聰明聖知, 豈非士之所願與?」應侯曰:「然.」蔡澤曰:「質仁秉義,
行道施德於天下, 天下懷樂敬愛, 願以爲君王, 豈不辯智之期與?」應侯曰:
「然.」蔡澤復曰:「富貴顯榮, 成理萬物, 萬物各得其所; 生命壽長, 終其年
而不夭傷; 天下繼其統, 守其業, 傳之無窮, 名實純粹, 澤流千世, 稱之
而毋絶, 與天下終. 豈非道之符, 而聖人所謂吉祥善事與?」應侯曰:
「然.」澤曰:「若秦之商君, 楚之吳起, 越之大夫種, 其卒亦可願矣.」應侯
知蔡澤之欲困己以說, 復曰:「何爲不可? 夫公孫鞅事孝公, 極身毋二,
盡公不還私, 信賞罰以致治, 竭智能, 示情素, 蒙怨咎, 欺舊交, 虜魏公
子卬, 卒爲秦禽將, 破敵軍, 攘地千里. 吳起事悼王, 使私不害公, 讒不蔽忠,
言不取苟合, 行不取苟容, 行義不固毀譽, 必有伯主強國, 不辭禍凶. 大夫
種事越王, 主離困辱, 悉忠而不解, 主雖亡絶, 盡能而不離, 多功而不矜,
貴富不驕怠. 若此三子者, 義之至, 忠之節也. 故君子殺身以成名, 義之
所在, 身雖死, 無憾悔, 何爲不可哉?」蔡澤曰:「主聖臣賢, 天下之福也;
君明臣忠, 國之福也; 父慈子孝, 夫信婦貞, 家之福也. 故比干忠, 不能
存殷; 子胥知, 不能存吳; 申生孝, 而晉惑亂. 是有忠臣孝子, 國家滅亂,
何也? 無明君賢父以聽之. 故天下以其君父爲戮辱, 憐其臣子. 夫待死而

後可以立忠成名, 是微子不足仁, 孔子不足聖, 管仲不足大也.」於是應侯
稱善. 蔡澤得少間, 因曰:「商君·吳起·大夫種, 其爲人臣, 盡忠致功, 則可
願矣. 閎夭事文王, 周公輔成王也, 豈不亦忠乎? 以君臣論之, 商君·吳起·
大夫種, 其可願孰與閎夭·周公哉?」應侯曰:「商君·吳起·大夫種不若也.」
蔡澤曰:「然則君之主, 慈仁任忠, 不欺舊故, 孰與秦孝公·楚悼王·越王乎?」
應侯曰:「未知何如也.」蔡澤曰:「主固親忠臣, 不過秦孝·越王·楚悼; 君之
爲主, 正亂·批患·折難·廣地·殖穀·富國·足家·强主, 威蓋海內, 功章萬里
之外, 不過商君·吳起·大夫種. 而君之祿位貴盛, 私家之富過於三子, 而身
不退, 竊爲君危之. 語曰:『日中則移, 月滿則虧.』物盛則衰, 天之常數也;
進退·盈縮·變化, 聖人之常道也. 昔者, 齊桓公九合諸侯, 一匡天下, 至葵
丘之會, 有驕矜之色, 畔者九國. 吳王夫差無適於天下, 輕諸侯, 凌齊·晉,
遂以殺身亡國. 夏育·太史啓叱呼駭三軍, 然而身死於庸夫. 此皆乘至盛
不及道理也. 夫商君爲孝公平權衡·正度量·調輕重, 決裂阡陌, 教民耕戰,
是以兵動而地廣, 兵休而國富, 故秦無敵於天下, 立威諸侯. 功已成, 遂以
車裂.」

13.《戰國策》魏策⑴

　　魏公叔痤病, 惠王往問之. 曰:「公叔病, 即不可諱, 將奈社稷何?」公叔痤對曰:「痤有御庶子公孫鞅, 願王以國事聽之也. 爲弗能聽, 勿使出竟.」王不應, 出而謂左右曰:「豈不悲哉! 以公叔之賢, 而謂寡人必以國事聽鞅, 不亦悖乎!」公叔痤死, 公孫鞅聞之, 已葬, 西之秦, 孝公受而用之. 秦果日以強, 魏日以削. 此非公叔之悖也, 惠王之悖也. 悖者之患, 固以不悖者爲悖.

14.《新書》(賈誼) 過秦論

秦孝公據崤函之固, 擁雍州之地, 君臣固守, 以窺周室, 有席卷天下, 包擧宇內, 囊括四海之意, 幷吞八荒之心. 當是時也, 商君佐之, 內立法度, 務耕織, 修守戰之具; 外連衡而鬪諸侯. 於是秦人拱手而取西河之外. 孝公旣沒, 惠文, 武, 昭襄王蒙故業, 因遺策, 南取漢中, 西擧巴, 蜀, 東割膏腴之地, 收要害之郡. 諸侯恐懼, 同盟而謀弱秦, 不愛珍器重寶, 肥饒之地, 以致天下之士, 合從締交, 相與爲一.

15.《淮南子》泰族訓

　　五帝·三王之道，天下之綱紀·治之儀表也．今商鞅之啓塞·申子之三符·
韓非之〈孤憤〉·張儀·蘇秦之從衡，皆掇取之權·一切之術也，非治之大本·
事之恒常·可博聞而世傳者也．子囊北而全楚，北不可以爲庸；弦高誕而
存鄭，誕不可以爲常．今夫雅·頌之聲，皆發於詞·本於情，故君臣以睦·
父子以親．故〈韶〉·〈夏〉之樂也，聲浸乎金石·潤乎草木．今取怨思之聲，
施之於絃管，聞其音者，不淫則悲，淫則亂男女之辯，悲則感怨思之氣，
豈所謂樂哉！趙王遷流於房陵，思故鄉，作爲〈山水〉之嘔，聞者莫不殞涕．
荊軻西刺秦王，高漸離·宋意爲擊筑，而謌於易水之上，聞者莫不瞋目裂眦，
髮植穿冠．因以此聲爲樂而入宗廟，豈古之所謂樂哉！故弃晃·輅輿，可服
而不可好也；大羹之和，可食而不可嗜也；朱絃漏越，一唱而三嘆，可聽
而不可快也．故無聲者，正其可聽者也；其無味者，正其足味者也．吠聲
清於耳·兼味快於口，非其貴也．故事不本於道德者，不可以爲儀；言不合
乎先王者，不可以爲道；音不調乎「雅」·「頌」者，不可以爲樂．故五子之言，
所以便說掇取也，非天下之通義也．聖王之設政施敎也，必察其終始，其縣
法立儀，必原其本末，不苟以一事備一物而已矣．見其造而思其功，觀其
源而知其流，故博施而不竭，彌久而不垢．夫水出於山 而入於海，稼行
於田而藏於倉，聖人見其所生，則知其所歸矣．故舜深藏黃金於崭巖丘山，
所以塞貪鄙之心也．儀狄爲酒，禹飲而甘之，遂疏儀狄而絶旨酒，所以遏
流湎之行也．師延爲平公鼓朝謌北鄙之音，師曠曰：「此亡國之樂也．」大息
而撫之，所以防淫辟之風也．故民知書而德衰·知數而厚衰·知券契而信衰·
知械機而實衰也．巧詐藏於胸，中則純白不備，而神德不全矣．瑟不鳴，
而二十五絃各以其聲應；軸不運，而三十輻各以其力旋．絃有緩急小大然

後成曲, 車有勞軼動靜而後能致遠. 使有聲者, 乃無聲者也; 能致千里者, 乃不動者也. 故上下異道則治, 同道則亂. 位高而道大者從, 事大而道小者凶. 故小快害義, 小慧害道, 小辯害治, 苟削傷德. 大政不險, 故民易道; 至治寬裕, 故下不賊; 至中復素, 故民無匿. 商鞅爲秦立相坐之法, 而百姓怨矣. 吳起爲楚減爵祿之令, 而功臣畔矣. 商鞅之立法也, 吳起之用兵也, 天下之善者也. 然商鞅以法亡秦, 察於刀筆之跡, 而不知治亂之本也; 吳起以兵弱楚, 習於行陳之事, 而不知廟戰之權也. 晉獻公伐驪, 得其女, 非不善也. 然而史蘇歎之, 見其四世之被禍也. 吳王夫差破齊艾陵·勝晉黃池, 非不捷鈗, 而子胥憂之, 見其必擒於越也. 小白奔莒, 重耳奔曹, 非不困也, 而鮑叔·咎犯隨而輔之, 知其可與至於霸也. 句踐棲於會稽, 修政不殆, 謨慮不休, 知禍之爲福也. 襄子再勝而有憂色, 畏福之爲禍也. 故齊桓公亡汶陽之田而霸, 智伯兼三晉之地而亡. 聖人見禍福於重閉之內, 而慮患於九拂之外者也.

16.《淮南子》要略篇

申子者, 韓昭釐之佐. 韓, 晉別國也, 地墽民險, 而介於大國之間, 晉國之故禮未滅, 韓國之新法重出, 先君之令未收, 後君之令又下, 新故相反, 前後相繆, 百官背亂, 不知所用, 故刑名之書生焉. 秦國之俗, 貪狼强力, 寡義而趨利, 可威以刑, 而不可化而善; 可勸以賞, 而不可厲以名. 被險而帶河‧四塞以爲固, 地利形便, 畜積殷富, 孝公欲以虎狼之勢而吞諸侯, 故商鞅之法生焉.

17.《史記》秦本紀

孝公元年, 河山以東彊國六, 與齊威·楚宣·魏惠·燕悼·韓哀·趙成侯並.
淮泗之閒小國十餘. 楚·魏與秦接界. 魏築長城, 自鄭濱洛以北, 有上郡.
楚自漢中, 南有巴·黔中. 周室微, 諸侯力政, 爭相併. 秦僻在雍州, 不與
中國諸侯之會盟, 夷翟遇之. 孝公於是布惠, 振孤寡, 招戰士, 明功賞. 下令國
中曰:「昔我繆公自岐雍之閒, 修德行武, 東平晉亂, 以河爲界, 西霸戎翟,
廣地千里, 天子致伯, 諸侯畢賀, 爲後世開業, 甚光美. 會往者厲·躁·簡公·
出子之不寧, 國家內憂, 未遑外事, 三晉攻奪我先君河西地, 諸侯卑秦·
醜莫大焉. 獻公卽位, 鎮撫邊境, 徙治櫟陽, 且欲東伐, 復繆公之故地,
脩繆公之政令. 寡人思念先君之意, 常痛於心. 賓客群臣有能出奇計彊秦者,
吾且尊官, 與之分土.」於是乃出兵東圍陝城, 西斬戎之獂王. 衛鞅聞是令下,
西入秦, 因景監求見孝公. 二年, 天子致胙. 三年, 衛鞅說孝公變法修刑,
內務耕稼, 外勸戰死之賞罰, 孝公善之. 甘龍·杜摯等弗然, 相與爭之. 卒用
鞅法, 百姓苦之; 居三年, 百姓便之. 乃拜鞅爲左庶長. 其事在商君語中.
七年, 與魏惠王會杜平. 八年, 與魏戰元里, 有功. 十年, 衛鞅爲大良造,
將兵圍魏安邑, 降之. 十二年, 作爲咸陽, 築冀闕, 秦徙都之. 幷諸小鄉聚,
集爲大縣, 縣一令, 四十一縣. 爲田開阡陌. 東地渡洛. 十四年, 初爲賦.
十九年, 天子致伯. 二十年, 諸侯畢賀. 秦使公子少官率師會諸侯逢澤,
朝天子. 二十一年, 齊敗魏馬陵. 二十二年, 衛鞅擊魏, 虜魏公子卬. 封鞅
爲列侯, 號商君. 二十四年, 與晉戰鴈門, 虜其將魏錯. 孝公卒, 子惠文君立.
是歲, 誅衛鞅. 鞅之初爲秦施法, 法不行, 太子犯禁. 鞅曰:「法之不行,
自於貴戚. 君必欲行法, 先於太子. 太子不可黥, 黥其傅師.」於是法大用,
秦人治. 及孝公卒, 太子立, 宗室多怨鞅, 鞅亡, 因以爲反, 而卒車裂以徇秦國.

18.《鹽鐵論》非鞅

　　大夫曰：「昔商君相秦也, 內立法度, 嚴刑罰, 飭政敎, 奸僞無所容. 外設百倍之利, 收山澤之稅, 國富民强, 器械完飾, 蓄積有余. 是以征敵伐國, 攘地斥境, 不賦百姓而師以贍. 故利用不竭而民不知, 地盡西河而民不苦. 鹽鐵之利, 所以佐百姓之急, 足軍旅之費, 務蓄積以備乏絶, 所給甚衆, 有益于國, 無害于人. 百姓何苦爾, 而文學何憂也?」文學曰：「昔文帝之時, 無鹽·鐵之利而民富; 今有之而百姓困乏, 未見利之所利也, 而見其害也. 且利不從天來, 不從地出, 一取之民間, 謂之百倍, 此計之失者也. 無異于愚人反裘而負薪, 愛其毛, 不知其皮盡也. 夫李梅實多者, 來年爲之衰, 新谷熟者歸谷爲之虧. 自天地不能兩盈, 而況于人事乎? 故利于彼者必耗于此, 猶陰陽之不幷曜, 晝夜之有長短也. 商鞅峭法長利, 秦人不聊生, 相與哭孝公. 吳起長兵攻取, 楚人搔動, 相與泣悼王. 其后楚日以危, 秦日以弱. 故利蓄而怨積, 地廣而禍構, 惡在利用不竭而民不知, 地盡西河而民不苦也? 今商鞅之冊任于內, 吳起之兵用于外, 行者勤于路, 居者匱于室, 老母號泣, 怨女嘆息; 文學雖欲無憂, 其可得也?」大夫曰：「秦任商君, 國以富强, 其后卒幷六國而成帝業. 及二世之時, 邪臣擅斷, 公道不行, 諸侯叛弛, 宗廟隳亡.《春秋》曰：『末言爾, 祭仲亡也.』夫善歌者使人續其聲, 善作者使人紹其功. 椎車之蟬攫, 相土之敎也. 周道之成, 周公之力也. 雖有裨諶之草創, 無子産之潤色, 有文·武之規矩, 而無周·呂之鑿柄, 則功業不成. 今以趙高之亡秦而非商鞅, 猶以崇虎亂殷而非伊尹也.」文學曰：「善鑿者建周而不拔, 善基者致高而不蹶. 伊尹以堯·舜之道爲殷國基, 子孫紹位, 百代不絶. 商鞅以重刑峭法爲秦國基, 故二世而奪. 刑既嚴峻矣, 又作爲相坐之法, 造誹謗, 增肉刑, 百姓齋栗, 不知所措手足也. 賦斂既

煩數矣, 又外禁山澤之原, 內設百倍之利, 民無所開說容言. 崇利而簡義,
高力而尙功, 非不廣壤進地也, 然猶人之病水, 益水而疾深. 知其爲秦開
帝業, 不知其爲秦致亡道也. 狐剌之鑿, 雖公輸子不能善其柄. 畚土之基,
雖良匠不能成其高. 譬若秋蓬被霜, 遇風則零落, 雖有十子産, 如之何?
故扁鵲不能肉白骨, 微·箕不能存亡國也.」大夫曰:「言之非難, 行之爲難.
故賢者處實而效功, 亦非徒陳空文而已. 昔商君明于開塞之術, 假當世之權,
爲秦致利成業, 是以戰勝攻取, 幷近滅遠, 乘燕·趙, 陵齊·楚, 諸侯斂衽,
西面而向風. 其后, 蒙恬征胡, 斥地千里, 逾之河北, 若壞配折腐. 何者?
商君之遺謀, 備飭素修也. 故舉而有利, 動而有功. 夫蓄積籌策, 國家之
所以强也. 故弛廢而歸之民, 未睹巨計而涉大道也.」文學曰:「商鞅之開塞,
非不行也; 蒙恬卻胡千里, 非無功也; 威震天下, 非不强也; 諸侯隨風
西面, 非不從也; 然而皆秦之所以亡也. 商鞅以權數亡秦國, 蒙恬以得千里
亡秦社稷. 此二子者, 知利而不知害, 知進而不知退, 故果身死而衆敗.
此所謂戀胸之智, 而愚人之計也, 夫何大道之有? 故曰:『小人先合而后忤,
初雖乘馬, 卒必泣血.』此之謂也.」大夫曰:「淑好之人, 戚施之所妒也;
賢知之士, 茸之所惡也. 是以上官大夫短屈原于頃襄, 公伯寮子路于季孫.
夫商君起布衣, 自魏入秦, 期年而相之, 革法明敎, 而秦人大治. 故兵動
而地割, 兵休而國富. 敎公大說, 封之於·商之地方五百里. 功如丘山, 名傳
后世. 世人不能爲, 是以相與嫉其能而疵其功也.」文學曰:「君子進必以道,
退不失義, 高而勿矜, 勞而不伐, 位尊而行恭, 功大而理順. 故俗不疾其能,
而世不妒其業. 今商鞅棄道而用權, 廢德而任力, 峭法盛刑, 以虐戾爲俗,
欺舊交以爲功, 刑公族以立威, 無恩于百姓, 無信于諸侯, 人與之爲怨,
家與之爲仇, 雖以獲得功見封, 猶食毒肉愉飽而罹其咎也. 蘇秦合縱連橫,
統理六國, 業非不大也. 桀·紂與堯·舜幷稱, 至今不亡, 名非不長也. 然非
者不足貴. 故事不苟多, 名不苟傳也.」大夫曰:「縞素不能自分于緇墨,
賢聖不能自理于亂世. 是以箕子執囚, 比干被刑. 伍員相闔閭以霸, 夫差
不道, 流而殺之. 樂毅信功于燕昭, 而見疑于惠王. 人臣盡節以徇名, 遭世
主之不用. 大夫種輔翼越王, 爲之深謀, 卒拾强吳, 據有東夷, 終賜屬鏤
而死. 驕主背恩德, 聽流說, 不計其功故也, 豈身之罪哉?」文學曰:「比干

剖心, 子胥鴟夷, 非輕犯君以危身, 強諫以干名也. 慘怛之忠誠, 心動于內,
忘禍患之發于外, 志在匡君救民, 故身死而不怨. 君子能行是不能御非,
雖在刑戮之中, 非其罪也. 是以比干死而殷人怨, 子胥死而吳人恨. 今秦怨
毒商鞅之法, 甚于私仇, 故孝公卒之日, 舉國而攻之, 東西南北莫可奔走,
仰天而嘆曰: 『嗟夫! 爲政之弊, 至于斯極也.』卒車裂族夷, 爲天下笑.
斯人自殺, 非人殺之也.」

19.《新序》善謀

　　秦孝公欲用衛鞅之言, 更爲嚴刑峻法, 易古三代之制度, 恐大臣不從, 於是召衛鞅·甘龍·杜摯三大夫御於君, 慮世事之變, 計正法之本, 使民之道. 君曰:「代位不亡社稷, 君之道也; 錯法務明主長, 臣之行也. 今吾欲更法以敎民, 吾恐天下之議我也.」公孫鞅曰:「臣聞: 疑行無名, 疑事無功, 君亟定變法之慮, 行之無疑, 殆無顧天下之議. 且夫有高人之行者, 固負非於世; 有獨知之慮者, 必見警於民. 語曰:『愚者暗成事, 知者見未萌.』民不可與慮始, 可與樂成功. 郭偃之法曰:『論至德者, 不和於俗; 成大功者, 不謀於衆.』法者, 所以愛民也; 禮者, 所以便事也. 是以聖人苟可以治國, 不法其故; 苟可以利民, 不循其禮.」孝公曰:「善.」甘龍曰:「不然. 臣聞: 聖人不易民而敎, 知者不變法而治. 因民而敎者, 不勞而功成; 據法而治者, 吏習而民安之. 今君變法不循故, 更禮以敎民, 臣恐天下之議君, 願君熟慮之.」公孫鞅曰:「子之所言者, 世俗之所知也. 常人安於所習, 學者溺於所聞, 此兩者所以居官而守法也, 非所與論於典法之外也. 三代不同道而王, 五霸不同法而霸. 知者作法, 而愚者制焉; 賢者更禮, 不肖者拘焉. 拘禮之人, 不足與言事; 制法之人, 不足與論治. 君無疑矣.」杜摯曰:「利不百, 不變法; 功不什, 不易器. 臣聞之: 法古無過, 循禮無邪, 君其圖之.」公孫鞅曰:「前世不同敎, 何古之法? 帝王者不相復, 何禮之循? 伏犧神農, 敎而不誅; 黃帝堯舜, 誅而不怒; 及至文武, 各當其時而立法, 因事而制禮. 禮法兩定, 制令各宜, 甲兵器備, 各便其用. 臣故曰: 治世不一道, 便國不必古. 故湯武之王也, 不循古; 殷夏之滅也, 不易禮. 然則反古者未可非也, 循禮者未足多也, 君無疑矣.」孝公曰:「善. 吾聞: 窮鄕多怪, 曲學多辯. 愚者之笑, 知者哀焉; 狂夫之樂, 賢者憂焉. 拘世之議,人心不疑矣.」於是孝公違龍摯之善謀, 遂從衛鞅之過言, 法嚴而酷, 刑深而必, 守之以公, 當時取强. 遂封鞅爲商君. 及孝公死, 國人怨商君, 至於車裂之, 其患流漸, 至始皇, 赤衣塞路, 群盜滿山, 卒以亂亡, 削刻無恩之所致也. 三代積德而王, 齊桓繼絶而霸, 秦項嚴暴而亡, 漢王垂仁而帝, 故仁恩, 謀之本也.

20.《漢書》刑法志

　　春秋之后，滅弱吞小，幷爲戰國，稍增講武之禮，以爲戲樂，用相誇視．而秦更名角抵，先王之禮沒於淫樂中矣．雄桀之士因勢輔時，作爲權詐以相傾覆，吳有孫武，齊有孫臏，魏有吳起，秦有商鞅，皆擒敵立勝，垂著篇籍．當此之時，合縱連衡，轉相攻伐，代爲雌雄．齊湣以技擊强，魏惠以武卒奮，秦昭以銳士勝．世方爭於功利，而馳說者以孫、吳爲宗．時唯孫卿明於王道，而非之曰：「彼孫、吳者，上勢利而貴變詐；施於暴亂昏嫚之國，君臣有間，上下離心，政謀不良，故可變而詐也．夫仁人在上，爲下所卬，猶子弟之衛父兄，若手足之扞頭目，何可當也？隣國望我，歡若親戚，芬若椒蘭，顧視其上，猶焚灼仇讐．人情豈肯爲其所惡而攻其所好哉？故以桀攻桀，猶有巧拙；以桀詐堯，若卵投石，夫何幸之有！《詩》曰：‘武王載斾，有虔秉鉞，如火烈烈，則莫我敢遏.’言以仁誼綏民者，無敵於天下也．若齊之技擊，得一首則受賜金．事小敵脆，則偸可用也；事巨敵堅，則煥然離矣．是亡國之兵也．魏氏武卒，衣三屬之甲，操十二石之弩，負矢五十個，置戈其上，冠胄帶劍，贏三日之糧，日中而趨百里，中試則復其戶，利其田宅．如此，則其地雖廣，其稅必寡，其氣力數年而衰．是危國之兵也．秦人，其生民也狹厄，其使民也酷烈．劫之以勢，隱之以厄，狃之以賞慶，道之以刑罰，使其民所以要利於上者，非戰無由也．功賞相長，五甲首而隷五家，是最爲有數，故能四世有勝於天下．然皆干賞蹈利之兵，庸徒鬻賣之道耳，未有安制矜節之理也．故雖地廣兵强，鰓鰓常恐天下之一合而共軋己也．至乎齊桓、晉文之兵，可謂入其域而有節制矣．然猶未本仁義之統也．故齊之技擊不可以遇魏之武卒，魏之武卒不可以直秦之銳士，秦之銳士不可以當桓、文之節制，桓、文之節制不可以敵湯、武之仁義．」……古人有言：「天生五材, 民幷用之, 廢一不可, 誰能去兵? 鞭撲不可弛於家, 刑罰不可廢於國, 征伐不可偃於天下. 用之有本末, 行之有逆順耳. 孔子曰:「工欲善其事, 必先利其器.」文德者, 帝王之利器; 威武者, 文德之輔助也. 夫文之所加者深, 則武之所服者大; 德之所施者博, 則威之所制者廣. 三代之盛, 至於刑錯兵寢者, 其本末有序, 帝王之極功也. ……周道既衰, 穆王眊荒, 命甫侯度時作刑, 以詰四方. 黑罰之屬千, 劓罰之屬千, 髕罰之屬五百, 宮罰之屬三百, 大辟之罰其屬二百. 五刑之屬三千, 蓋多於平邦中典五百章, 所謂刑亂邦用重典者也. ……春秋之時, 王道浸壞, 教化不行, 子產相鄭而鑄刑書. 晉叔向非之曰:「昔先王議事以制, 不爲刑辟. 懼民之有爭心也, 猶不可禁御, 是故閑之以誼, 糾之以政, 行之以禮, 守之以信, 奉之以仁; 制爲祿位以勸其從, 嚴斷刑罰以威其淫. 懼其未也, 故誨之以忠, 竦之以行, 教之以務, 使之以和, 臨之以敬, 蒞之以強, 斷之以剛. 猶求聖哲之上, 明察之官, 忠信之長, 慈惠之師. 民於是乎可任使也, 而不生禍亂. 民知有辟, 則不忌於上, 幷有爭心, 以征於書, 而僥幸以成之, 弗可爲矣. 夏有亂政而作禹刑, 商有亂政而作湯刑, 周有亂政而作九刑. 三辟之興, 皆叔世也. 今吾子相鄭國, 制參辟, 鑄刑書, 將以靖民, 不亦難乎!《詩》曰: '儀式刑文王之德, 日靖四方.' 又曰: '儀刑文王, 萬邦作孚.' 如是, 何辟之有? 民知爭端矣, 將棄禮而征於書. 錐刀之末, 將盡爭之, 亂獄滋豐, 貨賂幷行. 終子之世, 鄭其敗虖!」子產報曰:「若吾子之言, 僑不材, 不能及子孫, 吾以救世也.」偸薄之政, 自是滋矣. 孔子傷之, 曰:「導之以德, 齊之以禮, 有恥且格; 導之以政, 齊之以刑, 民免而無恥.」禮樂不興, 則刑罰不中; 刑罰不中, 則民無所錯手足.」孟氏使陽膚爲士師, 問於曾子, 亦曰:「上失其道, 民散久矣. 如得其情, 則哀矜而勿喜.」……陵夷至於戰國, 韓任申子, 秦用商鞅, 連相坐之法, 造參夷之誅; 增加肉刑,大辟, 有鑿顚,抽脅,鑊亨之刑.

21.《漢書》食貨志

至秦則不然, 用商鞅之法, 改帝王之制, 除井田, 民得賣買, 富者田連
阡陌, 貧者無立錐之地. 又顓川澤之利, 管山林之饒, 荒淫越制, 逾侈以
相高; 邑有人君之尊, 里有公侯之富, 小民安得不困? 又加月爲更卒, 已,
復爲正, 一歲屯戍, 一歲力役, 三十倍於古; 田租口賦, 鹽鐵之利, 二十
倍於古. 或耕豪民之田, 見稅什五. 故貧民常衣牛馬之衣, 而食犬彘之食.
重以貪暴之吏, 刑戮妄加, 民愁亡聊, 亡逃山林, 轉爲盜賊, 赭衣半道,
斷獄歲以千萬數.

22.《漢書》藝文志

《商君》二十九篇. 名鞅, 姬姓, 衛后也, 相秦孝公, 有《列傳》.
《公孫鞅》二十七篇.

23.《後漢書》桓譚傳

　　進及睢陽, 復說丹曰:「蓋聞明者見於無形, 智者慮於未萌, 況其昭晰者乎? 凡患生於所忽, 禍發於細微, 敗不可悔, 時不可失. 公孫鞅曰:'有高人之行, 負非於世; 有獨見之慮, 見贅於人.'故信庸庸之論, 破金石之策, 襲當世之操, 失高明之德. 夫決者智之君也. 疑者事之役也. 時不重至, 公勿再計.」丹不聽, 遂進及無鹽, 與赤眉戰死. 衍乃亡命河東.

24.《舊唐書》陸贄傳

史臣曰: 近代論陸宣公, 比漢之賈誼, 而高邁之行, 剛正之節, 經國成務之要, 激切仗義之心, 初蒙天子重知, 末塗淪躓, 皆相類也. 而誼止中大夫, 贄及台鉉, 不爲不遇矣. 昔公孫鞅挾三策說秦王, 淳於髡以隱語見齊君, 從古以還, 正言不易. 昔周昭戒急論議, 正爲此也. 贄居珥筆之列, 調飪之地, 欲以片心除衆弊, 獨手遏群邪, 君上不亮其誠, 群小共攻其短, 欲無放逐, 其可得乎! 《詩》稱「其維哲人, 告之話言」, 又有「誨爾」、「聽我」之恨, 此皆賢人君子, 歎言不見用也. 故堯咨禹拜, 千載一時, 攜手提耳, 豈容易哉!

25. 《宋史》藝文志

《商子》五卷. 衛公孫鞅撰.

V.《商君書》譯註 및 研究 關聯 書目

※ 朱師轍《商君書解詁定本》과 張覺《商君書全譯》의 부록에 실린
　내용을 정리하여 실음.

1. 〈嚴萬里本〉《商君書》: 光緒 2년(1876) 浙江書局에서 校刻한 西吳
　嚴萬里의 校正本

2. 〈范欽本〉《商子》: 上海 涵芬樓에서 1919년 영인한 天一閣本 5권.
　「四部叢刊」 子部에 실려 있음.

3. 〈陳深本〉《商君開塞耕戰書》: 萬曆 辛卯(1591) 陳深(子淵)이 판각한
　〈諸子品書〉 제14권.

4. 〈施全昌本(縣眇閣本)〉《商子》: 天啓 改元(1621) 施全昌이 重刊한
　縣眇閣本 〈先秦諸子合編〉에 들어 있음.

5. 〈歸有光本〉《商子》: 歸有光이 수집한 〈諸子彙函〉 제7권. 文震孟이
　天啓 乙丑(1625)에 校正한 간본이 전해지며 〈文震孟本〉으로도
　불림.

6. 〈陳仁錫本〉《商子》: 陳仁錫(明卿)이 評選한 〈諸子奇賞〉 제36권.
　明 天啓 6년 丙寅(1626)에 간행함.

7. 〈四庫全書本〉《商子》: 臺灣商務印書館에서 1986년 影印한 文淵
　閣本 제729책.

8. 〈嚴可均本〉《商子》: 嘉慶 16년(1811) 嚴可均이 校正한 〈問經堂本〉.
　上海圖書館 2급 藏品.

9. 〈崇文書局本〉《商子》: 光緒 紀元(1875) 湖北 崇文書局에서 간행한
　〈子書百家〉에 들어 있음.

10. 《群書治要》《商子》: 臺灣商務印書館에서 1981년 影印한 〈宛委
　別藏〉本에 들어 있음.

11. 《藝文類聚》: 臺灣商務印書館에서 1986년 影印한 〈文淵閣〉本 〈四庫全書〉 제887, 888책

12. 顧起元 《商子》: 楊愼(評), 顧起元(釋), 朱蔚然(校正). 朝爽閣 藏版, 〈合諸名家批點諸子全書〉. 天啓年間 杭州 印本.

13. 馮覲 《商子》: 評點本. 天啓 丙寅(1626) 馮贄 刊本.

14. 李茹更 〈商子評語〉: 施全昌本 《商子》 卷首.

15. 錢熙祚 《商子校語》: 守山閣 校刊의 《商子》. 道光 19년(1839).

16. 王時潤 《商君書斠詮》

17. 簡書 《商君書箋正》: 上海民智書局 1931년 初版

18. 蔣禮鴻 《商君書錐指》: 中華書局 1986년

19. 尹桐陽 《商君書新釋》

20. 朱師轍 《商君書解詁定本》: 古籍出版社 1956년

21. 朱孔彰 朱師轍의 아버지. 《商君書解詁定本》에 '先大夫'로 지칭됨.

22. 陳啓天 《商鞅評傳》: 商務印書館 1935년

23. 陳啓天 《商君書校釋》: 上海商務印書館 1935년 初版

24. 羅根澤 《商君書探源》: 〈古史辨〉 제6책, 上海古籍出版社 1982년

25. 容肇祖 《商君書考證》: 〈燕京學報〉 第21期(1937)

26. 齊思和 《商鞅變法考》: 中華書局 《中國史探研》 1981 中華書局

27. 章詩同 《商君書注》: 上海人民出版社 1974년

28. 高亨 《商君書注譯》: 中華書局 1974년. 《商君書新箋》이 부록으로 들어 있음.

29. 《商子譯註》: 齊魯書社, 1982년

30. 鄭良樹 《商鞅及其學派》 上海古籍出版社 1989년

31. 兪樾 《諸子平議》

32. 孫詒讓 《札迻》

33. 陶鴻慶 《諸子札記》

임동석(茆浦 林東錫)

慶北 榮州 上茆에서 출생. 忠北 丹陽 德尙골에서 성장. 丹陽初中 졸업. 京東高 서울 教大 國際大 建國大 대학원 졸업. 雨田 辛鎬烈 선생에게 漢學 배움. 臺灣 國立臺灣師範 大學 國文硏究所(大學院) 博士班 졸업. 中華民國 國家文學博士(1983). 建國大學校 教授. 文科大學長 역임. 成均館大 延世大 高麗大 外國語大 서울대 등 大學院 강의. 韓國中國言語學會 中國語文學硏究會 韓國中語中文學會 會長 역임. 저서에 《朝鮮 譯學考》(中文)《中國學術槪論》《中韓對比語文論》. 편역서에 《수레를 밀기 위해 내린 사람들》《栗谷先生詩文選》. 역서에 《漢語音韻學講義》《廣開土王碑硏究》《東北 民族源流》《龍鳳文化源流》《論語心得》〈漢語雙聲疊韻硏究〉등 학술 논문 50여 편.

임동석중국사상100

상군서 商君書

商鞅 撰 / 林東錫 譯註
1판 1쇄 발행/2015년 1월 2일
발행인 고정일
발행처 동서문화사
창업 1956. 12. 12. 등록 16-3799
서울강남구도산대로163(신사동,1층) ☎546-0331~6 (FAX)545-0331
www.dongsuhbook.com
잘못 만들어진 책은 바꾸어 드립니다.

*

*

사업자등록번호 211-87-75330
ISBN 978-89-497-0894-2 04080
ISBN 978-89-497-0542-2 (세트)